权威・前沿・原创

皮书系列为
“十二五”“十三五”国家重点图书出版规划项目

广元经济社会发展报告（2018）

ANNUAL REPORT ON ECONOMIC AND SOCIAL DEVELOPMENT OF GUANGYUAN (2018)

主　　编／冯　磊　彭　战
执行主编／向志纯　彭　锦

图书在版编目(CIP)数据

广元经济社会发展报告. 2018 / 冯磊，彭战主编
. -- 北京：社会科学文献出版社，2018. 11
（广元蓝皮书）
ISBN 978 - 7 - 5201 - 3756 - 0

Ⅰ. ①广… Ⅱ. ①冯… ②彭… Ⅲ. ①区域经济发展 - 研究报告 - 广元 - 2018 ②社会发展 - 研究报告 - 广元 - 2018 Ⅳ. ①F127. 713

中国版本图书馆 CIP 数据核字（2018）第 241774 号

广元蓝皮书
广元经济社会发展报告（2018）

主　　编 / 冯　磊　彭　战
执行主编 / 向志纯　彭　锦

出 版 人 / 谢寿光
项目统筹 / 邓泳红　陈　颖
责任编辑 / 陈　颖　王　煦

出　　版 / 社会科学文献出版社 · 皮书出版分社（010）59367127
地址：北京市北三环中路甲 29 号院华龙大厦　邮编：100029
网址：www. ssap. com. cn
发　　行 / 市场营销中心（010）59367081　59367083
印　　装 / 三河市龙林印务有限公司

规　　格 / 开　本：787mm × 1092mm　1/16
印　张：29. 25　字　数：444 千字
版　　次 / 2018 年 11 月第 1 版　2018 年 11 月第 1 次印刷
书　　号 / ISBN 978 - 7 - 5201 - 3756 - 0
定　　价 / 128. 00 元

皮书序列号 / PSN B - 2018 - 768 - 1/1

广元蓝皮书编委会

《广元经济社会发展报告（2018）》
编 辑 部

撰 稿 人（以文序排列）

王　菲　彭　战　梁元昊　冀泽林　喻勇全
李　庆　严　广　陈永胜　常达伟　李成保
蒲泽洪　王资耀　孟　夏　俞正学　朵　文
张　杰　倪　萍　杨新铭　石　韬　唐　勋
杜　宇　彭　浩　安小宁　王步勇　梁　杰
汪谌林　赵正基　欧维钊　邓　维　赵晓春
李　荣　李红艳　张　亮　张亦暄　霍冉冉
吴其超　徐可欣　李艺雯　蔡　伟　田刚富
郭金桥　米　均　熊克全　姚　兰　李佳伦
徐贵明　王坤远　任刚强　岳武山　王令柏
李　剑　冯　钺　杨松林　黄廷全　赖永红

母剑勇	赵开新	胡昌平	罗颖会	贾　柳
赵泽中	仲　斌	杨太平	张大伟	张　骏
车帮忠	郭志耀	向志纯	付　尹	文凌云
黄　文	周　勇	乔　梁	杨　浩	唐　令
李金平	吴杭周	白颜涛	蒲友松	李建勇
李　勤	于法稳	李昱隆	程远泽	李　坪
李永章	陈星霖	张勋图	李俊生	李清华
彭　锦	解　钰	肖　欣	李　涛	蒲　睿
辜友军	赵文勇	陈朝文	赵　斌	贾锡平
张文杰	康永忠	张　幹	刘　琪	刘保刚
马　骎	董红明	陈小凤	郭思雄	王　壮
肖永乐	冷建春	冉　姗	张清林	李阳春

主编简介

冯　磊　中共广元市委副书记。四川师范大学法学学士。历任中共四川省委组织部处长，四川省广元市委常委、组织部部长，市委副书记等职。主要研究领域：党的建设、生态康养旅游。

彭　战　中国社会科学院数量经济与技术经济研究所副编审、《数量经济技术经济研究》编辑部主任。中国社会科学院技术创新与战略管理研究中心常务理事，中国数量经济学会常务理事、常务副秘书长。

向志纯　广元市社会科学界联合会主席。主要研究领域：哲学社会科学。先后主持省市社科课题12项，发表学术论文多篇。

彭　锦　广元市社会科学界联合会副主席。中国社会科学院在职研究生学历，先后主持省市社科课题多项，《转变政府职能　优化发展环境》获第25届四川广播电视省级政府奖广播社教类特别节目一等奖。

付　尹　主任记者，广元市哲学学会会长，广元市第七、第八届科技拔尖人才、广元市第二批市委市政府直接掌握联系高层次人才。先后在《人民日报》等媒体发表理论、评论文章500余篇，著有新闻业务研究及评论集3部出版。

李成保　哲学博士，清华大学博士后，中共广元市委党校副校长，中国辩证唯物主义研究会理事，中国扶贫开发协会会员，先后参与10余项国家、省、市社科课题研究，发表学术论文多篇。

黄　文　中国科学院大学管理学博士，广元市经济信息中心副主任，广元市投资促进局副局长（挂职）。曾参与多项国家、省、市研究项目，撰写发表多篇学术论文，参与编撰了《区域发展政策模拟》等4部学术专著。

蔡　伟　法国里昂国立应用科学院工学博士，高级工程师，广元市旺苍县人民政府副县长（挂职）。主要研究领域：流体力学、港口水利。主要社科研究领域：电子商务、智慧水务。

摘 要

《广元经济社会发展报告（2018）》由总报告以及综合篇、经济篇、社会篇、文旅篇、生态篇、脱贫篇7个部分构成，总共包括37篇研究报告。

其中总报告分析展示了改革开放40年来，特别是党的十八大以来，在党中央、四川省委坚强领导下，广元市充分利用灾后重建、秦巴山区连片贫困地区连片扶贫开发、实施《川陕革命老区振兴发展规划》、长江经济带等政策机遇，全力推动跨越发展和现代化建设，全市呈现经济发展、政治清明、文化繁荣、社会和谐、生态文明的良好局面，走出一条革命老区加快发展、跨越发展的新路子。2015～2017年，全市地区生产总值由605.43亿元增加到732.12亿元，年均增长8.2%，分别比全国、全省快1.4个和0.3个百分点。全社会固定资产投资年均增长8.4%，比全国高0.7个百分点。地方一般公共预算收入年均增长8.2%，分别比全国、四川省高1.8个和2.8个百分点。生态立市、工业强市、文旅兴市、融合发展成为广元经济社会发展总体特征。

本报告通过综合篇、经济篇、社会篇、文旅篇、生态篇、脱贫篇分析研究广元的经济社会发展，具体表现为“八个变”：一是破解基础设施短板，凸显交通区位之变；二是构建现代产业体系，孕育产业格局之变；三是精准发力脱贫攻坚，迎来贫困面貌之变；四是提升公共服务水平，促进民生质量之变；五是深入推进改革开放，蓄势发展动能之变；六是坚持绿色低碳发展，加快发展方式之变；七是建强区域中心城市，致力于统筹城乡之变；八是承接国家政策支持，彰显红利释放之变。

整个经济社会发展报告，从实际出发客观分析了广元经济社会发展面临的问题，如自然条件差、经济基础弱、贫困面大程度深、自我发展能力低等，然后从客观的角度提出了对策建议。指出了广元是川陕甘结合部区域中心城市，是四川北向东出的重要通道，也是四川省委“一干多支、五区协同”发展新格局的重要板块，战略地位重要，发展意义重大。在此基础上提出未来发展的对策建议：一是坚持以建设东西部扶贫协作示范市为战略抓手，决战决胜整体连片贫困到同步全面小康跨越；二是主动融入治蜀兴川再上新台阶大格局，加快建设川陕甘结合部区域中心城市，打造四川北向东出桥头堡；三是着力推动《川陕革命老区振兴发展规划》实施，更快更好释放国家战略支持效应；四是弘扬伟大的“红军精神”，抱团推动川陕革命老区协作发展、共同发展、跨越发展。

关键词： 四川　广元市　生态文旅　脱贫攻坚　老区振兴

Abstract

Annual Report on Economic and Social Development of Guangyuan (2018) has 7 parts, including General Articles, Comprehensive Articles, Economic Articles, Social Articles, Cultural Tourism Articles, Ecological Articles and Poverty Alleviation Articles, 37 research articles in total.

The General Report shows since the 40-years Reform and Opening-up, the 18th National Congress of CPC in particular, Guangyuan City made full use of post-disaster reconstruction, Qinba mountainous distressed areas poverty alleviation and development, the implementation of *Development Planning on Revitalization of Chuanshan Communist Revolution Region*, the Yangtze River Economic Zone and other policy opportunities, under the strong leadership of the Party Central Committee and the CPC Sichuan Province Committee, to promote leapfrog development and modernization construction. The city presents good situation with economic development, political correctness, cultural prosperity, harmonious society, ecological civilization and creates new way to speed up development in revolutionary areas. From 2015 to 2017, GDP of the whole city increased from 60, 543 million *yuan* to 732. 12 billion *yuan*, with an average annual growth rate of 8. 2% , 1. 4 percentage points faster than that of the whole country and the whole province, respectively. The average annual growth rate of whole society fixed asset investment was 8. 4% , 0. 7 percentage points higher than that of the whole country. The average annual growth rate of local general public budget revenue was 8. 2% , 1. 8 percentage points higher than that of the whole country and 2. 8 percentage points higher than that of Sichuan province. Eco-city, strong industrial city, prosperous with cultural tourism, integrated development constitutes the overall characteristics of economic and social development in Guangyuan.

The book studies the economic and social development in Guangyuan by Comprehensive Articles, Economic Articles, Social Articles, Cultural Tourism Articles, Ecological Articles and Poverty Alleviation Articles, which are embodied in eight changes. Firstly, crack the infrastructure short board, highlighting the change of traffic location. Secondly, construct modern industrial system, breeding industrial pattern changes; Thirdly, work hard lifting people out of poverty and embracing the change in the face of poverty. Fourthly, improve the public service level, noting the change of people's livelihood quality; Fifthly, deepen reform and opening up, gaining momentum for development. Sixthly, adhere to green and low-carbon development, accelerating the change of development mode. Seventhly, build a strong central city in the region, striving to balance urban and rural changes; Eighthly, receive state policy support, highlighting the dividend release change.

Proceed from reality, the book objectively analyzes problems during economic and social development in Guangyuan faced with, such as poor natural conditions, weak economic foundation, big-area and deep-degree poverty, low self-development ability; Then proposes countermeasures and suggestions from objective angle. It points out Guangyuan, the central city of Chuanshangan Joint Part, is important channel from Sichuan to the northern and eastern, is the CPC Sichuan Province Committee's "One Backbone More Branches, Five Area Synergy" important pattern, with important strategic status and great significance. On this basis, it puts forward countermeasures and suggestions for future development. First, adhere to the strategy of building a demonstration city of poverty alleviation cooperation in the eastern and western, and makes a decisive battle to overcome the overall poverty. Second, we should take the initiative to integrate Sichuan's governance and prosperity, speed up the construction of the regional central city of Chuanshangan Joint Part, and build bridgehead from Sichuan to the northern and eastern. Third, efforts should be made to promote the implementation of *Development Planning on Revitalization Chuanshan Communist Revolution Region*, so as to better release the effect of national strategic support. Fourth, we should carry forward the great spirit of Red Army and work together to promote the coordinated development, common development and leapfrog development of Chuanshan Communist Revolution Region.

Keywords: Sichuan Province; Guanyuan City; Ecological Cultural Tourism; Poverty Alleviation; Revitalization of Revolution Region

目　录

Ⅰ　总报告

Ⅱ　综合篇

Ⅲ 经济篇

Ⅳ 社会篇

Ⅴ 文旅篇

Ⅵ 生态篇

Ⅶ 脱贫篇

皮书数据库阅读**使用指南**

CONTENTS

Ⅲ Economic Articles

Ⅳ Social Articles

V Cultural Tourism Articles

VI Ecological Articles

Ⅶ Poverty Alleviation Articles

序

汪同三*

《广元蓝皮书》作为全国皮书大家庭的新成员亮相了！在《广元蓝皮书》的编撰过程中，我应邀到过广元实地调研，对广元有了很深刻的认识。

剑门蜀道，女皇故里，康养天堂，广元历史文化厚重，自然风光独特，是川陕革命老区的核心区域之一。由于受历史、自然、地理等多重因素影响，广元目前属于连片贫困地区。广元经济社会发展虽然暂时滞后，但穷则思变，在40年的改革开放中，特别是“5·12”汶川震后十年的建设中，广元一直在努力，一直在奋斗，科学决策，科学定位，取得了许多创新成就：第一个在四川汶川地震灾区走出了“低碳重建”的路子；第一个成为四川国家低碳试点城市；第一个成为四川全国性气候适应型试点城市；第一个在西部地区确立了“生态立市”的战略发展思路，成为新时代中国特色社会主义思想中“两山理论”的生动实践者；第一个在全国脱贫攻坚中推出包含有33条非常举措的系统工程……

推出《广元蓝皮书》，不仅仅是向更广范围介绍广元、宣传广元，为广元培养社科理论应用人才，更重要的是为广元搭建智库平台、建设智库队伍，并通过《广元蓝皮书》，讲好广元故事，展示更美广元。

《广元蓝皮书》作为广元首个经济社会综合研究报告，作用显著，意义重大，不仅仅能够为学术研究与广元经济社会发展实践的结合提供展示平台，创新广元发展路径，还能为中国贫困地区脱贫致富提供理论依据。

作为见证者，为广元人民不甘落后、勇于进取的精神欣然作序。

---

* 汪同三，中国社会科学院学部委员，著名经济学家。

总 报 告

General Report

B.1
广元经济社会发展报告
——加快川陕革命老区振兴发展的思考与建议

王 菲 彭 战*

摘 要： 经过改革开放40年、建市33年的发展，特别是灾后重建10年和实施脱贫攻坚以来，四川省广元市聚力“三个一、三个三”兴广战略，坚定不移推进绿色发展、绿色崛起，经济社会发展取得显著成就，近10年广元经济平均增速达到10%，走出了一条革命老区振兴发展的新路子。面对社会主要矛盾的深刻变化，发展不平衡不充分特别是发展不充分问题尤为尖锐，广元必须充分发挥好自身资源优势，抢抓川陕革命老区振兴发展等系列重大机遇，落实四川省委“一干多支”发

* 王菲，经济学博士，中共广元市委书记；彭战，副编审，中国社会科学院数量经济与技术经济研究所。

展战略，坚持以建设川陕甘结合部区域中心城市和四川北向东出桥头堡为战略抓手，主动融入治蜀兴川再上新台阶大格局，着力推动川陕革命老区抱团发展、跨越发展，确保2020年实现从整体连片贫困到同步全面小康跨越，与全国、全省同步全面建成小康社会。

关键词： 川陕革命老区　振兴发展　兴广战略　绿色发展　广元市

广元古称利州，地处四川省北部，毗邻陕西、甘肃两省，土地面积1.63万平方公里，素有“川北门户、蜀道咽喉”之称。1985年批准筹建地级市，辖3区4县，2017年统计总人口310万，其中城镇人口68.57万。经过改革开放40年、建市33年的发展，广元经济社会各个方面取得了巨大成就。

党中央历来高度重视川陕革命老区的振兴发展。党的十八大以来，在以习近平同志为核心的党中央坚强领导下，推进川陕革命老区振兴发展上升为国家战略。2017年6月，四川省政府印发了《川陕革命老区振兴发展规划实施方案》，广元作为川陕革命老区的核心区域迎来加快振兴发展的重大历史机遇。

一　建市以来广元经济社会发展成就显著

1986～2017年，广元市经济社会持续稳定较快发展，其中经济总量大幅提升，GDP从1985年建市时的13.51亿元到2003年突破100亿元、2013年突破500亿元。“十一五”时期和“十二五”时期，全市GDP高速增长，年均增速分别达到12.3%和11.5%，其中2009年、2010年和2011年连续保持在15%以上。投资总量从建市时3.31亿元一路高歌猛进，2007年达到120.43亿元，从100亿元到突破500亿元仅用了4年时间。恢复重建过程中，全社会固定资产投资实现了迅猛增长，2009 年，最高增速达到了 158.1%。

2008 年“5·12”汶川特大地震对当时的广元经济造成了严重影响。在第一季度 GDP 增速超过 12% 的情况下，上半年增速 2%，全年仅增长 3.3%。随着抗震救灾得到举国上下的支持与帮助，自 2009 年起，广元经济快速增长，连续 3 年增速超过 15%，不仅高于四川省的增速，也远高于当时全国的 GDP 增速。近 10 年，广元经济平均增速达到 10%，由此，广元经济迈上一个历史新台阶（见图 1）。

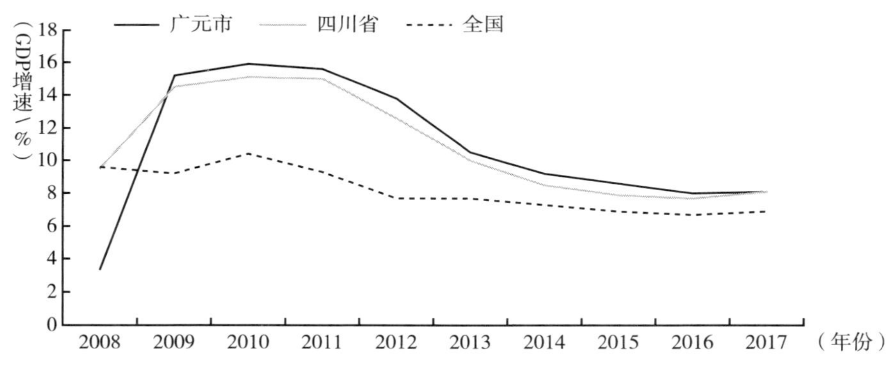

图 1　2008～2017 年全国、四川省、广元市 GDP 增长情况

资料来源：国家统计局、四川省统计局、广元统计局相关数据。

“十三五”时期中国经济发展进入新常态，广元经济运行稳中向好，呈现项目投资高速增长、产业结构加快调整、动力活力持续释放、服务效能显著提升的良好态势。同时随着新型城镇化步伐加快，人民生活水平显著提高。

2017 年 GDP 增长 8.1%，达到 732.12 亿元，全年全社会固定资产投资达到 715.13 亿元，增长 15.7%，是 8 年来最高增速。2018 年上半年数据显示，广元全市生产总值增长 8.4%，全社会固定资产投资增长 15.5%，规模以上工业增加值增长 9.9%，地方一般公共预算收入增长 9.2%。

经济发展为广元市其他各项事业发展提供了坚实的物质基础。社会事业得到全面发展，人民群众的幸福感持续增强。“十二五”末城乡居民家庭恩格尔系数分别为40.21%和40.72%，已总体达到小康生活水平。文化事业快速发展，广元历史悠久，蜀道的发展变迁蕴含着文化的兼容并包，境内蜀道文化、先秦文化、三国文化、武则天历史名人文化、红色文化、民俗文化富集厚重、共生共荣。社会事业、文化事业稳步发展的同时，生态康养旅游产业逐渐壮大。广元以大开放大合作、大保护大转型、大统筹大联动加快打造“绿色广元、康养之都”，通过了《关于推进绿色发展实现绿色崛起建设中国生态康养旅游名市的决定》，明晰了绿色发展的目标、路径和措施。“绿水青山就是金山银山”，广元全市森林覆盖率达到56.18%，建成区绿化覆盖率达到40.4%，绿地率达到38.73%，人均公园绿地面积达到11.3平方米。

广元是川陕革命老区的核心区域、后期首府地，是红四方面军西线主战场、长征战略集结地和出发地，在中国革命、建设和改革伟大实践中走过了极其光辉的历程（见图2）。广元也是秦巴山片区整体连片贫困地区，是四川省仅有的6个整体纳入脱贫攻坚的市州之一，有3个国家级贫困县、4个省级贫困县。

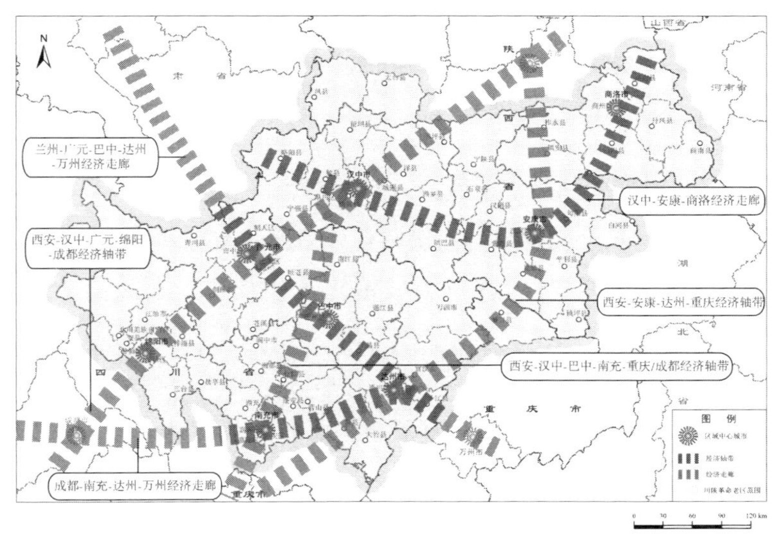

图2　川陕革命老区空间布局示意

党的十八大以来，广元高举习近平新时代中国特色社会主义思想伟大旗帜，把实施《川陕革命老区振兴发展规划》作为重大机遇，突出“决战决胜整体连片贫困到同步全面小康跨越、加快建设川陕甘结合部区域中心城市和四川北向东出桥头堡”奋斗主题，突出“转型发展、创新发展、跨越发展”总体取向，突出“生态立市、工业强市、文旅兴市、融合发展”发展思路，聚力“精准脱贫、防范化解重大风险、污染防治”全面小康三大攻坚战，聚力“项目投资、产业发展、乡村振兴”经济建设三大主战场，聚力“改革创新、依法治市、全面从严治党”强基固本三大发展保障，全力推动跨越发展和现代化建设，努力走出一条革命老区振兴发展的新路子。

二　川陕革命老区振兴发展规划方案制定与实施

川陕革命老区是中国共产党领导的红四方面军在川陕边界建立的革命根据地，为中国革命胜利做出了重大贡献和巨大牺牲，毛泽东曾称赞“川陕苏区是中华苏维埃共和国第二个大区域……扬子江南北两岸和中国南北两部间苏维埃革命发展的桥梁”。2015 年 12 月，中共中央办公厅、国务院办公厅印发了《关于加大脱贫攻坚力度支持革命老区开发建设的指导意见》；2016 年 7 月，国务院批复同意《川陕革命老区振兴发展规划》（以下简称《规划》）；2017 年 6 月，四川省政府印发了《川陕革命老区振兴发展规划实施方案》。

《规划》实施以来，广元城乡面貌也发生翻天覆地的变化，老区人民幸福获得感明显增强。2015 ~ 2017 年，广元市地区生产总值由 605. 43 亿元增加到 732. 12 亿元，年均增长 8. 2%，分别比全国、全省快 1. 4 个和 0. 3 个百分点。全社会固定资产投资年均增长 8. 4%，比全国高 0. 7 个百分点。地方一般公共预算收入年均增长 8. 2%，分别比全国、全省高 1. 8 个和 2. 8 个百分点，川陕革命老区振兴发展取得巨大成就，凸显为八个方面的变化。

（一）破解基础设施短板，凸显交通区位之变

着眼《规划》中大交通大枢纽建设，坚持内联外畅、互联互通，加快建设老区综合交通运输网络，以公路、铁路为主的老区重大基础设施取得重大突破。广元在绵广高速、宝成铁路基础上，相继建成了广陕、广甘、广南、广巴达4条高速公路和兰渝、西成、广巴3条铁路，渝新欧铁路、蓉欧快铁均经过广元。如今广元全面迈入“高铁时代”，1.5小时到达成都，2小时到达西安，8小时到达北京。国省干道覆盖90%的乡镇，100%的乡镇、建制村通柏油路或水泥路。广元机场开通北京、杭州、广州、深圳、上海、海口等6条航线。“千里嘉陵第一港”广元港建成开港，完全通航后千吨轮船可直抵重庆、上海等地。连接西南西北、通江达海的立体综合交通枢纽基本形成，实现“蜀道难”到“蜀道通”的历史性跨越。亭子口水利枢纽、中石化天然气净化厂、芳地坪风力发电场等项目建成投产，区域性能源供给中心初具规模。城乡信息基础设施不断完善，广播电视综合覆盖率达99%，建制村通宽带率达91.7%，296个社区网络全覆盖。交通基础条件的大改变，带来区位的大改变，广元在成都、重庆、兰州、西安四大城市群中的几何中心效应凸显。

（二）构建现代产业体系，孕育产业格局之变

围绕《规划》提出的建成“清洁能源、特色农产品生产加工基地和军民融合产业示范基地”的目标，落实新发展理念，着眼高质量发展，突出生态、绿色和低碳优势，加快建设现代产业体系，夯实跨越发展经济基础。广元坚持做大总量调结构、扩大增量转方式，推动新型工业、现代农业和现代服务业协调发展。构建起以食品饮料、新材料、清洁能源化工、机械电子、生物医药为核心的工业优势产业体系，建成国家级经济技术开发区1个、省级经济开发区6个，中石化元坝净化厂、兴能新材料等重大项目建成投产；形成优质粮油、生态畜禽水产、高山绿色果蔬、特色山珍、富硒富锌茶叶、道地中药材六大特色主导产业，全链条壮大红心猕猴桃等七大全产业

链集群，累计建成万亩现代农业园区92个，创建国家地标产品34个。以建设中国生态康养旅游名市为抓手，构建以生态康养旅游产业为核心的现代服务业产业体系，建成国家5A级旅游景区1个、4A级旅游景区19个，万达广场等重点商贸项目投运，区域性旅游集散中心、商贸物流中心加快建设。

（三）精准发力头等大事，迎来贫困面貌之变

根据《规划》提出的“区域开发与精准扶贫协同推进示范区”战略定位，紧扣“两不愁三保障”，一手抓产业发展，一手抓内生动力激发，既让贫困群众口袋“鼓”起来，也让贫困群众脑袋“富”起来，每年集中打好“春季攻势”“夏季战役”“秋季攻坚”“冬季冲刺”四场战役。截至2017年底，利州区脱贫摘帽，贫困县区数量首次实现下降；全市累计减少贫困村410个、贫困人口25.08万人，分别占贫困总数的55.4%、72%，贫困发生率降到4.1%。大力扶持6万库区移民稳定发展。坚持把乡村振兴作为新时代“三农”工作总抓手，聚焦宜居宜业宜养宜游，推进“美丽乡村、幸福家园”建设十大行动，累计建成幸福美丽新村1572个，彻底改变整体连片贫困的梦想取得重要阶段性成效。

（四）提升公共服务水平，促进民生质量之变

围绕《规划》提出的“基本公共服务主要领域指标接近全国平均水平”目标，坚持以人民为中心的发展思想，每年实施十大民生工程和30件民生实事，民生投入占比超过65%。健全完善城乡社会保障体系。高质量做好住房保障建设，基本实现住房保障公共服务向城镇常住居民全覆盖。城镇新增就业年均3万人。深入实施健康广元行动，川陕甘区域医疗中心建设初具规模，实现群众在家门口能看病、看得起病。引资建成广元天立国际学校、广元市川师大万达中学，高考本科上线每年万人以上，实现广元学子在家门口享受到优质教育。建成省级文明城市，全国文明城市创建全面启动。四川省第十三届运动会在广元市胜利召开。今日广元，最充分的是就业，最漂亮的是农房，最坚固的是学校，最现代的是医院，群众的幸福指数明显提高。

（五）深入推进改革开放，蓄势发展动能之变

瞄准《规划》提出的建设川陕革命老区综合改革试验区，全面落实创新改革试验方案和“9张清单”，加大军民融合、科技成果转化力度，科技对经济贡献率达到48.2%，两年提升2.2个百分点。统筹推进供给侧结构性改革和农业农村、投融资等领域改革，出台专项改革方案138个，承担国家和省级改革试点32项。坚持四向拓展、全域开放，主动融入“一带一路”建设和长江经济带发展，参加“千企行丝路”“万企出国门”活动；举办川陕革命老区振兴发展论坛、低碳发展和生态康养旅游名市建设国际论坛等，深化与成都、西安的战略合作，加快与兰州、重庆的对接合作，完善与浙江、九三学社中央等常态长效合作，累计引进世界和国内500强企业项目25个，近两年引进到位的市外资金1007亿元。建设川陕甘结合部人才高地，累计引进高层次人才1122名。

（六）坚持绿色低碳发展，加快发展方式之变

着眼《规划》中提出的“秦巴山生态文明先行先试区”战略定位，大力实施大保护大转型战略，持续构建绿色低碳产业体系，扎实推进产业结构、能源结构、市政基础设施、城乡居民生活方式低碳化，加快建设嘉陵江上游生态屏障。全域推进绿化、彩化、美化、香化、亮化，森林覆盖率达56.18%。打好污染防治“三大战役”，广元是中央环保督察问题最少、整改最好的全省市州之一，167个问题基本整改完成。嘉陵江出境断面水质达国家Ⅱ类标准，市城区空气质量优良天数比例保持在95%左右。成功创建国家卫生城市、国家森林城市、国家低碳城市试点市、中国绿色发展优秀城市。

（七）建强区域中心城市，致力于统筹城乡之变

围绕《规划》提出的建成“川陕甘结合部区域中心城市”的战略定位，积极实施“东扩西进北延南拓”，推动城市发展由外延扩张式向内涵提升式

转变。规划建设三江新区、万缘新区等十余个新区，规划面积达200平方公里。全面建成万缘新区，加快建设三江新区、东部新城、北部新城、081产业新城等，中心城区骨架拉大、功能增强、品质提升，市城区建成区面积达53平方公里。实施“百镇建设行动”，12个小城镇入选省级特色小镇，昭化镇入选国家级特色小镇，曾家镇入选全国运动休闲特色小镇。深化统筹城乡综合配套改革试点，城乡区域协调发展格局初步形成。两年新增城镇常住人口9.61万人。

近些年来，广元的美誉度和吸附力不断增强，甘肃陇南、陕西汉中以及四川巴中等周边地区，来广元购房、置业、上学、就医的人数呈明显快速上升态势。

（八）承接国家政策支持，彰显红利释放之变

聚焦《规划》八个方面的政策，加大争取力度，政策红利正在显现。财政政策上，两年来，中央财政一般性转移支付192亿元，增长9.1%；中央财政扶贫等专项资金到位86亿元，增长15.7%；纳入财政部PPP项目库项目83个、总投资1110.9亿元，项目数和投资金额居全省第5位、第6位。金融政策上，2017年精准扶贫贷款余额达215.06亿元、规模居全省第5位；扶贫小额信贷累计发放额达20.2亿元、余额19.06亿元，居全省第2位；股权债权融资和银行间市场融资近90亿元。投资政策上，2017年共争取中央预算内投资8.22亿元，比上年增长46.26%；国家取消部分重大公益性建设项目市地级配套资金；健康扶贫工程（县级医院）补助上限提高到5000万元，提高3000万元。土地政策上，两年新增建设用地计划指标分别增长11%、15%；2017年调减广元市耕地保有量16.91万亩、基本农田保护面积6.56万亩、增加建设用地总规模2万亩；2017年下达广元市增减挂钩规模指标1.81万亩，是上年的1.4倍，占全省的15%；协议流转节余指标1.09万亩，占全省指标交易总量的40.65%，协议金额31亿元。干部人才政策上，激励优秀人才扎根革命老区，22名中央国家部委等干部到广元市挂职。

川陕革命老区加快振兴发展的恢宏实践和巨大成就，充分体现了以习近平同志为核心的党中央对革命老区的高度重视、对老区人民的关心关怀，充分体现了中国特色社会主义制度焕发的磅礴力量。实践证明，党中央的重大决策是英明正确的，《规划》实施推进是有序有力的，发展成效是非常显著的。老区人民无比拥护和振奋，对老区未来发展充满信心和希望。

三　振兴发展的主要困难与问题

党中央的高度重视和倾力支持，《规划》的全面实施，重塑了川陕革命老区经济社会发展新格局。但是从广元的实际情况看，《规划》实施中的困难和问题十分突出，严重制约和影响了振兴发展进程。具体包括自然条件差、经济基础弱、贫困面大程度深、自我发展能力低，自身发展固有的困难和问题极为深重。

（一）从社会主要矛盾转化的维度看，广元发展不平衡不充分特别是发展不充分问题尤为尖锐

当前，广元正处在决战决胜整体连片贫困到同步全面小康跨越、加快建设川陕甘结合部区域中心城市和四川北向东出桥头堡的关键节点上，面临脱贫攻坚与同步全面小康的“双重跨越”、全面建成小康社会与开启现代化建设新征程的“双重任务”，发展不平衡不充分矛盾非常突出，发展不充分问题尤为尖锐。具体表现在六个方面。

1. 发展阶段滞后

世界通行标准是工业化率、城镇化率双双超过 40%，发展阶段就迈过工业化中期门槛。四川工业化率和城镇化率 2009 年就双双超过 40%，2017 年工业化率降至 31.14%，服务业增加值比重上升到 49.7%。2017 年广元工业化率、城镇化率分别为 37.6% 和 43.98%，城镇化率分别低于全国、全省 14.54、6.81 个百分点，发展阶段落后于全省进程。

2. 经济规模偏小

广元经济总量居全省第 17 位，仅占全省的 2%，是全省 5 个经济总量未过千亿元的市州；人均 GDP 居全省第 19 位，仅分别为全国、全省的 46.4%、61.9%；固定资产投资总量排全省第 17 位，是川东北经济区唯一未过千亿元的市州；人均固定资产投资居全省第 18 位，仅相当于全省平均水平的 69.5%。

3. 创新驱动不足

2016 年全市投入研发经费内部支出 2.8 亿元，居全省第 16 位；研发经费投入强度为 0.42%，低于全省平均水平 1.3 个百分点；2017 年全市技术合同交易额 2514 万元，分别比南充、巴中、广安少 1.02 亿元、6008 万元、499 万元；技术合同平均交易额 46.6 万元，大大低于同类地位市州。

4. 县域经济不充分

截至 2017 年底，经济总量过 200 亿元的县区有 1 个，过 100 亿元的有 3 个，100 亿元以下的有 3 个。2016 年全省县域经济评价排名中仅利州区排第 40 位，其余县区均在 100 位以后；川东北经济区 34 个县区中只有 4 个县区经济总量低于百亿元，其中 3 个在广元；县域城镇化率低，均在 35% 左右，农业人口就业比重均在 37% 以上，超过工业、服务业的就业人数。

5. 城乡发展偏低

城乡居民收入仅为全国平均水平的 77.3%、80.4% 和全省平均水平的 91.5%、88.3%；城乡居民收入倍差由 2012 年的 2.84 缩小到 2.6，但绝对值扩大到 5672 元；贫困村、贫困人口均占全省的 6%；农村常年外出务工人员占总人口的 30% 左右，是本地就业的 8 倍。

6. 外向发展不够

2017 年全市进出口总额仅 2522 万美元，居全省第 20 位；全市外贸依存度仅为 0.23%，大大低于全省（12.5%）平均水平；全市利用外资 2.29 亿元，占全省的比重仅为 0.4%；全市进出口额 100 万美元以上的企业仅 4 户，1000 万美元以上的仅 1 户。

（二）从《规划》目标任务完成维度看，广元实现国家战略主要指标难度较大

《规划》提出，2020 年实现老区农村贫困人口全部脱贫，贫困县全部摘帽，解决区域性整体贫困问题，城乡居民收入水平明显提升，基本公共服务主要领域指标接近全国平均水平。对照发展目标，广元还有很大差距。

1. 脱贫攻坚任务重

广元 7 个县区全部是国家级、省级贫困县。2013 年底全市有贫困村 739 个、贫困人口 34.82 万人；贫困发生率 14.6%，分别高于全国、全省平均水平 6.2 个、5.1 个百分点；41.86% 的贫困人口集中在北部山区和边远地区；约有边缘困难人口 6 万人。目前，全市仍有贫困村 329 个，其中贫困发生率超过 20% 的深度贫困村有 154 个，分别占全省、秦巴山区深度贫困村的 6.04%、26.7%，朝天响水村、移山村贫困发生率分别高达 40%、35.8%；全市有贫困人口 9.74 万人，其中重病患者、贫困老年人分别占贫困人口的 32.4%、62.9%；全市贫困发生率 4.1%，高于全国、全省平均水平 1 个、1.4 个百分点，剩下的是贫中之贫、困中之困。

2. 城乡居民收入增长慢

《规划》要求到 2020 年城乡居民人均可支配收入分别为 38000 元、14400 元。2017 年广元市城镇居民人均可支配收入为 28132 元、增长 9.2%，农村居民人均可支配收入为 10801 元、增长 10.0%。按目前广元城乡居民收入水平及增速，要实现《规划》中 2020 年的目标，难度较大。

3. 基本公共服务短板多

《规划》要求“贫困地区基本公共服务领域主要指标接近全国平均水平”。从民生支出看，人均民生支出相当于全国的 60%。从教育看，2017 年学前教育公办园幼儿在园人数占 43.37%，远低于全省 79.61% 平均水平；无一所本科院校。从医疗卫生看，县级医疗卫生机构等级不高，乡镇医疗卫生机构服务能力偏弱。从就业和社会保障看，30% 的农村劳动力需要转移就业，社保历史遗留问题多、负债重。

4. 基础设施欠账大

从交通看，综合运输路网总体供给能力不足，大通道宝成铁路客货运输能力紧张；广巴铁路设计时速仅为 30～100 公里；北向经广元出川仅有 G5 京昆高速和国道 108 线，日均通行能力 6 万辆以下，京昆高速广元段通行能力严重不足；嘉陵江航道等级低，还有广元和重庆境内 2 个航电枢纽未建成；二级及以上公路只占 70%；农村等级公路比重仅为 77.7%，低于全省平均水平 8.4 个百分点；乡村道路密度、通达深度不够，仍然存在行路难问题。从农田水利看，骨干水利工程少，病险水利设施多，农业靠天吃饭。

（三）从对比其他革命老区维度看，广元是老区中的“贫困户”

我们在全国范围选取同属革命老区的延安市、临沂市、黄冈市、赣州市、百色市、遵义市等 6 个市，从近年来 GDP 增速（见图 3），以及经济总量、人均水平、增长速度三个方面，对近两年的指标进行对比分析，可以看出广元发展基础脆弱、排名靠后（见表 1）。

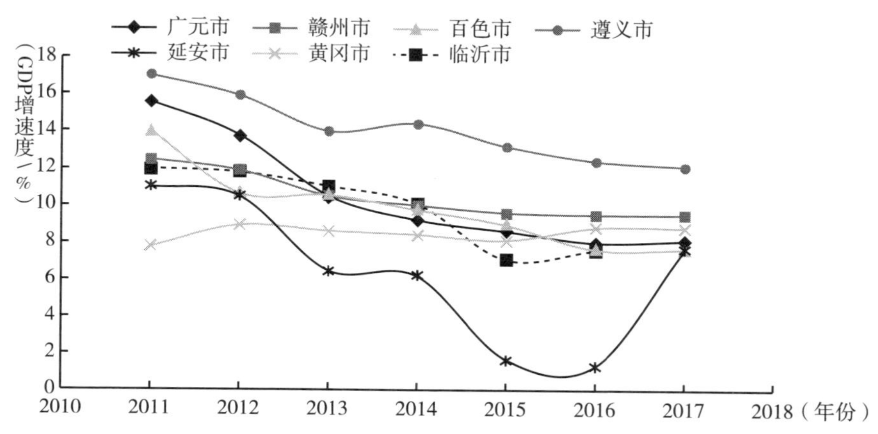

图 3　2011～2017 年广元和六市地区生产总值增长速度

资料来源：根据广元统计局和相关六市统计局统计数据整理。

对比总体经济水平，2017 年广元经济总量和六市差距还较大，仅为排名首位的临沂的 16.8%、遵义的 26.6%、百色的 60.2%，是 7 个市中唯一未过千亿元的地区；全社会固定资产投资不到临沂的1/5、遵义的1/3，一般公共预算收入仅为临沂的1/6、遵义的1/5、百色的1/2；社会消费品零售总额与临沂、黄冈、遵义依然有不小的差距。

表1　2017年广元与六市总体经济水平比较

单位：亿元

指标＼地区	广元	临沂	延安	赣州	黄冈	遵义	百色
GDP	732.1	4345.4	1266.4	2524.0	1921.8	2748.6	1215.7
固定资产投资	715.1	3765.7	1283.7	2510.5	2172.2	2523.6	1215.3
社会消费品零总额	371.8	2721.6	284.6	887.1	1083.2	811.7	275.2
一般公共预算收入	44.0	285.3	140.4	245.4	133.3	216.4	86.4

资料来源：根据广元统计局和相关六市统计局统计数据整理。

对比人均经济水平，广元人均经济发展水平与六市也有一定差距，但人均差距没有总量差距大，如人均GDP，广元是延安的49.3%、遵义的62.8%、临沂的66.5%；人均固定资产投资、人均一般预算收入与六市差距相对较大，特别是人均一般预算收入仅为延安的1/4左右；人均城乡居民可支配收入同临沂、延安等市依然有差距；人均社会消费品零售总额比延安、赣州、百色、遵义等地高，这反映出广元社会商品购买力的实现程度并不差（见表2）。

表2　2017年广元与六市人均经济水平比较

单位：亿元

指标＼地区	广元	临沂	延安	赣州	黄冈	遵义	百色
人均GDP	27653	41611	56086	29308	30356	44060	33691
人均固定资产投资	26883	36059	56725	29151	34256	40388	33680
人均社会消费品零总额	13977	26061	12576	10300	17082	12990	7626
人均一般预算收入	1654	2732	6204	2850	2102	3463	2394
人均城镇可支配收入	28132	33266	33168	29567	26884	29617	26919
人均农民可支配收入	10801	12613	11525	9717	12116	11130	9348

资料来源：根据广元统计局和相关六市统计局统计数据整理。

对比发展速度，广元地区生产总值增速分别处于六市中等偏下水平，《规划》实施两年来，广元地区生产总值年均增速 8.1%，比六市平均增速低 0.2 个百分点，比增速最高的遵义市少 4.1 个百分点，分别比临沂、黄冈、延安高 0.4 个、0.5 个、3.7 个百分点。

（四）从区域内市州发展现状维度看，广元面临“标兵渐远、追兵渐无”的竞争态势

与规划区域内巴中、达州、南充、绵阳、汉中、安康、商洛七市比较来看，广元市追赶跨越任务繁重（见表 3）。2020 年，广元地区生产总值破千亿元大关实现压力较大。

表 3　2016～2017 年广元与规划区域内七市经济增速比较

单位：%

地区＼年度	2016	2017	两年平均增速
广元市	8.0	8.1	8.1
巴中市	7.8	8.1	7.9
达州市	7.5	8.2	7.8
南充市	7.8	8.5	8.1
绵阳市	8.3	9.1	8.7
汉中市	9.0	9.6	9.3
安康市	11.3	10.5	10.9
商洛市	10.0	9.5	9.7

资料来源：根据广元统计局和相关七市统计局统计数据整理。

1. 总量太小

广元是区域内唯一地区生产总值、固定资产投资双双未过千亿元市；地区生产总值居倒数第 2 位，仅高于巴中；固定资产投资居倒数第 1 位；地方一般公共预算收入居第 5 位，但地方一般公共预算支出是收入的 5.68 倍，对上级财政转移支付依存度达 80% 以上。

2. 人均较低

广元人均 GDP 居倒数第 2 位，比最高的绵阳少 1.54 万元，只有绵阳的 64.2%；人均固定资产投资额处于末位，比最高的商洛少 2.17 万元，只有

商洛的55.3%，只有第4位巴中的65%；人均地方财政收入略好，仅低于绵阳，居第2位，比最低的商洛高80%。

3. 速度偏慢

广元近两年经济平均增速为8.1%，在区域内排位相对靠后，比增速最高的安康少2.8个百分点，比商洛、汉中分别少1.6个、1.2个百分点，比省内绵阳少0.6个百分点，与南充持平，略高于巴中和达州。

（五）从《规划》实施进展维度看，进度和效果离中央要求和人民期盼还有不少差距

《规划》实施过程中发现，绝大多数项目按现行政策纯市场化机制平行推进，很难落地，部分重大政策也未完全落实。

1. 规划不同步不衔接问题突出

《规划》及其重大项目计划的出台时间，晚于国家、省“十三五”规划和与之匹配的重点专项规划出台时间，老区规划的一些重点项目未能纳入“十三五”规划和相应的重点专项规划，导致老区规划的部分重大项目，在项目建设时序、审批核准和资金安排等方面未能得到有效支持。也有部分内容不适应新要求，需要在乡村振兴等规划中充实提升。

2. 部分重大项目推进困难重重

2017年10月，省发改委印发的《四川省川陕革命老区振兴发展重点项目库》中，广元市纳入项目118个（不包括跨区域项目），但在具体推进过程中，存在审批要件多，协调难度大；受制于上位规划和专项规划，实施难度大；地方配套困难，推进难度大等问题。如广巴铁路扩能改造已列入国家《中长期铁路网规划》、《“十三五”现代综合交通运输体系发展规划》和四川省“十三五”规划等规划中，2014年7月项目股东单位向中国铁路总公司上报了项目建议书，但至今未能启动实施。广元市纳入国家“十二五”规划中型水库6座，已开工5座，总投资31.6亿元，需要地方政府筹措资金18亿元，受地方政府财力影响，项目配套资金到位难度较大，影响项目推进。

3. 支持政策尚未完全落实

《规划》提出的支持政策因没有专项的刚性措施，有的尚未启动，有的落实进度慢，有的落实力度不够。财政方面，《规划》提出的提高国家有关专项资金投资补助标准，至今大部分仍是原来的补助标准或一般标准，如通村路补助标准基本是按照35万元~50万元/公里计算，中央和省级转移支付的生态效益补偿仅15元/亩，土地整治、高标准基本农田补助政策计算因素全省标准基本一致，没有体现倾斜。金融方面，实施差别化存款准备金率政策基本无法落实，尽管国家鼓励具备条件的民间资本依法发起设立民营银行，但设立民营银行需省级层面统一规划，目前无实质性进展。土地政策方面，《规划》中的土地支持政策缺乏刚性约束，在土地利用方面缺乏差别化政策。不少规划项目与土地利用总体规划指标空间布局不一致，用地保障压力凸显。资源开发政策方面，合理调整资源开发收益分配政策没有实质性进展，《规划》提出的增加资源地天然气地方留成指标，但广元市没有享受到资源地资源指标留存优惠政策。生态补偿政策方面，《规划》提出的加大重点生态功能区转移支付力度政策没有落地，生态功能区县（区）数量没有发生变化，探索建立水、大气、森林、矿山生态价值核算体系和重要水源地保护生态补偿机制等无进展，嘉陵江上下游横向生态补偿试点、排污权有偿使用试点等尚未开展。干部人才政策方面，力度不够，倾斜不大。社会帮扶措施欠力度，央属企业结对关系没有明确。

4. 缺乏统筹协调和考核评价机制

组织实施上，国家层面没有统筹协调机构；省里成立了领导小组，但没有设置专门的办事机构牵头抓落实，推进过程中存在部门不重视、落实不到位等问题。措施配套上，国家《规划》和四川省《实施方案》出台后，没有配套支持措施，《规划》实施推进刚性不足，政策倾斜很难落实到位。体制机制上，缺乏可行的考核评价机制、工作推进机制、区域协调机制，区域协作、整体联动局面未能形成。

综合五个维度分析表明，无论对照社会主要矛盾变化、实现《规划》目标，还是对比其他老区市州、区域内市州，广元发展不足、发展滞后的基本态势没有根本改变，发展不快的主要问题没有根本改变，总量小、排位靠后的经济地位没有根本改变，整体连片贫困面貌没有根本改变，自身固有的困难问题非常突出，迫切需要破解《规划》实施中的问题，最大限度释放《规划》的政策红利。

四　加快以广元为中心的川陕革命老区振兴发展的对策建议

川陕革命老区是秦巴山连片扶贫开发的重点区域，也是四川北向开放的重要通道和省委“一干多支、五区协同”发展新格局的重要板块，战略地位重要，发展意义重大。加快川陕革命老区振兴发展步伐，我们提出以下对策建议。

（一）坚持以建设东西部扶贫协作示范市为战略抓手，决战决胜整体连片贫困到同步全面小康跨越

习近平总书记一直牵挂着广元这片革命老区、挂念着广元老区人民，2002 年、2007 年先后两次专门致信广元，2004 年亲临广元视察工作，关心关注东西部扶贫协作和对口帮扶工作。浙江对口帮扶广元、灾后重建对口支援广元、东西部扶贫协作支持广元，两地建立了深厚感情，助推广元经济社会发展取得长足进步。争取省委将广元作为东西部扶贫协作示范市，支持广元加强红色文化建设、东西部扶贫协作项目对接、产业转移、人才智力引进等，推动广元东西部扶贫协作工作走在全国前列。未来几年，我们将以建设东西部扶贫协作示范市为契机，推动经济高质量发展，经济增长高于全国全省平均水平，2020 年实现经济总量和全社会固定资产投资均过千亿元目标；坚决打好“三大攻坚战”，实现高质量脱贫，持续保持社会大局和谐稳定，筑牢嘉陵江上游生态屏障；实施大开放大合作战略，破除“盆地意识”“山门意识”，建成四川大开放大合作北向桥头堡；把乡村振兴作为新时代“三农”工作总抓手，做好“五篇文章”，实施“十大行动”，建设“美丽乡

村、幸福家园”；认真贯彻新时代党的建设总要求，巩固发展良好政治生态，甩掉整体连片贫困帽子，实现同步全面小康，让人民过上更加幸福美好的生活。

广元将不断加强东西部扶贫协作思想研究、新时代红色文化建设、东西部扶贫协作项目对接、承接东部先进生产力和产业转移、人才智力引进等，创造东西部扶贫协作“广元经验”。

（二）主动融入治蜀兴川再上新台阶大格局，加快建设川陕甘结合部区域中心城市

川陕甘结合部区域中心城市是《规划》赋予广元的战略定位，是我们对标国家“两个阶段”战略安排的长远谋划，也是我们主动融入治蜀兴川再上新台阶大格局的谋篇布局。我们将按照建设川陕甘结合部区域中心城市奋斗目标，着力打造成区域红色文化的传承教育中心、振兴发展的辐射带动中心和人口人才的吸附集聚中心。

1. 建设四川北向东出桥头堡

广元是大西北地区南向进入成渝经济区和21世纪海上丝绸之路、东向融入长江经济带的重要通道，是四川北向连接丝绸之路经济带、关天经济区的节点城市，四川省委做出“四向拓展、全域开放”重大部署，广元具有坚实的基础。四川省委支持广元建设北向东出桥头堡，着力打造维护国家战略安全的桥头堡、进出川大通道的桥头堡和四川建设内陆开放高地的桥头堡，构建对外开放新格局、夯实北向开放产业支撑、完善基础设施互联互通、探索开放合作机制平台、提升开放合作水平层次、健全开放合作保障条件，在“开放四川”建设中贡献“广元力量”。

2. 建设进出川门户型综合交通枢纽

广元境内“四路七线、六向七出”的“米”字形铁路网络交会贯通，形成以广元中心城区为中心、连接各区县、辐射省内及陕西、甘肃周边地区的高速公路网络，5条国道、8条省道贯穿全境，广元港是全省六大港口之一，是千里嘉陵第一港和距我国西部内陆最近的港口。广元已被确定为全国

179 个国家公路运输枢纽、全省 12 个区域性次级交通枢纽城市，是北京经昆明至东南亚国际大通道、渝新欧国际大通道和国内经中巴走廊连接波斯湾（瓜达尔港）、西亚的交会点。建设进出川门户型综合交通枢纽，有助于落实全省“四向拓展、全域开放”战略，有助于推动广元依托交通枢纽向南、向东扩大开放合作。明确广元作为全省贯通南北、连接东西、通江达海的进出川门户型综合交通枢纽战略地位。南向拓展上，支持 G5 京昆高速公路广元至绵阳段扩容、嘉陵江航道航电枢纽建设，支持盘龙机场扩能改造、通用机场建设；东向拓展上，支持广元—达州—万州铁路广元至巴中段扩能改造、广巴达城际铁路建设、绵万高速建设；北向拓展上，支持 G5 京昆高速公路广元至川陕界段扩容、西成兰渝铁路广元枢纽连接线建设。

3. 建设大蜀道国际旅游目的地

蜀道具有厚重的历史文化价值，是国家重点文物保护单位，是中国古代四川通往中原的重要通道，是中原和西南地区文化、政治、经济交流的纽带，是古代丝绸之路的重要组成部分。2015 年蜀道列入世界遗产预备名录，并被纳入申报世界自然与文化遗产提名地范围。广元是先秦古栈道文化和中国蜀道文化的集中展现地，蜀道申遗的 3700 多平方公里核心区域内，2400 多平方公里位于广元境内，境内保存道路、铺驿、栈阁、古柏等古文化遗存 230 余处。以大蜀道来整合成、德、绵、广蜀道三国文化旅游资源，打造世界级旅游文化品牌，助力文化强省和旅游经济强省建设；支持广元建设大蜀道国际旅游目的地和中国生态康养旅游名市，在全省打造广元生态康养、成都医药康养、攀枝花阳光康养“三大康养”品牌；建立大蜀道旅游协同推进机制，加快蜀道申遗进程，支持建立大蜀道国际旅游目的地城市联盟。

（三）着力推动《川陕革命老区振兴发展规划》实施，更快更好释放国家战略支持效应

川陕革命老区大多地处偏远地区，基础设施薄弱，经济发展水平较低，社会事业发展滞后，要实现振兴发展，除了自身努力外，还需从国家战略的

高度在更高层面、更大范围给予倾斜支持。

1. 建立政府主导的推进机制

省委争取国家层面组建川陕革命老区振兴发展规划推进实施协调领导小组、成立老区办，省、市对应建立领导小组和老区办，协调其他省市建立省（市）际工作推进协商机制。参照湖北、湖南、福建三省出台促进革命老区发展地方性法规做法，出台《四川省促进川陕革命老区振兴发展条例》，促进革命老区发展工作步入法制轨道。协调国家层面建立考核评价机制，将《规划》确定的重大项目、重大事项、重大政策的推进和落实情况具体化，落实国家相关部委和三省市党委政府主体责任，按年度进行考核。

2. 支持广元设立川陕革命老区综合改革试验区

广元是川陕革命老区核心区，是全省统筹城乡综合配套改革示范市，目前承担国家、省级改革试点 32 项，具有良好的改革实践基础和创造能力。把广元作为川陕革命老区综合改革试验区，协调国家层面尽快出台《川陕革命老区综合改革试验区规划》，支持广元在创新行政管理、基础设施投融资、资源开发、扶贫开发、生态保护补偿等方面赋予改革创新和试点示范，为全国革命老区振兴发展探索路径、积累经验。

3. 推动《规划》各项政策措施落地落实

省委争取国家层面参照对赣闽粤原中央苏区、陕甘宁革命老区等地做法，出台推进川陕革命老区振兴发展的具体意见，国家有关部委出台财政、金融、投资、土地、资源开发、生态补偿、帮扶、干部人才等八个方面政策的具体实施细则。财政政策上，明确中央财政一般性转移支付在川陕革命老区每年度的增长比例不低于 20%，革命老区专项转移支付资金、中央财政扶贫等专项资金每年度增长幅度不低于 15%，将省级财政对贫困山区农业特色产业政策性保险保费补贴比例提高到 60%。投资政策上，中央预算内投资在川陕革命老区的增加比例不低于 2017 年的增加比例；比照左右江老区政策，扩大取消市级配套资金范围，所有项目市级不配套资金。生态补偿政策上，尽快落实《规划》“推动上下游开展横向生态补偿试点”政策措施，在国家财政层面建立横向的生态补偿转移支付制度。土地保障政策上，

在补充耕地节余指标跨省流转方面给予支持，争取国家层面同意城乡建设用地增减挂钩项目节余指标可以跨省流转；支持嘉陵江上游山水林田湖草生态修复治理项目，并争取国家优先安排资金；适时调整土地利用总体规划，保障重点项目落地。天然气综合利用政策上，争取国家层面出台川陕革命老区天然气资源地留存30%的气源指标、供气价格按井口价供应产地的优惠政策，中石油、中石化在川陕革命老区注册成立公司或设立分支机构，建立天然气勘探开发全环节资源地税收分享机制。

4. 推进《规划》中期评估和调整

《规划》是全国革命老区中出台时间最晚、规划期最短的规划。建议争取国家层面开展《规划》中期评估，将规划确定的重大项目纳入相关总体规划和专项规划，与《乡村振兴规划》有机衔接，将《规划》期限自2020年延长到2030年或2035年。在《规划》内容丰富完善中，明确支持广元作为川陕甘结合部区域中心城市、四川北向东出桥头堡、中国生态康养旅游名市、大蜀道国际旅游目的地、进出川门户型综合交通枢纽建设。

（四）弘扬伟大的“红军精神”，抱团推动川陕革命老区协作发展、共同发展、跨越发展

推动川陕革命老区振兴发展，需要区域内相关省、市、县共同发力、通力协作，需要广大老区干部群众发扬伟大的“红军精神”，自力更生，艰苦奋斗，发挥主体作用。2016年12月，广元牵头主办首届川陕革命老区振兴发展论坛，与川陕渝九市（县）签订了战略合作框架协议。我们将继续举办川陕革命老区振兴发展论坛，多维深化区域合作，抱团推动老区振兴发展。

1. 共同推进区域基础设施互联互通

共同推动涉及区域发展的交通重大基础设施项目建设，推进区域间城际铁路建设、高速路网建设、国道改造升级，积极争取国家支持区域民用机场改扩建和通用航空建设，加大嘉陵江航道建设与整治，全面建设互联互通、方便快捷的川陕革命老区综合交通枢纽，不断增强老区区域发展吸附力和承载力。

2. 共同推进区域优势特色产业互利互补

坚持资源共享、优势互补、错位发展、融合发展原则，以优势供给、有效供给为牵引，推进优势特色产业跨区域延伸发展，大力开展技术、生产、投资合作，打造西部经济发展新的增长极，打破区域分割、走向一体发展。

3. 共同推进区域生态环境保护

以秦岭—大巴山和嘉陵江、渠江、汉江、涪江、丹江流域等为重点，加强在河道污染防治、大气污染联防联控、环境保护等方面建立跨区域合作机制，真正在秦岭南北两麓构建起坚实的生态屏障。

综　合　篇

Comprehensive Articles

B.2
治蜀兴川广元实践方略体系分析报告

梁元昊　冀泽林　喻勇全　李　庆*

摘　要： 中共广元市委2016年8月召开市第七次党代会，提出“三个一、三个三”兴广战略；2017年12月召开市委七届六次全会和2018年7月召开市委七届七次全会，系统谋划广元跨越发展和现代化建设，进一步丰富完善治蜀兴川广元实践方略，提出不断做大经济总量和规模，提升发展质量和效益，激发全社会创新创造活力，奋力开创广元跨越发展和现代化建设新局面。

关键词： 时代背景　实践方略　治蜀兴川

* 梁元昊、冀泽林、喻勇全，中共广元市委办公室；李庆，副研究员，中国社会科学院城市经济与环境研究所。

一　治蜀兴川广元实践方略提出的时代背景

（一）基本情况

党的十八大以来，全市上下深入学习贯彻习近平新时代中国特色社会主义思想，全面贯彻落实党中央大政方针和省委重大决策部署，认真践行新发展理念，始终专注发展定力，统筹推进“五位一体”总体布局和“四个全面”战略布局，2017 年，全市地区生产总值实现 732.12 亿元，是 2012 年的 1.56 倍，连续跨越 3 个百亿元台阶；地方一般公共预算收入实现 43.99 亿元，是 2012 年的 1.63 倍；城乡居民人均可支配收入分别实现 28132 元、10801 元，分别是 2012 年的 1.56 倍、1.7 倍。全市呈现经济较快增长、改革全面深化、民生持续改善、社会和谐稳定、干群奋发有为的良好局面。

（二）发展大势

世界多极化、经济全球化、社会信息化浪潮席卷全球，特别是社会发展信息化、智能化、智慧化日新月异，人口老龄化、流动性不断加快，人们需求多元化、个性化加快等等，深刻影响我国“十三五”发展和长远发展，大有瞬息万变之势。特别是以互联网、大数据、云计算、人工智能为代表的新技术新经济，深刻改变人们的思想方式、思维方式、行为方式和生活方式。高铁、支付宝、网购、共享单车被誉为“新四大发明”。天宫、蛟龙、天眼、悟空、墨子、大飞机等大国重器惊艳全球。谋划广元未来发展，必须把握发展大势，紧跟时代潮流。

（三）阶段特征

进入新时代的广元，“两个面临”是广元最鲜明的特征：面临脱贫攻坚与同步全面小康双重跨越，脱贫攻坚是最大的政治任务，同步全面小康是最紧迫的政治任务；面临同步全面小康与开启现代化建设新征程双重任务，同步全面小康要决战决胜，现代化建设要夯基筑台。两个任务也相互交织、互促共进，谋划未来发展，必须把握新时代新任务，把握发展阶段性特征。

二　治蜀兴川广元实践方略体系

（一）治蜀兴川广元实践方略的阶段目标

1. 近期目标

从现在起到2020年，实现整体连片贫困到同步全面小康跨越，加快建设美丽、开放、活力、畅达、幸福的川陕甘结合部区域中心城市。必须紧扣社会主要矛盾变化，突出抓重点、补短板、强弱项，统筹推进“五位一体”和“四个全面”战略布局，决战决胜脱贫攻坚、项目投资、产业发展经济建设“三大主战场”，经济总量突破千亿元大关，贫困人口全部脱贫、贫困村全部退出、贫困县全部摘帽，社会文明程度显著提升，人民过上美好幸福生活，中国生态康养旅游名市和中国西部重要的绿色食品基地、清洁能源利用基地、商贸物流基地基本建成。

2. 中期目标

从2020年到2035年，基本实现社会主义现代化，基本建成川陕甘结合部现代化中心城市。全市经济实力不断跃升、经济结构不断优化、创新能力不断增强、开放水平不断提高、质量效益不断提升，初步构建起现代化经济体系。人民平等参与、平等发展权利得到充分保障，法治广元基本建成，治理体系和治理能力现代化基本实现，社会充满活力又和谐有序。社会主义核心价值观深入人心，社会文明程度达到新高度，文化软实力显著增强。人民生活更加宽裕，城乡居民收入接近或达到全省平均水平，基本公共服务均等化基本实现。生态环境更加优美，生态文明制度更加健全，嘉陵江上游生态屏障更加牢固，建成中国生态康养旅游名市。

3. 远景目标

从2035年到21世纪中叶，全面建成富强民主文明和谐美丽的川陕甘结合部现代化中心城市，现代化建设走在全国同类山区市前列。全市物质文明、政治文明、精神文明、社会文明、生态文明全面提升，社会生产力高度发达，经济实力、综合实力迈上更高台阶，实现治理体系和治理能力现代化，构建起人与自然和谐共生现代化新格局，全市人民基本实现共同富裕、享有更加幸福安康的生活，人民获得感幸福感安全感更加充实、更有保障、更可持续。

（二）治蜀兴川广元实践方略的基本内涵

1. 一个奋斗主题

就是“决战决胜整体连片贫困到同步全面小康跨越，加快建设川陕甘结合部区域中心城市和四川北向东出桥头堡”。广元整体连片贫困，当前首要任务是决战决胜脱贫攻坚，到2020年甩掉整体连片贫困帽子，与全国全省同步全面实现小康。围绕省委支持广元建设川陕甘结合部区域中心城市和北向东出桥头堡，着力打造区域内红色文化的传承教育中心、振兴发展的辐射带动中心、人口人才的吸附集聚中心。以进出川门户型综合交通枢纽建设为突破口，融入南向、突出东向、深化北向、拓展西向，着力打造维护国家战略安全的桥头堡、进出川大通道的桥头堡、四川建设内陆开放高地的桥头堡、链接南北文化展示巴蜀形象的桥头堡。

2. 一个总体取向

就是“转型发展、创新发展、跨越发展”。推动转型发展，就是优化经济结构，走高效、清洁、低碳、循环的绿色发展之路。推动创新发展，就是突出创新企业、创新人才、创新平台三个重点，打通军民融合、科技与经济结合、科技与金融结合三个通道，提升“四上”企业数量、规模、质量三个关键，培育壮大支撑经济发展的实体经济。推动跨越发展，就是落实稳中求进工作总基调，大力推进县域经济、民营经济发展，加快建设三江新区，始终保持高于全国全省平均水平的发展速度，经济总量力争突破2000亿元。

3. 一个发展思路

就是“生态立市、工业强市、文旅兴市、融合发展”。广元最大的优势是良好的生态环境、干净卫生的水、没有受污染的土壤，最靓丽的名片是特色文化旅游。推动经济高质量发展，全面践行新发展理念，建立具有四川特色、广元特点的现代产业体系，坚定不移走绿色发展绿色崛起之路，实现生态、业态、形态融合发展。

4. 全面小康“三大攻坚战”

就是“精准脱贫、防范化解重大风险、污染防治”。把脱贫攻坚作为最大政治责任、最大民生工程、最大发展机遇，到2020年消除整体连片贫困，打造东西部扶贫协作示范市；把风险防控着力重点放在社会稳定领域，坚决守好四川北大门；把守护国家生态安全作为重大政治责任，一手抓整治，解决原发性污染，一手抓防范，解决输入型污染，打好污染防治“八大战役”，确保“一江清水出广元”。

5. 经济建设“三大主战场”

就是“项目投资、产业发展、乡村振兴”。坚持做大企业，做优产业，做美乡村，以大项目促进大发展，对接省委“5+1”万亿级产业集群，大力发展以食品饮料、清洁能源化工为主的“6+2”新型工业，以“广元七绝”为主的六大特色农业和以生态康养旅游为主的现代服务业，加快建设“美丽乡村、幸福家园”。

6. 强基固本“三大发展保障”

就是“改革创新、依法治市、全面从严治党”。在改革创新方面，重点是加快建设与中心城市相适应的科技、人才高地；在依法治市方面，用法治的思维和方法加强社会治理，加大营商环境整治，营造高质量发展环境；在全面从严治党方面，持续巩固发展风清气正的良好政治生态。

三　实施治蜀兴川广元实践方略的对策建议

（一）加大项目投资力度，做实经济发展最大引擎

项目投资是壮大实体经济的重要支撑，未来广元发展，就是要千方百计推动项目投资，夯实跨越发展重要支撑。精心谋划储备重大项目。主动对接

国家“一带一路”、长江经济带、乡村振兴、川陕革命老区振兴发展等重大战略和政策机遇，围绕产业布局，立足比较优势，在生态环保、基础设施、特色产业、公共服务等领域谋划储备一批强拉动、利长远、增后劲的大项目好项目，确保滚动储备项目总投资保持在 1 万亿元以上。按照“四个一批”路径，争取四川旅游北环线、广元国际口岸机场、城市轨道交通等重大项目挤进国省“盘子”，力促一批投资、产出过百亿元的重大项目履约落地，形成大项目顶天立地、小项目铺天盖地的生动局面。强力开展重大项目攻坚。加快 G5 京昆高速广元境段扩容改造、铁路枢纽总图规划、广巴铁路扩能改造、罐子坝水库等项目前期工作，加快广平高速、南山隧道等项目实施进度，万贯五金机电建材城等项目竣工投产，尽快形成更多实物工程量。全力保障重大项目落实。实行一名领导挂帅、一个部门主抓、一套班子落实、一个方案实施的“四个一”项目推进机制，深入开展“双提双破”行动，开辟重大项目、重点企业政务服务“绿色通道”，强化要素保障，增强重大项目综合效益。坚持引进来和走出去并重、对内对外开放相互促进，实施大开放大合作战略，四向拓展、全域开放，南向融入成渝经济区和 21 世纪海上丝绸之路，加快建设融入成都平原经济区示范市；东向融入长江经济带和东部沿海地区，深入推进与浙江、广东战略合作；北向西向融入丝绸之路经济带，加快与西安、兰州对接合作，建设四川北向开放合作桥头堡。积极开展对外贸易合作，推动“广元造”走出国门，加快建设川陕革命老区振兴发展示范区，加快实现振兴发展。

（二）培育壮大特色优势产业，构建现代产业体系

产业是现代化的重要支撑，通过产业创新升级、扩量延链发展，构建现代化经济体系的坚挺“脊梁”。坚定不移走新型工业化道路，突出做大总量、扩大增量、优化结构、转变方式的主攻方向，以先进制造业为引领，做大做强食品饮料、新材料、清洁能源化工、机械电子、生物医药五大优势产业。到 2020 年，力争工业总产值实现 1500 亿元，工业增加值实现 500 亿元，战略性新兴产业占工业比重达到 20%。按照“一园一主业”原则，坚

持以园区为载体、以产业为纽带，支持关联产业、配套企业围绕主导产业、龙头企业，实现垂直整合、成链发展、集群发展和融合发展，加快打造百亿元、千亿元产业集群。大力推动工业化信息化深度融合，充分运用互联网、大数据、云计算、人工智能，推进基于互联网的产业组织、商业模式、供应链、物流链的各类创新，改造传统工业，催生新产业、新业态、新模式。推进现代服务业发展，按照发展提速、比重提高、主体做强、布局集中的思路，重点推进生态康养旅游、现代物流业、现代商贸业、现代金融服务业、房地产业、电子商务业加快发展，构建现代服务业发展新体系。到 2020 年，服务业增加值达到 400 亿元，增加值占 GDP 的比重达 38% 以上。推进现代农业发展，以增加农民收入为目标，深化农业供给侧结构性改革，突出建基地、创品牌、搞加工，发展壮大优质粮油、生态畜禽水产、高山绿色果蔬、特色山珍、富硒富锌茶叶、道地中药材六大特色主导产业，打造红心猕猴桃、核桃、道地中药材、油橄榄、富硒富锌茶叶、剑门关土鸡、生态肉牛肉羊七大全产业链集群，优化农业产业体系、生产体系、经营体系，推动特色农业大市向特色农业强市跨越。推动建筑业转型发展，推进本地建筑业企业做大做强、资质升级，到 2020 年，建筑业增加值实现 75 亿元以上。

（三）加快中国生态康养旅游名市建设，实现绿色发展绿色崛起

绿色生态是广元最宝贵的优势资源，要坚持在更高层次发挥比较优势、更大范围集聚资源要素，形成广元跨越发展新的增长极。推进生态康养旅游产业发展，坚持文旅兴市，突出全域旅游，大力发展康养旅游业、健康服务业、文化创意业、休闲观光农业、工业旅游业，切实构建绿色发展的核心主导产业集群。到 2020 年，生态康养旅游总收入达到 600 亿元以上，康养旅游业对地区生产总值和地方财政的综合贡献率均达到 15% 以上，康养旅游新增就业占当年新增就业的 20% 以上，康养旅游收入占农民人均可支配收入的 20% 以上。坚持统筹谋划、协调推进，着力构建科学规划、环境资源保护、全域旅游目的地、特色产业、配套服务、发展动能、推进保障“七

大体系”，实施全域资源、资金平台、产品打造、运营管理、品牌营销“五大统筹”，加快建设核心品牌、规划设计、特色内涵、美誉程度“四个国内知名”的中国生态康养旅游名市。强化全域旅游带动，突出剑门蜀道三国文化游、温泉山水生态休闲游，提升剑门蜀道剑门关国家5A级旅游景区品质，建成昭化古城和唐家河两个国家级旅游度假区、曾家山和天曌山两个国家级康养旅游示范基地、白龙湖和亭子湖两个滨水休闲和水上运动旅游区。全面提升生态康养旅游配套设施，围绕吃、住、行、游、购、娱、安等要素，大力推进旅游道路、游客集散中心、宾馆酒店等设施建设和产品开发，扎实推进厕所革命，推进设施和服务智能化，强化高铁时代背景下的宣传营销，实现景点旅游向全域旅游、生态康养转变，扩大中国生态康养旅游名市影响力。

（四）全面实施乡村振兴战略，推动城乡融合发展

积极推进广元农业农村现代化，让农业成为殷实的产业、让农民成为体面的职业、让农村成为美好的家园。深化农业农村改革，坚守农村土地集体所有改革底线、家庭联产承包经营改革基础和共同富裕改革方向，全面落实第二轮土地承包到期后再延长三十年政策，全面完成农村集体产权制度改革，完善农村集体产权交易服务机制和农村金融服务机制，促进城乡要素自由流动和公共资源均衡配置。加快幸福美丽新村建设，坚持政府引导、群众主体、市场运作，以科学规划为引领，突出川北民居风貌，成片成带推进幸福美丽新村建设和农村土坯房改造，优化提升农村居民生活设施现代化水平。大力培养新型职业农民，深化乡村公民道德建设，大力提升农村基层组织服务能力，全域全面创建“四好村”，努力展现村落民居的优美形态、产村融合的田园风光、发展改革的成果运用和农村生活的现代风貌。发挥县域经济对乡村振兴的牵引作用，强化县域经济发展，建成各具特色的省级工业强县、服务业强县、现代农业强县、生态康养旅游经济强县，支持有条件的县撤县建市，力争未来几年1个县区进入全省30强、3个稳定进入全省百亿元县区行列。

（五）增强文化自信，推动文化大繁荣大兴盛

推动传统媒体和新媒体融合发展，讲好广元故事，传播好广元声音。把社会主义核心价值观融入社会发展各方面，强化教育引导、实践养成、制度保障，推进社会公德、职业道德、家庭美德、个人品德建设，建成全国文明城市。坚守中华文化立场，着力加强重点文物保护和文化遗产保护，加强区域文化交流合作，推进蜀道申报世界自然和文化双遗产，加强历史建筑和地方特色建筑保护，创建国家历史文化名城。深度挖掘开发蜀道文化、三国文化、红色文化、川北民俗文化等特色资源，培育新型文化业态，大力发展文化产业，积极繁荣文化事业，创作推出一批文艺精品，造就一批德艺双馨文艺人才，增强文化软实力。建立健全基本公共文化服务体系，全力打造城市“5 分钟文化圈”、农村“5 公里文化圈”，增强文化硬实力。广泛开展全民健身活动，以办好省第十三届运动会为契机，推动体育产业、体育事业加快发展。

四　强化治蜀兴川广元实践方略的实施保障

（一）坚持党对一切工作的领导

新时代坚持党对一切工作的领导，必须增强“四个意识”；新时代坚持党对一切工作的领导，必须确保党始终总揽全局、协调各方；统筹安排好各个方面的工作，协调各种利益、理顺重大关系。党的各个部门对党委负责，自觉向党委报告重大工作和重大情况，在党委统一领导下，各司其职，各尽其责，相互配合，做好自身职责范围内的工作。

（二）打造有定力有担当有激情的专业化干部人才队伍

对政治上有问题的一票否决，对廉洁上有硬伤的坚决排除，全覆盖推进班子功能结构模型管理，统筹配置干部资源。推进干部队伍专业化建设，制定干部专业素养考评办法，大规模开展干部提能培训，切实增强学习本领、

政治领导本领、改革创新本领、科学发展本领、依法执政本领、群众工作本领、狠抓落实本领、驾驭风险本领。大力发现储备年轻干部，注重在经济建设“三大主战场”和基层一线培养锻炼年轻干部，搭建优秀干部成长平台。

（三）形成治蜀兴川广元实践方略实施合力

动员人民群众团结奋斗，充分发扬民主；加强思想政治工作，创新群众工作体制机制和方式方法，正确处理人民内部矛盾，最大限度凝聚全社会推进改革发展、维护社会和谐稳定的共识和力量。开展推动治蜀兴川广元实践再上新台阶“大比武”，层层压实责任，层层传导压力，形成抓落实的强大推动力。

（四）大力弘扬“红船精神”和“红军精神”

宏伟目标不是轻轻松松、敲锣打鼓就能实现的，更加需要我们高举习近平新时代中国特色社会主义思想伟大旗帜，积极践行“红船精神”思想和“红军精神”。弘扬开天辟地、敢为人先的首创精神，始终保持开拓进取、昂扬向上的精神状态，进一步解放思想、更新观念，在新时代新征程中不懈奋进。弘扬坚定理想、百折不挠的奋斗精神，始终保持埋头苦干、真抓实干的工作作风，一心一意履职尽责，心无旁骛干事创业，以咬定青山不放松的韧劲，把广元各项事业推向前进。弘扬立党为公、忠诚为民的奉献精神，始终保持夙夜在公、一心为民的公仆情怀，真正与人民心连心、同呼吸、共命运，不断满足人民群众对美好生活的需求。保持“革命理想高于天”的豪迈情怀，发扬红军精神和“有手有脚有条命、天大的困难能战胜”的灾后重建精神，遇胜不骄、遇挫不馁、迎难而上、昂扬奋进。

参考文献

习近平：《决胜全面建成小康社会　夺取新时代中国特色社会主义伟大胜利——在

中国共产党第十九次全国代表大会上的报告》，人民网，2017 年 10 月 28 日，http：//cpc. people. com. cn/n1/2017/1028/c64094 －29613660. html。

中共四川省委：《关于全面深入贯彻落实党的十九大精神　推动治蜀兴川再上新台阶加快建设美丽繁荣和谐四川的决定》，《四川日报》，2017 年 12 月 15 日，第一版。

《直挂云帆济沧海——如何把握新时代中国特色社会主义发展的战略安排》，人民网，2018 年 2 月 27 日，http：//theory. people. com. cn/n1/2018/0227/c40531 －29836005. html。

B.3
广元建市以来改革开放成就回顾与展望

严 广 陈永胜 常达伟*

摘 要： 2018年是改革开放40周年，适逢广元建市33年。建市伊始，广元就沐浴在改革开放的“东风”中，享受搭乘全国改革开放快车带来的红利，经济实力不断增强、城乡面貌焕然一新、基础设施日臻完善、社会事业蓬勃发展、党心民心空前凝聚，全市经济社会发展进步显著。但在推进改革开放的过程中，受限于主观、客观等方面因素影响，出现了改革创新主动性不够、经济发展失衡、市场化程度不高等具有鲜明区域特征的问题，整体发展进程受到一定影响。进入新时代，广元实现转型发展、跨越发展，根本途径还是要依靠改革开放，坚定发展定力，加快建设川陕甘结合部区域中心城市，奋力开启治蜀兴川广元实践崭新篇章。

关键词： 广元 改革开放 建市

自1985年建市以来，历任领导班子带领各级党员干部群众励精图治、团结奋进，揭开广元发展新的篇章，全市经济社会驶入发展快车道，城乡面貌发生翻天覆地的变化。今天，回顾改革开放取得的成就、分析问题、展望未来、研究对策，为推动新时代广元加快实现从整体连片贫困到同步小康跨越、建设川陕甘结合部区域中心城市贡献力量。

* 严广、陈永胜、常达伟，中共广元市委政研室。

一　改革开放辉煌成就

30 多年来，广元人民用聪明才智和勤劳双手，齐心协力、锐意进取、开拓创新、奋力拼搏，在改革开放的春风里砥砺奋进，在市场经济的大潮中乘风破浪，改革开放纵深推进，取得了经济社会发展的阶段性成就。

（一）社会生产力不断提高，全市综合实力显著增强

建市至今，历届市委市政府始终坚持专注发展定力，使广元经济跨上一个又一个新台阶。

1. 始终坚持发展为第一要务，经济总量大幅提升

全市地区生产总值、财政收入年均增速分别达 13.28% 和 16.89%，综合实力大幅提升。其中，地区生产总值从 1985 年建市的 13.51 亿元到 2003 年突破 100 亿元用了 18 年，从 100 亿元到 2013 年突破 500 亿元仅用了 10 年时间，2017 年，全市地区生产总值已达 732.12 亿元，地方公共财政收入达 43.99 亿元，发展势头十分强劲，全市经济稳步迈入长期平稳向好发展阶段（见图 1、图 2）。

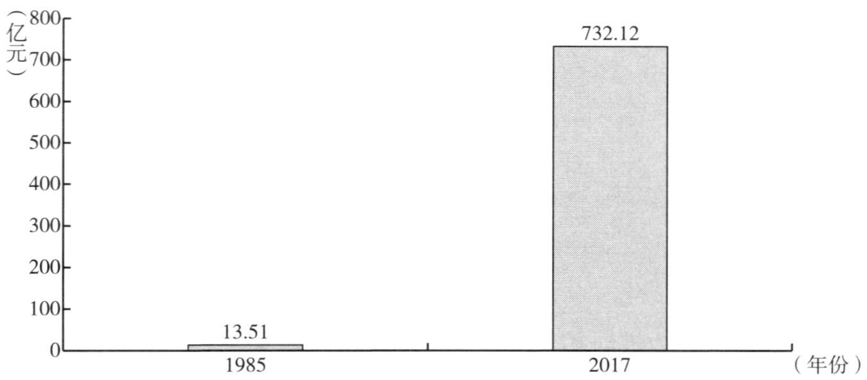

图 1　广元 1985 年与 2017 年地区生产总值对比

资料来源：《广元市统计局 2017 年统计年鉴》。

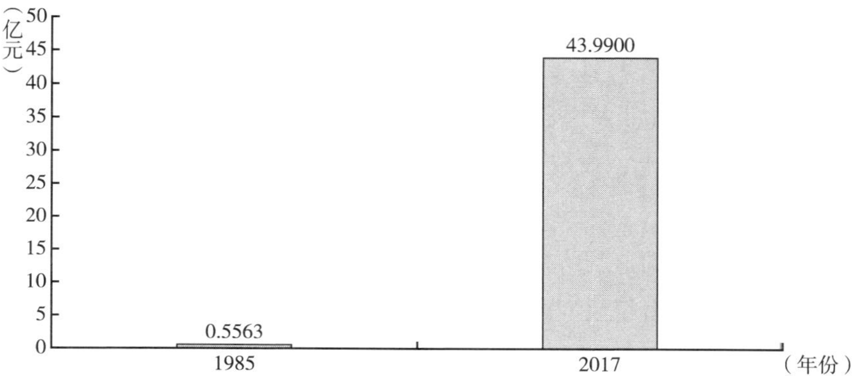

图 2　广元 1985 年与 2017 年地方公共财政收入对比

资料来源：《广元市统计局 2017 年统计年鉴》。

2. 坚持扩大增量与调整结构并重，产业结构不断优化

从建市初期的以传统农业为主，逐步发展为工业经济为重点，三次产业齐头并进，再到如今工业经济转型、一三产业融合发展的经济发展新格局，三次产业结构比由 1985 年的 47. 5∶28. 9∶23. 6 调整为 2017 年的 15. 4∶44. 7∶39. 9，经济发展局面大幅改善，2006 年实现了二产超一产历史性突破，工业经济主导地位更加突出，经济发展质效更高（见图 3）。

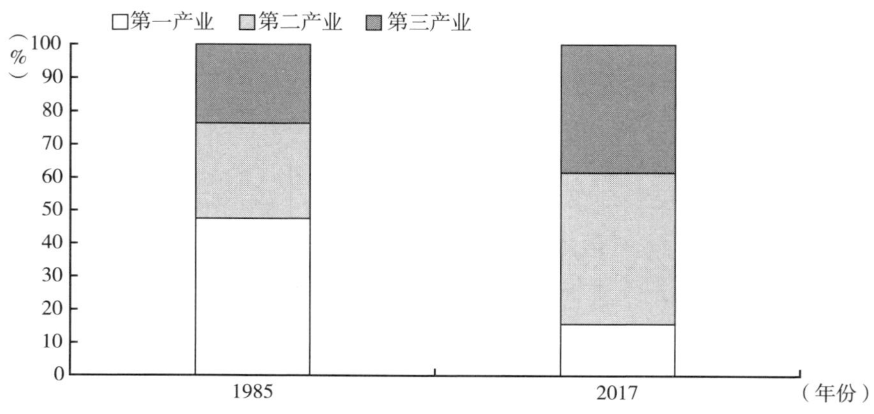

图 3　广元 1985 年与 2017 年产业结构变化对比

资料来源：《广元市统计局 2017 年统计年鉴》。

3. 全社会投资总量迅速增加

建市时投资总量3.31亿元，到2017年达到715.13亿元，特别是2008年灾后重建以来，全市社会投资继续保持高位稳定增长态势，对经济增长贡献率保持在30%以上，投资结构也进一步优化，有力支撑了全市经济稳定增长。

经过三十多年的追赶跨越发展，广元已步入由工业化初期向中期迈进阶段，经济社会发展由粗放型向集约型转变，由主要依靠投资拉动向投资和消费均衡拉动转变，一个“山区农业市”向“生态康养旅游大市”发展的崭新格局已初步形成。

（二）民生事业蓬勃发展，人民群众生活质量显著改善

建市以来，改革开放的持续不断深入大大增强了人民群众的生活幸福感，居民收入增加，消费水平显著提高，消费结构和层次日趋合理，逐步由基本满足温饱向全面脱贫致富迈进。

1. 就业形势保持稳定，城乡居民收入成倍增加

30多年来，全市城镇新增就业累计达50多万人次，年均增加近2万人次，在就业总量压力和结构性矛盾并存的情况下，实现就业规模持续扩大和就业形势持续稳定，城镇登记失业率始终保持在4.3%以下的较低水平。城镇居民人均可支配收入年均增长12.19%，农村居民人均可支配收入年均增长11.86%，增速高于全省、全国平均水平，到2017年，城市居民人均可支配收入28132元，农村居民人均可支配收入10801元，在川东北经济片区位居前列，城乡居民获得感显著增强（见图4）。

2. 科教文卫事业实现跨越发展

紧紧围绕“办人民满意教育、办人民满意学校”宗旨，在促进教育公平、加快教育领域综合改革的道路上实现了转型跨越发展。加快实施基础教育提质扩容工程，城乡义务教育实现了由分散向集中、由巩固向提高、由普及向优质的历史性转变。高中教育多元化、特色化、优质化发展，高等教育从无到有不断突破，建成雪峰教育园区，“人民满意教育”发展格局基本形

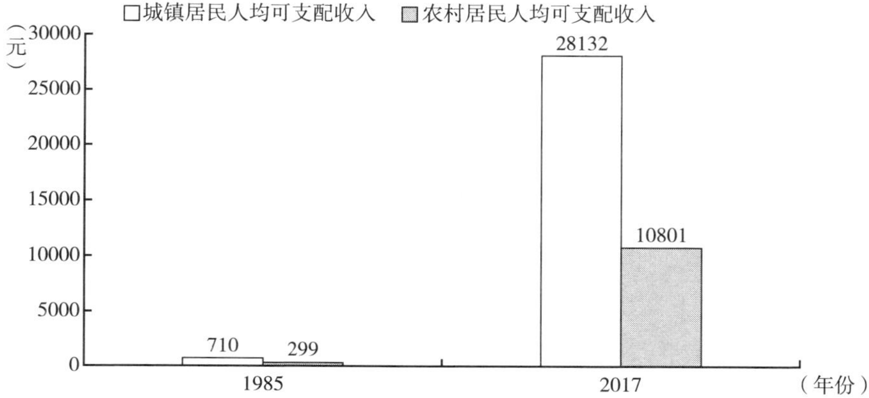

图 4　广元 1985 年与 2017 年城乡居民收入变化对比

资料来源：《广元市统计局 2017 年统计年鉴》。

成。全市狠抓医疗卫生基础设施建设分级管理，促进了卫生事业跨越发展，特别是公立医院改革实施以来，伴随着一大批优秀卫生人才的培养和引进、先进医疗设备的投入，二甲以上医疗机构 21 家，三级甲等 4 家，三级乙等 4 家，全市医疗服务质量明显提高。大力开发全市旅游资源，广元旅游从无到有、从小到大，特别是灾后重建以来，坚持以资源转化为突破口，加大精品景区建设力度，旅游配套设施日臻完备，旅游产业蓬勃发展。目前，全市有 5A 景区 1 个，4A 景区 19 个，3A 景区 12 个，2A 景区 8 个。2017 年，实现旅游接待人数 4514.47 万人次，同比增长 19.05%，实现旅游收入 334.56 亿元，同比增长 26.62%。

3. 社会保障体制机制不断健全

大力实施精准扶贫行动，2017 年全市贫困发生率降至 4.1%，10 万新老库区移民安置和后扶工作有序推进，10 项民生工程和 30 件民生大事件件落实，民生支出占公共财政比重超过 65%，城乡低保救助和五保供养全面覆盖，2017 年享受城镇最低生活保障 9.44 万人，发放保障金 3.11 亿元，享受农村最低生活保障 15.96 万人，发放保障金 3.16 亿元。社会保险覆盖面迅速扩大，2017 年全市城镇职工基本养老保险、城乡居民社会养老保险、城镇基本医疗保险、失业保险的参保人数分别达 46.42 万人、115.01 万人、31.65 万人、15.53 万人，社会保障能力和水平进一步提高。

（三）经济体制机制不断完善，发展活力和动力进一步增强

始终坚持社会主义方向和改革的市场化取向，不断推动体制创新，初步建立了适应社会主义市场经济体制要求的政策体系，进一步处理好政府和市场关系，激发经济活力，增强发展动力，用改革为发展开路。

1. 农业农村综合改革持续深入

建市前，全市 17119 个生产队已推进生产责任制，逐步形成了统分结合、双层经营的家庭联产承包责任制。1988 年延长土地承包期 15 年，1996 年落实土地第二轮承包，2012 年全面启动农村土地确权登记工作。2007 年集体林权制度改革在广元试点，2008 年全面推开，2009 年全面完成。2005 年与全国同步取消农业税，农民实现零负担。农村承包地“三权分置”、宅基地和集体建设性用地制度改革正在推进。2017 年，市农村产权交易平台搭建成功，标志着广元在创新农村产权流转交易手段、提高农村产权流转交易效率和效益方面迈出了坚实的一步。以建基地、创品牌、搞加工为重点的农业供给侧结构性改革取得阶段性突破，2017 年全市粮油产量历史性实现“十连增”“十四连增”，绿色食品原料标准化生产基地达 166 万亩，“广元七绝”成为“川字号”农产品品牌重要组成部分，蜚声海内外，特色农产品加工转化率达 80%。新型农业经营主体队伍不断壮大、带动能力不断增强，新产业新业态蓬勃发展，总收入年均递增 30% 以上。

2. 社会主义市场经济体制不断完善

深入推进土地、矿产等资源市场化配置，非公有制经济快速发展，经济市场化程度不断提高，以公有制为主体、混合所有制经济共同发展的格局已经确立。以国企改革为核心的经济体制改革全方位、宽领域深度推进，全市国有经济布局和所有制结构得到优化和调整，初步构筑了以民营经济为主体的区域经济结构，2017 年非公有制经济增加值占 GDP 比重已达 57.9%。通

过改制、建立现代企业制度、实行由“管资产”向“管资本”转变等举措，搞活了零八一集团、广元市投资控股（集团）有限公司、文旅集团等一批国有企业。全市企业整体经济效益日益好转，规模以上工业企业盈亏相抵后的净利润从1996年的-1.86亿元，增长到2013年的32.38亿元。同时，不断完善宏观调控政策体系，推进投资体制改革、财税体制改革和金融体制改革，全面激活了经济社会发展活力。

3. 供给侧结构性改革成效明显

“三去一降一补”深入推进，扎实有效去产能，积极引导煤矿退出、水泥错峰生产和电解铝延链升级。因城施策去库存，规范房地产市场发展环境。积极稳妥去杠杆，组建了市金融工作局，全市新三板挂牌企业达7家，2017年直接融资超80亿元。多措并举降成本，深化“放管服”改革，落实各项税费减免政策，压缩行政审批程序和时间，审批效率大幅提升。精准发力补短板，强力推进项目投资、产业发展、基础设施、公共服务等系列短板，助力区域经济发展。

（四）坚持保护和防治并举，生态文明建设成效卓著

广元牢固树立绿水青山就是金山银山理念，坚持把“生态立市”放在首位，实施大保护大转型战略，坚定走生态优先、绿色发展、绿色崛起之路，切实筑牢嘉陵江上游生态屏障，为建成中国生态康养旅游名市、实现从整体连片贫困到同步全面小康跨越奠定坚实的生态基础。

1. 美丽山水城市建设打开局面

市城区先后规划建设了东山公园、南河湿地公园、红星公园等生态涵养区，持续推进城市绿化美化亮化工程，形成具有生态休闲功能的亮丽城市。同时，大力推进绿化全川广元行动，努力推进剑门关、天曌山、曾家山、米仓山、鼓城山等山地森林建设。截至目前，全市建成剑门关、天曌山、三溪口3个国家级森林公园，鼓城山、松米山、大峡谷等6个省级森林公园和南山市级森林公园。建成唐家河、米仓山2个国家级自然保护区，东阳沟、毛寨、翠云廊等6个省级自然保护区，嘉陵江湿地、西河湿地等4个市级自然

保护区，总面积达19.1764万hm^2，占全市幅员面积的11.2%。

2. 低碳发展成效明显

坚持能源结构、产业结构和消费方式低碳化，加快建设天然气清洁能源、煤化工循环经济等“气化广元”项目，大力开发水能、风能等清洁能源，重点培育信息、生物、天然气和化工、电子机械、生态有机农业、生态康养旅游等产业。市七次党代会做出了《推进绿色发展、实现绿色崛起、建设中国生态康养旅游名市的决定》，生态优势真正成为发展优势。2015年，广元成功创建为四川省第一个农产品质量安全监管示范市，如今已成为全国唯一一个拥有2个国家有机产品认证示范县的地级市，目前正在积极创建中国西部重要的绿色食品基地和绿色有机食品认证示范市，推动绿色生态产业再上台阶。

3. 环境污染防治有力推进

坚决打好大气、水、土壤污染防治“三大战役”，全市1835条河流已全部设立了市、县第一河段长、总河段长和29名市级河长、183名县级河段长、654名乡级河段长、1438名村级河段长，实现全流域覆盖，全面落实河流治理保护责任。以环保督察问题整改为契机，坚持绿色低碳发展理念，严格废气、废水、废渣等污染排放，有序取缔白龙湖网箱养殖，防治区域性污染，全市工业烟粉尘排放达标率为98%，大江大河出境断面水质达到国家Ⅱ类标准。

（五）对内对外开放持续深化，大开放大合作格局初步形成

建市30多年来，认真贯彻中央、省委关于对内对外开放和西部大开发重大决策，大力开展经济技术合作，掀起对内对外开放的新高潮。

1. 区域经济合作持续深入

建市30多年来，陆续与乌鲁木齐等14个地市建立了友好合作关系，同时，与北京农业工程大学、四川农科院等5个科研机构建立了友好校地合作关系，拓展政企、院企、厅市合作，探索和完善了对口援建合作的新机制。先后加入“陕甘川宁毗邻地区经济联合会”“四省八地市书记联席会”等区

域合作组织，积极参加“中国西部商品贸易会”等多项大型经贸洽谈活动，在招商引资、商品贸易等方面取得显著成效。分别于1986年、1995年开展九广合作、浙广合作，先后实施农、科、教、医等合作项目，兴建了朝天之江中学等社会事业项目。自1988年以来，累计成功举办30次女儿节商品展，通过搭建发展会展业平台，提升了广元本地产品的辐射力和影响力。近年来，加强与长三角、珠三角、环渤海经济圈、关天经济区、成渝经济区等国内经济活跃地区的合作，积极对接国家“一带一路”、长江经济带、东西部扶贫协作等发展战略，主动承接成渝、关天经济区产业转移，区域合作、次区域合作和泛区域合作格局已然形成。

2. 开放发展战略支撑不断优化升级

建市以来，广元坚定不移把实施对内对外开放和招商引资纳入全市经济社会发展的重要议事日程，于1992年经省政府同意建立四川省广元市经济技术开发区，下辖“南河工业商贸区、上西坝仓储贸易旅游区、袁家坝重工业区”三个片区，2005年对开发区资源整合，于2012年升级为国家级经济技术开发区。广元市经济技术开发区以“改革开放的先行区，优势特色产业和战略性新兴产业的集聚区、城乡统筹发展和产城相融的试验区”为目标，积极引进市外先进制造企业和资金，扩大出口创汇。近年来，市委市政府以再造一个产业广元为战略目标，积极谋划全面建设“活力开发区、美丽新三江”核心增长极，推动全市经济社会高质量发展。截至目前，全市共有1个国家级经济技术开发区和5个省级县域经济开发区，娃哈哈、海螺水泥、长虹电子、飞亚新材料、中石化天然气、七盘关国际石材城等一批重点企业项目建成投产，有力夯实了全市经济社会对外开放、招商引资、区域合作的承载基础，2017年引进到位市外资金达548亿元，全市工业经济步入快速发展阶段。

3. 外向型经济快速发展

大力实施“扩大开放、依托提升、优化结构、项目带动”发展战略，坚持“引进来”和“走出去”相结合，大力培育进出口龙头企业，对外贸易从无到有，贸易总量不断增加。培育了广元启明星铝业、海天实业、丰达实业、

龙宇纺织、仁禾丝绸等一批重点骨干出口企业，出口产品涉及贱金属、矿物材料等17大类100多个品种，与印度、韩国、南非等多个国家和地区有贸易往来。据统计，2017年全市进出口总额2522万美元，增长11.5%。其中，出口总额1928万美元，增长3.4%；进口594万美元，增长49.7%。

当前，广元机场、京昆高速、广元港、西成客专等一批重大基础设施建成投运，区域性基础设施互联互通，广元贯通南北、连接西东、通江达海的立体交通枢纽基本形成，着力打造川东北经济增长极“广元板块”。

（六）城乡面貌翻天覆地，战略发展区位加速转型

建市以来，城市升级和市代县的新体制带来了广元经济社会发展的春天，进入21世纪特别是2008年灾后重建以来，城乡建设迎来了大发展、大提速阶段。

1. 城市规模不断扩大

全市围绕建设山水园林城市目标，以统筹城乡发展、推进新型城镇化为主线，共进行了四次城市总体规划修编，相继开发建设了东坝、上西、南河、袁家坝、雪峰和万缘片区，形成功能各异又相互补充、分片布局又紧密联结的城市组团，建成区面积由建市初的3.5km^2增加到53km^2，增长15倍，相当于再造了15个广元县城。人口由6万人增加到70.92万人，增长11倍，全市城镇化率由1985年的11.5%提高至2017年的43.98%。

2. 市政基础建设全面加强

从1985年起，先后修建利州东路、苴国路、西城区滨江大道等一批城市主干道，尤其是灾后重建以来，重点加强城市组团连接，建成澳援大桥、南河四号桥、万缘大桥、天成大桥等桥梁工程，市区桥梁由建市初的12座增加到68座，城市主干道路和桥梁将分散的城市组团连接成一个有机整体。目前，市区道路总长相比建市初增长十多倍，人均道路面积11.82平方米。相继建成利州广场、琴台广场、苴国广场、水上公园观礼台、火车站站前广场等人防设施，建成凤凰山公园、红军文化园、南河湿地公园、红星公园，沿嘉陵江和南河两岸城市生态休闲绿道40多公里，城市休闲功能日臻完善。

3. 乡村基础设施建设成效显著

路水电气网等基础设施建设不断完善，建成农村公路 3 万多公里，全市 100% 的乡镇实现通柏油路或水泥路，100% 的建制村通村路、通组路和入户路硬化工程正在积极推进，农村安全饮水工程和生活用电实现全覆盖，天然气、宽带网络等基础设施建设正逐步推广，带动乡村旅游、民宿、农家乐等新产业新业态蓬勃发展，有效拓宽农村居民增收渠道。

近年来，市委市政府深刻认识把握生态绿色资源区位优势，作出建设中国生态康养旅游名市的决定，定下建设川陕甘结合部区域中心城市的目标，广元正日益发展成为布局合理、功能完善、生态良好、内涵深厚、宜游宜居的生态园林城市。

二 存在的问题及不足

纵观历史，广元建市以来在经济社会发展方面成效辉煌，综合实力显著提高，但横向来看，受自然、体制、历史、现实等因素的制约，改革开放的步伐迟缓，其工业化、现代化、城市化水平也较为滞后，发展不足、发展不充分成为社会主要矛盾。

（一）政府与市场关系处理不到位

受传统观念和行政惯性影响，在如何处理好与市场关系问题上仍然进展不大，没能完全实现从管理型到服务型政府的转变，仍然存在越位、缺位等问题。在推进“三去一降一补”实际操作过程中，出现了行政手段一刀切，专去民营企业的现象，“三去一降一补”变为必须完成的政治任务，各级政府的过多干预，不仅不能有效促进市场平稳健康发展，还破坏了市场运行规律，造成供需失衡的新问题。“放管服”改革中，下放或取消行政审批事项权限的进度还远远不够，不能完全适应新时代经济社会发展的需要，特别是在事中事后监管、社会民生保障等方面存在诸多问题。

（二）区域经济发展不平衡问题较为突出

在城乡之间，目前农村居民收入增速高于城镇居民，但是城乡居民收入差距绝对值仍在逐渐拉大，农村贫困面仍然较大，农村民生投入严重不足，城乡二元结构不均衡问题仍未解决，统筹城乡力度不够。县区之间经济发展差距较大，表现在县域经济总量方面，除利州、苍溪超过百亿元，其他县区均在30亿~50亿元，全市县域经济存在结构性失衡问题，支撑全市经济总量不足的短板突出。

（三）民生领域公共服务资源配置不足

主要表现在住房、医疗、教育等关乎群众切身利益的公共产品供给短缺，公共产品短缺不仅成为阻碍扩大内需、制约发展方式转型的一个重要因素，而且严重影响了人民群众的生活幸福指数。就广元而言，群众收入增长与市场化商品房价格上涨不成正比，全市医疗、教育资源严重不足，看病难看病贵、入学难等社会问题较突出，造成这种现象的主要原因，还是政府部门作为投资的主体而没有成为创造环境的主体，财政在公共服务领域的投入比重还不高，地方政府仍然将追求 GDP 的高增长作为政绩目标。

（四）改革开放主动性创新性不足

整体而言，广元在改革开放过程中，被动接受的多、主动探索的少，基本上是依照中央、省委各项决策部署按部就班推进各项工作，在谋求重大开拓性创新性工作方面表现乏力，没有充分利用区域合作和对接国家发展战略带动全市发展。特别是全面深化改革以来，诸多改革试点成效不甚明显，影响面较小，在招商引资、新产业新业态培育等方面讲得多、做得少，各地在贯彻市委决策部署上落实力度不够，出现烂尾工程、“半截子产业”等现象。

三　新时代广元改革发展对策

千里之行，始于足下。展望改革发展前景光明，但要认识到广元面临发展的短板和不足依然突出，“四个没有根本改变”的基本市情仍然存在，双重跨越和双重任务叠加，各种风险和挑战复杂严峻，必须紧扣社会主要矛盾变化，持续推进全面深化改革和对内对外开放，着力解决发展不平衡不充分的问题。

（一）进一步解放思想，全面适应新常态

只有进一步解放思想，才能深刻理解和把握习近平新时代中国特色社会主义思想的新内涵和新要求，破除陈旧观念和惯性思维，找出改革发展中的问题，要推动思想再解放、改革再深入、工作再抓实，对标先进地区经验做法，更加积极主动地推进改革开放。要深刻认识和领会中央、省委各项决策部署，在开展好常规工作的同时主动寻求突破，特别是抓好对接脱贫攻坚、“一带一路”、长江经济带、乡村振兴等重大国家发展战略，在改革的重点领域和关键环节主动探索，发挥主观能动性，力争占领制高点，把握发展主动权，推动建设川北经济高地。

（二）进一步加快工业经济转型升级，推动高质量发展

当前，工业经济是拉动广元 GDP 增长的主要引擎，但是在宏观经济下行、发展动能换档升级的形势下，要更加注重结构调整、更加注重发展方式转变、更加注重发展质量提升。面对产业结构不合理、市场竞争力不强、产业层次较低等问题，必须下大力气推动产业转型升级，坚持优化存量与培育增量并举、质量提升与品牌建设并重，加快构建“一核四带六链”产业发展格局，做大做强新型工业，突出抓好五大特色优势产业，打造一批“广元造”国省名优品牌。

（三）进一步缩小经济发展差距，促进社会和谐稳定

城乡发展差距作为全国存在的共性问题，在广元显得尤为突出，破解这一难题，就要切实用好脱贫攻坚和乡村振兴两大发展战略，深入推进农业供给侧结构性改革，突出农村生产生活基础设施、产业培育、农民增收等方面，持续推进“6+1”现代特色农业产业发展，打造提升“广元七绝”等特色品牌，推动农村三次产业有机融合，提升农村教育、医疗等公共服务水平，增强农村发展活力和动力。

（四）进一步推进“放管服”改革，努力建设服务型政府

推进“放管服”改革的关键在于有效处理好政府与市场之间的关系，破除惯用的审批发证等事前准入的传统理念，实现市场活力和社会创造力释放。要不断完善行政权力责任清单动态调整，提升行政效率，进一步取消和下放行政审批权限，降低各类制度性交易成本。要不断增强政府为民服务能力，持续深化医疗、教育等领域体制机制改革，解决看病难、入学贵、收入分配不均等群众关心的现实利益问题，真正践行“人民对美好生活的向往就是我们的奋斗目标”要求，真正做到使市场在资源配置中起决定性作用和更好发挥政府作用，推动治理体系和治理能力现代化。

参考文献

黄澜：《南京改革开放30年回顾与展望》，《改革与开放》2008年第12期。

徐林实：《成就、问题及对策——改革开放30年回顾与展望》，《创新思想·科学发展·构建和谐——黑龙江省首届社会科学学术年会优秀论文集》2008。

汤华臻：《推进“放管服”重在转变用权方式》，《北京日报》，2017年6月16日，第3版。

广元市地方志编纂委员会：《广元市志（1985~2004）》，方志出版社，2016。

B.4

广元北部山区新型城镇化建设分析报告

李成保　蒲泽洪*

摘　要： 近年来，广元北部山区新型城镇化建设呈现城乡经济快速发展，空间格局和规划体系调整完善，城镇化水平逐年提高，城镇面貌焕然一新等新的发展格局。同时，该区域依然存在自然劣、观念旧、基础差、经济落后等迟滞因素。新时代，解决发展的不充分不平衡问题，还需持续推进新型城镇化，应坚持政府主导、农民主体、分类统筹、梯次推进的原则，构建中心场镇带动、特色农业产业推动、文化旅游融合、高山移民和生态迁出等发展模式，还应以脱贫攻坚和乡村振兴为依托，优化产业布局以提供强力支撑，加快交通建设以奠定发展基础，加大资金投入以提供有力保障，深化体制改革以提供制度保证，强化政策导向以提供引领支持。

关键词： 北部山区　新型城镇化　迟滞因素　广元　北部山区

党的十九大报告要求，建立健全城乡融合发展体制机制和政策体系，加快推进农业农村现代化。[①] 近年来，广元市立足本市实际，抓住重大发展机遇，发挥政策叠加利好，北部山区新型城镇化建设已经成为解决该区域发展

---

* 李成保、蒲泽洪，中共广元市委党校。

① 习近平：《决胜全面建成小康社会　夺取新时代中国特色社会主义伟大胜利》，人民出版社，2017，第32，11，33页。

不充分不平衡问题的有力支撑①，必将成为新时代农业农村持续健康发展的强大引擎。②

一 北部山区新型城镇化建设的现状分析

广元北部山区（以下简称北部山区）主要指旺苍县北部，青川县东部、西部、北部和朝天区全部的秦巴山区腹地区域。长期以来，北部山区作为广元市的集中连片贫困地区，多数乡镇的基础条件差、区位优势不明显、发展潜力小、人口吸附力弱、环境承载空间小，该区域城镇化率整体低于全市平均水平，一定程度上拖累了广元全市城镇化建设步伐。近年来，所在各县区用活各项政策，主动作为，该区域新型城镇化成效显著。

（一）主要成效

近年来，随着汶川特大地震灾后重建、川陕革命老区振兴发展、秦巴山区连片扶贫开发、东西扶贫协作、长江经济带和乡村振兴等重大优惠政策的深入推进，北部山区的新型城镇化建设也得到长足发展，该区域呈现由农业为主体的传统乡村型社会向二三产业为主导的现代社会转变的新发展格局。

1. 规划体系日趋完善

广元城镇空间分布和规模结构不合理，与资源环境承载能力不匹配。为此，广元市政府 2017 年专门出台《广元市“十三五”新型城镇化规划》。根据本规划，北部山区为生态涵养区，要以生态涵养、林业、山地旅游和养生休闲发展为主，限制大规模建设活动；重视引导灾害高发区和山区人口向一般镇、重点镇、县城有序梯度迁移；遵循人口流动趋势，加强基础设施与公共服务配置力度，增强对北部山区辐射作用；选择具有潜力的重点镇作为

① 习近平：《决胜全面建成小康社会 夺取新时代中国特色社会主义伟大胜利》，人民出版社，2017，第 32，11，33 页。

② 国家发展改革委发展规划司：《国家新型城镇化规划（2014～2020）》，人民出版社，2014，第 1～2 页。

准县城服务中心，承担部分县级服务职能，保障公共服务设施配置的公平；以休闲康养旅游、地方特色加工型城镇带动发展，加强交通对旅游发展、人口转移的支撑，增强城镇对乡村的覆盖能力。该区域新型城镇化发展，坚持高起点、高水平编制，强化规划执行刚性，切实做好城乡规划与社会经济发展、产业发展、综合交通、土地利用等规划的相互衔接，科学引导城乡差异化协调互补发展，正形成涵盖基础设施、公共服务、风貌改造、产业布局等内容、覆盖全区域的规划体系，对当地经济社会发展起着引领作用。①

2. 空间布局基本成型

旺苍北部以独立据点为主发展，即以英萃、国华为重点，形成沿县城（嘉川）—高阳—双汇—英萃—鼓城公路一线布局重点中心村。青川县形成“两心一片三轴、多线带多点”的城镇空间布局结构。朝天区构建中心崛起，辐射两翼，三轴联动，带动全区的“一心、二翼、三轴”城镇空间结构。

3. 城乡经济快速发展

随着系列政策叠加和开拓创新意识的增强，北部山区所在的三个县区经济实力不断增强，农民收入不断提高，为该区域新型城镇化建设注入发展动力。截至2017年，青川县国内生产总值35.76亿元，增速8.9%，城镇居民人均可支配收入26951元，增长9.1%；农村居民人均可支配收入10583元，增长10.4%。旺苍县国内生产总值102.56亿元，城镇居民人均可支配收入28445元，增长9.2%，农民人均可支配收入10860元；增长9.9%。从三次产业对经济贡献率看，青川、朝天和旺苍的二三产业分别达到90.1%、84.6%、83.4%。

4. 城镇化水平逐年提高

北部山区深入实施“两化”互动、统筹城乡的发展战略，呈现县城、小城镇、新型农村社区协调发展、互促共进的新型城镇化格局。城镇化速度

① 广元市人民政府：《广元市“十三五”新型城镇化规划》，资料来源：http：//www.cngy.gov.cn/govop/show/20170608092253-41510-00-000.html。

明显加快，2017 年，青川县城镇化率 34.7%，旺苍县为 40.88%，朝天区为 36.19%，预计 2020 年该区域所在的三个县区的城镇化率将达到 50%。坚持以人为核心的城镇化，城镇化水平和质量不断提升，综合承载能力明显增强，群众生活质量明显改善，生态宜居水平明显提高。

5. 城乡面貌大为改观

随着城市拓展步伐的加快，北部山区村镇面貌大为改观，骨架逐步拉开，功能不断完善，品位迅速提升。各建制镇、新农村示范走廊深入推进，新农村及综合体建设卓有成效，乡镇管理水平明显提高，集镇风貌打造特色鲜明。尤其是对自然历史文化遗产保护不力现象得到有效遏制。

（二）迟滞因素

1. 自然条件

该区域由于地处秦巴山区腹地，自然条件较差是城镇化建设迟滞的重要因素。一是地广人稀，居住分散。从调研情况看，旺苍北部、青川、朝天乡镇幅员面积广阔，但是人口普遍未超过万人，大多数都在 5000 人以下，有些乡的人口只有 1000 多人，许多村组之间相隔较远，群众以分散居住为主。二是山区地势起伏大，适宜居住耕作土地少。北部山区乡镇平坦土地少，基本都是坡地，适合一定面积耕种和集中居住的地方更少。一些耕地坡度甚至达到 60 度以上，极不利于耕作，同时坡地土壤肥力不足，农业产出率较低，乡镇政府所在地面积也十分狭小，不足以容纳更多人口居住。三是地质结构复杂，自然灾害频发。北部山区山高坡陡，暴雨发生后，极容易发生滑坡泥石流等次生灾害，给群众生命财产安全带来极大威胁。已通的乡村道路等级低，通行能力不足，存在很多安全隐患，农村与城市之间的经济联系受到制约。此外，农田水利设施建设滞后，导致农业生产仍然是“靠天吃饭”。

2. 观念因素

农民的观念守旧、满足现状、小富即安等思想状况主要表现在：一是故土情节。当地农民特别是年龄在 60 岁以上的，对家乡故土的依恋情节重、不愿离开。二是土地依赖。农民对土地有着天然的精神依赖性，认为宅基地使用权、土地承包经营权是自己的最大财富，即便外出打工或土地流转也不会轻易放弃自己的土地。三是生活方式。大部分农村居民生活方式根深蒂固，有的已进入城镇生活，但仍保留既有的生活方式和习俗，如种菜、养猪等。

3. 经济制约

一是传统农业萎缩，耕地闲置或撂荒现象突出。农村大部分的壮劳力都外出打工，青壮年劳动力严重匮乏。粮食作物播种面积缩减，农副产品深加工少，农副产品附加值低，单位面积土地收益低，农业增收乏力。二是产业结构不合理。北部山区虽然有一定的产业，如核桃、魔芋、板栗等，但成规模的很少，更缺乏龙头企业的带动。三是深山区的农民难以获得良好的教育与社会公共服务，难以实现自身脱贫。

4. 制度障碍

一是土地管理制度。我国现行用地制度实行严格规划，城镇每年的新增用地从中央到地方都有计划指标，由中央开始逐级向下分配到基层。高度计划的用地规划制度使农村土地严重凝滞，而土地置换与用地规划的脱节，成为束缚城镇扩展、制约城镇接纳农民的主要障碍。第一，城镇建设用地不够，受国家宏观土地政策的制约，城镇建设用地指标更多地倾斜于大中城市的发展，小城镇建设用地指标缺口比较大；第二，农村集中居住宅基地缺乏，北部山区适宜建房的土地比较稀缺，因此村民在向交通条件好的地方迁移时存在宅基地协调难度大，付出成本高的问题，比如旺苍，村民私下协调宅基地现象普遍，并且成本达到每平方米8000～10000元，这无形之中给村民集中居住添加了更多困难；第三，村民耕种用地的矛盾，如果农民进入城镇生活或者集中居住，势必远离自己原有土地，而在居住地又无土地耕种，这给群众进入城镇生活带来了许多担忧。二是户籍制度。户籍制度限制了农村人口及其子女的社会流动性，抑制了经济消费，影响了城镇化进程，是造成城乡二元经济结构的重要因素。现在四川省的户籍制度改革走在全国的前列，但农民进城落户却并没有完全享受到与城里人在医疗、教育、就业、社会保障等方面的同等待遇。

5. 政策洼地

北部山区城镇化进程中，还存在着政策扶持力度不大、跟进落实不到位的问题，最为显著的集中在两个方面。一是政策扶持不均衡，享受“苦乐不均”。在秦巴山区振兴和扶贫政策指导下，结合自身实际情况，广元针对贫困山区分别出台了优惠政策，但各地战略重心不同，政策帮扶重点不同，优惠程度也有较大差异。贫困山区很多乡镇面临着“政策洼地”困境，在金融、土地、转移支付、项目倾斜等政策方面存在差距。二是政策落实不到位，执行“惠而不实”。虽然近年来各项优惠政策极大促进该区域新型城镇化发展，但是很多政策在推进落实的过程中与贫困山区落后的现状、与当地群众尽快脱贫致富的愿望还有一定差距。有些政策缺乏针对性、实效性，执行过程中灵活性不足，甚至“一刀切”，如很多项目要求地方配套资金比重过大，进一步加剧了各地财力的紧张，延缓了项目的实施进度，影响了帮扶政策的落实。

二　北部山区推进城镇化建设的原则和模式

（一）实施原则

1. 坚持政府主导与农民主体相结合原则

推进新型城镇化，需要大量的人、财、物投入以及相关政策的跟进，实施中要实现农民主体和政府主导作用互动。坚持尊重农民意愿，替农民操心，不代农民作主。发挥政府主导作用，为农民提供公共服务。财政安排专项经费，围绕改善公共卫生环境、规划编制、项目争取等重大事项，加大政府主导力度。着力解决群众反映强烈的公共服务不足问题，千方百计促进农民享受公共服务的均等化，把农村教育、文化、卫生事业等问题一件一件解决好。

2. 坚持分类梯次推进原则

北部山区新型城镇化推进需要放在县域、市域背景下来思考，按照乡镇城镇化发展的基础条件合理分类，一类是基础好潜力大的县城；一类是聚集能力较强的重点乡镇；一类是基础条件差不适宜就地城镇化的一般乡镇。针对乡镇的分类应该优先发展县城，重点打造中心镇，增强中心镇吸引农村人口的能力，在一般乡镇和村按照人口适度集中，按照由远及近方式，优先考虑居住特别偏远、交通极其不便的群众进行适度集中居住，并完善基础设施。

3. 坚持统筹推进原则

坚持新型城镇化建设的基本特征和要求，北部山区推进城镇化应注重统筹兼顾，协同推进。第一，统筹兼顾当前实际和长远发展，随着经济的发展和灾后重建，许多村民已经在原住地和一些交通方便的地方重新建造房屋，要视具体情况科学规划人口聚居；第二，统筹兼顾人口聚集与公共服务供给，人口的适度集中居住不是目的，根本的目的在于更方便地为其提供公共服务方便其生活，因此在新型城镇化推进的过程中既要考虑人口聚集的硬件建设又要兼顾基本公共服务的完善和配套；第三，统筹兼顾人口聚集与生态保护，在新型城镇化建设中要将生态保护区、生态脆弱区群众逐渐搬出所在区域以保护当地环境，同时在城镇化过程中更要注意城镇发展对当地环境的影响。

（二）有效模式

北部山区应立足自身实际，按照“全域规划、分类指导、突出重点、梯次推进”要求，坚持以人为本，以提高农民生活质量为根本目的，以中心场镇为引领，以特色农业、旅游产业为支撑，尊重农民意愿，先行先试，积极探索和尝试推进北部山区新型城镇化的有效模式。

1. 中心场镇带动模式

中心场镇一般指位于河谷走廊、公路沿线之地，有一定的经济基础和区域优势，市片区区域中心，对人口有一定的吸纳能力，能辐射带动周边乡镇、村社协同发展。如旺苍国华镇、英萃镇，青川青溪镇、沙州镇、朝天中子镇、羊木镇。其中有的镇，如旺苍国华镇，因受发展空间的制约，不适宜过分聚居，城镇发展定位应是进一步完善场镇公共设施等服务配套功能，通过土地置换、土地占补等方式在城镇周边适度安排愿意集中居住的农民，实现他们的进城落户。

2. 特色农业产业推动模式

新型城镇化是加快农村产业结构转型升级的重要抓手。只有依托产业发展，才能解决农民的就业生存问题，进而避免空心化。不断巩固和发展特色农业产业是确保农民收入水平大幅提高的重要砝码。尤其是对经济发展起步较晚、底子较薄、基础较差的北部山区来讲，特色农产业发展显得尤为重要，是解决农民聚居的有效途径。如，旺苍天星乡利用高山气候规模发展高寒错季节蔬菜；青川三锅镇通过龙头企业带动发展特色食用菌；朝天大力发展区内转斗、宣河、两河口、麻柳、东溪河等优势特色产业城镇、集镇，形成产业带动优势，带动沿片城镇、集镇发展。羊木镇发展香菇特色产业带动周边东溪河、西北、花石、陈家、柏杨、大滩、文安、马家、青林等10个乡镇的香菇产业，建成了川陕甘三省结合部最大的夏菇生产基地。

3. 文化旅游融合模式

北部山区有优美的自然风光、丰富的地质景观、深厚的民俗文化，是发展旅游产业的可资利用的资源，如旺苍的苍王峡、七里峡、鼓城山，青川的唐家河、青溪古镇、白龙湖，朝天的明月峡、雪溪洞、曾家山等。要以文化为魂，以旅游为体，以村镇为配套，按照镇（村）中有景、景中有镇（村）的要求，围绕“吃、住、行、游、购、娱”六要素，提高文化内涵，推进文化旅游产业与村镇融合，因地制宜塑造文化旅游风貌特色，建设一批凸显地方文化特色和建筑风格的地标性景观建筑、旅游标识系统。如旺苍的盐河乡、鼓城乡，青川的青溪镇、沙州镇，朝天的朝天镇、曾家镇，以开展丰富多彩的特色乡村休闲游、农家园地体验游、生态文化游等方式推进城镇化发展，为农户提供增收致富的新渠道。

4. 高山移民模式

高寒山区无平坝之地的农民可通过“精准扶贫”、退耕还林款、生态保护补贴等方式整体异地移民，如青川马公乡锅坛村、朝天花石乡；高寒山区有平坝之地的农民可通过打捆使用国家项目资金就近就地整体搬迁，如青川石坝乡“五一”村、大院乡花果村。

5. 生态迁出模式

北部山区大部分区域位于广元的东北部和西北部，属于山地水源涵养、水土保持和生物多样性保护区，有些地方还属于限制开发区和禁止开发区，对居住在这些区域的农民实施生态移民，逐步迁出自然保护区及水源涵养区，异地或就近就地建立居民安置点安置。

简言之，高山移民、生态迁出要做好农民的集中安置工作。居民安置点的建设可采取统规统建或统规自建的方式，用好用活各类项目资金。安置点建设应高起点规划，建立功能完备的公共服务设施，同时尊重农民传统的生产生活习俗，做到家家户户房前有菜园，房后有圈舍，并发展一定特色的种植养殖产业，实现“搬得出、稳得住、能致富”。

三　北部山区新型城镇化发展的趋势建议

党的十九大要求，以城市群为主体构建大中小城市和小城镇协调发展的城镇格局，加快农业转移人口市民化。[①] 作为秦巴山区腹地的贫困地区和川陕甘渝的立体交通枢纽，广元市正致力于决战决胜整体连片贫困到同步全面小康跨越，加快建设川陕甘结合部区域中心城市和四川北向东出桥头堡。北部山区新型城镇化是广元全市城镇化建设的重要组成部分，必须科学把握其发展规律，坚持以人为本，以实现农民同步奔小康为目标，充分用好用活国家有关政策，改革创新，突破资金、体制障碍，强化产业支撑，优化城镇布局，提高环境承载力，分类梯次、统筹推进北部山区新型城镇化发展。

（一）优化产业布局，以提供强力支撑

产业结构转型升级是转变经济发展方式的战略任务。推进北部山区新型城镇化，必须与生产力布局紧密结合起来，把着力点放在发展产业上，以产

① 习近平：《决胜全面建成小康社会　夺取新时代中国特色社会主义伟大胜利》，人民出版社，2017，第32，11，33页。

业聚集带动人口聚集，为城镇化提供持续的经济支撑和消费需求。

1. 大力推进农业产业化

坚持以土地流转为前提，以龙头企业为依托，积极推动粗放型、零散型的传统农业向集约型、规模型的现代农业转变，进一步提高农业发展水平，促使更多农民走向村镇，从事二、三产业，加速城镇化进程。

2. 大力发展服务业

围绕“聚人气、增财气、集商气”的目标，加快商贸、物流、旅游等第三产业的发展步伐，进一步扩大需求空间，激活消费市场，增加农民收入，拉动经济增长，增强对城镇化的反推力。

（二）加快交通建设，以奠定发展基础

交通建设对北部山区农村整体发展起着决定性的作用，而北部山区农村道路建设资金投入不足，大部分进村道路等级低，通达性差，大量旅游资源可进入性差，很大程度上制约了北部山区农村经济发展，影响了城镇化推进。一方面要加大对北部山区农村公路建设的支持力度，将乡镇之间、乡镇与村之间、村与村之间、村与组之间、组与组之间的联网公路纳入国家农村公路建设规划，并提高补助标准；另一方面，也要做好科学规划，构建北部山区立体交通网络。整合资源，加大资金投入，科学规划实施平武—青川—朝天—旺苍—南江川北边沿交通环线，并纳入省“十三五”规划，切实解决农村尤其是北部山区的交通问题。

（三）加大资金投入，以提供有力保障

一是有效整合项目资金。政府要加大对北部山区的基础设施和公共服务设施设备的投入，积极有效地整合农业综合开发、农村土地综合整治、田园城市示范线建设、现代农业产业强区、农村扶贫开发、农村交通建设、小型农田水利建设等项目资金，探索多级次、多形式的资金整合路径，集中使用、提高效率。二是建立秦巴山区连片均衡性财政转移支付制度。对大项目有重点地实行专项财政补助，对零星的支农项目通过转移支付方式转化为本

级财力，保持总量不变，由地方统筹使用，增强地方自主财政权，减少乃至取消地方项目配套资金。三是坚持市场化配置农村生产要素的思路，充分吸引银行信贷、工商资本、民间资本增加对新农村的投入，构建能够更好地满足北部山区城镇化建设大量资金需求。

（四）深化体制改革，以提供制度保证

1. 用地制度改革

改革高度计划的用地规划制度，克服纵向行政层级依赖。建立由基层主导、积极统筹规划的用地制度，解决土地置换与用地规划脱节问题，让城镇热心接纳农民。当前的用地规划制度固然有其合理性，但一个重要缺陷是计划性太强，由中央向下分蛋糕，却不允许基层就地取材、自力更生。这种在土地规划指标上对行政上级的依赖，已经严重束缚了基层的发展，阻碍了城镇化的规模扩展与质量提升。基层发展的现状，基层了解得最清楚；基层出现的问题，基层感受得最实在；基层面临的机遇，基层渴望得最迫切。加快推进城镇化，主要动力就在基层百姓和政府。必须让用地规划主导权向基层倾斜，在当前城乡建设用地增减挂钩试点的基础上，进一步扩大试点范围，进一步下放用地规划权力，彻底解决土地置换与用地规划脱节的问题，让基层重心从“跑地”“要地”向“用地”“惜地”转变，让城镇用地思维从被动消极地减少耕地侵占向主动积极地做好土地调整置换、农民安置、招商引资、基建扩展等各方面用地规划转变。

2. 农村产权制度改革

一是积极推进农村产权确权，开展农村土地承包经营权、集体建设用地使用权、宅基地使用权等“七权”确权颁证，深化林权配套制度改革。二是建立农村产权流转交易市场，建立市、县区、乡镇农村产权综合流转交易平台。三是积极稳妥推进土地承包经营权和农民住房财产权抵押、担保、转让试点，努力增加农民财产性收入。

3. 行政体制改革

一是适度下放和扩大行政管理权限，切实增强北部山区中心城镇的自主

发展能力。积极推进县域行政管理体制改革，依法赋予基础条件好、人气聚集强的中心城镇相应经济社会管理权限，进一步下放或扩大中心城镇的行政管理权限，坚持能放则放，“法无禁止即可为”。原则上，一些与人民群众生产生活密切相关的管理权限皆可以下放给中心城镇政府。此外，必须由县级以上行政机关审批的行政事项，简化办事程序，提高办事效率，探索“最多跑一趟”改革，提高服务水平。确保中心城镇在行政审批和执法权、规划建设管理权、土地收益和财政返还、用地制度、试点镇投入、干部政策等方面政策落到实处。二是合理调整县域乡镇行政区划，增强县城和北部山区中心城镇的辐射带动能力。为了进一步做大做强县城和中心城镇，必要时可适当调整县域城镇行政区划，适度扩大其规模和辐射范围。应以县域城镇总体规划为基础，重点将行政区划偏小、发展空间有限的乡镇并入邻近基础条件好、发展潜力大的中心城镇。县城是县域经济社会发展的中心，其规模要适度扩容，进一步增强县城的辐射功能，带动县域经济发展。在近郊城镇化程度较高、发展速度较快的乡镇，探索撤销镇建制、设立街道办事处试点。也要考虑人口规模小、路途远、地理相对独立的小乡镇的特殊性，还要予以保留。

（五）强化政策导向，以提供引领支持

1. 加大政策支持力度

对北部山区在城镇化用地、基础设施建设、生态保护、高山移民等方面加大政策扶持力度，允许先行先试，提高中心场镇的环境承载能力，适当降低纳入市重点城镇的标准，切实发挥它们的辐射带动作用。

2. 建立完善相关配套政策

推进新型城镇化要与农民市民化结合起来，相关配套政策如土地、物权、担保等应及时建立、完善，该制定新政策的制定新政策，该修订的要修订，突破政策“障碍”，为顺利推进城镇化发挥政策引领作用。

经 济 篇

Economic Articles

B.5
改革开放以来广元经济发展报告

王资耀　孟 夏*

摘　要： 改革开放以来，特别是建市33年来，广元市谱写了经济发展的辉煌篇章，地区生产总值由建市时的13.51亿元增加到2017年的732.12亿元。经济结构持续优化，综合实力显著增强；基础设施加快完善，项目投资增势强劲；产业发展转型升级，产业支撑不断夯实；财政金融连上台阶，发展后劲明显增强；改革创新全面深化，开放合作不断扩大；新型城镇化步伐加快，城乡面貌焕然一新。但是，广元发展不平衡不充分的问题十分突出，需要抓住当前难得的重大发展机遇，坚持把推动高质量发展作为确定发展思路、制定策略措施的根本要求，推动形成经济发展新格局。

* 王资耀、孟夏，广元市发展改革委。

关键词： 经济发展 新时代 高质量发展 广元市

一 广元经济发展的历史回顾

（一）经济结构持续优化，综合实力显著增强

1. 经济总量大幅提升

GDP 从建市时 13.51 亿元到 2003 年突破 100 亿元用了 18 年时间，从 100 亿元到 2013 年突破 500 亿元仅用了 10 年时间，发展势头十分强劲。建市第一年，经济就实现快速发展，GDP 增速达到 12.5%。新千年后，2003 年突破百亿元。“十一五”时期和“十二五”时期，是全市 GDP 高速增长阶段，年均增速分别达到 12.3% 和 11.5%，其中 2009 年、2010 年和 2011 年连续三年保持在 15% 以上，2013 年突破 500 亿元。“十三五”时期经济发展进入新常态，2017 年实现 732.12 亿元、增长 8.1%（见图 1）。

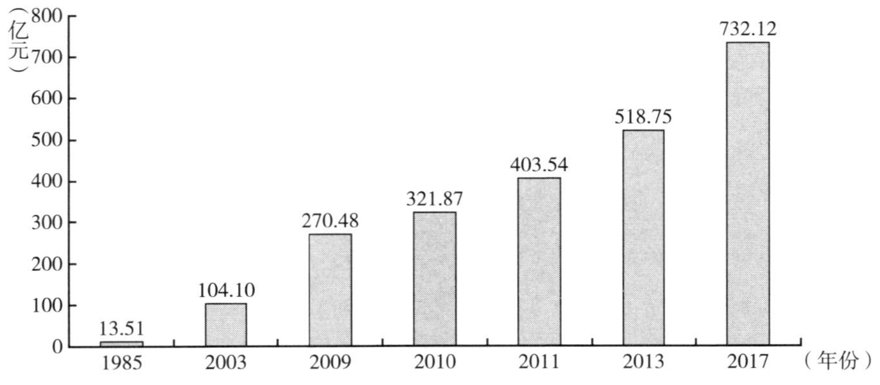

图 1 1985～2017 重要年份广元市国内生产总值

资料来源：广元市统计局统计数据。

2. 产业结构不断优化

从建市初期的以传统农业为主，逐步发展成一、二、三产业齐头并进的川陕甘结合部经济重镇。建市时，三次产业结构比为47.5∶28.9∶23.6，农业主导地位明显。2001年，第三产业比重超过第一产业，调整为32.4∶25∶42.6，呈现“三一二”格局。2006年，第二产业比重超过第一产业，调整为28.3∶30.9∶40.8，呈现“三二一”格局。2011年，打破了自2001年以来的第三产业主导格局，第二产业比重超过第一、第三产业，调整为23.8∶39∶37.2，呈现稳定的“二三一”格局，第二产业主导地位得到确立。“十三五”时期经济发展进入新常态，全市产业结构演变趋势迎来新拐点，第三产业同比提高1.7个百分点，第一、第二产业同比下降1.3个和0.4个百分点，但第二产业主导地位依然稳固。2017年三次产业结构比调整到15.4∶44.7∶39.9，正加速迈进工业化中期阶段。

3. 人均水平逐年走高

建市时全市人均GDP仅为506元。1991年突破千元、达到1065元。“十一五”末人均GDP突破万元大关、达到12313元、年均增长13.5%。“十二五”末人均GDP达到23263元、年均增长11.6%，2017年人均GDP实现27653元，是1985年的约55倍（见图2）。

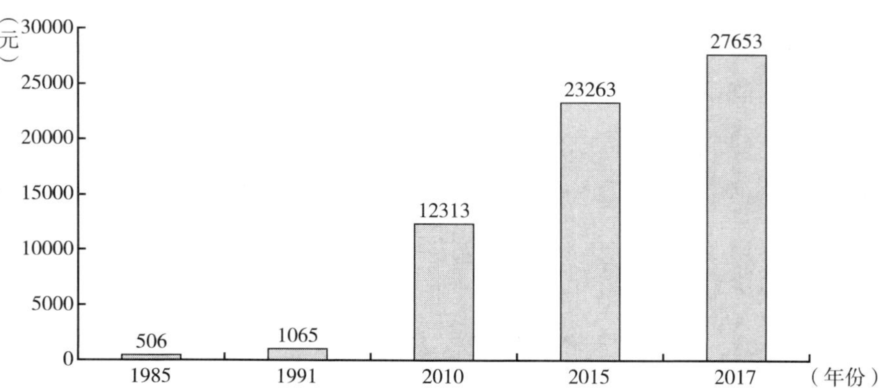

图2　1985～2017重要年份广元市人均GDP

资料来源：广元市统计局统计数据。

（二）基础设施加快完善，项目投资增势强劲

1. 投资总量迈上新台阶

投资总量从建市时 3.31 亿元一路高歌，到突破 40 亿元用了 18 年时间，从 40 亿元到突破 100 亿元只用了 4 年时间、2007 年达到 120.43 亿元，从 100 亿元到突破 500 亿元仅用了 4 年时间。三年灾后恢复重建，全社会固定资产投资实现了迅猛增长，年均增长 46.1%，2009 年，最高增速达到了 158.1%。2017 年全社会固定资产投资实现 715.13 亿元、增长 15.7%，是 8 年来最高增速。

2. 基础设施明显改善

建市时，广元道路崎岖，山高水险，“蜀道难”是广元交通几千年来的真实写照。三十多年来，区域性综合交通枢纽基本形成，宝成铁路、国道 108 线、宝成复线、普乐铁路相继建成，绵广、广甘、广陕、广巴、广南、绕城高速公路建成通车，广平高速公路开工建设。兰渝铁路、西成高铁全线开通，广元发展进入“高铁时代”。广元机场开通航线 6 条，广元港开港运行，市域内部交通网络建设不断上等升级。全市公路总里程达 1.99 万公里，其中高速公路 392 公里。100% 乡镇、95% 以上的建制村通柏油路或水泥路。能源保障体系建设步伐加快，宝珠寺电站、紫兰坝电站、亭子口水利枢纽工程、中石化元坝净化厂竣工投产，一批中小型水电站建成投入使用，天然气、风能、生物质能等清洁能源逐步开发利用，输油输气管线、电力线网等加快建设，区域性能源供给中心基本形成。农田水利基础设施不断夯实，苍溪乐园、青川曲河、朝天双峡湖等中型水库开工建设，新增灌溉面积 0.199 万公顷，改善灌溉面积 0.139 万公顷，发展节水灌溉面积 0.217 万公顷，治理水土流失面积 2.7 万公顷，嘉陵江流域中小河流治理等工程进展顺利。信息通信条件极大改善，城市光纤和无线网络系统日臻拓展，广播电视传输网络实现全面覆盖。

（三）产业发展转型升级，产业支撑不断夯实

1. 农业经济稳步推进，第一产业持续发展

建市时，农业生产条件差，抗御灾害能力弱，耕作粗放，产量极低。进入21世纪，认真落实税费改革、农业税减免、种粮补贴等各项惠农富民政策，充分调动农民生产积极性，着力发展特色优势产业和特色农产品，传统农业逐渐向现代农业跨越。2017年末，粮食播种面积26.67万公顷，粮食总产量144.96万吨、实现“十一连增”。优质粮油、生态畜禽水产、高山绿色果蔬、特色山珍、富硒富锌茶叶、道地中药材、劳务等“6+1”农业特色优势产业提质增量。“广元七绝”“剑门关土鸡”等特色农产品品牌品质不断提升，“三品一标”农产品达338个，特色农产品出口增长228.4%。创新“户改场、场入社、社接企、企连市”新型农业经营主体培育机制，初步形成以家庭农场为主，农民专业合作社、产业发展领军人、农业社会化服务超市为依托的“1+3”新型农业经营体系。被确定为国家农产品质量安全示范市创建试点，启动创建全国有机产品认证示范市。曾家山成为国家农旅文融合示范区，苍溪县成为中国特色农产品优势区和国家畜牧业绿色发展示范县。探索出以“三园一区”为载体的贫困山区统筹城乡发展路径，每年新建7个万亩亿元现代农业园区、每个县区每年至少提升1个已建园区。建成幸福美丽新村和生态小康新村上千个、新型农村社区近500个。

2. 工业经济快速增长，支撑作用初步显现

广元工业底子薄、起步晚，建市初期除棉纺织和煤炭采掘业外，其他工业以小作坊、手工业为主，后期陆续建立和发展了煤炭、轻工业、纺织、机械、冶金、电子、建材、有色金属、农副产品加工等工业企业，“5+2+1”工业产业体系基本形成。近年来，广元市大力发展食品饮料、新材料、清洁能源化工、机械电子、生物医药五大特色优势产业，实现产值625.56亿元，对规模以上工业产值增长贡献率为61.5%；突破性发展战略性新兴产业和军民融合产业，分别实现产值153.08亿元和77亿元。规模以上高端装备制造产业、新材料产业、新能源产业产值分别比上年增长66.4%、39.4%和

37%。2017年全部工业增加值实现275.14亿元，规模以上工业增加值增长9.2%，工业对经济增长的贡献率达41%，拉动经济增长3.3个百分点，工业主导地位更加巩固。规模以上工业企业465个，产值超亿元和超10亿元企业总数分别达到198户和12户。规模以上工业企业主营业务收入919.03亿元，产品销售率达98.8%，利润总额59.03亿元、利税总额81.95亿元。建成国家级广元经济技术开发区，省级旺苍、剑阁、苍溪、朝天经济开发区，青川、昭化工业集中发展区纳入《中国开发区审核公告目录（2018年版）》。

3. 商贸流通规模扩大，第三产业增势迅猛

建市时，广元是与外省物资交流的重要集散地和通商口岸，商贸流通较为活跃，但以小商小贩居多，随着工农业生产的发展，商业日益发达，逐步形成了以综合批发市场和专业批发市场为骨干，集市贸易为基础的市场体系。超市、专卖店等新的营销方式不断涌现，市场活跃，购销两旺，2017年社会消费品零售总额达371.79亿元。新兴服务业提速发展，互联网技术催生现代商贸物流、电子商务等新产业、新业态，国家电子商务进农村示范县扩大到4个。老城中央商务区等城区四大商圈和特色街区初具规模，万达广场、图腾·海博春天等商业中心投入营业，金橄榄广场、川北国际物流港等商贸物流项目即将营运。建成公用型保税仓库，中欧班列组货基地加快建设。限额以上批发零售住宿餐饮业企业222个，规模以上服务业企业77个。

4. 旅游产业发展呈现巨大潜力

广元市旅游资源丰富，文化特色鲜明，古蜀道、三国、女皇、红军、地震等地方特色文化逐步发掘，着力推进与旅游餐饮、旅游商品、旅游交通沿线形象塑造以及旅游节目的融合发展。华侨城剑门关旅游区、中青城投昭化古城旅游度假区等一批重大旅游项目落地。成功举办低碳发展与生态康养旅游名市建设国际论坛、省第二届生态旅游博览会，荣获全国森林旅游示范市称号。新增1个国家农业公园，已有5A景区1个，4A景区19个，3A景区12个，2A景区8个。2017年接待游客4514.47万人次，旅游总收入334.56亿元。

（四）财政金融连上台阶，发展后劲明显增强

1. 财政收入稳步提高

2017 年公共预算总收入达到 82.02 亿元，比上年增长 13%。其中，地方一般公共预算收入 43.99 亿元，同口径增长 13%；中央级收入 28.16 亿元，增长 14%；省级收入 9.86 亿元，增长 10.6%。在地方一般公共预算收入中，税收收入 26.28 亿元，占 59.7%；非税收入 17.72 亿元，占 40.3%。地方一般公共预算支出 250.7 亿元，增长 8.8%。

2. 金融业发展迅猛

创立广元农商银行，引进绵阳市商业银行、包商贵民村镇银行、长城华西银行、雅安商业银行。2017 年末全市金融机构各项存款余额 1418.54 亿元，比上年末增长 8.8%。其中，住户存款余额 892.79 亿元，增长 9.9%。金融机构各项贷款余额 724.31 亿元，增长 14.8%。其中，短期贷款余额 167.55 亿元，增长 6.9%；中长期贷款余额 538.09 亿元，增长 19%。

3. 保险业从无到有

保费收入由建市时的 50 万元左右增加到 2017 年的 42.38 亿元。全市有保险公司 21 家，保险机构网点 197 个。财险保费收入 10.76 亿元、寿险保费收入 31.62 亿元，财产险赔付金额达 5.42 亿元、人身险赔款和给付金额达 7.08 亿元。证券公司发展到 3 家，证券投资者资金账户 8.63 万户，全年证券交易额 369.88 亿元。

（五）改革创新全面深化，开放合作不断扩大

1. 改革创新动力活力不断激发

突出总体谋划、制度设计、基层实践和广元特色，全面深化重点领域改革。紧抓全省统筹城乡综合配套改革试点机遇，农村产权“七权同确”、构建“1+3”新型农业经营体系等经验在全省推广。国资国企改革加快推进，市文化旅游集团挂牌成立，四川省燃气有限公司注册成立。行政审批、商事制度、文化教育、医疗卫生、户籍管理、城市管理、基层治理等重点领域改

革纵深推进，社会活力明显增强。实施创新驱动发展战略，搭建服务大平台助推科创大发展，科技进步对经济增长的贡献率达到48.2%。全市有国家级高新技术企业37个，国家级高新技术产业化基地1个；省级创新型企业28个，省级特色高新技术产业化基地4个，省级重点实验室2个，省级工程技术研究中心1个。

2. 对外开放和区域合作全方面推进

建立“九广”合作机制，开展与九三中央、广东九三省委、北京九三市委的合作；建立“市校”合作机制，每年定期开展市校合作活动；建立“厅市”合作机制，与相关省厅局加强联系和沟通，广泛开展合作；建立“浙广”合作机制，充分利用在浙江对口援建、灾后恢复重建中各方面建立的友好关系，不断扩大合作领域；建立了与央企的合作机制，进一步深化了与央企的合作。加强成渝经济区、成都平原经济区对接合作，与成都、西安、哈尔滨等省会城市签订区域战略合作框架协议，合理有序承接产业转移。开展与巴中、汉中等川陕革命老区、川东北经济区城市交流与合作。与新疆乌鲁木齐、喀什等地区签订了友好城市协议，拓展了与西北地区的合作。一大批国内外知名企业和重点项目落户广元，累计引进到位市外资金超过2000亿元。

（六）新型城镇化步伐加快，城乡面貌焕然一新

山区特色新型城镇化加速推进。城市规模不断扩大，中心城区建成面积由建市初期的3.5平方公里增加到45平方公里，增长近13倍。户籍人口增加到302.62万人，常住人口达266万人，常住人口城镇化率提高到43.98%。荣获中国人居环境范例奖、中国人居环境奖、中国优秀旅游城市、全国双拥模范城市、国家森林城市、国家卫生城市，成功创建全省唯一的国家低碳城市试点市，成功入列国家第二批生态文明先行示范区。城市基础设施日臻完善，着力“西扩东进南延北拓”，城市空间全方位拓展，城市骨架明显拉大，城市品位显著提升，万缘新区崭新面貌，三江新区、东部新城、北部新城建设加快，布局合理、各具特色、功能完善、环境优美的现代城市体系初步形成。中心城区、县城、小城镇和农村社区强化四点对接，城镇空

间发展格局进一步优化，剑阁县启动撤县设市前期工作。以县域驻地镇为代表的重点城镇发展迅速，培育形成了一批特色小城镇。昭化镇入选国家第二批特色小城镇，剑门关、曾家、竹园、元山、普安、云峰、五龙、嘉川、红岩、关庄、中子 11 个镇纳入《四川省“十三五”特色小城镇发展规划》。

二　广元经济发展存在的主要问题

广元“四个没有根本改变”的基本市情仍然存在，即：发展不足、发展滞后的基本态势没有根本改变；发展不快的主要矛盾没有根本改变；总量小、在全省排位靠后的经济地位没有根本改变；整体连片贫困的发展面貌没有根本改变。

广元市还面临着双重跨越和双重任务的叠加，发展不平衡不充分的问题十分突出、更加尖锐。主要表现在：一是发展阶段落后。2017 年工业化率、城镇化率仅为 37.6% 和 43.98%，刚刚翻越工业化中期门槛，工业化道路还很漫长，城镇化还有巨大空间。公共服务短板较多，满足群众需求缺口较大，治理体系和治理能力需极大提升，精神文明、社会文明建设既不平衡也不充分。二是经济总量太小、排位靠后。广元是全省 5 个经济总量未过千亿元的市州之一，人均 GDP 仅分别为全国、全省的 46.4%、61.9%；固定资产投资体量小，是川东北经济区唯一未过千亿元的市州；经济转型发展任务艰巨，工业主导地位较弱，现代服务业占比小，科技对经济增长的贡献率低于全省平均水平；税收占 GDP 比重仅为 3.6%，财政对上级转移支付的依存度超过 80%。三是县域经济短板明显。全省综合排位靠后，除利州区列第 40 位外，其余县区均在 100 位之后；在 33 个山区县中，除利州区列第 4 位外，其余县区均在 16 位之后。部分县区综合排位呈下降趋势，与 2011 年相比，朝天区下降 17 位、昭化区下降 9 位、利州区下降 8 位、剑阁县和青川县均下降 3 位。与川东北经济区县域经济发展水平存在差距，2017 年川东北 34 个县区中，4 个县区经济总量低于百亿元，其中 3 个在广元。四是城乡发展严重滞后。城镇化率偏低，户籍城镇化率仅为 38.7%。绝大部分小城镇基础设施配套不足，垃圾、污水处理设施不完善，城镇功能不健全。城乡二元结构明显，小城市带大农村难度很大；城乡居民收入仅为全省平均水平的91.5%、88.3%，城乡居民收入比达2.6∶1；贫困村、贫困人口均占全省的6%；农村常年外出务工人员占全市总人口30%左右，“空心化”现象十分突出。五是农业农村基础不够夯实。北部生态功能区公路可达性差，生态产业转型发展受到制约。南部农产品主产区水利设施滞后，部分地区干旱严重。农业产业布局不优，农业园区分布零散，难以带动农业集中连片布局；农业新业态发展不足，农产品精深加工能力不强，“互联网+农业”、乡村旅游、休闲农业还处在萌芽阶段；农业科技支撑能力不强，农业科技人才较少，农业科研成果整体水平不高，农业现代化装备水平低；农业、农村、农民的组织化程度和市场化程度偏低，分散式小规模经营方式使农民在技术应用、产业融合、市场竞争和收入分配中处于不利地位。

三　广元经济发展的对策建议

推动广元高质量发展，必须全面落实新发展理念和省委“一干多支”发展战略，坚持市第七次党代会以来确定的目标任务不动摇，深入实施“三个一、三个三”兴广战略，统筹推进稳增长、促改革、调结构、惠民生、防风险各项工作，坚持高质量发展与快速发展并重、培育新动能与重视旧动能并重，坚持工业主导与大力发展服务业并重、中心城市率先发展与县域经济加快发展并重、发展经济与保护环境并重、产业发展与社会事业发展并重，加快推进广元转型发展、创新发展、跨越发展，加快打造川陕甘结合部区域中心城市和四川北向东出桥头堡。

（一）甩掉整体连片贫困帽子，同步全面建成小康社会

坚持把脱贫攻坚作为重大政治任务、经济建设主战场和第一民生工程，聚焦“两不愁三保障”、“四个好”目标和“六个精准”要求，打好“3+12”组合拳，如期实现贫困人口全部脱贫、贫困村全部退出、贫困县全部

摘帽，让群众住上好房子、过上好日子、养成好习惯、形成好风气。统筹精准脱贫与同步奔康、激发内力与用好外力、加大输血与增强造血、重点突破与均衡发展，破解集体经济发展、新型经营主体培育、插花贫困户帮扶、临界困难边缘户扶持、群众主体作用发挥难题，深入实施“六化行动”，实现脱贫攻坚与同步全面小康双重跨越。主动对接做好中央省级单位定点扶贫、东西部扶贫协作工作。强化人才支撑，打造规模宏大、留得住、能战斗、带不走的人才队伍。支持民主党派开展脱贫攻坚民主监督。

（二）现代产业体系加快构建，形成一核四带六链布局

把发展经济的着力点放在实体经济上，加快构建“一核四带六链”产业发展格局。坚持工业主导地位，大力发展新型工业，重点发展食品饮料、新材料、清洁能源化工、机械电子、建材家居、生物医药六大特色优势产业，突破性发展战略性新兴产业和军民融合产业，建成中国西部重要的绿色食品基地和清洁能源利用基地。高标准高水平发展现代服务业，重点发展现代物流、现代商贸、现代金融服务、电子商务等产业，建成中国西部重要的商贸物流基地。大力发展现代农业，重点发展优质粮油、生态畜禽水产、高山绿色果蔬、特色山珍、富硒富锌茶叶、道地中药材六大特色优势产业，打造红心猕猴桃、核桃、道地中药材、油橄榄、富硒富锌茶叶、剑门关土鸡、生态肉牛肉羊七大全产业链集群，建成国家现代农业示范区、国家有机产品认证示范市、国家农产品质量安全监管示范市、中国优质高端农产品供应基地。推动建筑业转型发展。大力发展大企业和企业集团，实施质量强市、品牌扩张战略，推动产业成链发展、集群发展、融合发展。激发和提振企业家精神，弘扬劳模精神和工匠精神，建设知识型、技能型、创新型劳动者大军。

（三）深入实施乡村振兴战略，构筑城乡融合发展新格局

坚定农业农村优先发展，按照产业兴旺、生态宜居、乡风文明、治理有效、生活富裕的总体要求，坚持统筹规划，打造特色农业强市，推进实现农

业农村现代化。深化农业供给侧结构性改革，注重建基地、创品牌、搞加工，加速构建现代农业产业体系、生产体系、经营体系，促进农村三次产业融合发展。支持鼓励农民就业创业，拓宽增收渠道。落实第二轮土地承包到期再延长三十年政策。推进城乡协同发展，加快农业转移人口市民化和新型农民职业化，引导更多资本、技术、人才等要素向农业农村集聚。加快建设幸福美丽新村，全面创建“四好村”，加强农村基础设施建设，加快农村土坯房改造，改善农村人居环境。积极倡导文明乡风，推进农耕文明与现代文明融合发展。强化农村基层基础工作，构建自治、法治、德治相结合的乡村治理体系。

（四）绿色发展推动崛起，建成中国生态康养旅游名市

坚持文旅兴市，加快构建科学规划、环境资源保护、全域旅游目的地、特色产业、配套服务、发展动能、推进保障七大体系，实施全域资源、资金平台、产品打造、运营管理、品牌营销五大统筹，建设核心品牌、规划设计、特色内涵、美誉程度国内知名的中国生态康养旅游名市。强化全域旅游带动，实施“旅游+”，推进生态、文化、旅游、康养深度融合，构建“一核、一极、两带、四区、五廊”的建设格局，大力推进国家级旅游度假区建设。发展康养旅游业、健康服务业、文化创意业、休闲观光农业、工业旅游业等产业，突出剑门蜀道三国文化游、温泉山水生态休闲游，开发观光、度假、康养等特色旅游产品，厚植产业基础。构建以中心城区、特色县城、特色集镇、特色村落为核心的生态康养旅游城镇体系。加快完善交通集散服务，建设提升旅游接待设施，加快推进“厕所革命”，开发特色商品和美食，完善提高智能服务水平，推进区域合作，打造大蜀道国际旅游目的地。

（五）推进以人为核心的新型城镇化，深刻改变城乡面貌

着眼川陕甘结合部区域中心城市和北向东出桥头堡战略定位，优化城镇发展空间布局，着力构建中心城区、县城、重点镇协调发展的城镇体系。更

加体现提高户籍人口城镇化率，更加重视城乡基本公共服务均等化，更加突出环境宜居和历史文脉传承，更加注重提升人民群众获得感和幸福感。坚持大规划、大统筹、大建设的思路，突出中国生态康养旅游名市引领，破解城市基础设施建设资金瓶颈，加快中心城区功能完善、品质提升、产业融合，开展重点节点、区段城市设计，推进城市生态修复和城市修补，加快城市绿化、彩化、美化、香化、亮化，创建国家园林城市、全国文明城市，建设宜居宜业宜游城市，增强人口吸附力。坚持把三江新区作为中心城区发展的主空间主战场和“特区”来建设，夯实广元高质量发展的核心增长极。极力推动重大基础设施项目、重大产业项目以及社会事业配套项目向三江新区集中布局，加快推进三江新区与铁路、公路、航空、水运和管道互联互通，形成安全高效、适度超前的基础设施体系，打造川陕甘结合部最具活力的投资价值高地、功能辐射高地、产业集聚高地。完善提升国家级广元经济技术开发区、省级经济开发区基础设施建设，不断夯实园区承载力，实现“筑巢引凤”。高质量建设东部新城、北部新城。推进中部河谷走廊一体化发展。强化县城规划和产业支撑，推进县城发展。统筹推进小城镇建设，打造一批经济强镇、商贸重镇和旅游名镇。

（六）改革开放纵深拓展，经济发展动力与活力竞相迸发

深化供给侧结构性改革。坚持提高供给质量主攻方向、深化改革根本途径、满足需求最终目的，破供给侧、生产端结构性矛盾，攻产业、产品、品牌质量性难关，增大优质公共产品和服务供给总量，走出一条有效供给精准、优质供给充分、中高端供给主导、个性化供给多样的现代化发展新路。把供给侧结构性改革重点放在振兴实体经济领域，深化“三去一降一补”，在中高端消费、创新引领、绿色低碳、共享经济、现代供应链、人力资本服务等重要领域培育新增长点、形成新动能。深化教育、文化、医疗等社会事业领域供给侧结构性改革。优化存量资源配置，扩大优质增量供给，实现供需动态平衡。同时，还要扎实推进创新驱动，坚持大开放大合作战略。

参考文献

习近平：《决胜全面建成小康社会　夺取新时代中国特色社会主义伟大胜利》，载《十九大报告读本》，人民出版社，2017 年 10 月 27 日。

中共广元市委：《关于深入学习贯彻习近平总书记对四川工作系列重要指示精神坚定落实省委十一届三次全会各项决策部署奋力推动治蜀兴川广元实践再上新台阶的决定》（广委发〔2018〕15 号），2018 年 8 月 3 日。

中共广元市委：《关于全面推动高质量发展的决定》（广委发〔2018〕16 号），2018 年 8 月 13 日。

广元市统计局、国家统计局广元调查队：《广元统计年鉴》。

广元市统计局：《广元市 2017 年国民经济和社会发展统计公报》，2018 年 3 月 2 日。

中共广元市委第七次党代会报告，2016 年 8 月 23 日。

《广元市国民经济和社会发展第十三个五年规划纲要》，2016 年 3 月 25 日广元市第六届人民代表大会第七次会议批准。

B.6
广元工业经济发展分析报告（2017 ~2018）

俞正学　朵　文　张　杰　倪　萍　杨新铭*

摘　要： 2017 年，广元工业经济发展总体平稳，总量规模不断扩大，产业结构更趋优化，但是主导产业发育不足、龙头企业缺乏等问题仍然存在，同时广元工业发展面临着国内宏观经济形势政策、产业转移等带来的机遇以及自身综合实力不强、区域竞争大等系列挑战，要实现高质量发展任重道远。建议 2018 年实施产业联动、加大投资拉动、狠抓园区集约集聚、坚持龙头企业带动、强化创新驱动、加强“两化”融合等，推动广元工业经济发展。

关键词： 工业经济　投资拉动　产业转移　广元市

2017 年，面对经济发展新阶段新形势新任务新要求，广元坚定“工业强市”发展思路，持续推进供给侧结构性改革，深化“项目年”工作部署，工业经济发展总体平稳，呈现量质齐升的良好势头。

一　广元工业经济发展现状

（一）总量效益稳步提升

2017 年，全市实现全部工业增加值 275.3 亿元，同比增长 8.4%，对

---

* 俞正学、朵文、张杰、倪萍，广元市经济和信息化委；杨新铭，研究员，中国社会科学院经济研究所。

经济增长的贡献率达到40.9%，拉动地区生产总值增长3.3个百分点。其中规上（规模以上）工业增加值同比增长9.2%，分别高于全国、全省平均水平2.6和0.7个百分点。从增长趋势来看，2017年，全市规上工业增加值增速基本在8.5%~9.5%区间波动，全年呈现平稳运行的态势（见表1）。全市规上工业总产值达到935.9亿元，同比增长18.5%；实现规上工业利润总额59亿元，同比增长42.2%，增速高于全省13个百分点，居全省第5位。

表1　全市与全省规模以上工业增加值增速对比

单位：%

地区	2016年	2017年										
		1~2月	1~3月	1~4月	1~5月	1~6月	1~7月	1~8月	1~9月	1~10月	1~11月	1~12月
全省	7.9	8.2	8.5	8.5	8.5	8.6	8.5	8.2	8.3	8.3	8.4	8.5
广元	9.7	8.4	9.1	9.6	9.1	9.3	9.3	8.8	8.8	9.0	9.2	9.2

资料来源：广元市2017年规模以上工业生产统计快报（月度快报）。

（二）产业结构更加优化

立足资源禀赋和产业基础，瞄准产业高端和高端产业，全市大力发展食品饮料、生物医药、清洁能源化工、机械电子和新（型）材料五大特色优势产业，突破性发展战略性新兴产业和军民融合产业。2017年，五大特色优势产业实现产值625.6亿元，占规上工业的66.8%，其中食品饮料、机械电子产业产值过百亿元，规模最大的食品饮料产业产值达276.3亿元、占规上工业的29.5%。战略性新兴产业实现产值153.1亿元、同比增长21.4%，占规上工业的16.4%。军民融合产业实现产值77亿元，占规上工业的8.2%（见表2）。

（三）园区建设上档升级

持续推进扩区建园，截至2017年底，全市工业园区累计开发57.6平方

表 2　2017 年全市规模以上工业五大特色优势产业产值

单位：亿元，%

名称	产值	同比增长
全市规上工业产值	935.91	18.5
一、五大特色优势产业	625.56	16.8
食品饮料产业	276.32	12.4
新(型)材料产业	94.04	23.9
清洁能源化工产业	91.04	23.9
电子机械产业	118.51	15.8
生物医药产业	45.22	20.4
二、军民融合产业	77.03	4.8
三、战略性新兴产业	153.08	21.4

资料来源：广元市统计局整理提供。

公里，建成投产 35.4 平方公里，建成各类园区 8 个，初步形成“一核、八组团”工业发展格局。成功打造国家级园区 1 个（广元经济技术开发区）、省级园区 4 个（旺苍、剑阁、苍溪和朝天经济开发区），建成主营业务收入超 200 亿元园区 1 个、超 100 亿元园区 1 个、50 亿元～100 亿元园区 4 个，国家、省级新型工业化产业示范基地各 1 个，利州区成功创建为全省第二批工业强县示范县，大石工业园被评为国家小型微型企业创业创新示范基地。

（四）投资增速排位靠前

2017 年，认真贯彻省“项目年”工作部署，建立健全“四个一批”项目工作机制，全力推进项目建设。抢抓成广合作战略机遇，围绕家居、制鞋、食品、铸造等行业开展产业招商，积极承接产业转移，签约工业项目 152 个、开工 64 个、投产 22 个。全年完成工业投资 221 亿元、同比增长 13%，增速居全省第 8 位；完成技改投资 152.3 亿元、同比增长 11.7%，增速居全省第 9 位（见表 3）。

表3　全市项目投资完成情况

单位：亿元，%

年份	工业投资		技术改造投资	
	完成额	同比增长	完成额	同比增长
2016	195.6	0.8	136.3	3.8
2017	221	13	152.3	11.7

资料来源：广元市2016年、2017年固定资产投资快报。

（五）企业实力逐步增强

大力实施大企业大集团发展工程、中小企业成长工程、“小巨人”和“专精特新”企业培育工程，加强科技创新和质量品牌建设，企业核心竞争力不断增强。截至2017年底，规上工业企业总数达465户，其中产值超亿元和超10亿元企业分别达到192户和14户，海天实业跻身全省大企业大集团百强企业，拥有国家级高新技术企业37家、国家级企业技术中心1家、省级企业技术中心6家、省级企业工程技术研究中心1个、省级重点实验室2个，中国驰名商标6件、省著名商标33件、省名牌产品75个，培育出锂电池材料、非晶大磁环等一批创新产品。

二　工业经济发展面临的主要困难和问题

近年来，尽管“工业强市”持续深入推进，广元工业经济保持了健康发展势头，但受宏观和微观经济环境影响，动能不足、增速换挡趋势明显，一些长期积累的根本性问题和结构性矛盾日益凸显。

（一）工业总量依然偏小

2017年，广元规上工业销售产值仅占全省的2.1%，居全省第17位，在川东北经济区中仅高于巴中市，而且与巴中市的差距正在逐年缩小；全部工业增加值仅占全省的2.4%（见表4）。广元经济技术开发区尽管产值占全市的28%左右，但无论是总量还是产业结构，在全省同类开发区中都没有明显优势，主导产业集群发展不足，对全市的带动力也还不强；旺苍县虽在县区中总量排位靠前，但结构不优、发展后劲不足，面临较大转型升级压力；其余县区工业总量规模不大，工业对经济发展的支撑力不强，急需做大工业总量和企业规模。

表 4　2017 年分县区规模以上工业增加值增速

单位：%

县区	苍溪县	旺苍县	剑阁县	青川县	利州区	昭化区	朝天区	广元经济技术开发区
全年	12.5	-8.2	11.4	14.1	13.2	13.2	13.5	11.5

资料来源：广元市 2017 年 12 月规模以上工业生产统计快报。

（二）主导产业发育不足

工业产业层次仍较低端，原材料资源型产业占比高达 80% 以上，对资源型产业的“路径依赖”较为明显，且资源利用深度不够、产业链条短。部分主导产业未成立专门的推进办公室、建立推进机制。县区产业多数是传统产业，产业层级不高、结构不优、竞争力不强，带动作用不明显，转型升级难度大，且产业同质化竞争问题突出。以食品饮料为例，广元市所有县区均有布局，产业趋同导致县区之间协作不好、竞争大于合作，同一产业争项目、比政策等情况使县区间内耗过大。县区主导产业不明显，产业“大杂烩”、无特色。产业链式发展滞后，专业化及协作程度不高，企业“单打独斗”多、协作配套少。

（三）新建工业大项目偏少

受政策、市场等因素影响，新开工项目特别是大项目、好项目少，工业投资后劲严重不足，规上工业增速换挡趋势明显。近年来，全市实施的总投资超 10 亿元的大项目仅“气化广元”清洁能源、中石化元坝净化厂、亭子口水利枢纽工程、日航机电产业园、七盘关国际石材城等不足 10 个，且大多为非制造业项目，缺乏持续和突破性增长的空间，对促进工业高质量发展支撑不足。

（四）龙头骨干企业缺乏

工业企业总体呈现总量少、规模小、管理水平低的特点。截至 2017 年底，全市规上工业企业户数居全省第 14 位、川东北地区第 4 位，与省内发达市州还有较大差距，如比绵阳市、南充市分别少 451 户、253 户。年产值 10 亿元以上企业仅占全部规上工业企业的 3%，年产值最高的尚未达到 50 亿元。全市还无一家工业企业在主板或创业板上市。企业管理多较粗放，大多停留在家族式管理阶段，财务制度不健全，财务状况不透明，专业技术人才引不进、留不住。多数企业产品单一，初级产品、中低档产品多，聚芳醚腈、泡沫铝等少有的高科技、高附加值产品市场拓展不足、尚未形成规模化生产。

（五）园区建设亟待提升

市内部分园区供排水、天然气及污水处理等基础设施不配套，研发设计、检验检测、金融服务等公共平台建设滞后。园区土地供求的结构性矛盾突出，供应不足和低效利用并存，项目立等用地与土地长期空置互现。不少地方未严格执行园区主导产业布局规划，产业布局散、乱、杂，特色不突出。园区企业大多“集而不聚”、关联度不高，协作配套不足，不仅造成生产成本增加，严重影响园区建设质量。特色园区打造不全面，全市至今未规划建设清洁能源化工产业园区。

三　加快广元工业经济发展的对策建议

2018 年是贯彻党的十九大精神的开局之年，是决胜全面建成小康社会、实施“十三五”规划承上启下关键年。立足广元工业经济发展现状，针对工业发展中面临的主要困难和问题，把握发展的机遇和挑战，着眼进一步加快广元工业经济发展，提出以下发展对策建议。

（一）实施产业联动，促进产业融合发展

坚持把融合作为扩大产品优质有效供给的战略路径，通过创新产业组织方式和产业形态，实现产业功能互补、多维协同、跨界服务、融合发展。

1. 做强优势产业

实施特色农业“接二连三工程”，鼓励特色优势农产品就近转化，食品饮料产业重点发展“广元七绝”、特色山珍、优质粮油等精深加工，建成一批优质食品工业示范基地和现代食品示范企业，培育特色农产品加工、休闲食品、方便食品、保健食品产业链条，争取组建食品饮料产业联盟，加快打造中国食品工业名城；按照产业集中、集约、集群要求，做大同类项，实现集约化、专业化、一体化发展。新材料产业重点发展铝材料、锂电池材料、磁性新材料、高分子合成材料等，大力延伸铝产业链条，推动产品在航空航天、轨道交通、节能环保等领域广泛应用；清洁能源化工产业重点推进天然气资源勘探开发和综合利用，同步推进风电、光伏发电等行业发展，探索开发页岩气，发展分布式能源、天然气发电，适时发展天然气精细化工，促进中石化元坝天然气净化有限公司、四川燃气集团、吉通能源产能释放或达产达效；机械电子产业重点发展电子装备、智能终端设备和高档数控、通用航空等领域，加快宏天电子信息产业园建设，加快推进广元机电产业园企业入园投产步伐，扩大新能源汽车及关键零部件、非标设备、高端数控机床、精密电子装备、智慧家电等产品制造规模；建材家居产业着力发展绿色家居、装配式建筑构件等产品；生物医药产业主要以现代中药和健康养生行业为重点，加快推进杜仲、天麻、柴胡、川明参、茯苓、夏枯草等优势道地药材规模化、标准化种植（养殖）基地建设，大力引进培育龙头企业，加快推进企业 GMP 认证和新产品研发生产，做强清脑复神液等一批优势中医药大健康品种，推进生物医药与医疗、康养、旅游等有机融合。

2. 突破性发展战略性新兴产业和军民融合产业

狠抓生物医药、新材料、新能源汽车、新一代信息技术等战略性新兴产业发展，加快构建战略性新兴产业发展载体平台，健全完善配套政策，推动

企业规模化、产品产业化。重点发展以高端装备智能制造、智能安防、新能源特种车辆、核环保医疗康养等为主的军民融合产业，加快剑阁军民融合集中发展区建设，推动军民两用技术双向转化和产业化，加大与成都、西安、重庆等地以及与九院的合作，做实国家新型工业化产业示范基地（军民结合·四川广元）、广元军民融合高新技术产业化基地，积极推进以广元为重要节点的成都—广元—西安军民融合产业示范带建设。

3. 发展先进制造业

着眼配套高端制造业和制造业高端领域，聚焦新一代信息技术、节能环保、高端装备制造、新能源汽车等领域，扩大优质产品供给。深入实施“互联网+”“标准化+”“品牌+”“机器人+”等专项行动，推广“互联网+协同制造”，加快广元市云计算大数据中心建设项目建设及一期项目的运营管理，实施制造业全价值链信息化、智能化改造，推进智能生产线、数字化车间、智慧工厂建设。

4. 推进融合发展

加快三次产业融合发展，鼓励食品饮料、生物医药等工业企业建设生产原料基地，产业化生产优质农（副）产品、中医药大健康产品和特色旅游产品等；支持工业企业向一产、三产拓展研发设计、原料购买、仓储物流、销售及售后服务等环节；有序发展工业旅游，推进工业园区及厂区景区化、工业生产过程旅游化、工业产品旅游商品化。推进产业链垂直整合，加快工业产业内部融合发展，构建更加完整的产业链条。

（二）加大投资拉动，项目促进跨越发展

项目是集聚生产要素的重要载体。作为经济欠发达地区，只有不断地实施项目建设，才能形成大的增长力量、促进大的要素聚集、产生大的生产效益。

1. 加大工业投入

着重围绕优势特色产业、规划的产业园区、优势产品和高附加值产品等进行投资，积极招引建设高技术含量、高加工深度、低资源消耗、低污染排

放的项目。

2. 做好项目的组织实施

实行重大项目推进机制和重大项目定期会商、督查制度，协调解决项目建设中的资料报批、土地征用、环保评审、搬迁安置等重大问题，督促项目建设进度，确保项目早开工建设、早竣工投产、早达产见效。深化成广合作，加大承接成都、深圳等地产业转移力度，抱团引进家居、制鞋、食品、石材等产业项目。

3. 抓好项目基础工作

定向跟踪已获得核准、备案及施工许可的拟开工工业项目，掌握项目建设进度。坚持经信、发改、统计等部门定期会商机制，加强工业投资和技改投资监测分析，优化工业投资结构。

（三）坚持龙头带动，大中小微配套发展

实行分类指导，培育经济增量支撑。

1. 加强企业梯度培育

以企业为主体，发挥市场机制作用，支持企业加强战略重组，强化政策保障，加快培育一批主业突出、结构合理、核心竞争力强的大企业大集团。加大水电、煤炭、天然气等资源向优势企业倾斜配置力度，促进优势资源向优势企业集中，推动企业加快技术改造和技术创新，提升产品优势，迅速提高企业规模和增强竞争实力。重点支持产业链龙头骨干企业建立国家级和省级企业技术中心。鼓励企业实现低成本快速扩张。加快企业体制改革，推动建立完善的现代企业制度。全力支持有条件企业做好改制上市工作，积极培育成长型强的中小企业在深交所中小企业板上市，鼓励有条件的企业在海外上市。

2. 强化质量和品牌建设

推进质量强市建设，支持企业改进和加强管理，优化生产和管理流程，增强质量意识和精品意识。开展消费品工业“三品”（增品种、提品质、创品牌）专项行动，大力推进企业标准化、工业设计人才队伍和产业基地建

设，支持企业依托专利技术和优质产品创建品牌，加快功能性、结构性、智能型的新产品和军转民产品开发，认真组织实施工业新产品的推广应用，着力提升高品质产品有效供给能力和水平。

（四）狠抓“两化”互动，集中集聚集约发展

围绕规模化、基地化、特色化，深入推动产业要素资源向园区集中布局，支持产业园区集群化发展，着力提高产业集聚规模效益。

1. 强化园区规划布局

坚持“一园一主业、园区有特色”，以产业定位、空间布局、功能分区和循环经济为重点，全面优化园区布局，着力形成“一核、八组团”的产业空间格局。依托城市发展产业园区，充分利用城市公共和生活服务设施，推进产业发展和现代交通、物流相配套，形成产业园区和城市共建共荣格局。

2. 加强园区基础设施建设

不断创新园区基础设施建设的投融资体制，形成多层次、社会化、市场化的投入机制。创新园区基础设施建设的投融资体制，多渠道筹措建设资金，加大对园区公共配套基础设施的投入，不断完善园区供电、给排水、供气、道路、环保、通信、消防等基础设施。加快中国西部（广元）绿色家居产业城等重点园区建设。

3. 加强园区招商引资力度

坚持园区建设和项目招商同步进行，实现两者间的良性互动。加大入园项目的评估和审查力度，提高产业园区的开发利用水平，提高单位土地面积的投资强度和产出效益。

（五）强化创新驱动，技改提升转型发展

1. 致力技术创新

深入实施大开放大合作战略，加快完善产学研用深度融合的技术创新体系。重点围绕成广、浙广、九广合作，积极引导发达地区高校、科研院所、

检测机构、优势企业等与我市开展深入合作，联合组建集研发、检测等功能为一体的产学研平台，共享研发、检测等设备，联合攻关产业基础、共性、瓶颈技术，积极承担国家、省重点科研攻关项目。支持龙头企业加强产业链上下游合作，提升协同创新能力，加大科技成果转换力度。

2. 加强企业技术改造

支持工业企业在工艺研发、生产流程中实现技术突破。推广应用自动化、数字化、网络化、智能化等先进制造系统、智能制造设备及大型成套技术装备，支持重点企业瞄准世界前沿技术，加快装备升级和生产线改造。鼓励传统特色工业企业购置先进适用设备，实施设备更新，加快产品升级换代，提高产品技术含量和附加值。推广“互联网+”应用，提高企业创新水平、管理水平以及生产效率。

3. 注重管理创新

通过示范企业典型引路的方法，分批次建立规范的现代企业制度，实现体制创新、制度创新和机制创新，推动企业转型升级、健康发展。

（六）加强“两化”融合，信息带动协调发展

坚持把信息化带动工业化作为加快广元新型工业化进程、促进工业转型升级的战略重点，大力推进信息技术在工业各领域的应用、渗透和融合。

1. 实施“两化”融合重点工程

以国家新型工业化产业示范基地、国家先进电子产品及配套材料高新技术产业化基地为载体，重点在食品饮料、清洁能源化工、机械电子等传统优势产业和战略性新兴产业筛选一批重点企业，推广和深化信息技术，启动实施一批“两化”融合示范项目，提升企业设计研发数字化、生产加工智能化、市场营销网络化、企业管理信息化水平。

2. 加强“两化”融合服务体系

积极开展“两化”融合的规划制定、组织实施等工作。培育和发展集信息化规划、咨询设计、项目实施、专业培训等于一体的信息服务业，切实为企业提供相关服务和支持。

参考文献

《广元市 2017 年国民经济和社会发展统计公报》。

中共广元市委：《关于深化供给侧结构性改革加快产业发展的决定》，广委发〔2017〕19 号，2017 年 10 月 30 日。

中共广元市委：《关于全面推动高质量发展的决定》，广委发〔2018〕16 号，2018 年 8 月 13 日。

广元市人民政府：《关于印发〈广元市“十三五”工业发展规划〉〈广元市“十三五”工业布局规划〉的通知》，广府发〔2017〕9 号，2017 年 3 月 17 日。

B.7

乡村振兴视野下广元农业农村经济发展报告（2017 ~2018）

石韬　唐勋　杜宇　彭浩*

摘　要： 2017年，广元以农业供给侧结构性改革为主线，按照“一主一园三突破”工作思路，全市农业农村经济发展取得扎实成效。作为“四区合一”、发展不平衡不充分的集中连片贫困山区，广元农业农村发展还面临着农业供给侧结构性矛盾日益加剧、农业生产成本逐年攀升、农民增收难、新型农业经营主体带动乏力、农业产业化经营水平不高、农业现代化进程缓慢等问题。2018年，建议从规划引领、农业供给侧结构性改革、重点领域关键环节改革、人才队伍建设等方面着力，为实现乡村振兴战略实现良好开局提供支撑。

关键词： 乡村振兴战略　广元农业发展　农村经济

党的十九大报告中对实施乡村振兴战略提出了总要求，即“产业兴旺、生态宜居、乡风文明、治理有效、生活富裕”。分别从乡村的生产发展、生态建设、精神面貌、社会治理、生活状态这五个角度提出具体要求。作为“四区合一”、发展不平衡不充分的集中连片贫困山区，广元要在新形势下抢抓乡村振兴战略机遇，加快农业农村发展，就要找准突破路径，抓好重点

---

* 石韬、唐勋、杜宇、彭浩，中共广元市委农村工作委员会。

载体，促进城乡经济全面提振，助推经济社会稳定持续健康发展，实现大发展大跨越大崛起。

2017年，在市委市政府的坚强领导下，全市上下以习近平新时代中国特色社会主义思想为指引，坚持稳中求进、加快发展工作总基调，坚定不移实施“三个一、三个三”兴广战略，围绕实现整体连片贫困到同步全面小康跨越目标，以农业供给侧结构性改革为主线，按照“一主一园三突破”工作思路，凝心聚力、创新进取，全市农业农村经济发展取得扎实成效。

一　广元农业农村经济发展现状

（一）农民收入持续增加，农村经济稳步增长

2017年，第一产业增加值113.16亿元，比上年增长3.8%，对经济增长的贡献率为7.4%。农民人均可支配收入10801元，增长10.0%，增速高于全省0.9个百分点，高于全国1.4个百分点，居全省第3位。全年转移输出农村劳动力96.55万人、增长0.16%，实现劳务总收入188.7亿元、增加10.6%。

（二）农业结构调整步伐加快，农村一二三产业融合程度显著提升

2017年，坚持建基地、搞加工、创品牌、促融合，优质粮油生产稳中略增，全年总产粮食144.91万吨、油料22.12万吨，分别增长2.27%、0.4%，实现“十一连增”和“十四连增”。生态畜禽水产稳中向好，高山绿色果蔬呈现“果快蔬稳”，特色山珍快速发展，富硒富锌茶叶增长较快，道地中药材大幅提速，农产品加工业、休闲农业、农村电商竞相发展，一二三产业深度融合。建成全国休闲农业与乡村旅游示范县1个，中国美丽田园和最美休闲乡村5个、省级休闲农庄13个、农业园区A级景区8个，融合园区面积突破50万亩。朝天区、旺苍县建成全省首批12个林业生态旅游示范县。全市乡村旅游共接待游客2145.16万人次，实现旅游收入68.27亿

元。成功争取国家级电子商务进农村综合示范项目4个，省级电子商务脱贫奔康示范县3个，成功培育开设网店617个，培育涉农电商企业170户，通过京东广元馆、阿里巴巴广元馆等市内外重点电商平台实现农村网络销售额52096万元，其中农产品网络销售额26379万元。

（三）推行绿色低碳循环生产方式，农业绿色化发展水平稳步提升

大力推行循环种养、林下种养、稻渔综合种养等绿色生产模式，秸秆综合利用率83%以上，畜禽粪污综合利用率65%以上。2017年化肥、农药使用量继续呈下降趋势，主要农作物农药使用同比减少57.1吨，同比减少3.07%；主要农作物化肥使用量同比减少600吨，同比减少0.54%。新技术示范推广力度持续加大，主要农作物绿色防控率达到32%，专业化统防统治覆盖面达43%，水肥一体化技术推广面积25万亩。旺苍县、青川县被国家认监委授予国家有机产品认证示范区，广元市成为全国唯一拥有两个示范区的地级市。青川县被四川省人民政府认定为第一批四川省食品安全示范县。青川县被中国食用菌协会授予“食用菌之乡”荣誉称号。苍溪县获得国家级出口猕猴桃质量安全示范区称号。

（四）农业产业园区蓬勃发展，带动能力不断增强

突出融合建大园区，盘活资源建示范园，精准到户建小庭院。新建现代农业园区7个，提升7个，累计建成现代农业园区92个，核心区面积94万亩。其中国家现代农业示范区1个、省级现代农业园区7个，示范带动建成优势特色农业产业基地260万亩。新建村特色产业示范园782个、户办产业小庭园6.99万个，分别累计达到1472个、19.8万个。建成全国一村一品示范镇1个，国家级农业公园1个、省级现代农业融合示范园区2个。

（五）农业科技创新能力不断增强，为农服务能力明显提升

新组建特色优势产业科技创新团队6个，涵盖农产品种类31个，基本实现对主要农产品全覆盖。各级农技推广机构达到482个，农技人员2259

人，农业社会化服务组织 7431 万个。新培育新型职业农民 1.2 万人。推广农业主导品种 62 个、主推技术 72 项，主要农作物良种覆盖率达到 99.9%。农作物耕种收综合机械化率达到 81.9%。累计建成益农信息服务社 1151 个。建成监测中心、监测站、监测点 50 余个，农畜产品质量检测合格率达 98.6%，居全省前列。建立健全生产加工流通质量安全标准 48 项。农业科技贡献率达到 59.5%。

（六）农村综合改革取得新突破，农村发展活力不断激发

农村各类产权确权登记完成 99% 以上，在全省率先基本完成土地确权登记颁证，全市耕地流转总面积 105.23 万亩，流转率达到 41.6%，高出全省 5 个百分点。全市已完成 1579 个村、7744 个组的清产核资和成员认定，清理集体经营性资产 24431.11 万元、非经营性资产 45547.21 万元、集体资源性资产 48271.76 亩，确认农村集体经济组织成员 382999 人。全市 739 个贫困村村集体经济组织实现全覆盖，贫困村村平集体经济收入 1.53 万元、人均 22.12 元。新型经营主体培育扩量提质，新引进投资 2 亿 ~3 亿元以上农业企业 11 家，培育销售过亿元龙头企业 11 家，全市农业产业化重点龙头企业达到 313 家，新培育农民合作社 566 家、家庭农场 948 家、农业社会化服务超市 184 家，各类新型经营主体累计达到 7578 家。

二　广元农村经济发展存在的主要困难和问题

由于广元是典型的农业大市、整体连片贫困地区，乡村地域广、面积大、人口多，农业农村发展还面临着诸多问题和困难，主要表现在以下六个方面。

（一）农业供给侧结构性矛盾日益加剧

低水平供给和高水平需求不相适应，无公害、绿色特别是高端有机农产品数量少、规模小。虽然全市特色农业产业都有较大发展，产品产量较上年

都有较大增长，但产业发展不均衡，既与市场需求结构转型升级不相适应，也与全市禀赋资源优势不相匹配。

（二）农业生产成本逐年攀升

随着大量农村劳动力转移到工业和服务业就业和人口增速的下降及老龄化，劳动力实际工资逐年增长，农业生产的劳动力机会成本显著提高。同时，土地成本和化肥、农药等农业生产投入品价格不断上涨，显著影响农产品生产成本，降低了广元农产品在国际市场的比较优势和竞争力。据调查，2017 年尿素零售价格 2500 元/吨，比 2016 年上涨 19%，以水稻生产为例，化肥价格攀升导致农业生产成本每亩增加10 元。

（三）农民增收难度加剧

绝对额逐年拉大，增幅逐年收窄。2012～2017 年，广元农民收入与全国、全省平均水平差距拉大。2017 年广元农民人均可支配收入与全国的差距由 2012 年的 2268 元扩大到 2631 元，与全省相比差距由 2012 年的 1352 元扩大到 1426 元。从收入来源来看，农民工资性收入仍然是主要收入来源，经营性收入增长动力减弱，财产性收入占比很小。2017 年，广元农村居民人均工资性收入 4651 元，同比增长 8.7%，占农村居民人均可支配收入的比重为 43.1%；农居人均经营净收入 3655 元，增长 11.2%，占农村居民人均可支配收入的比重为 33.8%；人均财产净收入 128 元，占农村居民人均可支配收入的比重仅为 1.2%。

（四）新型农业经营主体带动乏力，“谁来种地”问题严峻

占农民工总量 49.7% 的新生代农民工基本没有参加过农业生产且早已习惯城镇生活，不会种地也不愿种地。新型经营主体“小”“散”“弱”现象突出，带动力不强。

（五）农业产业化经营水平不高

近年来国家对传统粮油、生猪投入逐年增加，但是对猕猴桃、蔬菜、土

鸡、牛羊等特色产业发展投入不足，市本级财政扶持额度小，做大特色产业基地、开发特色农产品、做强龙头企业、发展产业化经营等急需大量资金投入。农产品初加工和精深加工不足，全市农产品初、精深加工业总量仅占全省的3%，农产品加工业产值与农业产值之比约1.2∶1，远低于全国2∶1的平均水平。农业政策性保险面窄，农民合作社、龙头企业带动力弱，农业新型经营主体培育起步较晚，示范作用不明显，受经济下行压力、部分大宗农产品市场行情波动、农业生产资料涨价和环保政策约束等因素影响，相当一部分农业企业经济效益下滑，部分农业经济主体面临较大的经营风险和经济压力。

（六）农业现代化进程缓慢

广元市作为典型的西部连片贫困地区，全市贫困村占到全市行政村的29.75%，占到全省贫困村的6.4%，贫困程度较深，自然条件艰苦，灾害频发多发，农业基础设施薄弱，因广元农业科技、现代化装备等现代农业生产要素推广、装备困难，农业科技化、机械化水平较低，导致广元市农业现代化进程推进受阻，农业科技化、机械化水平较低，农产品附加值和农业土地产出效率有待提高。

三　乡村振兴战略下广元农村经济发展对策建议

2018年，是全面贯彻落实党的十九大精神、实施乡村振兴战略的开局之年，是实施“十三五”规划承上启下、加快特色农业大市向特色农业强市跨越的关键之年。要坚持以习近平新时代中国特色社会主义思想为指导，全面贯彻落实党的十九大和习近平总书记对四川工作重要指示精神，按照中央、省委和市委的部署要求，坚持把实施乡村振兴战略作为总抓手，着力抓好精准脱贫攻坚、特色产业发展、深化改革创新、污染防治攻坚、人才队伍建设五大任务，夯实产业、人才、文化、生态、组织振兴基础，高质量打赢脱贫攻坚战，实现乡村振兴战略实施良好开局。

（一）坚持规划引领，统筹推进乡村振兴

1. 科学编制乡村振兴发展规划

着力优化乡村发展布局，以规划“全域覆盖”为目标，开展“乡村规划攻坚年”行动，力争在三年内实现乡村规划全覆盖。启动编制广元市乡村振兴战略规划（2018～2022），分别明确至2020年全面建成小康社会和2022年召开党的二十大时的目标任务，细化实化工作重点和政策措施。各县（区）编制与国民经济社会发展五年规划相对应的乡村振兴规划，加强县域新村建设总体规划与县域村镇体系规划、农业产业发展规划、土地利用总体规划的衔接，各行业牵头部门分别编制分项子规划，形成“多规合一”。

2. 统筹推进“十大行动”

按照市委、市政府《关于实施乡村振兴战略加快建设美丽乡村幸福家园开创“三农”工作新局面的意见》相关要求，层层明确责任分工，落实“十大行动”具体牵头部门和参与部门，科学制订实施方案、行动计划和政策措施。

3. 加快建设幸福美丽新村

着力打造幸福美丽新村升级版，深入实施“五大行动”，加大传统村落保护，开展“四好村”创建，突出抓好特色镇建设，抓好旺苍县、青川县、利州区省级幸福美丽新村示范县省级示范片建设，抓好农村人居环境整治，加强农村生态系统治理和保护，推进乡村全域景观化景区化，构建乡村治理新体制。

4. 抓好乡村振兴规划试点

着力打造实施乡村振兴战略示范区，出台实施乡村振兴战略激励办法，抓好利州区、昭化区乡村振兴规划省级试点工作，启动7个市级乡村振兴先行先试试验区建设。

（二）以农业供给侧结构性改革促进产业融合发展

1. 聚焦聚力特色主导产业发展主攻方向

持续深化农业供给侧结构性改革，加快构建以六大特色产业为支撑的现

代农业产业体系、生产体系、经营体系。聚力打造红心猕猴桃、核桃、道地中药材、油橄榄、富硒富锌茶叶、剑门关土鸡、生态生猪肉牛羊七大特色产业全产业链集群。抓紧推动落实苍溪红心猕猴桃、朝天核桃、剑门关土鸡、道地中药材四大全产业链规划，编制出台油橄榄、富硒富锌茶叶、生态猪牛羊有机鱼全产业链规划。

2. 强力推进“三园”联动建强产业基地

全年新建现代农业园区 8 个、提升 7 个，新建村特色产业示范园 270 个、户办产业小庭园 5 万个，新增和提升特色优势产业基地 22 万亩，新改扩建畜禽标准化养殖场（小区）58 个。创建省级特色农产品优势区 3 个。新培育现代林业产业基地 15 万亩，打造核桃、油橄榄、笋用竹、花椒产业优势区带。加快推进猕猴桃、茶叶、高山露地蔬菜、核桃、生态有机鱼等优势特色农产品有机示范基地建设，完成有机认证 8000 亩，建成有机示范推广基地 60 万亩。

3. 集中打造以“广元七绝”为核心的品牌营销体系

加快制定“广元七绝”区域公用品牌管理使用办法，丰富和拓展“广元七绝”品牌的内涵和外延。严格监管七大特色产业生产过程，力争把红心猕猴桃、广元黄茶、广元生食蔬菜等生产标准创建成行业标准、国家标准，制定（修订）生产技术标准和产品质量标准 10 项以上。实施孵化、提升、创新、整合、信息等品牌创建“五大工程”，大力发展“三品一标”农产品。大力实施“广元七绝”产品“走出去”战略，积极推进电商营销，认真组织参加部省举办的农产品推介活动。

4. 大力推进农产品初加工和精深加工

积极引进农业龙头企业和工商资本加强全产业链打造，建立完善冷链物流、仓储等服务体系，把更多广元特色农产品转化为优质初加工产品和高附加值食品。全市新建农产品初加工设施 55 座，农产品产地初加工率达 55% 以上。

5. 招大育强新型农业经营主体实现整体扩量提质

围绕七大特色产业，在每个产业的种养端、加工端等分别至少引进、培育1～2家有发展潜力和带动力强的领军企业。全年新培育农民合作社150个、家庭农场200家，创建省级农民合作示范社12个、家庭农场17家。深化农企利益联结机制，力争年内实现农企利益联结覆盖面达85%以上。

6. 着力深化农业科技创新引领行动取得突破

加强院（校）合作，健全完善特色优势产业专家团队，构建七大全产业链集群发展的科技支撑服务平台，广泛集成运用最新科技成果取得突破性进展。重点开展苍溪红心猕猴桃、广元灰鸡、青川中蜂和广元黄茶等特色产业新品种选育培育，着力推进猕猴桃溃疡病、核桃病虫害和牛羊布病净化等关键技术攻关。积极开展核桃、油橄榄、道地中药材等产业技术攻关和成果应用推广。加强农业绿色发展模式、农业废弃物资源化利用等生态循环生产技术研究。

7. 突破性发展新产业新业态

大力实施“接二连三”工程，培育发展乡村旅游、生态康养、农村电商、冷链物流等新产业新业态。深化拓展“百镇建设行动”，年内新申报、备案15个试点镇，通过省级验收命名2个特色小镇。积极发展“农业＋旅游”“农业＋康养”“农业＋互联网”产业，力争全市农产品网络销售额占农业总产值比重达6%以上。加大智慧农业建设，市新建物联网基地1个。加快推进信息进村入户工程，新建益农信息社918个。

（三）推动重点领域关键环节改革创新，增强乡村振兴制度性供给

1. 夯实巩固农村土地制度改革基础

落实好第二轮土地承包到期后再延长30年的政策，依法保护集体土地所有权、稳定承包权、放活经营权。落实宅基地所有权、资格权、使用权“三权分置”。用好土地增减挂钩政策。确权登记颁证率和确权登记数据交汇率均达100%，耕地规模经营面积增长2%。

2. 深化农村集体经济产权制度改革

全域推进农村集体产权制度改革，按照“政经分离、分置运行”要求，

全面推行以经营性资产股份制改造为主的集体产权制度改革，抓住产权确权、产权市场、产权交易三大关键环节，充分发挥市场资源配置作用，发展股份合作，构建新型农村集体经济组织。积极探索实践“以资源转资本、以服务促增收”的集体经济多元发展模式。抓好昭化区、青川县省集体经济试点县工作，2018 年拟退出的 232 个贫困村集体经济要全部完成省级验收，非贫困村年内基本完成清产核资工作。

3. 强化创新多元投入支农体制机制

深化农业农村投融资改革增强资本要素供给，推广贫困县统筹整合使用财政涉农资金试点经验和财政资金“五补五改”模式，加快建立“县投市补”激励机制和涉农资金统筹整合长效机制。健全支持乡村基础设施建设投资政策，全覆盖构建市县农业政策性担保体系。发挥财政“四项基金”作用，探索建立乡村振兴专项发展基金，吸引撬动金融、国有、民营等资本参与乡村振兴。鼓励农村金融机构创新金融产品和服务，完善乡村经营服务网络。继续实施“扶贫再贷款＋个人精准扶贫贷款/产业带动贷款”模式。推进土地承包经营权、宅基地使用权抵押融资，加快发展土地金融。健全河（湖）长制工作体系，促进河（湖）生态环境、水质持续改善。

4. 持续深化供销合作社综合改革

全面推进全市供销合作社系统“双线运行体制机制”改革，着力构建“一体双线三化五支撑”运行机制。组建广元市供销投资集团，推进企业向集团化发展，市本级完成农资、农产品、再生资源“三大集团”组建。完善“3×4＋N”农业社会化服务体系，积极推进农村电子商务发展，加快县乡物流快递网络建设与运营，大力开展土地托管服务。

（四）加大乡村振兴人才队伍建设

1. 加强基层干部队伍建设

选优配强村党组织书记，实施“乡村振兴精英培育计划”，持续推进“村党组织带头人学历提升计划”，整体推进“村级后备干部培育工程”。继续选派市县乡机关干部到贫困村党组织担任书记或第一书记。选优配强乡村班子力量，分层分级开展基层党组织书记、党务干部全覆盖培训。抓好党员发展教育管理，注重在返乡回村“能干人”、本村“实干家”中发展党员。稳步推动人才管理职能简政放权，探索扩大基层用人主体自主权。建立急需紧缺人才援助机制，选派党政机关干部人才开展对口援助。

2. 加强农村专业人才队伍建设

建立人力资源开发机制。实行“岗编适度分离”新机制，引导行业科技人员、专业技术人员向基层流动。落实乡村教师“县管校聘”。实施“三支一扶”、特岗教师、农村订单定向医学生免费培养、贫困地区定向医学专科生引进项目、全科医生转岗培训项目等乡村人才支持计划，进一步引导和鼓励高校毕业生到基层锻炼成长。采取“师带徒”等形式，打造广元乡村工匠。大力加强农村专业人才队伍建设。全年认定生产型、经营型、技能服务型、技能带动型、社会服务型五类农村实用人才2000人。

3. 大力推动返乡下乡创业

加快实施“五大到乡工程”，建立健全返乡下乡创业推进机制，推动制定和落实落地金融扶持、土地使用等支持返乡下乡创业政策，抓好剑阁县、苍溪县返乡创业试点县工作，新建返乡下乡创业园7个，新增返乡下乡创业实体1000个。统一研究制定管理办法，允许符合要求的公职人员回乡任职。研究引导和支持退休干部、知识分子和工商界人士等新乡贤返乡扶持政策。

4. 加快培育生产经营管理人才

积极筹备组建乡村振兴学院，发挥培育新型农业经营主体主阵地作用。健全完善新型农村经营人才扶持政策，实施新型农业经营主体带头人轮训计划。健全农业产业发展领军人评价激励机制。统筹制定培训规划，构建政府、院校、企业“三元一体”的新型职业农民培育体系。聘请50位高校专家和100名具有丰富实践经验和教学经验的农业专业技术人员作为新型职业农民培训的师资力量，逐步建立初、中、高三级新型职业农民教育体系，支持新型职业农民通过弹性学制参加中高等农业职业教育。积极开展职业农民职称评定试点。

参考文献

陈放：《乡村振兴进程中农村金融体制改革面临的问题与制度构建》，《探索》2018年第3期，第163~169页。

黄祖辉：《准确把握中国乡村振兴战略》，《中国农村经济》2018年第4期，第2~12页。

刘晓雪：《新时代乡村振兴战略的新要求——2018年中央一号文件解读》，《毛泽东邓小平理论研究》2018年第3期，第13~20、107页。

张军：《乡村价值定位与乡村振兴》，《中国农村经济》2018年第1期，第2~10页。

陈秧分、王国刚、孙炜琳：《乡村振兴战略中的农业地位与农业发展》，《农业经济问题》2018年第1期，第20~26页。

B.8 广元服务业发展分析报告（2017 ~2018）

安小宁　王步勇　梁　杰　汪谌林*

摘　要： 近年来，广元服务业保持稳中向好发展态势。旅游、康养、商贸、现代物流、电子商务等重点行业加快发展，中国生态康养旅游名市建设加快推进，服务业呈现“总体规模快速增长、产业结构逐步优化、经济贡献日益提升”的良好发展态势，2017年，全市实现服务业增加值291.95亿元。下一步，广元服务业发展紧紧抓住国家实施“一带一路”“长江经济带”“新一轮西部大开发”“东西部扶贫协作对口帮扶”等重大战略发展机遇，充分发展生产性和生活性服务业，优先发展五大新兴先导型服务业，推动服务业成为全市经济发展的主导产业，为全市经济社会发展注入新的活力。

关键词： 服务业　供给侧改革　一带一路　开放合作　广元市

一　广元服务业发展现状

（一）总体规模不断扩大

广元服务业规模呈平稳扩大趋势，“十二五”累计实现服务业增加值

* 安小宁、王步勇、梁杰、汪谌林，广元市商务局。

888.81亿元，按可比价格年均增长9.9%。2015年，全市服务业增加值突破200亿元，达到220.14亿元，仅当年服务业总量就已经超过了2007年全市的生产总值。2017年全市实现服务业增加值291.95亿元，增幅排全省第8位（见图1）。

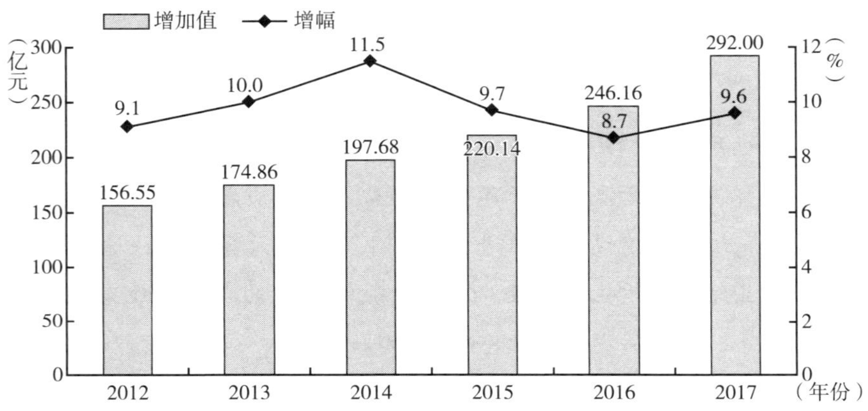

图1　2012～2017年广元服务业增加值及增幅

资料来源：《2017年广元市统计年鉴》。

（二）内部结构不断优化

广元服务业产业结构逐步优化，交通运输、批发零售业、住宿和餐饮业等传统服务业比重逐步下降，金融、房地产等现代服务业比重逐步提高，旅游、现代物流、电子商务、会展等新兴服务业发展迅速。2017年金融、房地产现代服务业增加值占比10.7%，以仓储邮政、交通运输、住宿餐饮为代表的传统服务业增加值占比下降到29.1%。

（三）投资比重持续扩大

2012～2017年，广元累计实现服务业固定资产投资2135.17亿元，年均增长近8%，由2012年的307.36亿元增加到2017年的439.01亿元，增长了42.8%。2017年完成服务业固定资产投资439.01亿元，占全社会固定资产投资总额比重达到61.4%，高于一、二产投资之和，服务业成为推动投资的重要力量（见表1、图2）。

表1　2012～2017年广元服务业投资及比重

年份	服务业固定资产投资(亿元)	全社会固定资产投资(亿元)	比重(%)
2012	307.36	515.30	59.6
2013	322.69	541.09	59.6
2014	332.77	561.74	59.2
2015	350.98	583.23	60.2
2016	382.36	618.35	61.8
2017	439.01	715.13	61.4

资料来源：《2017年广元市统计年鉴》。

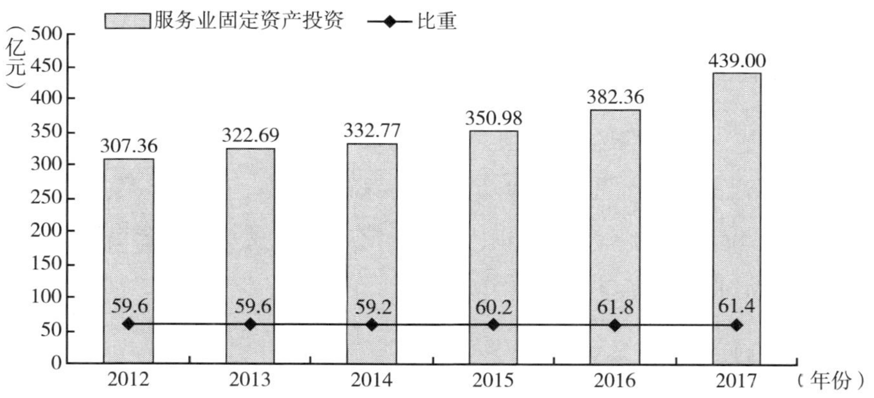

图2　2012～2017年广元服务业投资及比重情况

资料来源：《2017年广元市统计年鉴》。

（四）经济效益日益提高

2017年广元服务业占GDP比重达到39.9%，较上年相比提高2.6个百分点，对全市经济增长贡献率达到45.7%，平均拉动GDP增长3.7个百分点。服务业实现税收收入37.98亿元，比上年增长了15.1%，占全市税收比重59.9%。

（五）发展环境不断改善

“十二五”以来，广元制定出台了《2014～2017年的服务业发展四年行动计划实施方案》《中共广元市委、市人民政府关于进一步加快服务业改革发展的实施意见》等支持服务业发展的政策文件，创造了良好的发展环境。服务业利用外资和社会资本投入规模逐步扩大，万达、图腾、卓新、万贯、红星美凯龙等知名企业相继落户广元，沃尔玛、肯德基、麦当劳等国际知名企业落户广元。

二　广元服务业存在的主要问题

（一）经济总量偏小

2017年，全省服务业增加值总量达1.84万亿元，广元服务业增加值291.95亿元，占全省比重仅为1.59%，仅高于巴中、资阳、阿坝和甘孜，排全省第17位，在川东北5市州中排第4位。广元服务业占全市GDP的比重为39.9%，低于全省9.8个百分点。

（二）县区发展不平衡

服务业区域发展不平衡的问题比较突出，从总量比较看，利州区占全市服务业的比重达到37.2%，其他县区均未超过17%，其中，青川县、朝天区占全市服务业的比重还未到5%，难以形成多点多极支撑；从增幅上看，2017年仅有苍溪县、剑阁县增速超过或达到10%，其他县区均在10%以下，其中，青川县差目标进度达1.5个百分点，县区服务业发展不平衡的问题仍然十分突出。

（三）市场主体队伍薄弱

目前全市仅有规上服务业企业77户，还未有1户企业进入全省服务业

“三百工程”企业，服务业缺乏龙头企业带动，竞争力不强。国家进一步规范了企业入库标准和条件，导致企业培育工作难度加大，2017 年全市入库企业仅 14 户。

（四）产业结构不优

全市传统服务业的占比虽然有所下降，但仍占到 60% 以上。金融保险、文化旅游、科技信息、商务服务等现代服务业仅占 40% 左右。信息传输、计算机服务和软件业、金融业、文化体育和娱乐业等新兴服务业虽然发展较快，但规模不大；信息中介、现代物流、法律服务、健康养老等现代服务业与先进地区相比还有较大的差距；旅游业深度开发的程度不够，行业竞争力不强。服务业的优势行业不突出，大企业、大集团少，市场主体特别是竞争性领域的服务业缺乏龙头企业带动，竞争力不强。

三　广元服务业发展机遇

（一）国家重大战略实施推动服务业发展

川陕革命老区振兴发展上升为国家战略，为加快发展现代服务业提供了重大战略机遇。随着国家相继颁布《秦巴山片区区域发展与扶贫攻坚规划（2011～2020 年）》《川陕革命老区振兴发展规划》等规划，国家、省、市相继出台一系列支持服务业发展的政策措施，为加快发展现代服务业提供了重大政策机遇。

（二）开放合作深化促进服务业发展

随着省委构建“一干多支、五区协同”发展格局的深入推进，为广元构建“四川北向大开放大合作桥头堡和主通道”提供了战略机遇。随着广元开放合作深入推进，“浙广”“九广”合作不断深化，与周边成都、重庆、西安、兰州四大城市签订了战略合作协议，与乌鲁木齐、陇南、台州等建立了友好城市关系，达成东西部扶贫协作框架协议，国际贸易“单一窗口”、关检一体化改革、四川自贸区深化合作加快推进，为服务业融入“一带一路”、长江经济带建设提供了重大合作机遇。

（三）经济结构调整带动服务业发展

随着我国经济结构的调整和发展方式的转变，促进产业结构升级，对现代物流、国内旅游、创意产业等服务业发展的带动效应正逐步显现，推进产业融合和农业、制造业服务化的效果正逐步释放，由此形成的对服务业发展的带动效应正逐步增强。

（四）产业转移步伐加快促进服务业发展

发达国家服务业跨国转移，东部发达地区劳动密集型、资源密集型产业向中西部转移趋势日益明显，将对我市提升服务业层次、提高产业竞争力产生积极的影响。全市将建设具有独特优势和较强竞争力的区域性经济强市，金融保险、现代物流等为制造业配套的生产性服务业，将获得良好的发展机遇。

（五）消费结构升级促进服务业快速发展

城乡居民收入水平的提高和休闲时间的增多，将促使消费结构加速升级，旅游、休闲娱乐和健身等需求弹性系数较大的消费需求将快速增加；消费类电子产品及通讯设备、轿车、住宅等需求热点继续升温，将进一步拉动消费性服务业增长。

（六）服务业领域改革深入推进，增强服务业发展活力

国家和省上针对服务业领域改革出台的一系列政策措施，极大限度地为服务业发展“松绑”，服务业领域的市场化进程将进一步加快，由此带动相关服务业发展壮大，有利于进一步推进服务业的大力发展。

（七）经济全面提速发展，夯实服务业发展基础

广元区位优势突出，地理条件独特，随着西部次级综合交通枢纽的基本

形成，一大批项目落户广元，有利于充分发挥在川东北区域的比较优势，为服务业发展奠定了基础。

四 广元服务业发展的对策与建议

（一）优化现代服务业空间发展布局

结合广元资源禀赋、产业特征以及城市功能定位，以广元城市群架构为依托，加快构建区域分工明确、产业节点分明的服务业体系，实现区域内的差别化竞争和错位发展，形成一核、两带、三彩、多点的现代服务业发展新格局。“一核”即广元市中心城区和三江新区，“两带”指大蜀道服务经济带和嘉陵江水道服务经济带，“三彩”指以旺苍、青川、苍溪为代表的色彩旅游创意发展区，“多点”指由区域性重点镇、中心镇、特色村构建的特色小城镇和小村庄体系。

（二）构建可持续发展的现代服务业产业体系

在现代商贸业方面，完善中心城区商贸服务体系，引导传统专业市场转型升级，推动农村商贸流通繁荣发展；在现代物流业方面，全面推进物流通道体系建设，优化物流发展空间布局，发展多式联运体系，大力发展城乡配送服务，加强物流信息系统建设；在现代金融业方面，完善现代金融体系，积极创新金融业态；在电子商务业方面，深入实施电商示范工程，努力构建县、乡、村电商服务体系，积极探索电子商务促进农业增效、农民增收、农村发展、精准扶贫的有效实现方式；在科技服务业方面，加强科技创新平台服务，积极推动公众科技服务，培育发展科技中介服务；在信息服务业方面，加快信息基础设施建设以信息产业优化升级传统产业，加快构建智慧城市体系。

（三）实施融合驱动战略，推进服务业互动发展

推动服务业与制造业融合发展，鼓励工业企业主辅分离、“退二进三”，

剥离主体业务发展服务业。实施制造业服务化工程，推动“制造＋服务”“产品＋服务”。推动创新成果产业化，大力发展研发设计、信息技术服务、节能环保等生产性服务业，推动制造业结构由中低端产业向价值链高端产业转型。推动服务业与农业融合发展，大力推进农科服务，鼓励高校和科研机构参与现代农业建设。推动服务业内部重点行业融合。围绕建设中国生态康养旅游名市这一战略目标，实施“康养＋文化＋旅游＋商贸”融合发展战略，打造精品旅游线路、特色餐饮、高档酒店，全面提升“吃、住、行、游、购、娱”服务水平，做大做强做精康养旅游商贸产业链。积极推进“现代物流＋电子商务”“信息技术＋科技服务”等关联度高的服务业重点行业融合发展。

（四）加快重点项目建设，增强服务业发展动力

目前纳入全市“十三五”服务业规划的重点项目有117个，投资总额1300亿元，涵盖了服务业10个领域。下一步将锁定目标、倒排工期、紧扣时间节点，加快推进万贯五金机电城、川北国际汽车城、铁路枢纽综合物流基地、农产品物流中心等重点项目建设，确保时间进度、形象进度和实物投资量，为服务业的发展增强动力支撑。

（五）加强品牌队伍建设，夯实服务业发展载体

加强服务业企业清理工作，积极争取一批服务企业入库上规，壮大服务业企业主体队伍，积极培育广运集团、交投公司、捷运物流、皇泽物流等骨干企业做大做强，打造一批强势服务品牌，形成一批主业突出、创新能力强、信息化水平高、知名度广、辐射示范性强的“广元服务”企业集群。实施服务业品牌发展战略，鼓励企业争创“中国驰名商标”“中国服务业企业500强”“四川省著名商标”“四川省名牌产品”，推动服务业品牌培育和质量体系建设。

（六）加大统筹协调力度，完善服务业保障机制

充分发挥市服务业发展领导小组办公室的统筹协调作用，建立健全协调

机制和目标考核制度，形成统一领导、职责明确、分工合作、齐抓共管的工作格局。认真落实党中央、国务院和省委、省政府发展服务业的政策，研究制定新形势下促进服务业发展的各项配套政策。在税收、市场准入、土地、价格、融资等方面给予服务业发展支持，促进我市现代服务业保持健康、跨越和可持续的良好势头。

参考文献

四川省人民政府：《四川省“十三五”服务业发展规划》，2017。

广元市人民政府：《广元市“十三五”服务业发展规划（2016～2020）》，2017。

王思语、林桂军：《供给侧改革背景下的我国服务业发展思考》，《中国经贸》2017年第3期，第15～21页。

刘涛：《当前服务业发展形势与政策建议》，《财经智库》2017年3月号，第84～95页。

张凤、聂杨智美：《四川省服务业集聚与区域差异分析》，载《商 Business－财经纵览－财政金融》，第220～221页。

B.9
广元固定资产投资分析报告（2017~2018）

赵正基　欧维钊　邓　维*

摘　要： 2017年，广元市全社会固定资产投资具有投资总量增长实现大提速、投资项目数量再上新台阶、“三新”领域投资实现新发展等特点，全社会投资首次迈上700亿元大关，达到715.13亿元，比上年增长15.7%。但仍存在投资总量较小、投资率高位攀升、项目结构不平衡、房地产投资下滑等问题，需要重点关注。2018年，全社会投资面临良好战略机遇、项目支撑比较扎实、制度机制保障有力，但仍存在着制约因素。2018年，预计全市全社会投资将会保持稳定高速增长态势，可望增长15.0%以上。建议在机制体制、项目来源、推进建设、激发民间活力、夯实要素保障等方面持续着力。

关键词： 固定资产投资　运行特点　项目结构　广元市

投资是拉动经济增长的“三驾马车”之一，尤其在广元经济增长中，项目投资占据了最大主引擎地位，是排在广元经济建设“三大主战场”首位的主战场，实现经济社会跨越发展首要的是项目投资的跨越发展。项目投资工作是抓经济建设具体的、重要的抓手。在2009~2010年灾后重建时期，

* 赵正基、欧维钊、邓维，广元市统计局。

广元固定资产投资呈现高速增长态势，但从2011年开始，进入低迷徘徊期，直到2017年，又才重新回归高速增长。现对2017年广元投资情况进行简析，并对2018年形势进行初步预判。

一 2017年投资运行主要特点

2017年，市委市政府把项目投资放到广元经济建设“三大主战场”的战略高度，作为经济工作的主抓手来安排部署，强化各项政策措施和推进机制，全市上下形成了凝心聚力大抓项目、抓大项目、抓好项目的良好氛围，实现了大跨越。

（一）投资总量增长实现大提速

全市全社会固定资产投资（以下简称全社会投资）首次迈上700亿元大关、达到715.13亿元，比上年增长15.7%，增速比全省高5.5个百分点，居全省第6位，为2010年以来最高增速、最高排位且首超省平均值（见表1）。

表1 2010～2017年广元全社会投资总量及增速排位

年份	投资总量(亿元)	增速(%)	增速比全省高(百分点)	在全省的增速排位(位)
2010	480.15	9.3	-3.7	18
2011	500.37	4.2	-13.5	19
2012	515.30	3.4	-15.9	21
2013	541.09	5.0	-11.7	19
2014	561.74	3.8	-8.2	19
2015	583.23	3.8	-6.4	19
2016	618.35	6.0	-6.1	16
2017	715.13	15.7	5.5	6

资料来源：四川省统计局、广元市统计局相关资料。

（二）投资项目数量再上新台阶

全市500万元以上施工项目（不含房地产开发项目、单纯设备购置项目，下同）继2016年首次实破1500个大关后，再迈2000个新台阶，达到2022个，增长33.0%。其中，续建857个，增长60.8%；新开工1165个，增长18.0%；竣工投产1226个，增长32.4%。2017年全市施工项目总数在全省排位由上年第14位攀升至第10位。一年施工项目数当于“十二五”期间5年施工项目数的47.8%。

（三）三大板块投资构建强支撑

从项目类型来看，基础设施投资、产业投资和民生及社会事业投资三大板块强力支撑着全社会投资高速增长。三大板块共计投资618.33亿元，占全社会投资的86.5%，对全社会投资增长贡献率105.9%，拉动全社会投资增长16.6个百分点（见表2）。其中，以西成高铁、广平高速、县乡公路、市政设施、水利电力、园区建设为代表的基础设施投资占比最高、增速最快，对全社会投资增长贡献最大。

表2 2017年广元全社会投资构成

指标	投资总量（亿元）	比上年增长（%）	比重（%）	对全社会投资增长贡献率（%）
全社会投资	715.13	15.7	100	100
基础设施投资	265.94	28.7	37.2	61.2
产业投资	233.25	15.3	32.6	31.9
民生及社会事业投资	119.14	11.6	16.7	12.8
房地产开发	83.58	-11.7	11.7	-11.4
其他投资	13.22	66.5	1.8	5.5

资料来源：根据广元市统计局相关资料整理。

（四）“三新”领域投资实现新发展

“三新”是指新产业、新业态、新商业模式，代表经济社会发展一种新趋势和新动能。全市在狠抓传统领域投资同时，“三新”领域投资也呈现蓬勃发展态势。全年“三新”领域投资330.55亿元，比上年增长13.9%，占全社会投资的46.2%。从行业分布看，制造业、农林牧渔业、电力热力生产供应业等14个门类有“三新”投资。其中，新技术与双创服务活动投资增长最快，增长2.9倍；现代生产性服务活动投资占比最高，占“三新”领域投资总量的24.3%（见表3）。

表3　2017年广元“三新”领域固定资产投资

指标	总量(亿元)	比上年增长(%)	占比(%)
“三新”领域投资	330.55	13.9	100
现代农林牧渔业	10.99	47.9	3.3
先进制造业	55.73	18.8	16.9
新型能源活动	47.14	-27.3	14.3
节能环保活动	10.94	37.4	3.3
互联网与现代信息技术服务	6.37	-35.4	1.9
新技术与双创服务活动	0.73	286.1	0.2
现代生产性服务活动	80.32	30.1	24.3
新型生活性服务活动	53.01	34.4	16.0
现代综合管理活动	65.32	26.1	19.8

资料来源：根据广元市统计局相关资料整理。

（五）涉农领域投资实现高增长

在精准扶贫等投资强力拉动下，全市第一产业及涉农投资实现快速增长。全市第一产业投资50.92亿元，比上年增长33.1%；第二产业投资225.2亿元，增长13.9%，第三产业投资439.01亿元，增长14.8%。第一产业投资增速分别比第二、第三产业高19.2个、18.3个百分点。全市涉农项目（第一产业全部项目，第二、第三产业中财政资金用于三农领域项目）投资143.52亿元，占全社会投资的20.1%。其中，易地扶贫搬迁项目投资22.81亿元，增加5.9倍。

（六）工业、技改投资恢复新活力

工业和技改投资成功扭转了上年负增长、低增长的颓势，恢复了发展新

活力。全市工业投资221.03亿元，比上年增长13.0%，增速比上年（0.8%）高12.2个百分点，比全省高0.5个百分点，居全省第8位，比上年提高8位。技改投资152.25亿元，增长11.7%，增速比上年（3.8%）高7.9个百分点，居全省第9位，比上年提高6位。

（七）民间资本投入保持高热情

全市民间投资370.46亿元，比上年增长15.8%，增速比上年高5.9个百分点，比全省高8.0个百分点。民间投资占全社会投资的比重达51.8%，比上年提高0.1个百分点，比全省高2.6个百分点。从资金流向看，民间投资增幅最大的是种养业投资带动的第一产业（45.20亿元），增长44.8%；其次是第二产业（163.23亿元），增长20.9%；第三产业（162.03亿元），增长5.4%。

二　投资需关注的主要问题

（一）投资总量较小，竞争优势不明显

2017年，广元是四川省内投资总量未过千亿元的8个市州之一，投资总量居全省倒数第5位，仅高于资阳、甘孜、雅安和阿坝，在川东北五市中居末位。尽管增速在全省居第6位，但在川东北片区中仍低于南充、广安，即使与增速低于广元的达州、巴中两市相比，也仅分别高出0.5个、1.0个百分点，没有明显的竞争优势。

（二）投资率高位攀升、投资效率较低下

近年来，全市投资率（投资占GDP比重）始终在90%以上，长期高于全省平均水平。2017年全市投资率97.7%，较2016年又提升4.0个百分点，高于全省10.9个百分点。较高的投资率反映出全市基础设施建设需求空间较大，经济增长对投资有较强的依赖性，同时也反映出投资效率不够高。2017年全市投资效果系数10.1%，比全省低3.3个百分点。

（三）项目结构不平衡、平均规模下降

投资项目（不含房地产开发项目、下同）依然延续了上年中等规模项目紧缩的失衡结构。5000万元以下项目个数占比84.2%、实现投资占全社会投资的35.2%；5000万元～10000万元项目个数占比仅4.8%、实现投资占全社会投资的6.1%；亿元及以上项目个数占比11.0%、实现投资占全社会投资的42.4%。受小项目多，大项目少的影响，全市项目平均规模（0.82亿元）较上年下降7.3%，其中新开工项目平均规模（0.51亿元）仅与上年持平。如剔除广平高速的影响，新开工项目平均规模则下降14.7%。项目结构失衡与规模下降均不利于投资的可持续增长。

（四）房地产投资下滑、稳增长压力大

从5月开始，全市房地产开发投资连续8个月呈负增长且降幅逐月扩大，全年房地产开发投资83.58亿元，下降11.7%，下拉全社会投资1.8个百分点。从房地产开发先行指标来看，除本年到位资金微增长1.8%外，其余指标均呈大幅下滑。其中，土地购置面积（11.03万平方米）下降57.1%；新开工面积（150.09万平方米）下降41.4%。2018年房地产开发投资稳增长依然面临较大压力。

三　对2018年广元项目投资的预判

2018年，项目投资仍然是必然抓紧抓牢的“最大引擎”。总体来看，2018年广元项目投资形势有利有弊，具体表现有以下几方面。

（一）具有良好战略机遇

川陕革命老区振兴发展、“一带一路”、长江经济带、乡村振兴等重大战略和政策机遇，为争取四川旅游北环线、广元国际口岸机场、城市轨道交通等更多重大项目挤进国省“大盘子”提供了机会。加之兰渝铁路、西成

高铁全线通车后，广元成为集铁路、公路、水运、航空、管道“五位一体”的全省第二大铁路枢纽。广元生态资源富集，山清水秀、气候宜人、物种多样、空气优良、环境优美，为培育绿色发展新引擎、实现绿色崛起奠定了战略基础等，都为广元谋划支撑性强、带动力大、影响面广、契合度高的项目带来了广阔的空间。

（二）项目支撑比较扎实

截至2017年底，全市储备项目达4800余个，计划总投资达1.4万亿元；2018年全市明确了广元动车运用所、绵万高速苍溪段、广平高速、南山隧道、万贯五金机电建材城、西二环道路以及G5京昆高速广元境段扩容改造、广巴铁路扩能改造等220个省市重点项目，如果得到有序顺利推进，可望为投资注入新的活力；年内要高质量完成朝天区、昭化区、青川县摘帽和232个贫困村退出、6.23万户人口脱贫任务，在通村路、电力、通信、易地搬迁、土坯房改造等基础设施建设方面必将产生较大的投资；从2017年统计库内结转的700余个投资项目、100余个房地产开发项目将继续强力推进，也会继续为全市投资增长奠定较为扎实的基础。

（三）制度机制保障有力

2018年，市委市政府做出了“项目年大比武”的重大决策部署，制定了系列持续深化“放管服”改革、开展“马上办”行动、优化市场环境、净化施工环境等配套措施，在全市上下形成了领导重视、上下协同、横向协作、齐心协力、大抓项目、抓大项目的工作格局，将激发全市各级各部门在项目投资工作中“比、学、赶、超”，推进项目投资工作提质增效、提速换挡，再上新台阶。

（四）制约因素依然存在

在强化地方政府性债务风险管控与化解的背景下，规范地方政府举债融资，促进平台公司发展转型和规范 PPP，是当前政府投融资体制改革重点，必然对项目融资和建设带来较大影响。广元储备和实施的投资项目规模偏小，结构欠优均不利于投资的可持续增长。2018 年开始 500 万～5000 万元的项目投资统计从形象进度改为财务进度后，因资金支付往往滞后于工程进度，也将对及时反映投资情况产生影响。这些因素，对项目投资的跨越发展将带来制约。

综合分析，2018 年全市全社会投资将会保持稳定高速增长态势，可望增长 15.0% 以上。但要实现这一目标预期，还需要在重大项目的谋划储备、资金争取、招商引资、项目推进、要素保障、工作举措等方面持续着力，确保项目投资“大比武”活动各项工作落实落地，才能保证全市项目投资在“三大主战场”中再立新功。

四　做好2018年投资工作的建议

（一）高规格健全机制体制

按照“突出重点、激励先进、鞭策后进”的原则，进一步健全完善项目谋划储备、向上争取、招商引资、建设推进等“项目大比武”内容，修订“项目大比武”规则和考评办法，加强过程核查，确保“比武”活动指标更优、过程规范、结果公平。继续实行“四个一”项目推进机制、项目季度集中开工制度，开辟政务服务“绿色通道”，强化投资要素保障，营造良好投资环境。市级相关部门和各县区要配备好专职人员，落实专项工作经费，确保“六大中心”规范高效运行。

（二）高效率夯实项目来源

积极主动向上争取。紧紧围绕大力发展食品饮料、新材料、清洁能源化工、机械电子、生物医药五大特色优势产业，紧盯国家和省上的重大战略、重要规划，加强协调、沟通和跟踪，努力争取项目和资金支持，尤其是抓大项目、好项目的的争取。认真抓好招商引资。围绕广元特色优势产业，着力引进一批产业链关键环节、核心企业、上下游配套项目，招大引优，补链强链。落实投资促进体制机制改革方案，积极推进国内外友好城市合作，主动参加中外知名企业四川行、西博会等重大投资促进活动，最大限度地引进到位市外资金。加大成都、深圳等地产业转移承接力度。按照市上统一确定的重点方向，派出素质高、能力强、相对稳定的工作班子，主动登门拜访，争取引进更多更好的项目。

（三）高速度推进建设进度

认真组织集中开工活动。对 2017 年应开未开项目，2018 年计划开工的动车运用所、三江新区“两路一隧”等 33 个重大项目，列出开工进度计划，加快前期工作和要件办理，确保尽早开工。落实落地签约项目。对已经签约的招商引资项目，明确专人跟进，及时掌握投资者的需求和动向，及时协调解决项目落地过程中的困难和问题，推动签约项目尽快落地，提高合同履约率、项目开工率、资金到位率。

（四）高质量激发民间活力

进一步放宽民间投资市场准入，鼓励民间资本参与交通、水利、市政公用设施等领域投资运营。推动政府和民间资本合作，加大 PPP 项目储备和推荐力度，积极吸引民间资本投入。大力支持“双创”，着力推动大学生、返乡人员创新创业。深入推进“放管服”改革，着力降低民间投资成本，努力为民间投资营造良好环境。

（五）高标准夯实要素保障

强化用地保障。市和各县区征拆办公室要充实力量，加大工作力度，加快征地拆迁进度，确保按时供地。努力争取用地指标特别是规划指标，积极盘活存量土地，确保重大项目用地需求。积极争取直购电、富余电量消纳等政策，用好川陕革命老区振兴政策争取天然气资源地留存、供气价格优惠等政策。拓宽融资渠道，运用好政府和社会资本合作模式，加强重点项目资金需求汇总，争取金融部门支持，同时加快预算内资金的拨付进度，尽快促进项目竣工投产。强化施工环境保障，认真做好群众工作，打击违法行为，切实维护好施工环境。

B.10
广元地方财税运行状况分析与预测（2018年）

赵晓春　李　荣　李红艳　张　亮　张亦暄　霍冉冉*

摘　要： 本文旨在通过全面分析2013～2017年广元财政收支运行情况，深入剖析全市财税运行形势，在此基础上，结合全国、全省、全市经济形势，预测当前及未来三年的财税运行趋势，并从夯实财源基础、提升收入质量、合理控制支出等方面提出具体工作建议，为广元决战决胜整体连片贫困到同步全面小康跨越、加快建设川陕甘结合部区域中心城市和四川北向东出桥头堡提供坚实的财力保障。

关键词： 财税运行　收支矛盾　培植税源　广元市

一　2013～2017年广元财税运行状况

2013～2017年，广元经济保持稳定增长，全市地区生产总值由518.75亿元增加到732.12亿元，五年增长41.13%。财政收支规模不断扩大，全市地方一般公共预算收入由30.46亿元增加到43.99亿元，五年增长44.42%，与经济增长形势基本保持一致；全市一般公共预算支出由177.27亿元增加到250.7亿元，五年增长41.42%。

* 赵晓春、李荣、李红艳、张亮、张亦暄，广元市财政局；霍冉冉，助理研究员，中国社会科学院金融研究所。

（一）收入总量不断壮大

2013～2017 年，全市地方一般公共预算收入年均增加 3.43 亿元、年均增长 10.57%（除 2016 年因政策变化原因，适当调减了税收收入计划，导致地方一般公共预算收入下降 0.62% 外，其余年度均保持相对较高增速）。其中，2017 年全市地方一般公共预算收入完成 43.99 亿元，较上年增加 3.43 亿元、增长 8.44%（见图 1）。

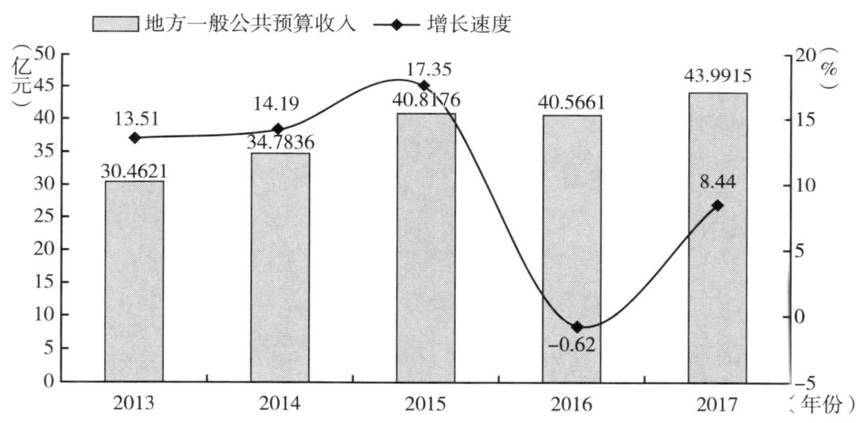

图 1　2013～2017 年广元市地方一般公共预算收入基本情况

（二）税收收入稳定增长

2013～2017 年，全市税收收入年均增加 1.29 亿元、年均增长 5.95%（除因政策原因导致 2016 年税收收入有所下降外，其余年度均保持稳定增长）。其中，2017 年全市税收收入完成 26.28 亿元，较上年增加 2.13 亿元、增长 8.81%（见图 2）。

1. 主体税种贡献不足

2013～2017 年，全市主体税种（增值税、营业税、企业所得税和个人所得税）年均收入 12.65 亿元、年均贡献占比仅为 51.94%（见图 3）。

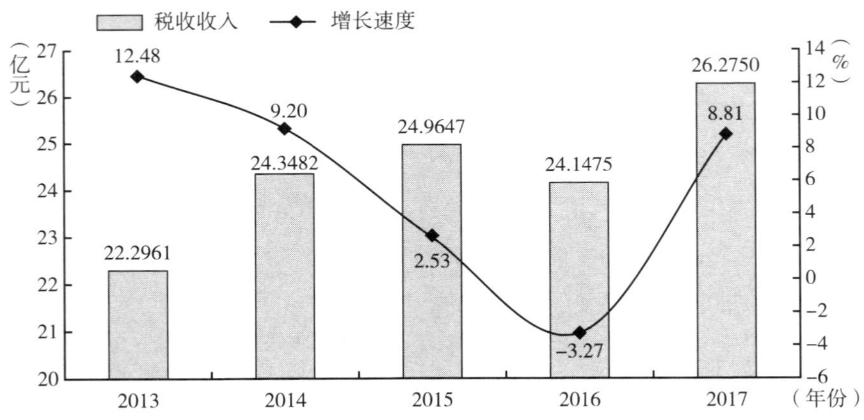

图 2　2013～2017 年广元市税收收入基本情况

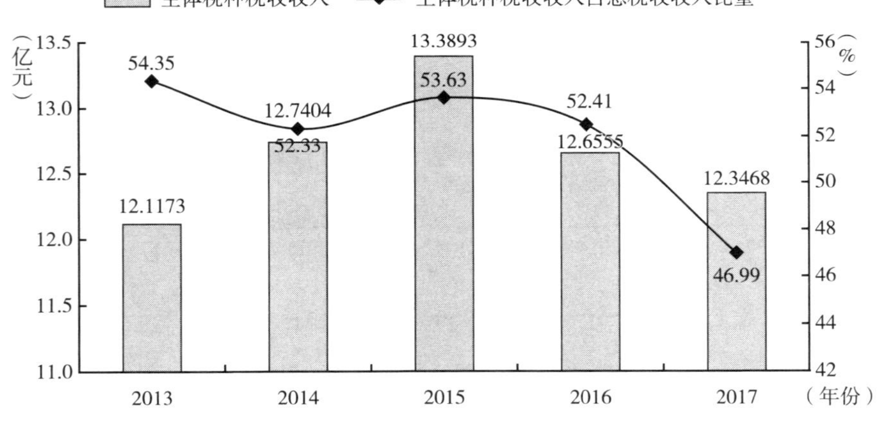

图 3　2013～2017 年广元市税收收入——主体税种税收收入情况

2. 辅助税种贡献较大

2013～2017 年，全市辅助税种（除增值税、营业税、企业所得税和个人所得税以外的其他地方税种）年均收入 11.76 亿元、年均贡献占比达 48.06%（见图 4）。

3. 第三产业税收增势良好

2013～2017 年，全市第三产业税收年均收入 31.98 亿元、年均增加 2.61 亿元、年均增长 8.46%、年均占比达 57.26%（见图 5）。

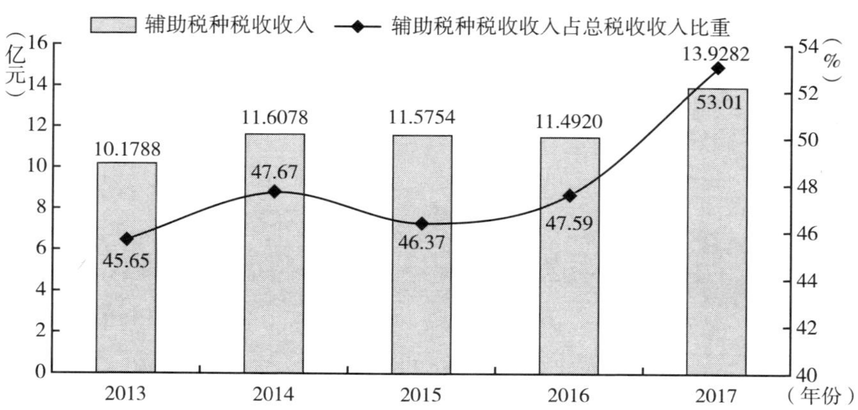

图4　2013～2017年广元市税收收入——辅助税种税收收入情况

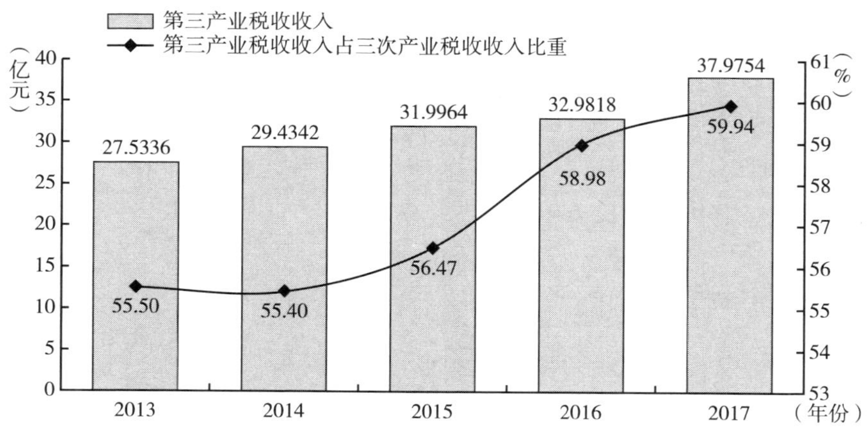

图5　2013～2017年广元市税收收入——第三产业税收收入情况

4. 重点行业税收贡献突出

2013～2017年，全市各行业中建筑业和房地产业税收对税收收入的年均贡献超三成（31.04%），制造业和批发零售业税收年均贡献超两成（22.74%），这四大行业税收年均贡献超五成（见图6）。

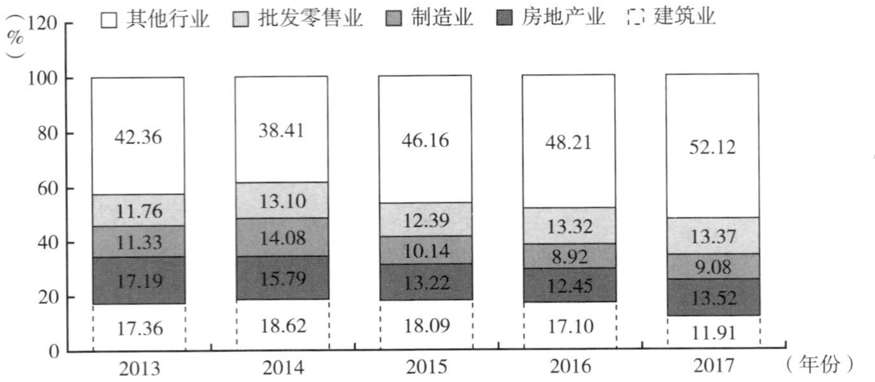

图6　2013～2017 年广元市税收收入——重点行业税收收入情况

（三）非税收入增长过快

2013～2017 年，全市非税收入年均增加 2.14 亿元、年均增长 21.51%（增速较快原因主要是一次性资产处置收入、罚没收入及捐赠收入等数额较大，共计超过 6.1 亿元）。其中，2017 年全市非税收入完成 17.72 亿元，较上年增加 1.3 亿元、增长 7.91%（见图 7）。

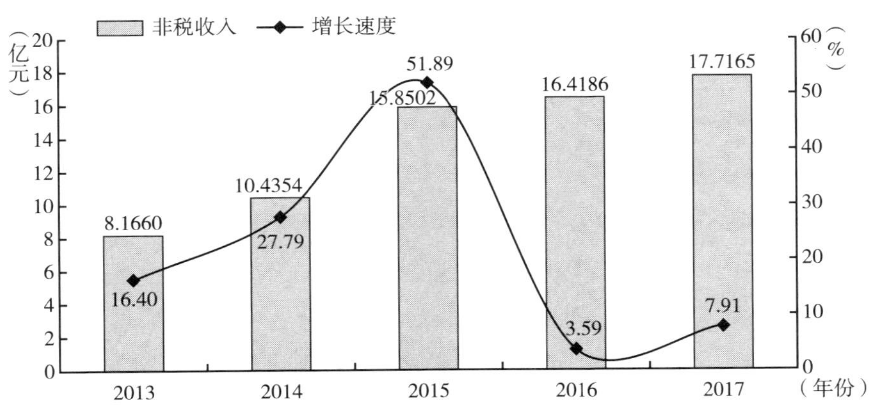

图7　2013～2017 年广元市非税收入基本情况

（四）支出规模持续扩大

2013～2017 年，全市一般公共预算支出年均增加 18.61 亿元、年均增长 9.73%。其中，2017 年全市一般公共预算支出实现 250.7 亿元，较上年增加 20.2 亿元、增长 8.76%（见图 8）。

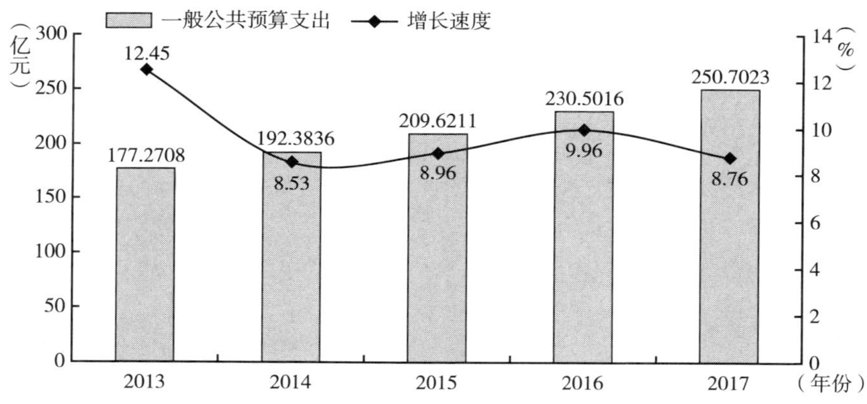

图 8　2013～2017 年广元市一般公共预算支出基本情况

二　2013～2017 年广元财税运行中存在的问题

（一）收入排位靠后，收入质量不高

1. 2013～2017 年，全市地方一般公共预算收入年均增长额、年均增长速度以及收入总量均位于川东北五市末位；全市税收收入年均增长额、年均增长速度均位列川东北五市末位，税收收入总量也仅高于巴中（见图 9、图 10）。

2. 2013～2017 年，全市税收收入占地方一般公共预算收入比例大幅下降，由 2013 年的 73.19% 下降到 2017 年的 59.73%，而非税收入占比由 2013 年的 26.81% 上升到 2017 年的 40.27%（见图 11）。全市税收收入占比不断下降、非税收入占比不断上升，地方一般公共预算收入质量不高。

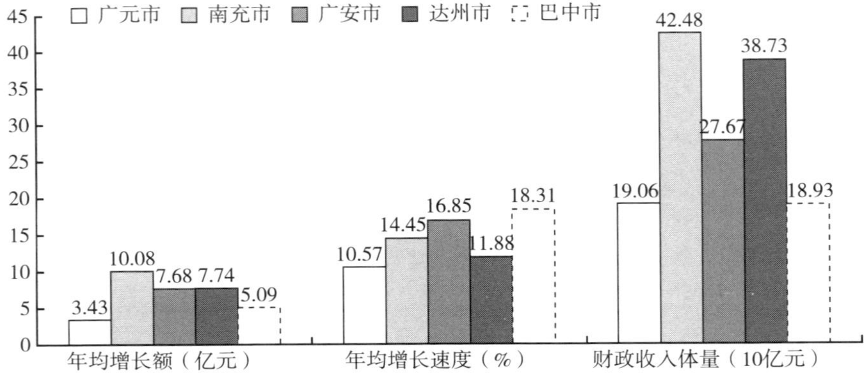

图9　2013～2017年广元市地方一般公共预算收入在川东北五市中的排位情况

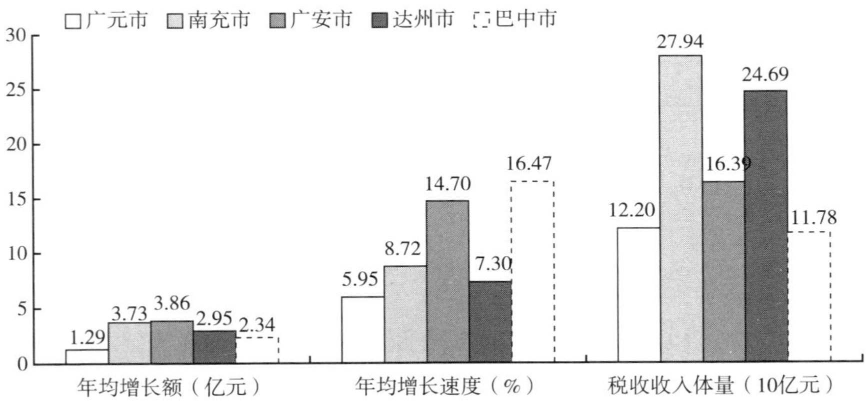

图10　2013～2017年广元市税收收入在川东北五市中的排位情况

（二）支出排位落后，对上依存度大

1. 2013～2017年，广元市一般公共预算支出在川东北五市中处于支出体量最小、年均支出额最小、年均增加额最小以及年均增长速度最小等“四最小”位置。广元市一般公共预算支出与川东北其他四市相比，排位明显落后（见图12）。

图 11　2013～2017 年广元市地方一般公共预算收入组成结构及变化情况

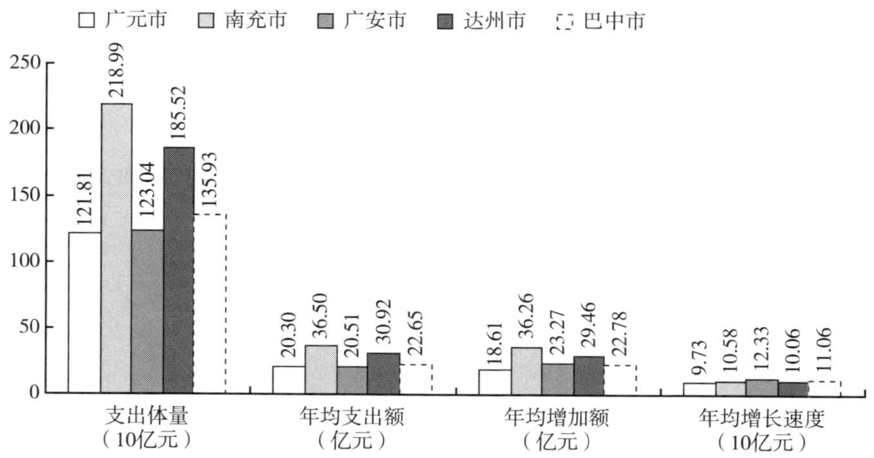

图 12　2013～2017 年川东北五市一般公共预算支出排位情况

2. 2013～2017 年，广元市一般公共预算支出与地方一般公共预算收入的平均倍数关系较大，为 5.57∶1，仅低于巴中市（其中，巴中市 6.35∶1、南充市 4.51∶1、广安市 3.95∶1、达州市 4.17∶1）。且广元市上级转移支付由 2013 年的 146.81 亿元增加到 2017 年的 206.71 亿元，一般公共预算支出中 80% 左右来源于上级转移支付（见图 13）。

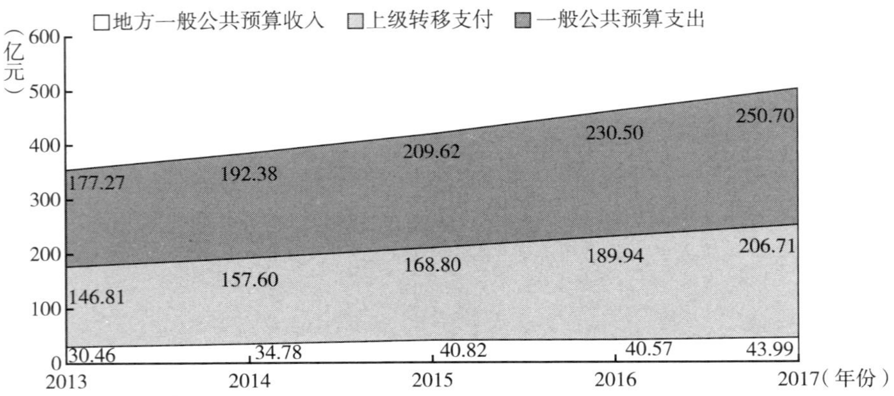

图 13　2013～2017 年全市财政收支及上级转移支付情况

（三）税收结构不优，主次税种错位

1. 2013～2017 年，广元税收收入主要依靠建筑业、房地产业、制造业和批发零售业等少数行业，收入来源途径单一。其他行业，特别是信息技术、教育科研、医疗卫生等现代服务行业对广元市收入贡献微弱，年均贡献仅为 2.62%（见图 14）。

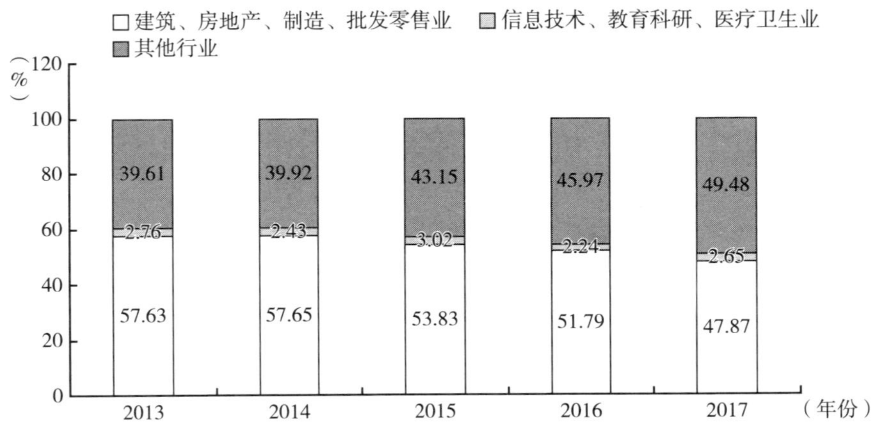

图 14　2013～2017 年广元市信息技术、教育科研、医疗卫生等行业年均税收收入贡献占比情况

2. 2013～2017 年，广元市主体税种年均贡献超 50%，但从每年情况看，主体税种贡献呈逐年下降趋势，到 2017 年主体税种对税收收入贡献低于 50%（为 46.99%），而地方辅助税种占比超过主体税种占比（为 53.01%）。主体税种贡献减弱，主次税种贡献错位（见图 15）。

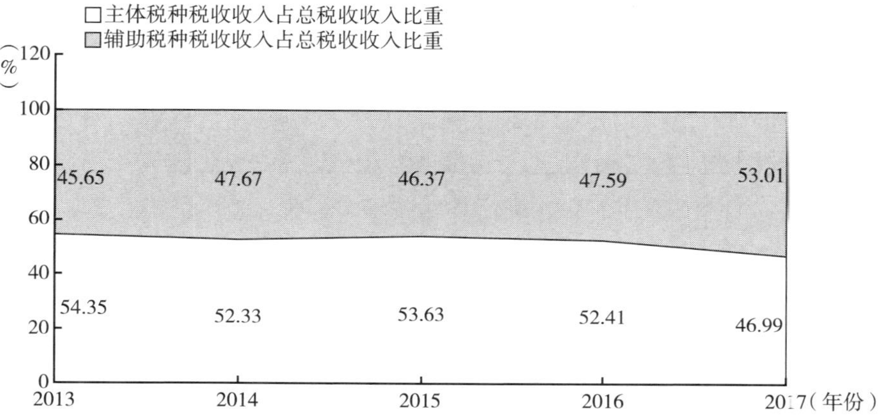

图 15　2013～2017 年广元市主体税种和辅助税种占比变化情况

（四）非税收入波动异常，收入来源相对集中

1. 2013～2017 年，广元市非税收入增幅较大、增长明显，但增幅波动异常，收入较为不稳定。其中 2016 年增长幅度最小（为 3.59%）、2015 年增长幅度最大（为 51.89%），波动幅度最大差距达 15 倍（见图 16）。

2. 2013～2017 年，广元市非税收入主要来源于行政事业性收费和国有资源（资产）有偿使用，其中行政事业性收费收入年均占比超三成（为 32.05%）、国有资源（资产）有偿使用收入年均占比超两成（为 23.25%）。两项收入年均占比超非税收入总量的五成（见图 17）。

（五）政策减税力度加大，财政增收压力增加

2013～2017 年，广元积极落实国务院、财政部以及国家税务总局出台

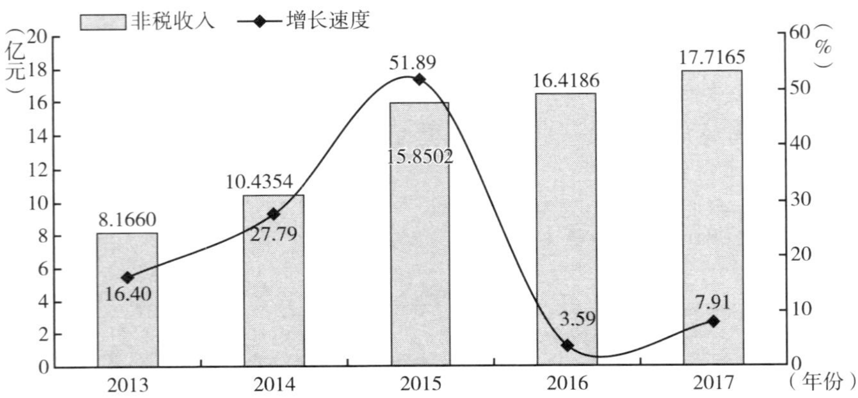

图 16　2013～2017 广元市非税收入变动情况

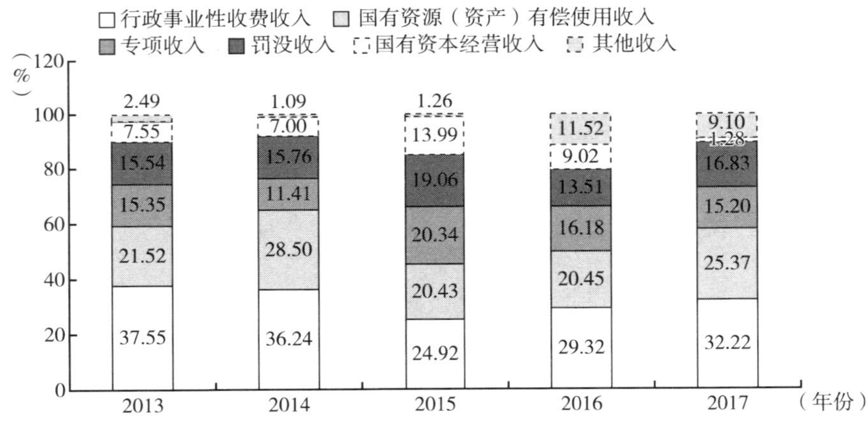

图 17　2013～2017 年广元市非税收入来源组成情况

的各项优惠政策，累计为纳税人减免税收 80.63 亿元，其中 2014 年以后累计减免税收 53.14 亿元，且优惠税额呈逐年增长趋势（另：2018 年上半年已合计减免税收 12.6 亿元）。优惠政策的出台在刺激实体经济发展的同时，也给广元市地方一般公共预算收入的增长带来巨大压力。

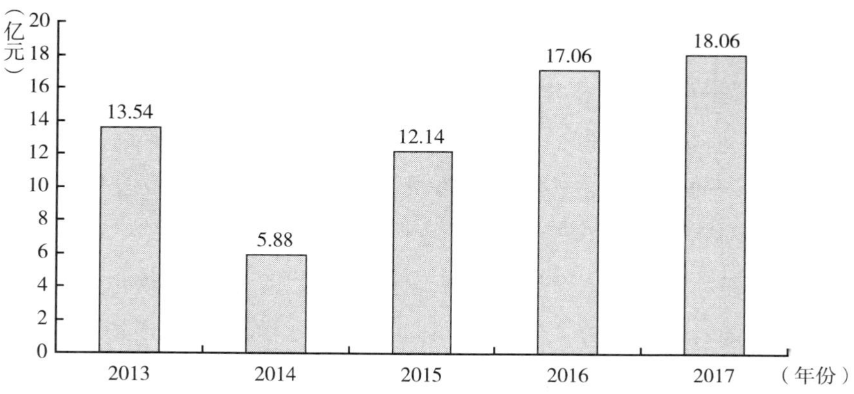

图 18　2013～2017 年广元市减免税收情况

三　广元地方财税运行形势展望及预测

随着国家实施“一带一路”、新一轮西部开发开放、东西部扶贫协作对口帮扶等重大战略和省委实施“一干多支、五区协同”发展战略，给全市经济社会发展提供了千载良机。“五位一体”综合立体交通枢纽（铁路、公路、水运、航空、管道）基本建成，极大提升了广元在全省乃至全国经济版图中的战略地位，全市经济发展总体呈现大有可为的趋势。

（一）财政收入形势预测

当前宏观环境复杂多变、区域分化导致部分经济指标波动增大，经济长期稳定增长的不确定性依然存在，相应带来地方财政收入长期稳定增长的不确定性。加之全面营改增、小微企业优惠、清理规范行政事业性收费和政府性基金等减税降费政策对地方财政收入增长压力不减。

2018 年上半年，广元经济延续上年平稳增长态势，主要经济指标较快增长，有力支撑了财政增收，全市地区生产总值增速 8.4%。从收入来看，全面营改增后，多数行业税负呈下降态势，但是也有部分行业税负略有上升，第三产业税收增加，有生产发展因素，但也不排除部分行业全面营改增税收增加的因素。房地产有关税收稳增长压力较大，土地增值税下降20.82%，契税增长32.19%，房地产业税收增长11.52%。目前广元房地产行业新增项目增量偏少，可清算项目逐年下降，存量税源逐渐减少，但随着广元高铁时代来临，外来入住人员增加，房地产行业税收情况或将有所好转。

下一阶段，广元经济形势总的特点是稳中向好，经济发展出现更多积极变化，企业效益逐步改善，经济结构不断优化，为财政收入增长提供了有利条件。随着化解过剩产能取得成效、市场经济及需求回暖，价格水平出现回升。供给侧结构性改革不断深化，增值税改革进一步推进，“放管服”改革效果持续显现，创新驱动发展战略深入实施，将有力支持产业转型升级、经济提质增效，带动纳税主体和税源数量相应增加。预计2018年广元市地方一般公共预算收入增长8.5%以上，三年内广元市地方一般公共预算收入增幅与经济增长相适应，年均增长8.5%以上，县区收入增速高于市级收入增速。

（二）财政支出形势预测

2018～2020年是实施“十三五”规划的关键阶段，经济社会发展任务繁重，各领域对财政资金需求很大，特别是重点领域和刚性支出方面压力较大。扶贫等支出将达到高峰，教育、社保、医疗、环保、住房保障等民生方面刚性支出必须优先保障，支持“三去一降一补”、实施创新驱动发展战略、促进大众创业万众创新、推进生态文明建设等领域的支出需要不断增加。此外，政府债务还本付息、应对突发自然灾害以及供给侧结构性改革的推进，所需的财力支持都将进一步加大，一般公共预算支出刚性需求呈逐步扩张态势。综合以上分析，2018～2020年广元市财政收支矛盾依然突出，必须优化结构、综合施策、统筹安排，确保预算收支平衡和财政可持续发展。预计三年内广元市一般公共预算支出平均增长9%左右。

四　广元地方财税发展建议

（一）切实加快产业结构调整进程

1. 在农产品深加工、提高产品附加值上下功夫。广元有丰富而独具特色的农产品，但相当一部分还停留在粗加工和初级产品阶段。建议抓住上级安排产业投资基金支持脱贫攻坚和贫困地区产业发展等机遇，加大对接合作力度，同时，通过招商引资和科技投入，着力打造一批农产品精深加工企业及相关产业集群，支持建设全国最大的红心猕猴桃产业基地、中国西部最大的淡水有机鱼产业基地、“川茶”品牌等重要农产品产业基地，加快广元农业“走出去”步伐，将农产品附加值产出效益留在广元。

2. 利用丰富的旅游资源，在加快第三产业发展上下功夫，增强经济持续稳健发展的基础。充分发挥全面营改增对第三产业消除重复征税、降低流转税负的直接促进作用，完善相关政策配套措施，积极引导更多投资主体、投资资本和社会资源向第三产业聚集，形成产业集群和规模效应，大力推动第三产业与新型工业化、新型城镇化、农业现代化融合发展。积极培育新兴服务业，大力扶持信息服务、研发和技术服务等新兴产业，进一步发挥新兴服务业附加值高、对资源依赖程度较低的优势，加快智慧广元建设。

3. 利用区位优势，支持开放合作和物流业发展。广元地处川陕甘结合部，空中、水上、陆路交通都较为便利，未来几年在基础设施建设上也有大的投入和发展。同时物流行业改征增值税后进入了增值税抵扣链条，这将为物流行业加快发展提供坚实基础。建议积极融入成都平原经济圈，加快承接成都家居产业转移，实现家居产业链垂直整合，力争在较短时间内形成全链集群发展；深入推进与兰州、西安、重庆经济圈合作，深化在食品饮料、生物医药、生态康养、商贸物流等产业方面合作，加强产业协同联动和技术信息共享，携手打造黄金旅游圈，共建内陆地区连接“一带一路”的全方位国际贸易大通道；积极承接东部沿海地区经济圈产业转移，抓住东西部扶贫协作、对口支援等机遇，在生态文明建设、科技成果转化应用、土地增减挂钩结余指标流转等方面合作，积极争取沿海地区先进产业技术落户广元，带动广元新兴产业发展；加强北向开放国际圈合作，以“蓉欧+”“渝新欧+”等中欧班列为载体，加快中欧班列组货基地建设，用好公用型保税仓库，建设中东欧酒类销售中心。同时，积极支持物流业加快发展，进一步加快推进万贯五金机电城、红星美凯龙、川北国际汽车城、农产品物流中心以及重点商贸物流项目建设。

（二）大力推进创新创业和产业升级

2017 年以来，国家相继出台了一系列税收优惠政策，有力支持了大众创业、万众创新和调整优化产业结构、促进小微企业健康发展。要继续用好用活税收优惠政策，大力推进供给侧结构性改革。

1. 在辅导企业承接税收优惠政策、稳步推进全面营改增扩围的同时，注重引导和促进企业把握相关政策，优化自身经营模式（如将自身需要又不占优势的技术研发外包出去，实行购买从而增加抵扣），加大技术改造力度，从而加快结构调整和产业升级步伐。在工业上，支持骨干企业培育，发展一批亿元以上企业；在建筑业上，培育一批具有核心竞争力的房地产企业，扩大规模与品牌影响力，在支持现有企业并购、重组的同时，积极引导广元籍域外企业回归；在批零住餐业上，支持提质、增效、扩容，重点是增加规上企业数量；在服务业上，立足商业、物流、市场等规划布局，引导有实力的企业灵活运用资本运营手段，以资产为纽带，实行联合兼并。同时，积极支持降低实体经济尤其是工业企业在用水、用电、用气、土地、物流等方面的成本，助推实体经济轻装上阵，提高企业竞争力。

2. 利用国家对高新技术企业以及新技术、新产品、新工艺的研发的税收优惠政策，发掘广元科技创新优势，加快发展一批高新技术企业。进一步加大对企业在科技创新方面的引导和扶持，对与高等院校、科研院所组建的技术研发平台和产业技术创新优势企业给予政策鼓励，支持开展创新研究，开发新产品、新技术、新工艺，激发企业创新创造动能。同时，将《广元市创新创业人才特殊支持十条措施》纳入鼓励企业引进人才的范畴，支持柔性引进高层次科技人才，降低企业引进人才成本，确保企业急需人才引得来、留得住。

（三）着力支持产业发展成果转换

为扩大地方经济创收能力，平衡发展经济与保障收入的关系，把创收能力作为发展产业的重要因素统筹考虑，在招商引资前，对项目的收入关联度、实现税收及时性、税收贡献率等方面进行综合评估，力争把规模大、技术含量高、能耗低、附加值高、对经济发展带动力较强的优质项目引进来，实现经济转型和收入稳定、产业升级和财源壮大的协同稳步推进。同时，引进企业的组织形式上尽量以独立法人实体为主，使其产生的税收实现在当地，提升其对广元市地方财政的贡献。

（四）全力推动生态康养旅游名市建设

充分利用自然资源丰富、生态环境优美等特点，抓好绿色生态康养旅游发展。继续大力推进“绿化全川”广元行动和“蓝天行动”“碧水行动”“净土行动”等实施，持续改善环境空气质量，着力构建低碳广元、绿色广元。以“剑门蜀道，女皇故里”历史资源和优美的自然环境为依托，重点打造一批5A级景区，支持新华联曾家山国际旅游度假区、华侨城剑门关旅游项目、黑石坡森林公园提升改造、川陕红军文化园、中青旅昭化古城等旅游重大项目建设，打造大蜀道国际旅游目的地，形成旅游产业集群，支持旅游营销宣传，打响“绿色广元、康养名都”品牌。

（五）加快推动《川陕革命老区振兴发展规划》落地落实

2016年6月，国务院常务会议审定通过的《川陕革命老区振兴发展规划》，是川陕革命老区缩小与发达地区和其他老区差距的难得机遇，必须千方百计想办法，争取中央及有关部委尽快出台支持建立川陕革命老区发展基

金或专项转移支付制度、设立川陕革命老区涉农贷款风险补偿基金等配套政策，加快推动《规划》落地落实见效。

（六）合理控制财政支出，确保收支平衡

防范化解地方政府债务风险，守好区域性债务风险底线，做好地方性债务风险管控与化解。在经济发展可持续、财力可支撑的基础上，持续保障和改善民生，不得随意新增支出，严格执行厉行节约有关要求，从严控制一般性支出，牢固树立过紧日子思想，确保收支平衡。

B.11 广元城乡居民收支情况分析与预测（2017～2018）

吴其超　徐可欣　李艺雯*

摘　要： 2017年，广元民生不断改善，城乡居民收入持续稳定增长，增长速度均高于全国全省平均水平。农村居民人均可支配收入首次突破1万元大关，城乡居民收入相对差距持续缩小。工资性收入、经营净收入、财产净收入、转移净收入四大项增长带动居民增收。居民消费水平平稳增长，食品消费支出比重（恩格尔系数）降低到40.3%，服务消费支出增长较快。与此同时，全市经济下行压力不减、居民增收动力不强、脱贫攻坚任务艰巨等问题仍在，给今后一段时间全市城乡居民进一步有效增收带来不确定影响。建议多措并举促进工资性收入平稳增长，做强带动促进经营净收入水平提升，挖掘潜力促进财产净收入占比提高，强化保障促进转移净收入持续增长。

关键词： 城乡居民收支　收支结构　广元市

一　城乡居民收支两旺，增收渠道日趋多元

城乡居民收支状况调查显示，2017年广元全体居民人均可支配收入

* 吴其超、徐可欣、李艺雯，国家统计局广元调查队。

17700 元，同比增加 1610 元，增长 10.0%，增速比全省平均水平快 0.6 个百分点，比全国平均水平快 1.0 个百分点。

分城乡看，城镇居民人均可支配收入 28132 元，比上年增加 2370 元，增长 9.2%，增速高于全市地区生产总值增速 1.1 个百分点，高于全省平均增速 0.8 个百分点，高于全国平均增速 0.9 个百分点（见图 1）；农村居民人均可支配收入 10801 元，比上年增加 982 元，增长 10.0%，增速高于全省平均增速 0.9 个百分点，高于全国平均增速 1.4 个百分点（见图 2）。

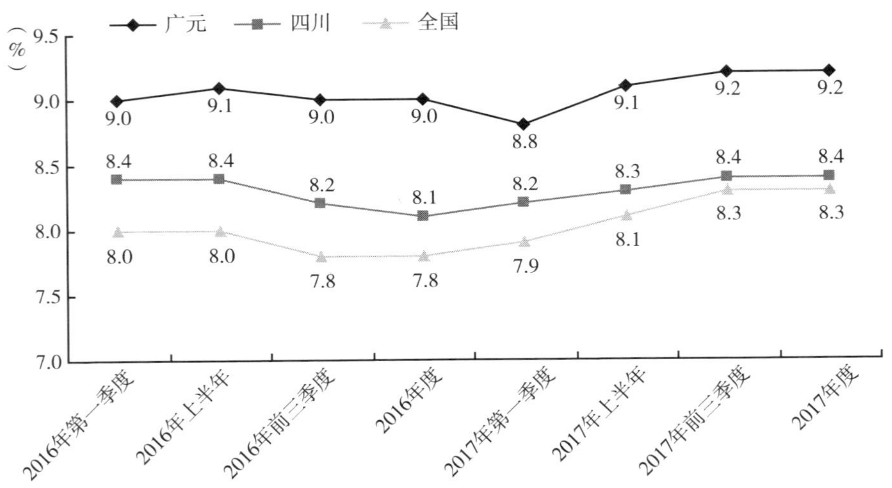

图 1　近两年广元城镇居民可支配收入增速变化

资料来源：各季度国家统计局、国家统计局四川调查总队发布的数据。

（一）收入增长亮点纷呈

1. 城乡居民收入持续稳定增长，收入增速双双领跑川东北五市

2017 年广元城镇居民人均可支配收入增幅居全省第 1 位、川东北五市第 1 位，连续两年保持川东北五市增幅第一；农村居民人均可支配收入增幅居全省第 3 位、川东北五市第 1 位，亦是连续两年保持川东北五市增幅第一（见表 1）。

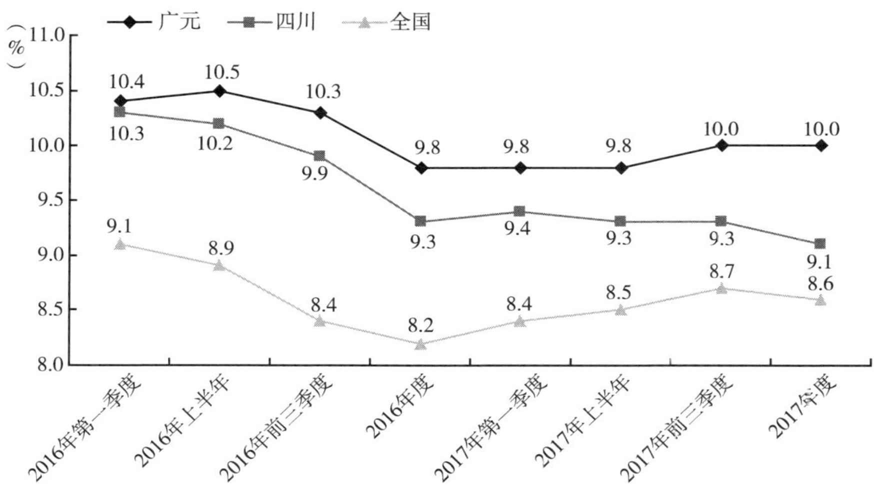

图2　近两年广元农村居民可支配收入增速变化

资料来源：各季度国家统计局、国家统计局四川调查总队发布的数据。

2. 农村居民收入首次突破万元大关

近年来，市委市政府全面发力经济建设“三大主战场”，下足“绣花功夫”推进脱贫攻坚，全力以赴开展项目投资，发挥特色优势抓好产业发展，多渠道实现农民增收，全市农村居民收入平稳较快增长。2017 年全市农村居民人均可支配收入首次突破万元大关，达到 10801 元。

表1　2017 年广元城乡居民可支配收入与周边市比较

地区	城镇居民人均可支配收入				农村居民人均可支配收入			
	绝对值		增幅		绝对值		增幅	
	数值（元）	位次	数值（%）	位次	数值（元）	位次	数值（%）	位次
全　国	36396	—	8.3	—	13432	—	8.6	—
四川省	30727	—	8.4	—	12227	—	9.1	—
广元市	28132	5	9.2	1	10801	5	10.0	1
南充市	28333	3	9.0	3	12389	3	9.9	2
广安市	30616	1	8.5	5	13655	1	9.4	5
达州市	28383	2	9.1	2	12843	2	9.6	4
巴中市	28286	4	9.0	3	10946	4	9.8	3

资料来源：根据 2017 年度国家统计局、国家统计局四川调查总队相关发布数据分析得到。

3. 农村居民收入增速连续五年快于城镇居民，城乡居民收入相对差距持续缩小

多年来广元持续推进惠农、富农政策，取得较大成效，改革发展成果更多地惠及农村居民，特别是“精准扶贫”的不断推进，有力促进了农民增收。2017 年农村居民人均可支配收入增速高于城镇居民 0.8 个百分点，自 2013 年以来已连续五年跑赢城镇居民增收速度。城乡居民收入相对差距再度缩小，2017 年，全市城乡居民收入比为 2.60∶1，低于 2013 年的 2.74∶1、2016 年的 2.62∶1。

4. 城乡居民收入与全省平均水平相对差距进一步缩小

2017 年，广元居民收入水平与全省平均水平的相对差距进一步缩小，全市全体居民人均可支配收入由上年全省平均水平的 85.5% 提高为 86.0%，缩小 0.5 个百分点。分城乡看，城镇居民人均可支配收入由上年全省平均水平的 90.9% 提高为 91.6%，缩小 0.7 个百分点；农村居民人均可支配收入由上年全省平均水平的 87.6% 提高为 88.3%，缩小 0.7 个百分点。2017 年，广元全体居民人均可支配收入绝对额居全省第 19 位，其中，城镇居民居全省第 21 位，农村居民居全省第 20 位。

5. 各县区城乡居民收入竞相增长

从城镇居民人均可支配收入绝对额看，全市最高的是利州区，为 28646 元；最低的是青川县，为 26951 元，最高与最低相差 1695 元。从增速看，全市最快的是剑阁县，为 9.5%；最慢的是昭化区，为 8.9%，最快与最慢相差 0.6 个百分点。从两年增速变化看，苍溪县进步明显，增速较上年提升 0.5 个百分点；旺苍县有所放缓，增速较上年下降 0.1 个百分点（见图 3）。

从农村居民人均可支配收入绝对额看，全市最高的是利州区，为 11172 元；最低的是朝天区，为 10568 元，最高与最低相差 604 元。从增速看，全市最快的是朝天区和青川县，为 10.4%；最慢的是剑阁县，为 9.8%，最快与最慢相差 0.6 个百分点。从两年增速变化看，利州区进步明显，增速较上年提升 0.6 个百分点；昭化区有所放缓，增速较上年下降 0.2 个百分点（见图 4）。

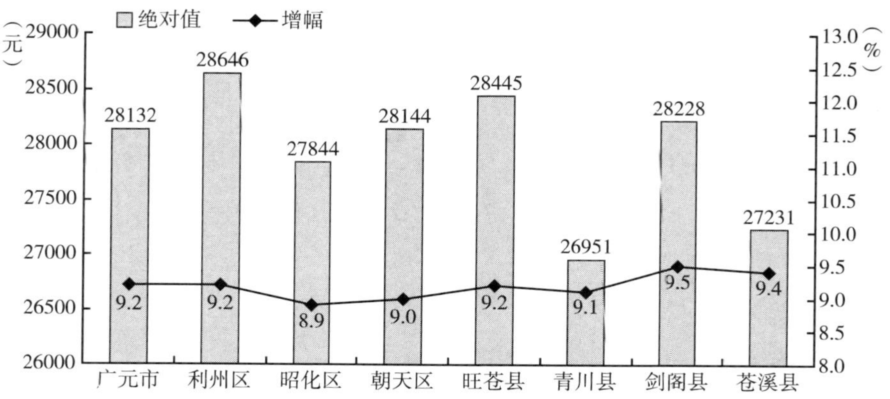

图3　2017年广元分市县城镇居民人均可支配收入对比

资料来源：国家统计局广元调查队发布的数据。

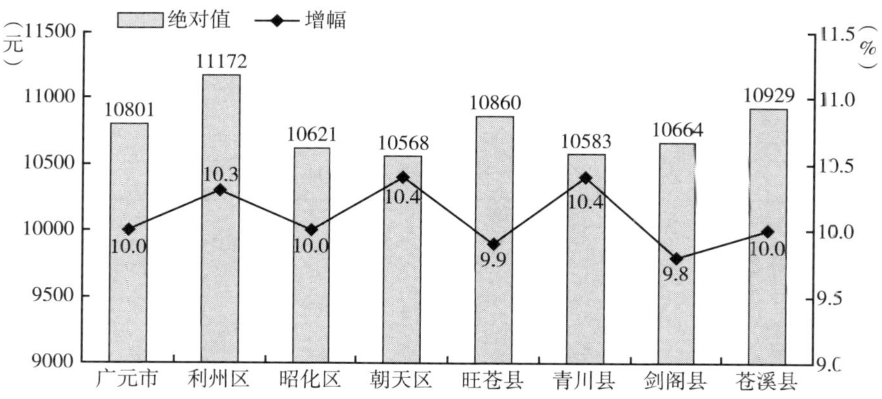

图4　2017年广元分市县农村居民人均可支配收入对比

资料来源：国家统计局广元调查队发布的数据。

（二）生活质量持续提升

1. 居民消费水平平稳增长

2017年，广元全体居民人均生活消费支出12711元，同比增加1169元，增长10.1%，增速与上年同期持平；全体居民人均生活消费率为

71.8%，比上年同期提高0.1个百分点。按城乡分，城镇居民人均生活消费支出18388元，同比增加1568元，增长9.3%，增速高于城镇居民人均可支配收入0.1个百分点；城镇居民人均生活消费率为65.4%，与上年同期相比，消费率上升0.1个百分点。农村居民人均生活消费支出8958元，同比增加836元，增长10.3%，增速高于人均可支配收入增速0.3个百分点；农村居民人均生活消费率为82.9%，与上年相比，消费支出增速上升0.5个百分点（见表2）。

2. 食品消费支出占比（恩格尔系数）降低

2017年，广元全体居民人均食品烟酒消费支出为5129元，同比增加468元，增长10.1%，占人均生活消费支出的比重为40.3%，比上年下降0.1个百分点，对全体居民人均生活消费支出增长的贡献率为40.0%。其中，农村居民人均食品烟酒消费支出3636元，同比增加325元，增长9.8%，占农村居民人均生活消费支出的比重为40.6%，比上年下降0.2个百分点，对农村居民人均生活消费支出增长的贡献率为38.9%。

表2　2017年广元城乡居民人均生活消费支出

指标名称	城镇居民			农村居民		
	绝对值（元）	增幅（%）	构成（%）	绝对值（元）	增幅（%）	构成（%）
生活消费支出	18388	9.3	100.0	8958	10.3	100.0
（一）食品烟酒	7387	9.6	40.2	3636	9.8	40.6
（二）衣着	1672	8.8	9.1	591	7.4	6.6
（三）居住	3138	5.9	17.1	1707	11.4	19.1
（四）生活用品及服务	1085	10.9	5.9	583	9.1	6.5
（五）交通通信	2175	11.4	11.8	847	12.1	9.5
（六）教育文化娱乐	1405	10.3	7.6	649	9.7	7.2
（七）医疗保健	848	11.0	4.6	745	11.6	8.3
（八）其他用品和服务	678	11.4	3.7	200	11.4	2.2

资料来源：国家统计局广元调查队住户调查数据。

3. 惠民政策显效民众受益

受医保并轨政策影响，城乡居民享受到更多的医疗服务，大部分医疗费用支出可通过医保基金报销。全年全体居民人均医疗保健支出同比增长11.4%，与之相对应的人均医保报销收入同比增长17.2%，医保报销收入增幅高于医疗保健支出增幅5.8%。分城乡看，城镇居民人均医疗保健支出同比增长11.0%，农村居民人均医疗保健支出增长11.6%。2017年以来电信部门相续出台提速降费措施，有力降低了居民的通信成本。2017年全体居民人均通信消费支出增长6.2%，其中，农村居民增长4.6%，增速较上年的11.6%大幅回落了7.0个百分点。

4. 服务消费支出增长较快

2017年，广元全体居民文化娱乐活动更加丰富多彩，人均文化娱乐消费支出（含团体旅游、景点门票、电影话剧演出票、体育健身活动、有线电视费、其他文化娱乐服务等支出）达到196元，同比增加62元，增长46.6%。农村居民享受更多社会化服务，在旅馆住宿、美容美发洗浴以及其他杂项服务三方面支出大幅增加，合计达到116元，同比增加24元，增长25.8%。

5. 生活居住条件积极改善

2017年全市居民中有管道供水入户的户比重为74.7%，比全国平均水平低13.1个百分点，比上年提高2.3个百分点；有安全饮用水的户比重为98.5%，比全国平均水平高7.2个百分点，比上年提高0.2个百分点；有卫生厕所的户比重为73.2%，比全国平均水平高1.5个百分点，比上年提高0.4个百分点；有洗澡设施的户比重为86.8%，比全国平均水平高7.0个百分点，比上年提高2.6个百分点；获取饮用水无困难的户比重为88.7%，比全国平均水平低6.1个百分点，比上年提高2.6个百分点；居住竹草土坯房的户比重为4.4%，比全国平均水平高3.3个百分点，比上年下降0.2个百分点。

6. 耐用消费品持续升级换代

分城乡看，2017年广元城镇居民家庭平均每百户拥有家用汽车31.33

辆，同比增长6.0%；拥有摩托车38.38辆，同比增长0.3%；拥有助力车8.38辆，同比下降3.7%；拥有洗衣机97.18台，同比增长1.2%；拥有电冰箱（柜）98.47台，同比增长3.2%；拥有排油烟机65.66台，同比增长2.2%；拥有彩色电视机110.96台，同比增长1.2%；拥有空调85.02台，同比增长8.3%；拥有热水器90.90台，同比增长1.4%；拥有移动电话238.93部，同比增长1.1%；拥有计算机55.97台，同比增长3.1%，其中，2017年接入互联网的计算机有44.19台，同比增长6.1%（见表3）。

表3　2016~2017年每百户城乡居民耐用消费品拥有情况

单位：台，%

品名	每百户城镇居民			每百户农村居民		
	2017年	2016年	增幅	2017年	2016年	增幅
1. 家用汽车	31.33	29.57	6.0	15.41	14.09	9.4
2. 摩托车	38.38	38.26	0.3	64.63	71.51	-9.6
3. 助力车	8.38	8.70	-3.7	8.15	7.67	6.3
4. 洗衣机	97.18	96.06	1.2	94.72	91.06	4.0
5. 电冰箱(柜)	98.47	95.45	3.2	93.38	88.36	5.7
6. 微波炉	35.79	34.72	3.1	10.30	8.52	20.9
7. 彩色电视机	110.96	109.67	1.2	117.39	111.28	5.5
8. 空调	85.02	78.49	8.3	25.42	20.49	24.0
9. 热水器	90.90	89.66	1.4	66.59	60.76	9.6
10. 排油烟机	65.66	64.23	2.2	16.38	14.86	10.3
11. 移动电话	238.93	236.25	1.1	267.43	259.43	3.1
12. 计算机	55.97	54.26	3.1	20.39	15.96	27.8
13. 接入互联网	44.19	41.66	6.1	9.37	6.38	46.9

资料来源：国家统计局广元调查队住户调查数据。

2017年广元农村居民家庭平均每百户拥有家用汽车15.41辆，同比增长9.4%；拥有摩托车64.63辆，同比下降9.6%；拥有助力车8.15辆，同比增长6.3%；拥有洗衣机94.72台，同比增长4.0%；拥有电冰箱（柜）93.38台，同比增长5.7%；拥有排油烟机16.38台，同比增长10.3%；拥有彩色电视机117.39台，同比增长5.5%；拥有空调25.42台，同比增长

24.0%；拥有热水器66.59台，同比增长9.6%；拥有移动电话267.43部，同比增长3.1%；拥有计算机20.39台，同比增长27.8%，其中，2017年接入互联网的计算机有9.37台，同比增长46.9%（见表3）。

（三）四大结构性收入全面增长

2017年，广元全体居民四大结构性收入实现全面增长，收入结构向更加均衡格局转变。其中，城镇居民收入四大项构成比例从2016年的66.2∶15.8∶5.5∶12.5发展到2017年的65.7∶16.2∶5.6∶12.5（见表4）；农村居民收入四大项构成比例从2016年的43.6∶33.5∶0.9∶22.0发展到2017年的43.1∶33.8∶1.2∶21.9（见表5）。

表4　2016～2017年广元城镇居民人均可支配收入对比

单位：元，%

指标名称	2016年			2017年		
	绝对值	增幅	构成	绝对值	增幅	构成
可支配收入	25762	9.0	100.0	28132	9.2	100.0
（一）工资性收入	17043	7.1	66.2	18492	8.5	65.7
（二）经营净收入	4085	15.5	15.8	4556	11.5	16.2
（三）财产净收入	1420	13.5	5.5	1584	11.5	5.6
（四）转移净收入	3214	9.8	12.5	3500	8.9	12.5

资料来源：国家统计局广元调查队住户调查数据。

表5　2016～2017年广元农村居民人均可支配收入对比

单位：元，%

指标名称	2016年			2017年		
	绝对值	增幅	构成	绝对值	增幅	构成
可支配收入	9819	9.8	100.0	10801	10.0	100.0
（一）工资性收入	4278	8.8	43.6	4651	8.7	43.1
（二）经营净收入	3286	11.2	33.5	3655	11.2	33.8
（三）财产净收入	87	27.6	0.9	128	47.1	1.2
（四）转移净收入	2168	9.2	22.0	2367	9.1	21.9

资料来源：国家统计局广元调查队住户调查数据。

1. 工资性收入增长带动居民增收

2017 年全体居民人均工资性收入 10161 元，同比增加 862 元，增长 9.3%，对全体居民可支配收入增长的贡献率为 53.5%。其中，城镇居民人均工资性收入 18492 元，同比增加 1449 元，增长 8.5%，对城镇居民可支配收入增长的贡献率为 61.1%；农村居民人均工资性收入 4651 元，同比增加 373 元，增长 8.7%，对农村居民可支配收入增长的贡献率为 38.0%。一是经济高质量发展带动就业促进工资性收入增长。2017 年全市地区生产总值（GDP）732.12 亿元，按可比价格计算，比上年增长 8.1%。按产业分，第一产业增加值 113.16 亿元，同比增长 3.8%；第二产业增加值 327.01 亿元，同比增长 8.2%；第三产业增加值 291.95 亿元，增长 9.6%。一、二、三产业对广元经济增长的贡献率分别为 7.4%、46.9%、45.7%，分别拉动经济增长 0.6 个、3.8 个、3.7 个百分点。全年人均地区生产总值 27653 元，比上年增长 7.4%。二是固投力度加大企业持续增多促进工资性收入增长。2017 年广元市全社会固定资产投资 715.13 亿元，同比增长 15.7%，其中固定资产投资 682.13 亿元，同比增长 16.9%。2017 年末全市“四上”企业共 1091 个，比上年增加了 35 个，其中规模以上工业企业增加了 17 个，资质建筑企业和房地产开发企业增加了 11 个，规模以上服务业企业增加了 13 个。全年城镇新增就业 3.98 万人，失业人员再就业 1.27 万人，就业困难人员就业 0.35 万人。城镇登记失业率 3.85%。三是工资增长机制进一步完善并发挥效用促进工资性收入增长。各县区陆续提高了工资和津补贴发放标准，加上绩效奖金、车改等政策陆续落实，促使机关事业单位人员收入较快增长。2016 年 7 月 1 日起，全市行政、事业在职职工工资调整，人均月增资约 300 元；2017 年度全市机关事业单位人员人均年终绩效奖上调到 20000 元，同比增长 33.3%。四是技能培训发力就业竞争力增强促进工资性收入增长。各县区积极开展农民工就业服务“春风行动”，大力整合培训资源，加强农民工技能培训，加大劳务输出力度，多渠道稳定就业提高农民工务工收入。2017 年全市劳务输出 96.5 万人，劳务输出收入比上年同期增长 10.6%。五是农民工工资清欠力度加大促进工资性收入增长。市委市政府全力以赴做好农民工工资“治欠保支”工作，安排部署了农民工工资支付情况专项治理联合行动，对国家重点投资项目进行全面排查，确保了农民工工资按时足额发放。

2. 经营净收入增长带动居民增收

2017年全体居民人均经营净收入4014元，同比增加414元，增长11.5%，对全体居民可支配收入增长的贡献率为25.7%。其中，城镇居民人均经营净收入4556元，同比增加471元，增长11.5%，对城镇居民可支配收入增长的贡献率为19.9%；农村居民人均经营净收入3655元，同比增加369元，增长11.2%，对可支配收入增长的贡献率为37.6%。一是农业经济稳步发展促进经营净收入增长。全年总产粮食和油料增长实现“十一连增”和“十四连增”；新建和提升核桃基地23.4万亩，油橄榄品种改良1万亩；新建和提升茶叶基地2.33万亩，综合产值36.6亿元；新建和提升草本中药材4.5万亩，产值32亿元。二是返乡创业积极推进促进经营净收入增长。建立多层次、多样化的返乡创业格局，全年新增返乡创业园8个，新增返乡创业3786人，创办经济实体3605个。三是旅游业持续繁荣促进经营净收入增长。2017年广元大力发展“特色农业+”旅游，年内新增全国一镇一品示范镇1个，新增1个国家级农业公园、2个省级旅游度假区、2个省级生态旅游示范区。全年旅游经济主要指标保持快速增长，实现旅游接待人数4400万人次，同比增长16%；实现旅游收入330亿元，同比增长25%。四是民营经济加快发展促进经营净收入增长。全年民营经济（个体私营经济）增加值409.06亿元，增长8.5%，占GDP的比重为55.9%，比上年提高0.3个百分点。五是社会消费品零售总额快速增长促进经营净收入增长。2017年全市社会消费品零售总额为297.24亿元，同比增长12.5%，其中，城镇市场消费品零售总额为197.67亿元，同比增长12.3%。

3. 财产净收入增长带动居民增收

2017年全体居民人均财产净收入707元，同比增加96元，增长15.7%，对人均可支配收入增长的贡献率为6.0%。其中，城镇居民人均财产净收入1584元，同比增加164元，增长11.5%，对城镇居民可支配收入增长的贡献率为6.9%；农村居民人均财产净收入128元，同比增加41元，增长47.1%，对农村居民可支配收入增长的贡献率为4.1%。一是农村产权改革促进土地租赁收入增长。各级政府严格落实农村土地“三权分置”，全市新增耕地流转面积6.41万亩，农村土地流转不断加快，居民转让承包土地经营权租金净收入同比增长31.4%。二是集体经济壮大促进红利收入增长。全市739个贫困村集体经济组织实现全覆盖，262个贫困村集体经济总收入401.43万元，贫困村村平均收入1.53万元。从全市看，2017年全体居民红利收入同比增长37.8%。三是存贷款余额增长促进财产净收入增长。年末全市金融机构各项存款余额1418.54亿元，比上年末增长8.8%。其中，住户存款余额892.79亿元，增长9.9%。金融机构各项贷款余额724.31亿元，增长14.8%。居民存贷款余额增加，带动全体居民人均利息净收入同比增长9.9%。四是居民理财意识增强促进财产净收入增长。随着房地产市场的发展和旧城改造的不断推进，拥有两套以上住房的家庭增多，许多家庭把闲置房产用于出租，增加收益；加之居民理财意识增强，更多地将手中的余钱投入各种理财产品中，收益明显提高，带动了财产净收入的增长。调查显示，2017年，全体居民人均出租房屋收入、储蓄性保险净收益以及出租机械专利版权收入三项合计同比增长13.6%。

4. 转移净收入增长带动居民增收

2017年全体居民人均转移净收入2818元，同比增加238元，增长9.2%，对全体居民人均可支配收入增长的贡献率为14.8%。分城乡看，城镇居民人均转移净收入为3500元，同比增加286元，增长8.9%，对城镇居民人均可支配收入增长的贡献率为12.1%；农村居民人均转移净收入为2367元，同比增加199元，增长9.1%，对农村居民人均可支配收入增长的贡献率为20.3%。一是养老金标准调整促进转移净收入增长。广元严格执行《关于2017年调整退休人员基本养老金的通知》（川人社发〔2017〕34号）精神，切实提高离退休人员待遇。截至2017年12月全市城镇离退休人员17.2万人，增长0.9万人；人均养老金标准1733元/月，同比增加38

元/月，增长 2.2%。二是低保标准提高促进转移净收入增长。市政府印发《关于调整城乡居民最低生活保障标准的通知》（广府办函〔2017〕102 号），自 2017 年 1 月 1 日起全面提高全市城市居民最低生活保障标准，从 420 元/月上涨到 460 元/月，涨幅 7.1%；提高农村居民最低生活保障标准，从 240 元/月上涨到 275 元/月，涨幅 14.58%。三是残疾人相关补贴增加促进转移净收入增长。2017 年全市共发放重度残疾人护理补贴 2246.6 万元，比上年增加 302.4 万元，增长 15.6%；发放困难残疾人生活补贴 2794.7 万元，比上年增加 399.2 万元，增长 16.6%。四是脱贫攻坚强力推进促进转移净收入增长。全年市、县财政投入脱贫攻坚资金同比增长 10% 以上，累计筹集贫困村产业扶持基金 27345 万元，统筹整合涉农资金 9272 万元，建立针对非贫困村贫困户的产业扶持基金，利州区实现整体脱贫，全市新增 255 个贫困村整体退出、6.78 万名贫困人口全部达到脱贫标准。2017 年，全市居民人均政策性生活补贴同比增长 35.7%。

二　制约居民增收因素尚存，亟须重视

2017 年，广元各级党委政府顺应民生向往，给全市人民交出了一份比较满意的答卷，但也要清醒认识到当前全市经济下行压力不减、居民增收动力不强、脱贫攻坚任务艰巨等问题仍在。

（一）对工资性收入依赖过大，增收后劲不足

2017 年，广元全体居民人均工资性收入 10161 元，占全体居民人均可支配收入的比重为 57.4%，对可支配收入增长的贡献率为 53.5%，是全体居民收入增长的主要来源，这反映出广元居民增收对工资性收入增长的依赖性过大。就城镇居民来讲，当前工资制度已基本稳定，增资政策促进增收效应将进一步减弱；就农村居民来说，受文化、技能水平等因素制约，就业竞争能力不强、形势不佳，农村务工人员工资进入瓶颈，务工模式单一造成就业面及工资增长受到限制，工资性收入向上增长空间较小。

（二）经营净收入遭遇瓶颈期，经营收益有限

近年来，广元居民人均经营性收入保持大幅增长，占可支配收入的比重不断上升，其中农业经营作为农村居民的主导，重要性日益彰显。广元蕴含着大量农业资源，但现阶段农业开发潜在优势仍未充分发挥，农产品规模效应低下，市场竞争力不强。新常态下经济增长压力持续加大，市场有效需求不足，企业经营成本上升，利润空间持续缩小，经营效益欠佳。农业生产受成本“地板”和价格“天花板”的双重挤压，种粮及务农收入收益有限。

（三）财产净收入增长仍是广元居民增收短板

2017 年广元城镇居民人均财产净收入同比增加 164 元，仅拉动城镇居民人均可支配收入增长 6.9 个百分点，占城镇居民人均可支配收入的 5.6%；农村居民财产净收入同比增加 41 元，仅拉动农村居民人均可支配收入增长 4.1 个百分点，占农村居民人均可支配收入的 1.2%。财产净收入增收缺乏亮点，后继无力，对可支配收入的增长贡献过小。一是当前全市经济下行压力犹存，企业利润增速放缓，居民投资分红收益大大缩水；二是住房制度改革，房地产税改革逐步提上日程，房地产市场逐渐降温；三是金融市场震荡较大，金融产品投资风险较大，居民储蓄及银行理财利息回报较小。

（四）转移净收入增长受政策性制约较强

当前转移净收入仍然是拉动广元居民收入增长的强劲动力，城镇居民转移净收入增长贡献率为 12.1%，农村居民转移净收入贡献率为 20.3%。转移净收入主要依赖于财政转移支付，特别是农村地区扶贫力度空前巨大，但随着脱贫攻坚持续深入，扶贫投入向深度贫困地区集中，较大农村地区范围扶贫投入力度会减少，各项惠农政策基本稳定，转移性收入增长将会受到制约。

三　促进广元城乡居民增收的建议

（一）多措并举促进工资性收入平稳增长

一是加强劳动技能培训，提高就业能力。充分发挥政府职能部门作用，开展形式多样的培训活动，提高农民工整体素质，同时主动和用工单位进行劳务对接，了解用工单位需求，定向培养农民工。二是整合资源搭建信息平台，提供就业服务。通过举办“春风行动”、就业援助、就业扶贫等，搭建农民工就业信息平台，为农民工提供更多、更优质的就业信息和就业服务，拓宽农民工就业渠道。三是进一步加强政策支持，推动就业创业。落实就业创业扶持政策，进一步提高就业创业资金扶持力度，放宽贷款审批要求，减免税收，宣传和推广就业创业典型人物，激发农民工群体就业创业激情。四是两面着手下足功夫，保障农民工合法权益。一方面要着力培养农民工的法律意识，清楚认识劳务合同的重要性，切实维护好自身合法权益；另一方面要继续严肃整治拖欠农民工工资的行为，加强日常监督管理，不断完善应急机制。五是把实体招商作为招商引资的主攻方向。通过大力引进实体经济，有效增加新的就业岗位。大力发展生产性服务业，如现代物流业、交通运输业、信息服务业等，有效承接越来越多的、向城镇转移的农村剩余劳动力。

（二）做强带动促进经营净收入水平提升

一是要壮大龙头企业，发挥企业带动作用。积极培育、引进一批带动能力强的龙头企业，形成规模化、标准化的集中生产经营，整合资源实现优化配置，同时探索龙头企业和农户合作的机制，由龙头企业带动农民增收致富。二是要用活营销手段，多途径宣传推广。利用电视广播、报纸杂志、新媒体等多种营销手段，加大对“剑门关土鸡”“广元七绝”“红心猕猴桃”等广元特色农产品的宣传，由政府牵头形成行业协会，通过农产品推介会等打通销售途径，进行统一的对外推广。三是要维护良好的市场环境，提高品

牌价值。注重对市场上伪冒广元农产品的打击力度，确保广元特色农产品品牌的可信度，不断提升品牌附加值。四是要发挥市场配置资源的决定性作用，加强各类要素的协同联动。进一步降低创业成本，清除创业壁垒，吸引更多的优秀人才到广元创业。建立健全的激励机制，有效提升创业参与率。加强创业支撑体系建设，引入互联网技术改造提升传统产业，着力发展新经济新模式。

（三）挖掘潜力促进财产净收入占比提高

一是要持续深化土地制度改革。以农业供给侧结构性改革为主线，加快健全完善土地经营权流转服务、监管和风险防范机制，落实承包土地“三权分置”制度，依托交易管理平台，积极有序推进土地流转。二是要发展壮大农村集体经济。以脱贫攻坚和“四好村”创建为契机，合理利用现有的各类资源发展经济，做到贫困村和非贫困村兼顾，力争村村有集体经济，集体经济可持续，让农民获得长期稳定的收益。三是要切实加大对广大居民科学理财知识的培训。

（四）强化保障促进转移净收入持续增长

转移净收入是政府再分配的重要手段，因此，建立在经济和财力可持续增长的基础上，应制定可持续保障政策措施，不养懒汉，切实将福利水平提高。做好养老金标准常规调整，加快推进城乡养老保险并轨，努力提高农民养老金标准。结合脱贫攻坚等工作，加大对低收入群体的扶持、救助力度，加大对有增长潜力居民的政策、资金和项目扶持力度，保障低收入群体收入增长，带动转移净收入稳步增长。切实完善、健全各项社会保障制度，降低居民家庭对住房、医疗、教育等的消费预期，从而减轻居民预期消费压力，提高居民即期消费欲望，进一步促进居民增收。

B.12

广元电子商务发展分析报告（2012～2018）

蔡　伟*

摘　要： 新时代下，农村电商成为乡村振兴战略的重要部署，广元从2012年大力发展电商以来，在产业环境、电商平台、特色网店、配套物流、农产品品牌和触网等各方面都取得一些成效，但仍然存在一些贫困地区电商发展的共性问题。立足广元地区农业基本特征，大力推动“广元七绝”农产品上网销售，营造农产品电商产业生态圈，科学规划平台布局，打造网店集群，夯实产业基础，发挥品牌引领作用，完善品控、标准、物流、监管等支撑体系，将是广元全市农村电商工作的重点。

关键词： 农村电商　网络销售　品牌触网　电商扶贫　广元七绝

广元作为川东北和秦巴片区以及川陕甘结合部的重要节点城市，从2012年起，主动抓住农业供给侧结构性改革的有利时机，以发展电子商务推进产业结构调整，以建成国家电子商务示范城市为目标。

一　全市电子商务发展基本情况

2017年，全市社会消费品零售总额为371.79亿元，继续保持了12%左

* 蔡伟，广元市旺苍县人民政府。

右的增速，相较于2012年同期水平，几乎翻了一番（见图1）。未来，随着乡村振兴的推进，农村产业链的成型一定会带来乡村网民的逐步增加。

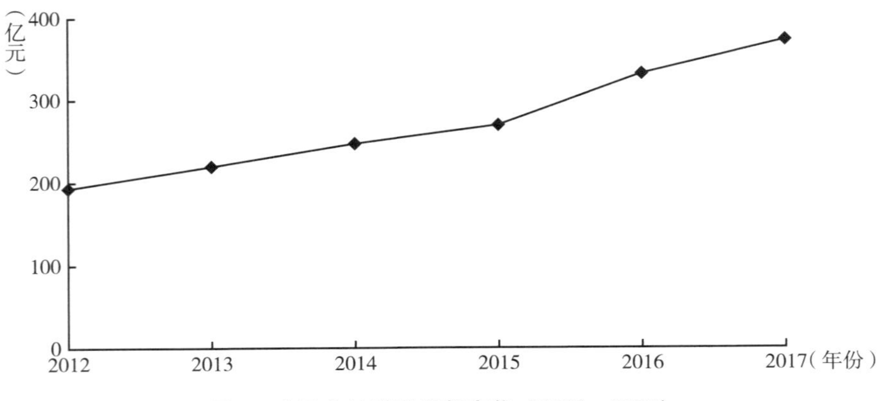

图1　广元市社消零总额变化（2012～2017）

资料来源：根据广元市商务局数据整理。

随着与之配套的物流基础设施和网络的日益完善，2017年的电商交易额为47.98亿元，农村网络销售额为11.54亿元，首次突破10亿元大关（见图2）。过去的三年，电商交易额和农村网络销售额都在稳步增长，表明电子商务在广元地区随着宏观经济的发展也在稳步深化提高。

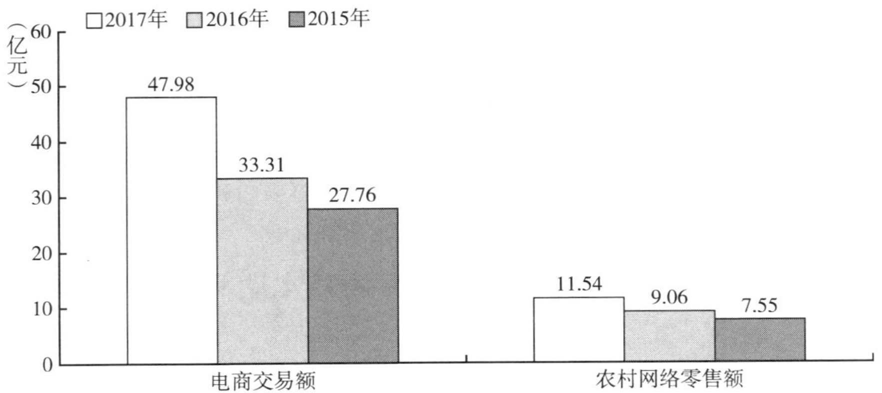

图2　广元市电商交易额和农村网络零售额变化（2015～2017）

资料来源：根据广元市商务局数据整理。

（一）产业政策环境

2015 年，国务院发布 24 号文件《关于大力发展电子商务加快培育经济新动力的意见》。之后，党中央以及国务院相关部委接连出台多项涉及电商发展的“十三五”专项规划和多条政策措施，为电商产业发展指明了方向。

广元市先后编制了《广元市电子商务发展规划》《广元市电子商务发展三年行动计划》和《广元市关于促进电子商务产业发展支持政策的实施意见》，通过对电子商务的短期和中期规划引领，明确了各县区工作的目标任务和重点。截至 2017 年底，一共有 5 个县区成功申报国家级电子商务进农村示范县项目和省级电商脱贫奔康示范县项目，分别获得 2000 万元和 500 万元的电子商务专项支持资金，如表 1 所示。这些县区也分别针对各自实际出台了品牌培育、物流仓储等和农村电商相关的政策措施。

表 1　各县区电商专项申报情况

项目名称	申请县区	申请年份	资金额度(元)
国家级电子商务进农村示范县	苍溪县	2015	2000 万
	青川县	2016	2000 万
	旺苍县	2017	2000 万
	昭化区	2017	2000 万
省级电商脱贫奔康示范县	利州区	2016	500 万
	旺苍县	2017	500 万
	昭化区	2017	500 万

资料来源：根据广元市商务局数据整理。

为营造良好氛围，《广元日报》、广元商务网开辟电子商务专栏，定期或不定期地对电子商务工作进行宣传，不断提高企业和个人对电子商务的认识。同时，启动电子商务专家库建设工作，充分发挥专家智囊作用。一方面积极邀请省内外电子商务企业负责人和电子商务专家来广元举办专题培训班，另一方面定期组织市内相关部门和电子商务企业参加市内外的电子商务培训。

（二）电商平台发展状况

总体来看，截至 2017 年，广元电商平台呈现各类平台共生发展态势

（见表2）。全国知名第三方电商平台相继布局广元，包括京东、1号店、苏宁易购、淘宝、天猫、天虎云商和邮乐购等。广元及各县区以行政区划在淘宝“特色中国馆”、京东“中华特产馆”、邮乐网“扶贫馆”开设特色馆，售卖特色农产品的平台子站、频道或者专题，通过第三方知名平台引流实现消费者集聚，是大平台中的“小平台”，主要采用“政府背书＋服务商＋知名电商平台”的模式。

表2　广元市部分电商平台一览

地域区分	平台名称	平台类别	发展现状
全国（外地区域）知名平台	淘宝网	涉农综合 B2C	“特色中国馆”售卖广元产品种类13种
	天猫	涉农综合 B2C	售卖广元产品种类21种
	京东	涉农综合 B2C	2015年开设“中华特产馆”广元馆
	苏宁易购	涉农综合 B2C	“中华特色馆”无入驻商家
	邮乐购	涉农综合 B2C	“扶贫馆”已有6个县区馆入驻
本土活跃平台	七绝商城	涉农综合 B2C	市政府主推区域品牌：米仓山茶叶、朝天核桃、广元油橄榄、剑门关豆腐、青川黑木耳、苍溪红心猕猴桃、苍溪雪梨
	广供天下	涉农综合 B2C	广供天下电子商务有限公司是由广元市供销社指导成立的，苍溪、剑阁和青川三县入驻
	茶媚儿	专业自营 B2B	米仓山茶业集团的电商平台，以茶业为主，其他农产品为辅
	海伶山珍	专业自营 B2C	以木耳和食用菌以及线上线下体验馆为主
	逢集网	专业自营 B2C	按照“政府引导，企业主体”的方式运作

资料来源：根据网络统计数据整理。

同时，以“广供天下”和逢集网等为代表的本土自营平台（基本特征是由卖方自行建设，平台上仅有其一个商家，卖方负责所有上架商品的货源组织、质量控制、仓储配送、售后服务）强化线上线下融合发展。在运营模式上，以B2C（即 Business to Consumer，是商家与个人之间的交易活动）为主，买方主体是消费者。截至2017年，本土自营平台中，各县区参与情况良好，上架农产品 SKU 有50个左右（见表3），上架产品通常是广元本地知名品牌或“三品一标”农产品，呈现少而精的特点，在提升广元农产品知名度方面起到重要作用。

表 3　电商平台入驻情况和上架产品 SKU

平台名称	平台网址	平台定位	县区馆参与情况	产品 SKU	农产品 SKU
广供天下	http://www.ggtxsc.com	全品类	3 县入驻	2327	62
逢集网	http://www.0839fj.com	全品类	—		
海伶山珍	https://shop59183939.taobao.com	农产品类	—	41	41
邮乐购	http://sc.ule.com	全品类	6 县区入驻	130	47
京东广元馆	https://guangyuan.jd.com	全品类	—	50	50

资料来源：根据网络数据整理。

（三）网店现状

在电商模式中，消费者构成了双边市场的“一边”，入驻网点构成了“另一边”。在“双边”建立信用的基础上，消费者足够多才能吸引网店入驻，同时入驻网点数量达到一定规模能够提供足够的农产品时也会吸引更多的消费者上平台选购。因此入驻网点及其上架农产品的丰富程度，是衡量电商平台的重要标志。

如表 4 所示，各大第三方平台都加大了广元入驻网点的招商力度。但是第三方知名平台要求入驻网点必须是企业法人，必须提供《食品流通许可证》和《食品生产许可证》，准入条件相对较高。从平台费率看，几乎都是网店营业额的 2%～7%。相比之下，广元个体户网店主要集中在全部免费的淘宝，企业法人则更倾向于本土自营平台合作来降低销售成本。

表 4　部分第三方平台入驻条件及费用

平台名称	入驻要求(部分)	费率	使用费	保证金
淘宝	身份证，营业执照	免费	免费	免费
京东	《食品流通许可证》 《食品生产许可证》	生鲜 3%； 食品饮料 3%～7%	1000 元/月	50000 元
天猫	《食品流通许可证》 《食品生产许可证》	2%	2500 元/月	50000 元

续表

平台名称	入驻要求(部分)	费率	使用费	保证金
邮乐购	《食品流通许可证》 《食品生产许可证》	6%	免费	免费
广供天下	身份证,营业执照	2%	免费	免费
逢集网	身份证,营业执照	2%	免费	免费

资料来源：根据网络数据整理。

（四）农产品触网现状

从生产环节看，农产品具有产地分散、积极性强、品类丰富、标准化程度低等特征。从储运配送环节看，农产品特别是生鲜农产品具有品质易腐、产销地分割等特征。从消费环节看，农产品具有购买周期短、需求实效性强等特征。因而在农产品通过电商触网的过程中，对于不同的农产品类别面临不同的“触网”难度。

广元自发展电子商务以来，借助全国知名综合平台如淘宝网等，大力推动本土平台建设。如表 5 所示，目前广元农产品触网的主渠道由第三方平台和本土平台共同提供，几乎不涉及知名专业（生鲜配送类）平台。究其原因，一是知名平台的大规模流量吸引了大量网店集聚发展，部分平台加大了农产品招商运营力度，京东走开放平台路线引入卖家战略，都极大推动了广元农产品的触网数量规模。二是专业平台以生鲜水果配送为主，物流条件苛刻缺乏对广元产品的深入了解和对接。

表 5　部分平台广元农产品触网 SKU 数量统计

知名综合平台	广元农产品 SKU	本土平台	广元农产品 SKU	知名专业平台	广元农产品 SKU
淘宝网	73	七绝商城	53	易果生鲜	0
京东	50	广供天下	62	我买网	0
天猫	21	海伶山珍	41	生鲜宅配	0
苏宁	0				
邮乐购	47				
小计	191	小计	156	小计	0

资料来源：根据网络数据整理。

以广元七绝和曾家山蔬菜为例，表6可详见标准化程度、规模化程度、运输损耗、物流成本、附加值五个维度的农产品触网难度。标准化程度方面，猕猴桃、核桃和茶叶，依托龙头企业和品牌知名度，较好地控制了产品品质，降低了送货上门时对品质的争议。规模化程度方面，对于生产规模较小的单一品种，难以形成规模经济效应，无法改善电商运营成本边界条件，广元七绝的总产量仍然有待提高。运输损耗方面，农产品电商跨空间区域的特性打破了传统农产品消费市场地域格局，“卖得更远”同时也带来更多的储存和运输损耗。物流成本方面，不同农产品对物流配送环节要求不同，例如猕猴桃和蔬菜在“最后一公里”冷链配送中存在规模不经济，导致物流成本较高。附加值方面，农产品附加值的高低决定了农产品电商市场主体的售卖积极性，尽管猕猴桃和曾家山蔬菜主要面向出口，但是当前还没有呈现“稀缺高价”的特征。

表6　部分农产品类别触网难度分析

产品种类	标准化程度	规模化程度	运输损耗	物流成本	附加值
青川黑木耳	中	中	低	中	中
苍溪红心猕猴桃	高	中	高	高	中
苍溪雪梨	中	低	高	高	中
米仓山茶叶	高	中	低	中	高
朝天核桃	高	高	低	中	中
广元油橄榄	中	中	低	中	高
剑门关豆腐	低	低	低	中	低
曾家山蔬菜	中	低	高	高	中

资料来源：根据网络数据整理。

（五）物流配送现状

《广元市农业农村发展“十三五”规划》中，明确提出打造红心猕猴桃、核桃、道地中药材、富锌富硒茶叶、剑门关土鸡、油橄榄和生态生猪肉牛羊等七大特色产业链（见表7）。从当前特色产业链重点区域的集货方式来看，“以龙头企业为核心”和“专业批发市场为核心”两种格局共存。农产品电商将促进供应链向“以电商平台为辅助”的格局转变，因而推动供应链产地集货和物流配送能力至关重要。

表 7　广元市七大特色产业链主要集货方式

特色产业链	重点布局区域	“十三五”规划目标	当前主要集货方式
红心猕猴桃	重点建设苍溪县、昭化区优势区域	到 2020 年，全市猕猴桃种植面积达到 50 万亩，实现产量 25 万吨、产值 100 亿元以上	以加工企业为核心，以专业批发市场为核心并存
核桃	重点建设朝天区、青川县、旺苍县、利州区等优势区域	巩固核桃基地 184 万亩，新增 16 万亩，总规模达到 200 万亩	以龙头企业为核心
道地中药材	四县三区各有特色	到 2020 年全市中药材面积达到 100 万亩，新增药材类国家地理标志保护产品 3～5 个	以龙头企业为核心
富硒富锌茶叶	重点建设旺苍县、青川县优势区域。黄茶发展主要集中在海拔 600～800 米的乡镇	到 2020 年，全市优质茶叶基地达到 50 万亩，实现名优茶叶产量 5 万吨、产值 100 亿元以上	“企业 + 基地（合作社）+ 农户”方式，以加工企业为核心
剑门关土鸡	以苍溪县、剑阁县、青川县、朝天区、旺苍县北部为重点区域，加快形成生态特色鲜明、规模化程度高、产业化地位凸显的剑门关土鸡产业经济带	到 2020 年，全市建成规范化种鸡场 13 个，发展父母代种鸡 50 万套，建成土鸡养殖小区 200 个，发展出栏土鸡 1000 只以上规模养殖农户 1 万户，全市出栏剑门关土鸡 8000 万只	“企业 + 基地（合作社）+ 农户”方式，以批发交易为核心
油橄榄	重点建设朝天区、青川县、旺苍县、利州区等优势区域	全市新建优质油橄榄基地 3.7 万亩，其中青川县 2.2 万亩、利州区 1 万亩、昭化区 0.5 万亩	以加工企业为核心
生态生猪肉牛羊	以苍溪县、剑阁县、旺苍县、青川县为肉牛养殖重点区域，以旺苍县、青川县、朝天区、利州区、昭化区为肉羊养殖重点区域	2020 年出栏肉羊 100 万只以上、肉牛 20 万头以上，年均递增 7.4%，肉牛羊总产值 100 亿元，其中生产产值 50 亿元、加工产值 50 亿元，占畜牧业总产值的 33.3%。	“基地 + 农户”方式，以批发交易市场为核心

资料来源：《广元市“十三五”规划》。

截至 2017 年底，如表 8 所示，全市现有各类物流企业 111 户，快递法人企业 13 家，备案分支机构 77 家。广元快递网点多达 409 个，其中以邮政网点为主。昭化以圆通为主，利州以韵达为主。旺苍、朝天和昭化快递业相对落后。从快递代收形式看，目前物业代收和便利店代收为普遍模式。一些社区周边和乡镇的便利店也同时承担电商便民服务网点和电商物流的功能，提供代卖代卖、包裹代收、暂存服务以及其他生活服务。

表 8　主要快递企业县区网点（直营）数量一览

区域	邮政	中通	圆通	申通	顺丰	韵达	其他快递	小计
利州区	40	1	1	1	5	15	9	72
昭化区	18	2	7	1	2	1	3	34
朝天区	8	1	1	1	2	2	3	18
苍溪县	76	1	1	1	3	4	23	109
剑阁县	62	2	2	1	2	3	13	85
旺苍县	23	1	1	1	2	2	8	38
青川县	37	2	1	1	2	3	7	53
小计	264	10	14	7	18	30	66	总计 409

资料来源：根据网络数据整理。

同时，市内各县区持续推进电子商务进农村工作，主要建设县乡村三级物流配送体系，旨在解决“农产品上行最初一公里和工业品下行最后一公里”的困境。截至 2017 年，全市共建成乡镇电商物流站点 166 个，覆盖率 65%，村级电商物流站点 686 个，覆盖率 27%。2015～2017 年，如图 3 和图 4 所示，村镇两级电商物流站点几乎都是以倍增的速度扩张，再次表明广元农村电商的巨大潜力。

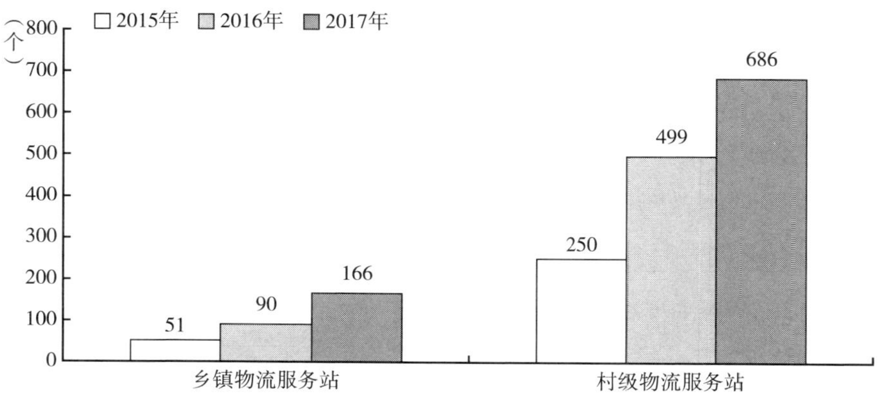

图 3　村镇两级物流配送点统计（2015～2017）

资料来源：根据广元市商务局数据整理。

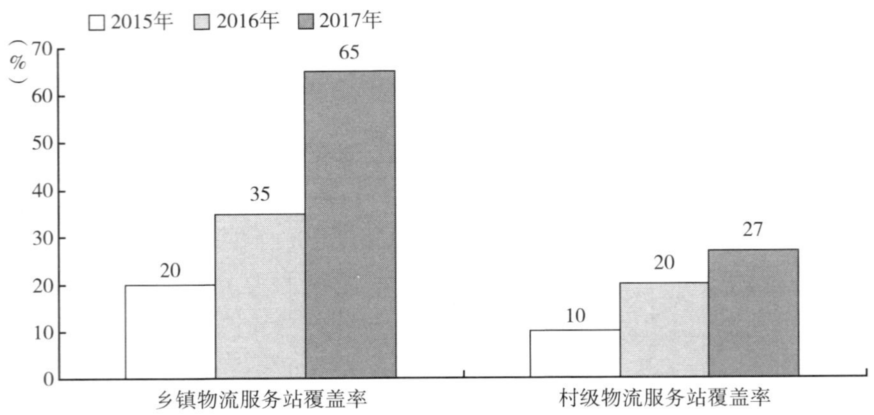

图 4　村镇两级物流配送覆盖率统计（2015～2017）

资料来源：根据广元市商务局数据整理。

（六）品牌建设现状

根据《广元市人民政府办公室关于加强农产品品牌建设的实施意见》，到 2020 年，“三品一标”农产品达到 400 个以上。2017 年，广元市“三品一标”农产品达 338 个，主要农产品质量监测合格率稳定在 98% 以上，被确定为国家农产品质量安全示范市创建试点。“广元七绝”成为全省十大优秀农产品区域公用品牌，“地标”保护产品数量 32 个，如表 9 所示，位居全省第二，范围覆盖水产品、茶叶、中药材、水果、蔬菜、工艺品等多种特色产品，总产值超过 80 亿元。苍溪县成为中国特色农产品优势区和国家畜牧业绿色发展示范县。

表 9　县区地标产品统计

县区	地标产品个数及种类	
苍溪县	3	川明参、猕猴桃、雪梨
剑阁县	2	剑门豆腐、剑门关土鸡
旺苍县	3	杜仲、米仓山茶、汉王山娃娃鱼
青川县	7	青川黑木耳、青川天麻、七佛贡茶、青竹江娃娃鱼、唐家河蜂蜜、青川竹荪、白龙湖银鱼

续表

县区	地标产品个数及种类	
利州区	3	广元橄榄油、利州香菇、利州红栗
朝天区	8	朝天核桃、麻柳刺绣、曾家山土鸡、朝天扯兜子花生、广元纯黄茶、曾家山甘蓝、曾家山马铃薯
昭化区	6	王家贡米、晋贤香菇、昭化山桐子、紫云猕猴桃、昭化韭黄、元坝生猪

资料来源：根据广元市商务局数据整理。

在品牌知名度培育方面，除了企业自身的投入外，政府助力起到相当大的推动作用。2014 年以来，广元先后联合电信公司“天虎云商”和移动公司“和聚蜀商”举办电商培训，同时开展项目推介会、电商资源推介大会、电子商务进校园、电子商务进蜀道文化大讲堂等系列专题活动，取得了良好成效。

从农产品线下展销来看，充分学习借鉴外地品牌营销推广成功经验，组织农产品产销企业参加全国全省“绿博会”“农博会”和展销推介会。同时，广元与绵阳、南充、巴中、陇南、西安等地建立了产销对接平台，搭建了新的“农超对接”“农批对接”“农校对接”“农餐对接”信息平台，鼓励生产基地、农业龙头企业、农民专业合作社等生产单位与大中型超市、流通配送企业、集团消费单位、餐饮服务企业建立长期稳定的产销关系。

二　电商发展过程中存在的问题

自广元大力发展电商以来，通信、餐饮、烟草和旅游等领域基本实现网络信息化，网上订票、酒店预订、电子银行等互联网商务活动已趋于成熟。相比之下，农产品电商则相对薄弱脆弱，在发展过程中暴露了一些贫困地区电商发展的共性问题。

（一）服务环境相对滞后

全市宽带用户达 33 万户，网民规模达到 130 万人，其中乡村网民 80.6 万人，但仍然低于全省和全国平均水平，电商应用水平偏低，如图 5 所示。

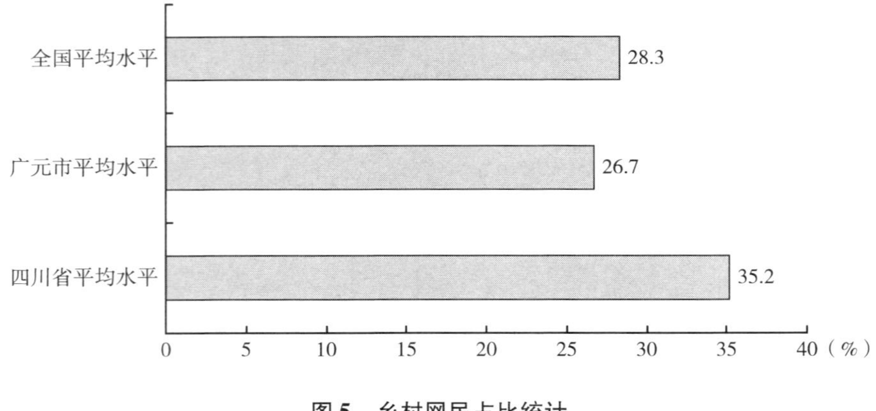

图5　乡村网民占比统计

资料来源：根据《四川省电子商务报告》和广元市商务局相关数据整理。

同时，公共服务和监管能力较弱，县区依托国家级（省级）电子商务示范县建立的县域电商服务中心运转较为困难，电商园区和电商孵化基地的活跃度不高。目前，工商、农业、商务等多个政府部门从各自职能角度对农产品电商产业链的特定环节参与了服务监管，但未能形成无缝衔接和城乡全覆盖。

电子商务需要精商懂农通网的复合型人才。而广元电商企业在人才薪金标准和发展环境方面都难以满足要求，导致人才引进难留下难。尽管依托“全民创业，万众创新”政策和脱贫攻坚政策的支持，大学生和进城务工群体返乡创业大幅回暖，但是总量和质量仍然难以满足县域电商目前的需求。

农产品物流基础设施还有待完善。一些偏远地区进村入户的末端交通条件仍然较差，快递物流尚未覆盖，物流成本和时效成本都很高。同时，物流企业自发建设的配送点还存在较高的重复建设问题。

（二）平台整体运营水平较差，网店盈利难

第三方平台如淘宝网、天猫、京东等大型平台具有联合需求效应、范围经济效应、锁定效应，往往呈现“赢家通吃”，对双边市场参与者的集聚能力要求较高，特别是对消费者的数量规模要求较高。本地平台获客成本太高难以达到“引爆点”，因而很难存活，无法与全国知名平台竞争，因而不被资本看好。

本地网店是农产品电商产业的关键种群，是推动本土农产品入驻第三方平台触网的主力军。从阿里平台广元网店2017年总体经营状况来看，销售额等于0的僵尸网站高达82%（见图6）。

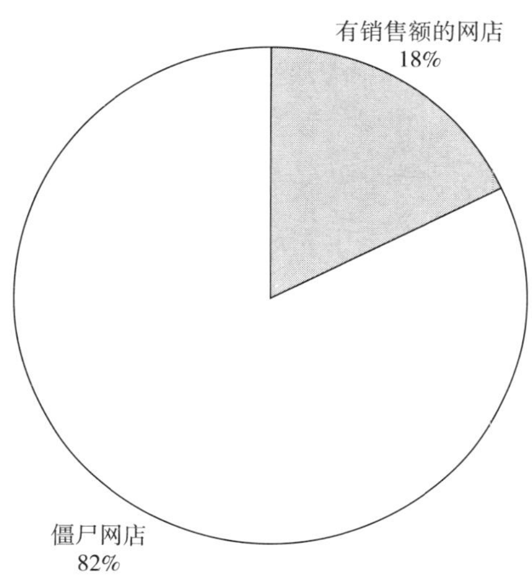

图6　阿里平台广元网店总体统计

资料来源：根据阿里平台相关数据整理。

（三）农产品触网比例低，网销规模小

广元农产品种类很多，共有“地标”产品32个，触网率高达85%，但是总体销售额较小。究其根本原因，一是品控跟不上，地标农产品的规模化、标准化程度均不高，产品产量低，仅仅满足稍大一级的市场，没有形成产业规模，依靠传统流通渠道难以突破利益联结机制。二是品牌知名度不高，地域以外的消费者认知较少，搜索成本高，难以在互联网上转化为交易。县域特色馆流于形式，知名度小，“工业品下行”发展迅猛，“农产品上行”难以撬动。

三　电商产业发展趋势和建议

农产品电商产业发展呈现“规模至上、上下互动、单品引领、逆向定

制、跨界融合”的趋势。

通过改善种养、管护、采摘、初加工、包装等环节标准化的边际成本条件，可以推动特色农产品向标准化、品质化方向发展。平台大多自建区域仓储设施和配送队伍切入供应链下游环节，以控制产品流通品质、提升交付满意度。搭建线上平台推动线下商家线上融合发展。打造“爆款”农产品，是提升区域品牌知名度、强化消费者黏性的重要手段，也是农产品自营平台和入驻第三方平台的网店提升经营能力的抓手。农户按照需求订单生产，即保证了一定的规模收益，又给予了充足的时间准备保障产品质量。可见，通过C2B、团购、预购等逆向定制手段将农产品供应链重构为以电商平台为核心的供应链，推动农业供给侧结构性改革。随着“互联网+”行动的深入推进，农产品电商商业模式呈现相互融合的发展态势，并且与农业生产、农业加工、观光农业、场景农业等多领域相互融合，成为涵盖一二三产业共同发展的大平台。

立足广元地区农业基本特征，以满足消费者不断升级的个性化、绿色化、便捷化需求为动能，大力推动广元七绝农产品上网销售，营造农产品电商产业生态圈，科学规划平台布局，打造网店集群，夯实产业基础，建设区域公共品牌，完善品控、标准、物流、监管等支撑体系，把加快发展农产品电商产业作为广元全市农村电商工作的重点。

（一）结合目前形势重新定位

“广元七绝”应以“卖全国”为长期战略目标，各县区的其他农产品应以“卖四川”为中期战略目标，以实现“市县流通”作为基本突破口，引导树立本地农产品自我消费习惯。同时，推进与全国性知名平台如阿里、京东、苏宁、邮乐购等电商的合作，将引导入驻开网店、带动本地农产品上网销售、借力仓储配送基础设施、助推农业结构调整和增收增效作为合作的前提和重点。

（二）筹谋网销农产品标准体系

围绕农产品分拣分类、产品质量检测、等级划分、包装、物流配送等关键环节制定标准体系建设指南，规划好标准性质和标准类别。同时，推动一批农产品生产加工企业、农产品电商平台、网店实施标准试点，通过网站公示、颁布标准文件、新闻报道等形式公之于众，引导全产业跟进，为产业数据汇总、行业数据开发奠定基础，减少农产品电商产业发展中的信息不对称。

（三）抓紧“大众创业、万众创新”机遇

支持大学毕业生、返乡农民工通过开设农产品网店微店等进行创业创新。同时，采取以奖代补、动态调整方式，扶持发展一批商业模式优、管理团队强、市场前景好的本土农产品电商平台企业，通过政府支持，提升平台知名度和市场影响力。

（四）加大品牌培育和品控

在生产环节上，加强种子、农药、化肥等农资的市场监控，普遍推广测土配方施肥，减少化肥施用量，大力支持农产品“三品一标”认证，从源头保障网售农产品质量安全。流通环节上，支持创新科学有效的农产品包装、保鲜、冷链运输，减少农产品在物流配送环节的损失，防止变质农产品流入消费者手中，确保区域公共品牌质量。在销售及消费环节上，压实电商平台企业的主体责任和网店经营者的直接责任，依托二维码、物流联等技术建立农产品质量追溯体系，加强对消费者退换货等权利的保障。责任追究上，加大对网售农产品质量安全的抽检力度和对网售劣质农产品的惩处力度，并强化案件处理的宣传。

（五）加快市场监管和公共服务治理体系建设

一是加大对电商平台的监管，加强工商、农业、商业、食药等政府部门之间的沟通，实现多方协作和数据共享，构建消费者维权和消费纠纷调处工作机制，加大对网商出售假冒伪劣农产品、后台数据造假等扰乱市场秩序行为的打击力度。引导和督促区县和职能部门对政府和国企主办的农产品电商僵尸平台，痛下决心关停并转、一刀两断。二是通过打造品牌特别是区域公

共品牌加强行业公共治理，引导支持区县政府、市场主体通过注册商标、发掘历史人文底蕴、开展品牌推介活动、参与评选认证等方式积极创建农产品电商品牌。四是通过动态监测、前瞻研究和战略谋划等决策情报助力公共治理，支持科研机构、高等院校、政府部门联合开展农产品电商产业大数据的监测，围绕热点问题，开展战略谋划与前瞻研究，定期面向公众发布广元农产品电商产业发展报告，同时不定期向各级党委政府提供资政报告。

参考文献

王一鸣：《实施区域协调发展战略》，《十九大报告辅导读本》，2017，第216～222页。

韩长赋：《大力实施乡村战略》，《十九大报告辅导读本》，2017，第209～215页。

王胜：《2016年重庆农产品电商产业发展研究报告》，重庆市人民政府发展研究中心，2017。

蔡伟：《县域电商的利好趋势和困境》，《当代县域经济》2017年第12期，第28～29页。

《习近平总书记系列讲话读本》，人民出版社，2014，第120～122页。

B.13
建设门户型综合立体交通枢纽的对策与思考

田刚富　郭金桥　米　均　熊克全　姚　兰*

摘　要： 经过多年的建设与发展，由公路、铁路、水运、航空、管道等多种方式组成的广元综合立体交通枢纽已基本建成，基本实现从“蜀道难”到“蜀道通”的转变。对标新时代新要求，广元交通基础设施仍存在转换衔接不畅、配套设施不完善、运输服务能力不强等突出问题。本文围绕将广元建成服务四川高质量发展的“门户型综合交通枢纽”这一目标，对广元交通现状、交通发展形势及存在的问题进行了分析，并提出了对策建议。

关键词： 北向大通道　综合立体交通　门户型交通枢纽　广元市

一　综合立体交通枢纽建设现状

彭清华书记在四川省委十一届三次全会上提出，交通是发展现代化经济、推动高质量发展的“大动脉”，也是优化区域发展格局、构建立体全面开放格局的重要支撑。近年来，广元立足四川交通“北大门”的区位优势，紧紧围绕建设连接西南西北、通江达海的区域性综合立体交通枢纽和“畅

* 田刚富、郭金桥、米均、熊克全、姚兰，广元市交通运输局。

达之城”总体目标，推动全市交通运输迅猛发展，四川交通北大门“蜀道难”状况得到极大改善，广元交通运输发展水平已基本达到全省平均水平，在川东北经济区名列前茅，交通运输先行引领作用不断彰显，交通运输行业成为老百姓得实惠最多、获得感最强的行业之一，交通运输的巨大变化为全市经济社会发展和脱贫攻坚提供了坚强支撑。2007 年，广元被确定为全国 179 个国家公路运输枢纽之一，2009 年，广元被列为全省 12 个区域性次级交通枢纽城市之一。

（一）公路

截至 2017 年底，广元市公路总里程达 1.99 万公里。其中，高速公路 392 公里，国省道 2079 公里，农村公路 17465 公里。

1. 高速公路网建设推进顺利，初步路网布局规划已形成

目前，广元境内京昆高速、兰海高速、恩广高速和广元绕城高速已全部建成通车，全市 7 个县区全部通高速公路，高速公路通车总里程达到 392 公里，广元迎来了向东、向西、向南、向北全方位的陆路高速时代，实现一小时到县区、两小时到达毗邻地市的目标，基本形成以广元中心城区为中心、连接各区县、辐射省内及陕西、甘肃周边地区的高速公路网络。另外，广元至平武高速公路正在加快建设，绵阳至苍溪、苍溪至巴中高速公路和京昆高速公路广元至绵阳段扩容项目正在开展前期工作，建成后对于完善国家高速公路网和四川高速公路网、拓展进出川大通道、提升公路运输能力将发挥十分重要的作用，同时为建设国家公路运输枢纽城市奠定了坚实基础。

2. 普通国省公路建设稳步推进，高等级普通干线公路网全面形成

结合国家集中连片特困地区交通扶贫和四川省秦巴山区扶贫开发工作，以全省交通“八大专项工程”中干线联网畅通工程确定的建设项目为重点，积极推进普通国省道的升级改造工作。

目前，广元有 5 条国道（G108、G212、G347、G542、G543 线）在广元境内呈“两纵三横”格局分布，其中 G108 线和 G212 线为南北走向，呈

“X”形纵贯广元，在广元城区交会；8 条省道（S205、S208、S209、S301、S302、S303、S410、S411 线）；共 13 条国省道约 2079 公里，贯穿广元全境，覆盖了全市约 90% 的乡镇，通过近几年的升级改造，与高速公路共同形成覆盖广泛、能力充分、衔接顺畅、运行可靠的高等级干线网络。

3. 农村公路建设成效明显，建制村通畅水平大幅提高

以“八大专项工程”中的农村公路改善工程、公路安保工程、渡改桥工程为重点，加快农村公路的建设发展，着力改善农村公路的薄弱环节。“十二五”以来累计新改建各类农村公路 12012 公里，完成安保工程 4163 公里，完成渡改桥 106 座。截至 2017 年底，全市农村公路总里程 1.7 万多公里，全市 100% 的乡镇通柏油路或水泥路，100% 的建制村通硬化路，通村通畅率比“十一五”末大幅提高 50 个百分点，基本实现柏油路到乡、硬化路到村，农村公路对农村经济社会发展和农民群众出行条件的改善作用日趋重要。

4. 运输站场建设全面推进，站场体系基本形成

以“八大专项工程”中的汽车客运站提升改造工程为重点，由枢纽客运站、县级客运站、乡镇客运站和建制村招呼站组成，衔接广元主城区、各区县和主要乡镇的客运站场体系初步形成。“十二五”以来，新改建市、县级客运站 10 个（广元市综合客运枢纽站、南河汽车客运站、旺苍汽车客运站、普安汽车客运站、青川汽车客运站、朝天汽车客运站、朝天旅游汽车客运站、剑门关汽车客运站、昭化汽车客运站、苍溪中心客运站），乡镇客运站 138 个，建制村招呼站 1853 个。截至 2017 年底，全市共有客运站（牌）2005 个，其中一级站 1 个、二级站 6 个、三至五级站 145 个、招呼站（牌）1853 个，所有县区均建成二级及以上客运站，59% 的乡镇建有等级客运站，74% 的建制村建有招呼站。同时，围绕打造广元“一港五园区”交通物流综合体系的目标，上西、下西园区已建成，雪峰、昭化、龙潭园区前期工作正加快推进。

（二）水运

全市主要通航河流为嘉陵江、白龙江、东河、西河等，通航里程 568 公里。广元港是全省 6 大港口之一，是距我国西部内陆最近的港口，全面建成后千吨级轮船可从广元经重庆到达上海；广元港是西北内陆地区通过嘉陵江联系长江黄金水道的重要水运口岸，是广元融入成渝、联动川陕、对接西北的水运枢纽，是广元融入长江经济带的关键节点。广元港将发展成为公铁水联运和中转换乘的现代化综合性港口。连接长江、嘉陵江航道的“千里嘉陵第一港”广元港红岩作业区的建成，实现了广元通江达海的目标。使广元成为深入中国内陆连接西北最深的港口城市，也是新欧亚大陆桥的水上节点。

（三）铁路

广元是四川省仅次于成都的第二大铁路运输枢纽，宝成铁路、广巴铁路、兰渝铁路、西成客专 4 条铁路已建成通车，全市铁路营运里程达到 485 公里，实现了所有县区通铁路的目标。宝成铁路是全省最重要的出川铁路大通道，是全国铁路综合枢纽中的骨架运输干线。兰渝铁路是我国西南西北之间最便捷、最快速的干线铁路。兰渝铁路建成通车，使重庆至兰州的铁路里程从 1466 公里缩短至 870 公里，渝新欧专列驶抵欧洲的时间比以前整整缩短一天。西成客运专线的建成通车，标志着广元正式进入了“高铁时代”，与兰渝铁路共同构成广元市快速铁路运输网络，铁路运输能力得到大幅提升。实现了广元 1.5 小时到达成都、2 小时到达西安、2.5 小时到达重庆，极大提升了广元在川陕甘三省结合部的区域交通枢纽地位。

（四）航空

广元现有 4C 级机场 1 座，已开通广元至北京、杭州、广州、深圳、上海、海口 6 条航线，年旅客吞吐量 26.5 万人次。逐步将开通昆明、西宁、厦门、青岛、大连等航线，随着机场改扩建、换代升级和南山净空处置工作的完成。广元盘龙机场在川陕甘三省结合部航空枢纽的地位和作用将得到进一步巩固和提升，逐步成为川东北地区的枢纽机场。

（五）管道

途经广元的兰成渝输油管道是我国科技含量最高的输油管道，年输送能力达500万吨以上，已成为“川渝经济命脉”。全市现有石油天然气长输管道16条，全长946.4公里，分属中石油西南管道公司、中石油西南油气田分公司、中石化西南油气分公司、中石化广元天然气能源有限公司、广元市天然气公司等单位。

二　综合立体交通枢纽建设中存在的问题

经过多年的建设与发展，广元市现已形成由公路、铁路、水运、航空、管道等多种方式组成的综合交通运输系统，各种运输方式均取得了较为显著的发展。但对标全面建成小康社会和构建现代综合交通运输体系要求，还存在总量不足、结构不优、质量不佳、效率不高等突出问题，主要体现在以下方面。

（一）综合运输路网总体供给能力依然不足

1. 部分对外大通道能力偏低，需要加快建设进度

广元地处四川北大门，历来是四川北向出川最重要的交通走廊。现有宝成铁路客货运输能力紧张；绵广、广陕高速公路由于货车交通量很大，导致通行能力不足，亟须扩能改造，市域范围内缺乏横向高速公路通道，广元—平武、绵阳—万源高速也需要尽快建设；嘉陵江航道现有等级偏低，不能适应打造长江黄金水道、建设长江经济带的发展需要。

2. 交通基础设施发展水平差异较大

受地形条件、经济发展水平的影响，市域范围内地形条件较好、城市周边地区的交通基础设施较为完备，发展水平较高，地处集中连片特困地区的秦巴山区尤其是农村地区，交通长期处于落后状态，迫切需要加快发展。

（二）路网总体技术水平仍不能满足发展需要

1. 新增省道技术等级普遍较低，路况较差，亟须提档升级

全市调整后的普通国省道 13 条 2079 公里中，二级及以上公路约 720 公里，仅占 34.6%。尤其是新增省道等级普遍为四级公路，路况较差，尚不能发挥干线公路的作用，是未来普通国省道升级改造建设的重点。

2. 等外公路比重高，农村公路总体状况不佳

目前全市等级公路比重仅为 77.7%，远低于全省 89.4% 的平均水平，居川东北经济区末位，尚有 4447 公里的等外公路。农村公路技术等级普遍偏低，配套设施不完善，抗灾能力较弱。已建成的通村公路路面宽度大都为 3.5 米左右，车辆通行困难，不能很好满足农村群众的基本交通出行需求，部分早期建设的农村公路路面破损较为严重，通行条件差。

（三）客货运输服务水平不高，服务品质有待提升

1. 公路客运站点尤其是农村客运站点建设滞后

受资金、土地等因素制约，全市公路客运站点总体上还存在能力不足、建设进度滞后的问题，不能满足日益增长的旅客运输需求。尤其是农村客运站建设起步较晚，基础较为薄弱，全市还有 96 个乡镇没有等级客运站，646 个建制村没有招呼站。乡镇客运站点规划与群众实际出行需求存在一定矛盾，尚未实现完全统一，有部分乡镇客运站点建成后没能投入使用。

2. 专业货运站场尚属空白，影响和制约现代物流的发展

广元是出川货物的主要通道和重要集散点，但长期以来货运站场建设整体较为滞后，现代物流业发展基础薄弱。虽然广元交通物流港上西、下西园区已建成，但仍没有形成具有综合功能的等级货运站和物流中心，专业货运站场的建设力度需要加大。

3. 客运网络服务水平有待提升，货物运输组织化程度低

全市还有约 34.7% 的非中高级客运车辆，尚有 13% 的建制村不通客车，部分通村柏油路宽度不足，不能满足通客车的需要；尽管出台了一系列支持

道路货运发展的政策，但货运甩挂运输和多式联运等先进的运输组织模式还未得到充分发展，交通运输物流信息平台尚未建立。

4. 城市公共交通发展总体规划不完善

公交基础设施建设欠账多，公交停保场、枢纽站、换乘站、首末站及出租汽车综合服务中心规划和建设滞后，严重制约了城区公共交通发展。

（四）综合立体交通枢纽衔接转换不畅

目前受体制机制等因素制约，各种运输方式缺乏统一规划和协调，缺乏能够实现各种运输方式快速换乘和中转的高效集疏运体系，不能适应现代综合交通运输体系建设的需要。一方面，综合客运枢纽建设难度较大，造成枢纽站场集疏运体系不健全，目前全市尚无整合多种运输方式实现“零距离换乘”的综合性客运枢纽，县级客运与乡镇客运衔接不紧密，城市公交与区域客运的衔接也存在一定问题；另一方面，距离通过多式联运实现货运“无缝衔接”的目标还有较大差距，公路、铁路、水运等运输方式未能形成有效合力，缺乏重要集散性枢纽设施。

（五）交通运输信息化发展水平仍然较低

交通运输信息化、智能化水平仍然较低。广元市交通信息化、智能化建设目前仍处于起步阶段，客货运输信息化水平和组织化程度都还比较低，信息化管理手段尚未得到有效应用，已有的信息化平台功能还有待完善。

（六）安全应急保障系统建设有待加强

安全应急保障能力有待提升。尽管全市公路水路交通运输应急指挥系统已全面投入使用，但各地区、各部门之间信息共享和协调沟通机制不健全，应急响应的及时性、准确性和针对性还不强，安全监管体系还存在薄弱环节，安全应急保障系统还需要不断完善。

（七）行业管理水平还需提高

交通行业管理体制机制还不完善，管理水平和治理能力亟待提高。受国

家、省级交通运输大部制改革推进缓慢的影响，地方综合交通运输发展统筹协调工作无法有效开展。行业之间、部门之间在规划、政策、技术标准、信息共享等方面缺乏协调和配合，管理效率和服务能力不高。按照全面依法治国的要求，推进交通运输综合执法改革，规范交通建设和运输市场，提升行业管理水平和治理能力尤为迫切。

三 建设综合立体交通枢纽面临的机遇和挑战

（一）行业发展的外部环境

当前，国内经济正处于“三期并存”和“三期叠加”的特殊阶段，经济发展由高速增长步入中高速平稳增长的“新常态”。全省经济总量跃居中西部前列，总体处于“工业化、城镇化”的双加速时期，但仍面临“人口多、底子薄、不平衡、欠发达”的基本省情。广元市地处长江经济带影响辐射范围，是川东北经济区的重要组成部分，当前经济社会发展面临诸多问题和困难，“十三五”时期仍将处于加快发展的关键时期。

从广元交通发展面临的外部环境来看，国家提出了“一带一路”、长江经济带建设的战略构想，同时正加快转变政府职能，全面深化财税体制、投融资体制等重要领域和关键环节改革。省委十一届三次全会提出构建“一干多支、五区协同”区域发展新格局、形成“四向拓展、全域开放”立体全面开放新态势。广元市提出全面决胜经济建设“三大主战场”，建设美丽开放活力畅达幸福广元的目标，实现整体连片贫困到同步全面小康跨越。上述发展形势和环境决定了广元交通在“十三五”期间将迎来大好历史机遇和诸多全新挑战。

（二）行业发展的内在要求

全面深化改革，转变发展方式是“十三五”期间交通运输行业发展的大势所趋。交通运输部提出了推进“综合交通、智慧交通、绿色交通、平安交通”四个交通建设的要求，四川省提出了构建畅通安全高效的现代综合交通运输体系的战略目标。如何适应新常态和全面深化改革形势下的新机遇、新挑战，是广元交通面临的全新任务和课题。

四 加快建设综合立体交通枢纽的对策建议

（一）全面深化改革，创新交通发展模式

1. 交通运输行业发展面临加快转变发展方式、调结构、提质增效升级的新形势和新要求，这也是全面深化改革、推进交通运输可持续发展的必由之路。“十三五”时期广元交通发展，必须牢牢抓住转变发展方式这条主线，坚持走集约内涵式的发展道路，由单纯的规模扩张、粗放发展向提质增效、集约发展转变，更加注重服务效率、质量效益、运营效能，实现由投资拉动向创新驱动转变、由传统运输业向现代服务业转变。通过全面深化改革创新发展，兼顾速度与质量、建设与管理、效益与服务的关系，力争在建设养护管理、公共服务管理、市场体系建设等方面取得新突破，全面提升行业管理水平和治理能力。

2. 全市交通运输系统体制机制还与建设连接西南西北、通江达海的区域性综合立体交通枢纽的要求不相适应，距离现代综合交通运输体系的要求还有一定的差距。所属事业单位存在机构设置不合理、职能交叉、功能弱化、执法力量和技术力量不足等问题，需要通过全面深化改革，进一步理顺体制机制，转变职能，强化服务保障。“十三五”期间，将以事业单位分类改革为契机，推进机构、编制保障机制建设，充分整合资源，优化配置，提高事业单位运行效能和服务水平。同时，完善交通规划、建设、运营过程中的公众参与和监督机制，做好相关信息的公开工作，保障人民群众可以通过合理合法的程序和渠道参与实施和监督工作。

（二）推进交通运输基本公共服务均等化

“十三五”时期是广元市实现整体连片贫困到同步全面小康跨越关键时

期，全面小康最艰巨最繁重的任务在农村，特别是在贫困地区。中央明确提出扶贫开发贵在精准，重在精准，成败之举在于精准。广元市集革命老区、贫困地区、地震灾区于一体，地处国家集中连片特困地区之一的秦巴山区，是全国、全省新一轮扶贫攻坚主战场之一。交通是重要的民生工程，也是扶贫开发的重要组成部分。按照“保基本、兜底线”的原则，以改善贫困落后地区交通条件、满足群众基本出行需求为导向。实施交通精准扶贫，是全面建成小康社会、推进交通运输基本公共服务均等化的迫切要求。广元交通在加快高速公路、铁路等对外大通道建设同时，还需要更加注重广大农村地区的发展，逐步缩小城乡差距，实现内部均衡发展。

（三）推进交通运输开放发展，融入区域发展新格局

按照全省大力实施全面开放合作战略，深度融入“一带一路”建设、长江经济带发展、新一轮西部开发开放等国家战略，突出南向、提升东向、深化西向、扩大北向，加快形成“四向拓展、全域开放”立体全面开放新态势。广元市在全省具有独特的区位条件和优势，是成都、西安、重庆、兰州四大都市交通干线的交会点，是西南连接西北、中原地区的重要枢纽和战略要地，是北京经昆明至东南亚国际大通道和渝新欧国际大通道的交会点，是长江经济带和丝绸之路经济带互动合作的重要节点，是国家“一带一路”战略两线衔接的关键节点，是“成渝”“关中天水”两大经济区互动合作的枢纽性节点。“十三五”期间，广元交通的发展要紧紧抓住国家“一带一路”、长江经济带等重大发展战略机遇，积极对接，主动融入，以高速公路、铁路、航空、高等级航道等对外联络大通道建设为突破口，更加充分发挥区位优势，并努力使广元在全省和川东北经济区经济发展总体格局中形成竞争优势。

（四）加快构建现代综合交通运输体系

目前，广元市已拥有公路、铁路、水运、航空、管道等多种运输方式，京昆、兰海、恩广、广元绕城高速，宝成铁路、广巴铁路、兰渝铁路、西成

客运专线，广元港红岩作业区已建成，广平高速正在加快建设中，综合交通运输体系日渐完善，但距离畅通安全高效的现代综合交通运输体系还有一定差距。四川省提出构建“互联贯通、功能完备、无缝对接、安全高效”的现代综合交通运输体系，这也是广元市“十三五”交通运输发展的核心目标和任务。广元综合立体交通枢纽的建设，应在符合广元市情的基础上，顺应新型工业化、城镇化、信息化、农业现代化同步发展的新要求，统筹协调各种运输方式发展，充分发挥综合交通运输系统的组合效率和整体优势。

（五）提高运输服务信息化、智能化水平，大力发展智慧交通

信息化、智能化水平是衡量交通运输现代化发展水平的重要标志，信息化建设是提升交通运输服务水平的有效途径和实现交通运输转型发展的重要支撑。发展智慧交通要求主动响应国家“互联网+”行动计划，以信息化建设推动运输服务产业的发展，实现现代信息技术与交通运输管理和服务全面融合，引领交通运输持续创新发展。“十三五”期间广元交通运输信息化建设应当立足实际，在现已开展的工作基础上，积极谋求部分关键领域取得新突破。

参考文献

《四川省2017年度公路统计年报》。

《广元市“脱贫奔康交通三年大会战”实施方案（2018～2020年）》。

《广元市“十三五”综合交通运输发展规划》。

社　会　篇

Social Articles

B.14
建市以来广元社会发展回顾与展望

李佳伦*

摘　要： 建市33年来，在改革开放的政策指引下，广元社会发展水平逐步提高，但仍然落后于周边发达地区，主要表现在社会发展的人才队伍不足、投入社会发展的经费不够，社会领域的供需矛盾仍然突出。为了进一步满足人民群众对社会事业发展的新期待新要求，必须要加大社会事业改革力度、加大社会事业的人才队伍建设力度、强化科技对经济社会发展的支撑、加强和创新社会治理。

关键词： 社会发展　事业改革　人才队伍建设　广元市

* 李佳伦，中共广元市委党校。

广元自1985年建市以来，在改革开放政策的指引下，经济社会得到快速发展，综合实力大幅跃升，社会事业全面发展，人民生活迈向新的水平，社会发展水平逐步提升，社会整体面貌发生了巨大变化。

一 发展成就

（一）人民生活水平不断提高

2017年全市地区生产总值（GDP）732.12亿元，比1985年增长54倍；人均地区生产总值27653元，比1985年增长55倍，按照现行汇率计算人均生产总值已达到4400美元。城镇居民人均可支配收入28132元，比1985年增长40倍，农村居民人均可支配收入10801元，比1985年增长36倍（见图1）。城乡居民消费结构升级趋势明显，已从基本消费型逐步向以住房、汽车、休闲等为主的享受型消费转变，“十二五”末城乡居民家庭恩格尔系数分别为40.21%，40.72%，已总体达到小康生活水平。

2017年全市民用汽车保有量21.69万辆，比“十五”末全市民用汽车保有量增长8.7倍，年均增长19.4%，其中私人轿车10.42万辆，比“十五”末私人轿车数量增长23.8倍，年均增长30.2%（见图2）。

2015年城镇人均自有住房面积36.06平方米，农村人均自有住房面积45.03平方米，2010年城镇人均自有住房面积30.23平方米，农村人均自有住房面积41.19平方米。

（二）社会事业全面发展

1. 人才队伍建设情况

人才总量和质量不断提高。建市之初，广元市人才总量小，质量不高。截至2017年底，全市人才总量达31.4万人，比2010年增长26.7%，年均增幅3.8%，人才资源总量占人力资源总量的比例达15.2%。截至2017年底，全市共引进硕士以上研究生0.15万人，占全市人才总量的近0.5%，

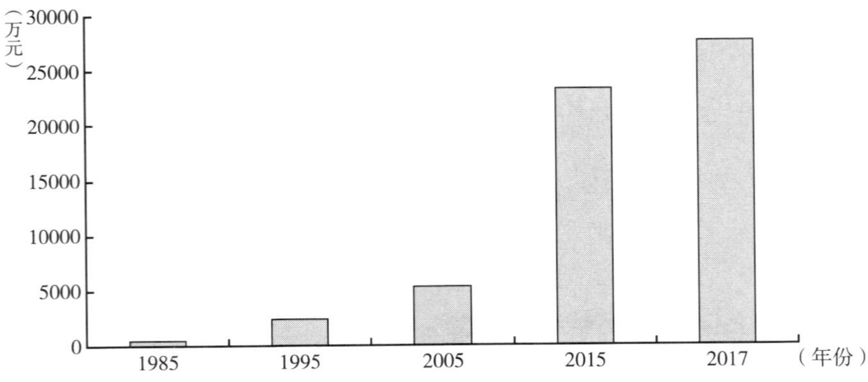

图1　1985 年以来人均生产总值变化

资料来源：广元市统计局相关数据。

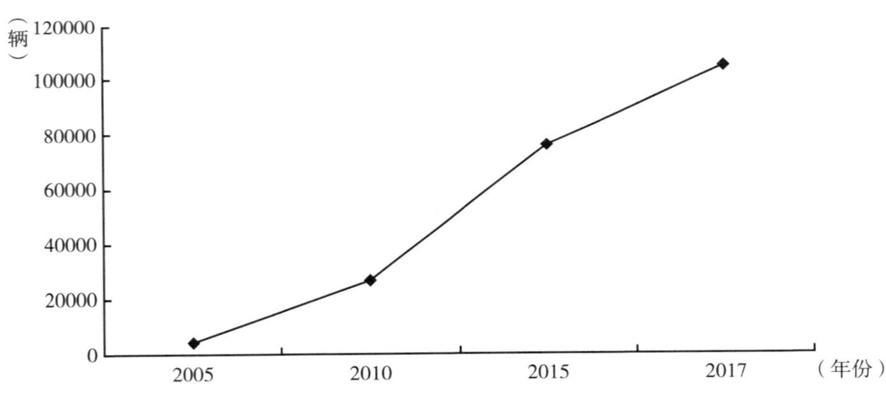

图2　2005 年以来私人轿车拥有量变化

资料来源：广元市统计局相关数据。

高学历人才占人才队伍的比例不断提升；党政机关、企事业单位中有大学本科及以上学历的人才占比达 39.3%；农村实用人才中高中以上文化程度比例达 30.3%。全市拥有高级专业技术职称和具有高级技能证书的人才 3.25 万人，副高级职称人才 0.52 万人，中级职称人才 1.8 万人，全市拥有各类领军人才 48 人。其中首批百千万人才工程国家级人选 1 名、国务院特殊津贴专家 24 名、省“千人计划”专家 2 名、省学术技术带头人 5 名、省有突出贡献优秀专家16名。

2. 教育事业发展情况

1985年建市之初全市幼儿园仅53所，入园率仅22.7%；小学校点多而质量差，入学率仅63.6%；初中66所，入学率30.2%；高中41所，入学率13.1%；职高、中专在校学生4524名。建市初期的广元教育普及率较低，优质教育严重短缺，城乡教育质量差距巨大，教育质量在全省排名靠后。建市以来，教育事业得到快速发展，国民受教育程度普遍提高，学校办学条件得到全面改善、教育信息化建设初具规模、教育综合改革取得阶段性成效、教师队伍建设全面加强，今天的广元义务教育已实现高标准普及，优质教育资源逐步扩大，基本形成了学前教育、义务教育、高中阶段教育、高等教育协调发展的局面。目前全市现有各级各类学校760所，在校学生40.21万人。其中，高校3所，普高26所，中等职业学校23所，初中138所（含九年一贯制学校70所），小学264所（另有村小及教学点260个），特殊教育学校6所，幼儿园562所，有国家、省级各类示范学校126所；全市教职工3.03万人，其中专任教师2.70万人。小学学龄儿童入学率和小学毕业生升学率均在99.8%以上。

3. 卫生事业发展情况

卫生资源大幅增加。2017年与1985年相比，全市卫生计生机构由530个增加到3557个，实有床位由6823张增加到2.12万张，卫生计术人员由6646人增加到1.67人。每千人口拥有病床由2.44张增加到7.98张，每千人口拥有卫生技术人员由2.37人上升到6.29人，村卫生站由1874个增加到2527个。强化医学重点学科建设，建成国家级重点专科1个、省级重点专科23个、市级重点专科36个。数字化医院创建工作持续推进，全市数字化医院总数达到19家。中医药服务体系不断完善，中医科室设置在全市基层医疗卫生机构实现全覆盖，中医药服务量达50%以上，成功建成全国基层中医药工作先进市。健康服务业加快推进，“医养结合”工作试点启动实施，康养产业发展走在全省前列。中央电视台、《人民日报》《健康报》等国家级媒体均采访报道广元市康养和医养结合工作。

4. 科技发展情况

1985 年建市之初，全市科技水平较低，科技对经济社会发展支撑薄弱。2017 年全市申请专利 1673 件，其中：发明 345 件，实用新型 1198 件，产出科技成果 33 项，其中技术水平国际先进 1 项，国内领先 2 项，国内先进 28 项，获得省科技进步奖二等奖 1 项。组织实施省、市、县科技成果转化项目 158 项，实现科技成果转化产值 175 亿元，完成技术合同登记 54 项，交易金额 2514 万元，合同登记数和登记额均创历史新高。强化科技创新、平台搭建，科技进步对经济的贡献率达到 48.2%。全市有国家级高新技术企业 37 个，国家级高新技术产业化基地 1 个；省级创新型企业 28 个，省级特色高新技术产业化基地 4 个，省级重点实验室 2 个，省级工程技术研究中心 1 个。

（三）社会治理改革创新逐步推进

建市以来，全市坚持以维护社会稳定为重点，1991 年 5 月，市社会治安综合治理委员会成立，同年 7 月，市委市政府与 7 个县区党委政府分管领导签订了《社会治安综合治理保一方平安责任书》，并于年底组织检查组对各地进行检查考核。以后每年，市委市政府均将综治工作纳入总体工作目标，下达综治工作目标任务，年底考核验收。从 1995 年起，市综治委、市纪委（监察局）、市委组织部、市人事局等 5 部门联合建立了综治工作领导责任制、领导责任追究制和综治工作一票否决制、综治工作联席会议制等一系列制度，一个由党政一把手负总责、分管领导具体负责、各部门齐抓共管的综治工作机制完全建立并得到较好落实。全市上下一起构建起一个统一调动、协调配合、整体作战、灵活有效的治安防范网络、全市的社会治安状况持续好转，市民对社会治安的满意率逐年上升。

全市持续推进村级治理体系建设、“网格化”服务管理、“雪亮”工程建设，完善信访工作制度，及时排查化解社会矛盾，维护公共安全和社会和谐稳定。目前我市村级治理体系基本形成。同时大力加强综治中心规范化建设，通过综治中心的运行，实现了矛盾调处多元化、法律服务专业化、治安联防常态化、网格管理精细化、办公平台信息化，真正成为化解矛盾的“主战场”、维护治安的“主阵地”、提供服务的“主平台”。截至2017年11月底，全市各级调解组织共排查矛盾纠纷39126件，调处成功38076件，调处率99.9%，调处成功率97.31%。个人极端事件、“民转刑”命案、进京非访均在可控范围内，群众对矛盾纠纷化解满意率87.73%，注重源头矛盾纠纷预测预警预防。

二 问题分析

（一）促进社会事业发展的人才队伍不足

人才是一个地区经济社会发展的关键。建设一支规模合理、结构优化、能力突出的专业技术人才队伍，对广元社会事业发展和社会治理能力提升起着关键性作用。但目前来看，广元市的教育、医疗、科技、基层治理方面的人才队伍数量、结构、素质等与广元市社会事业发展的要求还不匹配。

1. 教师人才队伍方面

全市公办幼儿园教师缺口大、质量不优，义务教育农村学校结构性缺编严重，年龄老化现象突出，大量名优教师流失，骨干领军人才留不住、引不进；高中教育各类学校骨干教师十分短缺，教师稳定问题严峻；中等职业教育及高等教育短缺学科高等人才数量较少。

2. 卫生计生人才队伍方面

基层卫生专业技术人员的学历、职称、执业资格和岗位技能四项素质不强，与基层群众对医疗卫生服务治理需求不匹配，公共卫生人才队伍现有数量与广元市严峻的公共卫生形势对公共卫生人才需求存在矛盾。家庭医生、儿科、精神、老年医学、护理、急救、康复等各类紧缺人才以及护理员、健康管理师等技能型健康服务人才数量不足、业务素养有待进一步提高。“名中医”及学术技术带头人、中医药临床名家、教育名师和研究型人才数量不足结构不优。

3. 科技人才方面

目前全市有创新能力、高水平的科技团队和学科带头人、科技创新型人才队伍及高素质、技能型的产业工人严重不足，在新能新材、现代金融、生物医药、装备制造、康养旅游、商贸物流等领域的高端人才、领军人才缺口较大。

4. 基层治理人才方面

作为基层治理的主力军，每个村社只有3名左右干部，直接管理服务成千上万群众，甚至有的社区居民人数超过2万人，力量严重不足。同时，村社干部普遍年龄大、学历低、视野窄、激情少，结构不合理，“领头羊”的带动作用发挥不充分。

（二）保障社会事业发展的经费投入不够

同周边市州相比，广元基础差，底子薄，用于社会发展的投入缺口较大。

1. 教育经费投入方面

全市公共财政预算教育事业费虽统计数据较高，但是基于比重占绝对数字的基础设施建设投入，各级各类学校的教育经费投入情况还很不理想。

2. 科技经费投入方面

2016年研究与试验发展（R&D）经费投入超过40亿元的地区有3个，分别为成都（占51.5%）、绵阳（占22.8%）和德阳（占8.1%），广元的经费投入仅有2.8亿元。研究与试验发展（R&D）经费投入强度（与地区生产总值之比）超过全省平均水平的地区有绵阳、德阳和成都3个地区，广元投入强度尽管位于全省中位，但是投入强度仍然较低。

3. 城乡社区事务公共预算支出方面

从人均支出来看，均低于绵阳和巴中，从每个社区村委会平均支出来看，远低于绵阳和巴中（见表1）。

表 1　城乡社区事务公共预算支出比较

项目 地区	城乡社区事务公共预算支出(万元)	人口总数(万人);人口平均支出(元/人)		社区、村民委员会总数;平均支出(万元/个)	
绵阳	160451	481.09	333.5	3803	42.2
广元	79743	263.5	302.6	2728	29.2
巴中	110231	331.14	332.9	2673	41.2

（三）社会发展的供需矛盾仍然突出

党的十九大报告指出，中国特色社会主义进入新时代，我国社会主要矛盾已经转化为人民日益增长的美好生活需要和不平衡不充分的发展之间的矛盾。对于广元来说，在教育医疗等方面公共服务供给与群众对高质量的公共服务需求存在矛盾，现有科技发展水平与广元市创新型发展战略的需求存在矛盾，现实基层治理能力与基层稳定和谐的需求存在矛盾。

1. 教育方面

优质教育资源严重不足，导致大量优质生源流向市外。目前公办入园难问题非常突出，义务教育中的优质教育资源分布失衡，广元城区优质教育资源学校大班额问题突出，农村小微学校却数量不少；县域之间，城市与农村之间，公办与民办学校之间教育质量差异明显。特殊教育，市本级承担示范、辐射并服务全市残疾儿童少年的特殊教育学校数量少，办学质量还有待提高。高中阶段教育，普通高中发展严重不均衡，生源较好的学校大班额问题突出。

2. 卫生方面

一方面，医疗机构服务质量缺乏有效监督，过度医疗现象存在，服务态度和技术水平与人民群众的期望还有很大差距；另一方面，尽管广元医疗资源在周边地区有一定优势，但是与群众对优质医疗资源的需求来说还存在很大差距，并且医患关系不和谐，医患矛盾、医患纠纷，甚至医患冲突也时有发生。同时随着城乡医疗保障体系的不断完善，居民的看病就医负担有所减轻，但由于财政对医疗卫生投入占财政支出的比重依然偏低，医疗卫生支出由个人承担较大份额的格局在一定程度上抑制了居民对医疗卫生服务的需求。

3. 科技方面

广元市科技创新能力总体不强，科技创新对经济的贡献率仍然处于较低水平，2017 年我国科技进步贡献率 57.5%，而广元市科技进步贡献率仅为 48.2%。

4. 基层治理方面

群众对基层政府、村（社区）公共服务的需求越来越多、要求越来越高，基层政府、村（社区）受制于资金、人员、权限等制约，提供公共服务的能力远远跟不上群众对美好生活需求的增长，加之广元处于山区，群众居住分散，管理难度和公共服务成本成倍增加，更易引发矛盾纠纷。

三　对策建议

（一）加大社会事业改革力度

1. 以最大限度激发人才创新创业积极性和创造力为宗旨推进人才体制改革

完善激励引导人才，促进优秀人才向基层流动，优化人才资源配置。打造市场化、社会化、产业化的人力资源服务产业链，推动人才资源配置实现效益最大化和效率最优化。完善科技成果转化激励政策，健全科技成果知识产权保护、归属和利益分享机制。让人才创业无忧、创新无虞，成果得到充分保护。

2. 以落实立德树人理念，推动教育公平为宗旨推动教育事业改革

系统推进育人方式、办学模式、管理体制改革，使各级各类教育更加符合教育规律、更加符合人才成长规律、更能促进教育公平。着力研究建立以学生发展为本的新型教学关系和完善评价方式。切实减轻学生过重课外负担，切实改变“学校减负、家庭增负，校内减负、校外增负”现象。多措并举化解择校难题，均衡配置县域内义务教育学校教师，促进优秀教师和紧

缺薄弱学科教师交流轮岗。

3. 以降低医疗费用提升医疗服务治理为宗旨推动公立医院改革

深化基层医疗卫生机构综合改革，健全网络化城乡基层医疗卫生服务运行机制。深入推进医疗服务价格改革，逐步建立以成本和收入结构变化为基础的医疗服务价格动态调整机制，降低药品、医用耗材和大型医用设备检查治疗和检验等价格。控制医疗费用不合理增长，健全公立医院医疗费用控制监测和考核机制，合理确定量化区域医疗费用增长控制目标，规范医疗服务行为。健全公立医院法人治理机制，提高医院内部管理自主权，同时提高诊疗、手术、康复、护理、中医等体现医务人员技术劳务价值的项目价格，提升医疗从业人员的积极性。

4. 以增加和谐因素、增强社会活力为宗旨推动社会治理改革

坚持系统治理，加强党委领导，发挥政府主导作用，更好发挥尊重的自治作用。综合施策，坚持法治和德治的手段去化解社会矛盾。建设畅通有序的问题反映、矛盾化解、权益维护的保障机制，确保群众能够及时反映问题，同时群众的矛盾能够及时化解权益能够得到有效的保障。大力发展社会组织，充分发挥社会组织在参与公共服务、化解社会矛盾方面的作用。

（二）加大人才队伍建设力度

1. 加强基层和紧缺人才队伍建设

基层人才队伍建设对于满足人民民生需求具有重大意义，要加强基层医疗、教育、科技及社会治理人才队伍建设。加大基层卫生人才建设，以全科医生为重点，加大基层卫生计生人员招引力度。进一步完善政策，鼓励引导大学生及优秀教师到基层乡镇学校任教。制定优惠政策支持大学生、退休干部、新乡贤等优质人才资源到乡村创业兴业、服务发展。持续开展乡村带头人培养行动，重点培养具备现代管理服务能力的村（社区）领导人才、农村集体经济经营人才等。

2. 加强高端紧缺人才队伍建设

持续实施高层次人才引进计划。健全急需紧缺专业目录发布机制，通过

定期搜集、统计和发布急需紧缺专业目录，有针对性地引进各类高层次专业人才，同时持续回引广元籍在外“成熟型”优秀人才，充实到系统、行业急需紧缺岗位。持续实施重大人才培养工程，整合现代农业人才、科技英才、教育名师等重大人才培养培育工程，加快培养储备一批本土化的行业领军人才，同时瞄准广元经济社会发展重点领域急需紧缺专业人才的培养开发。

3. 做好人才队伍服务保障

畅通人才内外流动渠道，探索政府、高校和企业人才之间的柔性流动，建立灵活、开放的聘任机制，促进市校人才合理流动，实现地方和高校人才优势互补，畅通人才的向上流动渠道，落实好优秀人才晋职晋级的方面的政策。建立人才服务联动机制，整合公安、教育、卫生、社保等部门服务资源，大力发展人力资源服务业，加大社会力量服务人才的力度，解决各类人才实际问题；建立重点人才（团队）扶持机制，通过集合部门政策资源等方式给予综合扶持，最大限度发挥政策的叠加放大效应，帮助人才（团队）发展壮大。

（三）强化科技对经济社会发展的支撑

完善自主创新体系，强化企业创新主体地位，布局建设一批省级市级工程技术（研究）中心、重点实验室、产业技术研究院等创新平台和院士（专家）工作站。提升协同创新体系，强化市校合作，组织引导高校、科研院所专家到我市开展“一对一”对接，鼓励引导企业带技术需求进高校、科研院所寻求关键技术攻关，并积极鼓励市内企业与省内外高校、科研院所联合共建股份制创新平台，有效促进科技成果转化为现实生产力。着力新型工业化发展、军民融合产业发展、生态康养旅游名市建设、现代农业建设，全面提升科技对经济的贡献。

（四）加强社会治理促进社会充满活力和谐有序

健全矛盾纠纷预防化解机制，将责任和措施落实到基层末端，确保小事不出村、大事不出乡镇，深化“诉非衔接”机制，逐步实现调解、仲裁、行政裁决、行政复议和诉讼等纠纷化解方式衔接联动。完善网格化服务管理体系，提高治理精细化水平。健全自治、法治、德治相结合的基层治理体系。进一步强化和提升村居委会、业委会及社会组织的自治功能，搭建村居民议事会、评议会，协调会、听证会等平台，进一步完善村居民参与村社自治的相关机制，加强乡村道德教化，强化法律支撑。

参考文献

习近平：《决胜全面建成小康社会　夺取新时代中国特色社会主义伟大胜利——在中国共产党第十九次全国代表大会上的报告》，新华网，2017 年 10 月 27 日。

广元市统计局：《2017 年广元市统计年鉴》。

B.15
广元农村基层党组织建设分析报告

徐贵明　王坤远　任刚强*

摘　要： 广元自1985年建市以来，始终抓牢农村基层党组织建设，在发挥党建引领发展、加强基本建设、选优配强带头人、强化乡镇服务功能、健全组织体系、规范党建工作机制等方面做出了一些成绩，尤其是以“村党组织合建共建”为典型的创新经验得到中组部肯定，在全国宣传推广。但是，广元的农村基层党组织建设也存在组织设置方式滞后、组织凝聚力不足、组织统筹整合作用较弱等问题。有鉴于此，农村基层党建必须在强化党对农村工作的政治引领、推行组织设置创新、提高“三农”工作队伍素质、建强农村党员队伍等方面加大工作力度，努力建成党在农村基层的坚强战斗堡垒。

关键词： 农村党建　合建共建　基本建设　广元市

建市以来，广元立足建设农村坚强战斗堡垒，以强化政治功能、提升组织力为重点，突出紧扣中心，强化问题导向，坚持守正出新，有力推动农村党建全面进步过硬，农村基层党建成效得到上级党组织和群众认可，为实现新时代乡村振兴打下了坚实组织基础。

---

* 徐贵明、王坤远、任刚强，中共广元市委组织部。

一 发展回顾

（一）基本情况

广元市辖 7 个县区、239 个乡镇、2398 个村，有基层党组织 8229 个、党员 16.6 万余名[①]。

1. 乡村党组织基本情况

截至 2017 年底，全市党组织总数为 8229 个；其中乡镇党委 239 个，村党组织 1996 个（党总支 19 个、党支部 1977 个）。全市合建共建村党组织共 906 个，其中合建 366 个、共建 540 个。

2. 乡村党员队伍基本情况

2017 年底，全市党员总数为 16.6 万余名，其中农村党员 8.3 万余名。从性别结构看，农村女党员共 11032 名、占 13.3%，比全市女党员比例低 5.3 个百分点。从年龄结构看，农村 35 岁以下党员共 13307 名、占 16.0%，比全市 35 岁以下党员比例低 3.5 个百分点；农村 55 岁以上党员共 39125 名、占 47.2%，比全市 55 岁以上党员比例高 8.7 个百分点。从学历结构看，农村大专及以上学历党员 8275 名、占 10.0%，比全市大专及以上学历党员比例低 25.2 个百分点；农村初中及以下学历党员 60970 名、占 73.5%，比全市初中及以下学历党员比例高 27.6%，农村党员队伍中，女党员数量偏少、老龄化现象明显、学历水平偏低等问题突出。

（二）发展历程

广元自 1985 年建市以来，秉承重视基层、大抓基层理念，始终抓牢农村基层党组织建设，推动农村党建不断取得新进展，农村基层党组织战斗堡垒作用不断得到强化。

---

① 本文所有关于党组织、党员的数据统计，均来源于中共广元市委组织部相关统计。

1994年，全市各县区派出148支工作队726个工作组，对66个后进村、229个问题突出村进行重点整顿，转化巩固率达100%；同时推行驻村干部“双向选择”制度和乡镇政务公开制度等，有效促进了乡村干部作风转变。

2003年，以“三村建设”为载体，在公铁路沿线和旅游干线选择具备较强辐射带动力的100个村作为农村基层党组织“示范村”，纵深推进农村“三个文明”建设大发展。2005年，全市开展了农村党的建设“三级联创”活动，围绕“六好”目标整顿56个软弱涣散乡镇党委，引导分流人员领办创办服务基地230多个。2006年，在全市深入开展了“部门帮村、党员帮户”结对帮扶工作，推动和加快被帮扶村的基础设施、环境卫生、村级组织活动阵地整建。2010年以来，市县机关事业单位党组织每月集中一次深入山区贫困村和贫困党员户，开展农特产业农技指导、信息咨询、营销辅导等组团式服务，推出服务项目340余个。

2012年，广元集中开展了基层党组织现状大调查、实施“三分类三升级”活动，对全市7000多个基层党组织开展调查摸底，找准突出问题，制定争创目标和整改措施，促进转化升级。2013年以来，以建设基层服务型党组织为契机，全面推行乡镇“一办三中心”运行模式，有效推进服务型乡镇党委建设。深入开展农村基层党组织大排查大整建大提升工作，逐一对3100多个农村基层党组织进行体检，解决突出问题3.2万余个，促进农村党建全面进步过硬。积极创新和优化组织设置，大力推进村党组织合建共建，探索创新区域化服务型党组织建设的有效途径，加大在农业产业园区、农民专业合作等组织建立党组织力度，党的工作覆盖率达到100%。村党组织合建共建做法，得到中组部和省委领导肯定。

30多年间，广元农村党建在选优配强村党组织带头人和强化农村党员干部队伍管理方面也取得了许多成绩。坚持分层分类抓好村级党组织书记示范性培训，累计培训15万余人次，大大优化了村党组织书记学历结构，提升了履职能力水平。相继研制出台党员队伍建设预警办法及村干部辞职承诺、不合格党员处置等试行办法，常态化开展农村党员干部志愿服务活动，有效强化了对农村党员干部队伍的管理。

（三）经验做法

1. 抓牢思想促发展，充分发挥党建引领

持续深入开展“三严三实”“两学一做”等主题教育实践活动，确保思想政治建设贯穿基层党建全过程，强化理论指导。着眼于围绕中心抓党建、服务大局强保障，在脱贫攻坚、项目投资、产业发展等重大工作中，充分发挥党建引领作用，把党建优势转化为发展优势、把党建资源转化为发展资源，不断聚集发展动能，使党建真正成为经济发展的灵魂、社会治理的核心、脱贫攻坚的保障。2017 年，广元脱贫攻坚考核名列全省第一方阵。

2. 夯实基础补短板，全面加强基本建设

坚持抓基层打基础，整改突出问题，建强基层堡垒。聚焦基层软弱涣散党组织薄弱环节，扎实开展“三分类三升级”活动，做好整顿转化、巩固升级工作。近 5 年来，共排查后进村党组织 1228 个，分类制定整改措施 5500 余条，转化升级率 100%。集中开展“村霸”“蝇贪”整治，经排查研判，全市无涉及“村霸”情形。推行基层党建底线管理，严格落实“三会一课”等基本制度，严肃党内政治生活，从严教育管理党员，探索不合格党员处置途径，保障农村党员队伍质量。

3. 选优配强带头人，聚焦建强战斗堡垒

把基层党组织带头人队伍建设摆在突出位置，常态化开展乡村班子分析研判工作，根据研判结果及时调整乡镇、村“两委”班子成员；高起点部署乡镇和村换届，推动乡村干部队伍年轻化知识化。2016 年换届后，全市村党组织书记 45 岁及以下的占 31.2%、大专及以上文化占 31%，平均年龄 43.7 岁。探索村干部专职化管理，提高村干部工作待遇保障，80% 以上的村党组织书记月平均报酬达 2000 元以上，最高可达 3580 元。村级离职干部生活补助标准每人每月提高 3 倍。实施农村能人培育和回引计划，共计遴选储备 4983 名村级后备干部，2017 年首批举办 200 名村党组织书记、村“两委”后备干部学历提升班。

4. 建立“一办三中心”，强化乡镇服务功能

坚持“重心在基层、基层在服务”的理念，实现乡镇从被动管理向主动服务转型。优化服务方式，全市统筹乡镇服务力量，组建党政办和便民服务、产业引导、综治工作“三个中心”，实行一站式便民服务，推动乡镇转变服务方式。强化服务手段，人权、事权、财权等向乡镇倾斜，规定乡镇干部任用征求乡镇党委意见、对条条派驻机构人员考核考评乡镇占70%权重，确保乡镇有能力和资源搞好服务。增添服务动力，建立乡村干部包片、包村、包户，开门接访、主动约访、定期下访等系列制度；规定同一职级乡镇干部工作性津贴每月高出县级部门干部不低于200元、艰苦边远乡镇干部不低于300元，有效激发了乡镇干部扎根基层、为民服务的内在动力。

5. 创新开展合建共建，着力健全组织体系

围绕增强党组织政治功能和服务功能，主动适应农村改革发展和农民生产生活变化新趋势，积极探索相邻贫富村、产业趋同村、大小村、强弱村合建和辖区单位与村共建的机制，完成合建共建村级党组织906个，占行政村总数37.4%。推进产业链、农村新型社区、流动党员等领域党组织设置，建立产业党组织530余个、网络服务党支部7342个，消除新兴领域党建盲点，扩大党的组织和工作有效覆盖。

6. 建章立制促常态，规范党建工作机制

立足解决党组织设置“虚化”、党务角色“淡化”、党务工作“边缘化”、方式方法“简单化”、工作保障“弱化”等突出问题，制定出台《关于深化基层服务型党组织建设的实施意见》《广元市基层党建底线管理办法（试行）》等文件制度。围绕组织体系设置、骨干队伍建设等6个方面，积极探索农村基层党组织功能发挥的有效模式，推进农村党建标准化建设。

7. 齐抓共管严责任，全面过硬基础保障

坚持重心下移、力量下沉、资源下倾，健全三级联动责任落实机制，形成党委负责、齐抓共管的良好格局。强化三级联述联评联考，制定《党建绩效考评办法》，分类建立党建责任清单和每月履职责任清单，进行奖惩并

实施问责。强化三级联动工作保障，坚持人往基层派、钱往基层投、政策向基层倾斜，大力解决基层党建保障问题，基层党建经费和村级工作经费标准大幅提高，村级干部基本报酬按每年15%的比例递增。

二 问题分析

立足新时代党的建设总要求，面对乡村群众思想观念变化、社会结构变动、利益格局调整、经济社会转型等诸多挑战压力，乡村基层党建在引领乡村振兴方面主要存在三个方面问题。

（一）党组织建设面对社会结构新变动日显滞后

1. 组织设置滞后

农村党组织设置滞后于农村“空心化”、产业规模化、治理社区化和服务组织化。

2. “培”“带”滞后

农村干部选拔面窄、优秀干部不多、资源配置不均衡、培养体系不完善，抓干部带队伍力量薄弱。

3. 管理手段滞后

乡村人口外流多，流动党员管理难、支部活动开展难问题突出，党组织与党员个体之间缺乏有效的连接点，党组织负责人缺乏联系关心党员、动态掌握党员情况的主动性；在年轻党员发展、党组织考核激励、党员关爱帮扶、“互联网+党建”及服务群众工作方式等方面手段滞后于现实需求。

（二）党组织凝聚力面临利益格局新调整受到挑战

面对乡村社会群众价值观多元化、利益诉求复杂化、利益表达多样化，乡村党组织凝聚党员和群众的作用面临挑战。

1. 思想难凝聚

市场经济带来的价值观、道德观冲击，出现党员身份趋利化、党内活动福利化、社会组织功利化等现象，基层党组织的政治引领、思想凝聚、群众动员能力受到考验。

2. 行为难凝聚

现代化背景下人们生活方式多样化、生活选择自由化、行为方式复杂化，乡村党组织对人们行为的凝聚引领日显手段有限、能力不足、渠道不畅和资源缺乏等困难。

3. 人员难凝聚

农村基层党组织多存在干部人才尤其是骨干人才不足的问题，党群利益联结、工作链接、情感连接等机制不完善，党组织凝聚人心的作用发挥受限。

（三）党组织统筹整合作用在经济发展新常态下凸显短板

面对乡村涌现出大量新产业、新业态、新模式，基层党组织在统筹协调、整合资源等方面存在短板。

1. 力量整合统筹存在短板

部分党组织在有效整合各类党务人才资源、引导群团及其他社会力量参与基层治理的“纽带”意识不强、缺乏手段，尤其在引导城市优质资源和公共服务项目向农村倾斜上办法不多。部分党组织引导外出务工人员、优秀大学生等群体返乡下乡创业信息不对称、力度不够。

2. 项目整合统筹存在短板

面对脱贫攻坚、乡村振兴的大量综合性项目，乡村党组织在统筹整合过程中很难找到“公约数”。如基层阵地的组织、文化、体育等部门对活动场地各有要求，项目条块式实施、分项考核、难以整合。

3. 资源整合统筹存在短板

面对农业产业规模化对“山水林田路”等资源的统筹需求，党组织在整合统筹自然资源、生态资源上基于各方利益而办法不多，存在集体资产产权不明晰、闲置率高等问题。

三 对策建议

面对新时代新要求新挑战，农村基层党建要认真贯彻新时代党的建设总要求与基层党建的具体要求，以提升组织力为重点，突出政治功能，深化底线管理和标准化建设，聚焦基本组织、基本队伍、基本制度、基本阵地、基本保障、基本任务等方面，努力建强党在农村基层的战斗堡垒。

（一）切实强化党对农村的政治引领

1. 强化“主责”意识发挥政治领导功能

始终把政治建设放在首位，逐级建立农村党组织党建责任清单，逐一厘清明晰农村党组织的权力边界和权责配置，推行职能部门职责下沉基层准入制度，推进村党组织将工作重心转移到抓党建、抓治理、抓服务上来。

2. 强化“核心”意识发挥政治凝聚作用

强化基层党建底线管理，抓实支部标准建设，开展村党组织核心地位和作用发挥情况的调查评估；理顺村党组织与群团组织、经济组织、社会组织和自治组织关系，加大对村内各类组织的领导，占领政治高地。

3. 强化“主体”意识发挥政治表率形象

在农村基层党组织，持续深入开展十九大精神、习近平新时代中国特色社会主义思想学习宣传活动；广泛开展“亮身份、感党恩、晒形象”专题活动，强化党员主体意识；培塑和宣传党建典型，弘扬组织正能量，凸显党的先进性，树立率带新形象。

（二）大力推行农村基层党组织设置创新

1. 深化村级党组织合建共建

在不变更原建置村设置的前提下，健全合建共建村级党组织工作机制，进一步整合党建资源、提升组织功能。

2. 探索大区域功能党组织设置

打破现有行政区划限制，探索建立大区域功能性党组织，促进资源、产

业、人才等优势集聚、连片发展，扩大产业规模，提升抗风险能力。建立优势特色产业党组织，实现行业互通、资源共享。

3. 发挥新兴农业经营主体党组织作用

着眼解决农业园区、农民专业合作社等党组织“虚化”问题，探索出台新兴农业经营主体党组织运行办法，推动发挥作用。四是探索推行建立中心镇党委模式。加强农村基层党组织区域统筹能力，增强辐射带动功能。

（三）培养造就高素质“三农”工作队伍

1. 加强乡镇干部队伍建设

紧扣建设高素质专业化干部队伍要求，选优建强乡镇领导班子，注重选派熟悉“三农”工作干部进入乡镇班子。清理补齐乡镇机关事业单位空缺编制，严把乡镇干部抽调、借调关。对乡镇党务、脱贫攻坚等关键岗位干部，实行专人专责。

2. 建强村党组织班子

坚持把选优配强村党组织班子，作为加强农村党建的重中之重，加大优秀年轻干部、后备干部培育选拔力度，优化班子结构、提升班子活力。落实村组干部基本报酬定期增长等制度。探索村干部专职化管理。推行脱贫攻坚期内村组干部绩效奖励制度。

3. 提升乡村干部能力

加大培训力度，采取专题培训、走出去培训、实践锻炼等方式，提升乡村干部整体素质。

4. 切实严管厚爱干部

分类出台乡村干部管理办法，分类建立不胜任干部调整制度。加大乡村干部关心关爱力度，倾斜表彰表扬名额，定期谈心谈话。

（四）建设政治过硬、本领高强的农村党员队伍

1. 把好发展党员入口

大力实施优秀农民和党员“双向培养”计划，认真落实党员发展青年、

能人、巾帼、人才“四个先锋对接计划”。

2. 深化日常党性教育

将佩戴党徽、重温入党誓词、学习《党章》和习近平新时代中国特色社会主义思想、缴纳党费作为组织活动固定议程，增强仪式感。

3. 创新党员管理服务

推行党员积分管理，将积分管理与个人信用、推优评先、银行贷款、产业发展等挂钩。

4. 激励党员发挥作用

健全无职党员设岗锻炼机制。探索党员关心激励措施。推行党员旁听支委会议制度。探索党员组团发展机制，建立“党员创业之家、党员中心户、党员创业孵化园、党群创业联合体”等。

参考文献

中共四川省委组织部调研组：《从提升组织力看农村基层党建守正出新——四川省广元市推进农村党支部合建共建调研》，《党建研究》2018 年第 2 期，第 49 页。

《四川 2017 年脱贫攻坚考核结果出炉！这 15 个县每县获奖 1000 万》，四川扶贫与移民网，http：//www. scfpym. gov. cn/show. aspx？ cid = 32&id = 63698。

《关于加强基层服务型党组织建设的意见》，《人民网 · 人民日报》2014 年 5 月 29 日。

中共广元市委组织部：《基层党建底线管理指导手册》。

习近平：《决胜全面建成小康社会　夺取新时代中国特色社会主义伟大胜利》，《人民日报》2017 年 10 月 28 日，第 1 页。

B.16
广元基层社会治理分析报告

岳武山　王令柏　李　剑　冯　钺*

摘　要： 近年来，广元认真贯彻落实中央、省委和市委市政府决策部署，深刻认识新形势下加强基层治理基础工作的重要性和紧迫性，落实综治领导责任制，坚持以维护政治安全为首任，以平安广元建设为重点，持续推进“雪亮工程”建设、综治中心规范化建设、网格化服务管理、矛盾纠纷多元化解、突出问题专项整治等基层治理工作，形成“一核多元、合作共治”的基层治理格局，为全市经济社会发展营造了安全稳定的社会治安环境。

关键词： 基层社会治理　雪亮工程　平安广元

习近平总书记在十九大报告中多次强调，要重视和加强基层党建。基层，特别是农村基层党建是关系到中国特色社会主义建设事业成败的重要因素之一。机关不能远离基层，一旦远离基层就可能脱离群众、瞎指挥、乱指挥，不知民众所思、所想。中国共产党自成立以来近百年的历程证明，农村基层党建搞得好的时候，基层的事业就相应搞得好，农业、农民就稳定，国家整个形势就稳定。农村基层党组织涣散、无力，有些甚至家族化、黑社会化，基层治理这时就会出问题，积聚起来就会成为整个社会的大问题。

* 岳武山、王令柏、李剑，广元市委政法委；冯钺，副研究员，中国社会科学院政治学研究所。

当前及未来相当长一个时期内，我们都应以基层治理工作为重点，突出基层党组织的政治功能，把基层党组织建设成为宣传党的大政方针、贯彻党的决策部署、领导基层治理的坚强战斗堡垒。

一　基层治理的建设和发展

广元建市以来，基层治理建设取得了长足的进步，在村民自治方面，大力加强基层党组织建设的同时，充分调动和发挥基层群众的积极性、主动性、创造性，建立了各种村民组织，村级治理体系得到进一步完善。这方面大致经历了三个阶段的发展：1987 年，农村普遍建立村民委员会；至 1998 年，村民直接行使民主权利，依法开展自治；至 2004 年，基本实现了民主选举、民主管理、民主决策、民主监督。全市普遍建立健全了村民会议和村民代表会议制度、村务公开制度，制定了村规民约和村民自治章程。通过开展村民自治示范活动，全市建成示范乡镇 199 个，示范村 1452 个。

2002 年初，市委市政府成立了广元市社区建设领导小组，各县区、街道都建立了相应的组织领导机构，确定了工作职责。同时，市委办公室、市政府办公室出台了《关于推进城市社区建设的意见》，对全市社区建设目标、任务和内容进行了全面部署。村（居）民自我管理、自我服务的自治水平稳步提升。

（一）“一核多元、合作共治”格局基本形成

广元大力加强村级党组织建设，以村级党组织为核心，村民会议或村民代表大会决策，集体经济组织、农民合作组织以及社会组织为补充的“一核多元、合作共治”村级治理体系基本形成。全市持续加大“三规范一加强”①

① 三规范一加强，即规范工作制度、规范组织生活、规范考核机制，加强支部组织建设标准化。

和“四议两公开一监督”[①] 的执行力度，及时公示事关群众切身利益的各类事项。始终坚持群众主体地位，落实群众议事、村民听证、民情恳谈等制度，构建以党组织为核心、群众广泛参与、法治德治自治相结合的基层治理机制。按照“三上三下”程序，制定符合实际、群众易懂的村规民约，将“守法致富”“脱贫奔康”明确“约”进村规，群众自我管理、自我服务的能力显著提升。推行“村级民主质询”制度，把基层干部履行职责情况、热点难点问题解决情况、经济社会发展情况、资金使用情况、项目建设情况、干部个人廉洁情况等群众最关心的问题由村民代表收集汇总，拿到村民质询会议上来“面对面”询问、“点对点”答复、“一对一”测评，增强了贫困群众参与村级事务的积极性，密切了干群关系。

（二）“雪亮工程”建设强力推进

广元提出了“雪亮工程”要围绕中心、服务民生、聚焦平安，为公安实战而建的思路，截至2017年11月底，建成县区监控平台7个、乡镇平台116个、村级404个，236个村完成建设任务；新安装监控探头2882个，移动终端APP使用2137户，接入群众4888户，接入49个公安派出所、6个县区公安指挥中心、8个县区综治中心，仅昭化区就接入社会监控视频达400余路，建成安监分中心，全市公安机关“天网”与综治中心“雪亮工程”公共视频监控基本实现联网应用。在城镇充分利用现有的视频监控资源，与智慧城市、智能小区和“三无院落”整治、棚户区改造有机结合。将“雪亮工程”延伸到工业园区、农业园区、旅游景区、江河沟渠、地质灾害点、森林防火点，对经济发展、安全防范、环境保护、抢险救灾等领域发挥了监测预警作用。目前，“雪亮工程”协助当地公安机关侦破刑事治安案件86起，服务民生事项115起，全市刑

① 四议两公开一监督，“四议”即涉及村发展和村民切身利益的重大事项，要经村党支部会提议、“两委”会商议、党员大会审议后，提交村民会议或村民代表会议讨论做出决定；“两公开”即实行村级重大事务决议内容公开和实施结果公开。“一监督”即村重大事项的决议和决议实施全过程要自觉接受党员、村民的监督。

事治安案件同比减少27%，未发生有影响的群体性事件和重大安全生产事故。

（三）综治中心规范化建设成效初显

广元市综治中心已基本建成，汇聚了“雪亮工程”视频监控，接入了网格化服务管理系统等。2017年8月，市委市政府在昭化区召开了全市综治基层基础暨综治中心规范化建设推进现场会议，全面启动各级综治中心建设。在过去“一办三中心”① 的基础上，严格按照国家《标准》，坚持“统筹规划、分级负责，试点先行、整体推进”的原则，对原“综治工作中心（站）”提档升级，以网格化服务管理为“底座”，整合多元矛盾纠纷化解平台、“雪亮工程”监管平台，职能部门按照“需进则进、事了则出”的原则进驻中心，设立窗口，提供“一站式”服务，突出实战实用功能。利州区、昭化区两个试点县区已建成综治中心，利州区建成面积达900平方米，入驻12个部门23名工作人员；累计完成17个乡镇（街道）、60个村68个社区综治中心建设。昭化区建成面积260平方米，与5个区级平台互联，入驻10个部门20余名工作人员；累计完成29个乡镇（街道）、156个村23个社区综治中心建设。非试点县区已基本完成县区和部分乡镇、村居综治中心建设。

综治中心的运行，实现了矛盾调处多元化、法律服务专业化、治安联防常态化、网格管理精细化、办公平台信息化，真正成为化解矛盾的“主战场”、维护治安的“主阵地”、提供服务的“主平台”。

（四）网格化服务管理质效明显提升

广元市综治办下发了《网格员履职清单》，对网格员履行治安隐患排查、重点场所防控、特殊人群服务管理等基本职责进行明确规定，规范了履职边界。县区监管中心切实履行分流指派、督办考核、分析研判工作，明晰了职能定位。县区通过分级、分片区和集中培训等方式，对网格管理员进行

① 一办，即“党政综合办”；三中心，即“便民服务中心、产业引导中心、综治执法中心”。

了业务培训，提升了网格管理绩效。在城区和重点乡镇网格落实了专职网格管理员，创新拓展网格化功能，将市场监管、“失信”人员管理、精准扶贫关爱对象纳入网格化管理，激发了网格化管理活力。网格化管理平台与“雪亮工程”监控平台形成两网关联融合、事件处理闭合、痕迹管理可查，提升了信息化支撑效果。

同时，为进一步提升网格化服务水平，广元市开展了“优秀网格员”“最美网格员”评选活动，表彰“优秀网格员”90名、“最美网格员”30名，有效调动了网格服务管理员的工作主动性和积极性。

（五）矛盾纠纷多元化解全面升级

面对基层矛盾多、数量大、调解难的情况，广元加强对矛盾纠纷多元协调中心的建设，健全了联络员工作制度，大调解向多元化解转型升级率达100%。协调中心完善了矛盾纠纷多元化解机制工作责任分工方案，明确了各级调解组织矛盾纠纷排查调处、定期分析研判报告等制度，完善了源头防范化解机制。以乡镇（街道）综治中心为依托，整合派出所、司法所力量，汇聚相关部门和社会资源，搭建“1+2+N”矛盾纠纷多元化解平台，建设率达100%。

“苍溪县劳动人事争议调裁审联动机制建设”等11个省级优秀项目作为学习的重点向全市推广。朝天区羊木女子法庭设立了川北首个“家事法庭”，得到社会各界高度认可。在乡镇、村组、社区探索设立124个审判点和21个巡回审判法庭，巡回办案，就地调解。建立了医疗纠纷第三方人民调解委员会和多元参与的交通事故、劳动人事争议调解组织，建立了广元市保险合同纠纷人民调解委员会、工商联（商会）人民调解委员会。基层矛盾纠纷“1133工作法”得到进一步完善。

截至2017年11月底，全市各级调解组织共排查矛盾纠纷39126件，调处成功38076件，调处率99.9%，调处成功率97.31%。个人极端事件、“民转刑”命案、进京非访均在可控范围内，群众对矛盾纠纷化解满意率为87.73%。

（六）突出问题专项整治成果丰硕

面对原来存在的一些突出问题，广元开展了持续性专项整治。加强对严重精神障碍患者的服务与管理，全面落实以奖代补政策，全市未发生有影响的肇事肇祸案（事）件。持续开展对吸毒人员“大排查、大收戒、大管控”工作，最大限度管控吸毒人员，减少毒品危害，社区戒毒康复执行率名列全省前茅。深化特殊人群服务管理，提高特殊人群服务管理水平。加大“一标三实”采集、更新力度，确保了数据真实鲜活。开展以高铁为重点的安全隐患排查整治，确保了铁路安全畅通。实施“互联网 + 平安边际”综治创新，全力维护边界地区社会治安稳定。以开展“护校安园”行动、创建“平安校园”活动为载体，确保了校园有序、师生安全。动员社会力量关爱留守儿童，加强青少年群体服务管理工作。加强寄递物流安全管理，强化寄递物流企业网点的标准化建设，提升县级监管履职能力。严把公路、铁路、航空三个关口，全面实施实名制登记等规范使用，严查违反“三个 100%”的行为。截至目前，广元市寄递物流行业未发生有影响的安全案（事）件。

广元以上成绩的取得与落实领导责任制有密切关系。广元市委、市政府 2017 年初与各级各部门签订了《目标责任书》，配套完善了《领导责任制》系列制度，实现有章可循、有规可守，层层压实责任。全市大部分县区成立了以党委政府“一把手”任主任的综治委，加大了领导力度、工作力度，实现领导力量强、人员配备足、经费有保障。全市深入开展平安建设先进县区、镇街、村居等基层平安创建活动和平安家庭、平安校园、平安医院、平安林区等行业平安细胞创建活动。领导干部综治实绩档案进一步完善，健全了目标管理、督查督办、表彰奖励、责任追究等制度。

二　存在的问题

（一）主要问题

目前，广元基层治理方面仍然存在五个方面的问题：“小马拉大车”现象、“九龙治水”与“政出多门”、治理人员严重匮乏、经费严重不足、法治观念尚未完全树立。这些问题的存在多是历史原因造成的，希望通过顶层设计并结合基层实际在未来逐步解决这些问题。

1. “小马拉大车”现象

乡镇和村社两级政权组织底子差、能力弱、责任多、压力大，存在“小马拉大车”现象，这种现象主要体现在干部选拔权、事务管理权等方面。就乡镇党委而言，干部选拔权限在上级组织部门，县级部门下垂单位的人事管理也在主管部门，人事权力有限，一定程度存在“管不住”的问题。就乡镇政府而言，承担的公共事务繁多，但多为服务型、保障型事务，管理型、执法型的权限不足。特别是管理和执法权，大多依靠县级部门授权，加之乡镇编制紧缺、人员紧张，无法足额配备必要的管理和执法人员，导致被委托的权限很难用好。就村（社区）“两委”而言，每个村社只有 3 名左右干部，直接管理服务成千上万群众，有的社区居民人数甚至超过 2 万人，力量严重不足。

此外，村社干部待遇低，干的是全职工作，拿的是兼职补贴且补贴不高，也没有社会保险，村社优秀干部流失大，对年轻优秀干部更是缺乏吸引力，导致村社干部普遍年龄大、学历低、见识窄、激情少、暮气重，结构不合理，“领头羊”的带动作用发挥不充分。

2. “九龙治水”与“政出多门”

在乡村治理中，除乡镇党委政府外，人社、国土、林业、农业、卫计、司法、广电、文化等部门也有下垂机构，下垂机构人员少甚至长期没有人员，导致本就捉襟见肘的基层干部力量被分散使用，无法形成工作合力。因为有下垂机构，县级部门向乡镇委托授权的积极性也就不高。不少县级部门在安排和检查工作时，又按照“属地管理”原则将工作责任落实到乡镇，下垂机构则负责指导工作，牵扯乡镇工作精力。

3. 治理人员严重匮乏

先锋模范作风有待发挥和加强，乡村党组织对优秀人才的吸引力降低，乡村党员队伍不稳定、结构差、战斗力和带动力不足。乡镇干部上升通道狭窄，不少干部一干几十年，没有盼头，导致年轻公务员害怕留在乡镇，千方百计谋求调动。通过政策施压强制乡镇基层公务员完成服务年限，一定程度导致优秀人才不敢加入乡镇公务员队伍。村（社区）干部待遇过低，无法留住优秀人才，没有能力培养并留住后备干部，村社干部队伍存在严重的领导能力、发展能力和创业激情问题。

4. 经费严重不足

乡镇和村社获得的资金大多为项目资金，支出渠道被限定，加之公用经费标准低、维稳以及日常运转支出逐步增大，很难自筹资金开展社会治理工作。

5. 法治观念尚未完全树立

不敬畏法律、不遵守法律、不相信法律的情况在部分基层干部和群众中都不同程度存在。在过度城镇化、盲目市场化的影响下，乡村社会向上向善、孝老爱亲、重义守信、节俭持家的传统道德和文化在经济利益的刺激下受到严重冲击，导致少数人员不守法纪、不知廉耻，造成不良影响。

（二）原因分析

造成以上问题的主要原因在于传统社会盲目转型。从经济基础来看，务工、经商等收入已经超过农业生产收入，成为农村家庭的主要经济来源，绝大多数农村家庭正在离开土地，乡村居民的流动性不断增大、流动原因更加多元、流向更加复杂、回乡居住的时间越来越短，乡村“空心化”现象突出。从群众与村社集体、乡镇政府的关系来看，农民经济基础的独立，使其对村（社区）集体的依赖大大降低；基层公共服务的一系列便民措施，特别是针对群众的审批、管理事项减少，政府和村社在群众中的威信大大降低；群众对基层政府、村（社区）公共服务的需求越来越多、要求越来越高，基层政府、村（社区）受制于资金、人员、限权等制约，提供公共服务的能力远远跟不上群众对美好生活需求的增长，加之山区群众居住分散，管理难度和公共服务成本成倍增加，更易引发矛盾纠纷。

同时，由于现行的基层政权架构设计没有及时、完全跟上新时代乡村社会经济、人口等社会要素的发展变化，原有社会结构、治理架构受到冲击。在过度城市化、盲目市场化的大潮冲击下，政府公信力受到的影响不言自明，而社会协同、公众参与、法治保障的所谓现代乡村社会治理体系基本停留在未经实践检验的概念和空想上。在乡村“空心化”阴影下，轻易破坏传统乡村文化、习俗、习惯正给中国长期战略安全带来严重危机。

三　对策建议

当前我国仍处于矛盾凸显期，各类不稳定因素和矛盾大量出现。广元社会治安综合治理工作面临新形势、新矛盾、新挑战，需要进一步增强工作责任感和使命感，强化工作措施，以建设治安防控体系为抓手、以信息化为支撑、以综治中心实体化为载体、以综治“六联”工作为核心，在推进综治基层基础工作中下深水、动真刀、出实招、见实效，努力建设更高水平的平安广元。

（一）优化政府职责，做好自治协商

以本轮机构改革为契机，大力推进乡镇“一办三中心”建设，推进乡镇扩权强能，建强党和国家实施基层社会治理的“前哨堡垒”。近年来，广元市在乡村治理体系和治理能力建设中，探索出“一办三中心”的运行模式，取得良好效果。“一办”，即“党政综合办”，通过整合力量加强党政综合办建设，切实保障和发挥乡镇党委在基层的领导地位；“三中心”，即便民服务中心（负责民生社会事务）、产业引导中心（负责农村经济发展事务）、综治执法中心（负责社会管理和行政执法）。但由于缺乏顶层设计的支撑，这些探索推行还比较困难，一些职能整合、作用发挥还不够充分。如果能在本轮机构改革中，从制度层面解决“整而不合”“聚而无力”“强而无威”等问题，将有效推动“行政权力下沉、编制人员下沉、公共服务下

沉”，更好与群众“面对面”，提升服务群众、引导发展的质效。

新形势下，村（居）民的权利意识大大加强，引导村（居）民有序、积极、主动参与到公共事务的治理中来对社会的稳定和发展有着重要意义。进一步有序强化和提升村（居）委会、业委会的自治功能，搭建村（居）民议事会、评议会、协调会、听证会等平台；进一步完善村（居）民参与村社自治的相关机制，建立自下而上的社区自治议题、自治项目形成机制和公共难点问题解决、村社事务监督考核机制。健全基层社会治理经费保障机制，发挥基层单位的协商合作机制，围绕基层治理主体共同参与的自治体系，建立以机关党员干部、乡镇干部、村社干部、民警和民间热心人士组成的“扁平化、开放式”管理服务团队，搭建基层治理主体联动平台。

（二）强化队伍建设，创新治理方式

按照中央和省委市委安排部署，将扫黑除恶专项斗争作为重大政治任务摆到工作全局突出位置，精心谋划，周密部署，坚决打赢为期三年的攻坚战。把扫黑除恶与反腐败、基层“拍蝇”、打击“保护伞”结合起来，与整顿软弱涣散党组织、加强基层政权建设结合起来，与加强普法教育、移风易俗结合起来，坚决铲除黑恶势力滋生土壤。健全矛盾纠纷预防化解机制，将责任和措施落实到基层末端，确保小事不出村、大事不出乡镇。深化“诉非衔接”机制，逐步实现调解、仲裁等方式与诉讼衔接联动。强化特殊人群监管，分类建立健全基础台账，做到风险隐患动态掌握、动态稳控、及时化解。在全市开展无黑恶、无毒害、无邪教、无命案、无重大安全事故、无群体性事件“六无社区（村）”创建活动，并每年统一考核、命名一批。突出社会治理功能，探索将涉及基层治理的党政职能部门相关系统、人员、设备整合进网格，开展网格化管理、组团式服务，实现大事全网联动、小事一格解决。将“雪亮工程”与综治中心、网格化服务管理有机结合，农村主抓“建”，城市主抓“联”，实现市到村（社区）纵向联通，部门横向信息共享。严厉打击黑拐抢、盗抢骗、黄赌毒等突出违法犯罪，持续开展缉枪治爆专项行动。健全危爆物品源头控制、过程跟踪、全程管控治理。健全寄递

物流安全风险防控和隐患排查治理机制，严格执行“三个100%”制度，筑牢源头防范关口。抓好学校、医院、公交、车站、商场等公共场所和设施的安全防护，加强安全生产，严防火灾高发场所失控漏管，严防重特大安全事故发生。

（三）加强乡村道德教化，强化法律支撑

近年来，广元各地自发探索了一系列道德积分与集体经济收益分配挂钩的措施，在乡村道德教化中起到一定积极作用，但由于村（社区）缺乏资金，市县也难挤出资金支持，一定程度影响了作用发挥。建议省级及以上财政专项安排社会主义核心价值观和公民道德教化资金，重点支持乡村开展好媳妇、好儿女、好公婆等评选表彰奖励，挖掘乡村熟人社会蕴含的道德模范，强化道德教化作用；省级及以上财政大幅加大普法工作经费的转移支付力度，支持贫困地区普法学法工作。对于基层普法，可以逐步从知法学法向尊法用法上转变。通过聘请集体法律顾问、配备免费法律顾问、培养法律事务代办人等，为群众提供更加高效、便捷、便宜的法律服务，让群众在具体的法律事务中了解法律、敬畏法律，形成法治意识，带动身边人尊法守法。

在基层治理建设中，党组织的建设起着不可替代的核心作用。什么时候放松了党的建设，我们就有可能出问题；什么时候领导干部自满了、懈怠了，就有可能脱离群众了，老百姓的怨气就大了。脱离群众，脱离实际，无视群众困难，忽视群众对美好生活的向往等一系列行为，都是导致老百姓产生怨气和不满的根源。虽然我们早已解决了基本温饱，正在全面建成小康社会的道路上大踏步前进，但仍会遇到各种新困难、新挑战、新问题，仍需要我们各级领导干部和全体党员继续努力奋斗。新时代，我们应始终牢记举什么旗，走什么路；始终牢记为什么人的问题，坚持以人民为中心的发展思想，始终把人民利益放在至高无上的地位，让改革发展成果更多更公平惠及全体人民。基层治理的得与否，直接关系人民群众的福祉，关系着国家的未来，在这方面我们还需不断总结经验教训，还有很长的路要走。

参考文献

王冬冬：《基层社会治理法治化问题研究》，东北财经大学硕士毕业论文，2016。

张婷婷：《社会组织参与基层社会治理的对策研究》，华东政法大学硕士毕业论文，2015。

李巧霞：《城乡基层社会治理碎片化问题与对策研究》，华中师范大学硕士毕业论文，2015。

B.17 广元教育发展分析报告

杨松林　黄廷全　赖永红　母剑勇　赵开新*

摘　要： 建市33年来，随着教育优先发展得到全面落实，广元教育生态环境持续优化，各类教育协调发展；教育水平持续提升，教育保障条件不断改善，教育质量稳步提高。但是广元教育仍然存在整体竞争力不强，教育资源不均衡、不充分问题，教师队伍建设任重道远，经费投入水平长期偏低，民办教育规范发展面临挑战等问题。要解决这些问题，就必须要普惠发展学前教育、均衡发展义务教育、优质发展普通高中、多元发展职业教育、稳步发展高等教育、保障发展特殊教育来提升教育供给能力。

关键词： 广元教育　困境挑战　协调发展

一　发展现状

建市33年来，广元不断深化教育领域综合改革，巩固提升教育创均创强成果，促进教育内涵提升，教育教学改革不断深入，教育普及水平持续提升，教育公平迈出重大步伐，教师队伍建设不断加强，教育保障条件不断改善，教育质量稳步提高，全市教育事业得到前所未有的快速发展。现有各级各类学校760所，在校学生40.21万人。其中，高校3所，普高26

* 杨松林、黄廷全、赖永红、母剑勇、赵开新，广元市教育局。

所，中等职业学校 23 所，初中 138 所（含九年一贯制学校 70 所），小学 264 所（另有村小及教学点 260 个），特殊教育学校 6 所，幼儿园 562 所，有国家、省级各类示范学校 126 所；全市教职工 3.03 万人，其中专任教师 2.70 万人。今天的广元义务教育已实现高标准普及，优质教育资源逐步扩大，基本形成了学前教育、义务教育、高中阶段教育、高等教育协调发展的局面。

（一）教育生态环境持续优化，各类教育协调发展

1. 城乡义务教育均衡优质标准化发展稳步推进

广元市政府先后出台了《关于统筹推进县域内城乡义务教育一体化改革发展的实施意见》《关于加强农村小规模学校建设与管理意见》。评审命名首批“美丽乡村学校”17 所。“农村小规模学校”联盟发展模式成效明显，受到业界广泛关注。制订“消除大班额三年攻坚计划”，初步落实了市城区部分教育用地。苍溪县等 5 个县区通过“县域义务教育均衡发展”国家认定，剑阁县、朝天区已经通过省级督导评估，待国家认定。

2. 高中教育优质特色发展成效显著

市委市政府出台《关于大力提升高中教育质量的意见》，强力推进普通高中优质特色发展。旺苍县、苍溪县引资新建优质学校有力推进，成效明显。四川省广元中学、四川省苍溪中学被命名为清华大学“生源基地校”。四川省青川中学、苍溪县城郊中学创建省二级示范高中加快推进。密切关注、研究高考改革方向，走班制试点改革稳步推进。积极探索教育交流合作，市树人中学举办的青海玉树班顺利开班运行。2017 年高考再创佳绩，本科上线人数、重本上线人数、重点高校自主招生初测过关人数、高职单招上线人数再创历史新高。建档立卡贫困家庭学生考入各级各类高等院校达 2095 人。连年快速攀升的高考质量吸引生源规模回流，据统计，从成都、绵阳等地回流广元就读高中学生 1173 人，吸纳贵州、陕西、甘肃、运州、巴中等省外市外籍高中学生 1020 人。

3. 现代职业教育发展加快推进

进一步深化产教融合、校企合作，与广元经济技术开发区签订“校企合作、产教融合”协议，全市职业学校与市内外180余家大中型企业、市内89家小微企业建立合作关系。在全省、全国中职学生技能大赛获等次奖人数较2016年增长一倍。推进职教创新发展，青川职高、昭化职高探索整校托管办学模式。“9+3”工作成效显著，全市就读藏区、彝区“9+3”学生人数居全省第二位。强化中职学生就业工作，2017年中职学生就业率为98%。2017年高职院校单招考试上线4524人，较上年净增2493人，增幅122.7%。

4. 高等教育和继续教育稳步发展

川北幼儿师范高等专科学校顺利通过教育部人才培养合格评估，创建四川核工业职业技术学院纳入“十三五”高校设置规划，进入筹建阶段。稳步推进四川健康职业技术学院创建工作。四川信息职业技术学院与13个国家的28个院校机构开展院校合作，首次招收留学生33名，实现广元市高校留学生教育零突破。出台《广元市加快社区教育发展的意见》，新成立社区教育机构21个、县级社区学院2所，县域社区教育培训网络初步构建。广元广播电视大学被评为“全国优秀成人继续教育院校”，苍溪社区学院主研的“猕猴桃种植实践园”特色项目被评为“2017年终身学习品牌项目”。

5. 幼儿教育资源增长提速

制定了《广元市第三期学前教育行动计划规划（2017~2020年）》。2017年新建、改建、扩建公办幼儿园11所，新增学位2600多个。全市认定首批民办普惠性幼儿园178所，全市普惠性学前教育资源覆盖率达60%。市树人幼儿园迁建、川北幼儿师范高等专科学校附属幼儿园建设全面竣工并投入使用。全市学前教育三年毛入园率达92%，高于全省平均水平。

6. 特殊教育保障发展

制订了《广元市第二期特殊教育提升计划（2017~2020年）》。整体迁建的广元市特殊教育学校主体工程全面竣工即将投入使用。特殊教育学校和普遍学校随班就读残疾儿童每生每年6000元公用经费全部兑现，特殊教育教师津贴全部落实。着力提升特教质量，开设白花石刻、麻柳刺绣、川菜烹饪等特色课程，让特教学生掌握一技之长。制订重度残疾学生“一人一案”教育方案，为全市445名特殊儿童开展“送教上门”活动达8900余人次。全市适龄残疾儿童入学率达90%。

（二）战略引领进一步加强，教育优先发展全面落实

1. 教育民生目标全面完成

2017年投入教育民生资金2.97亿元，开展教育资助活动。为15238名幼儿减免保教费，完成目标的108%。全面实行“三免一补”政策，惠及21.79万名学生，完成目标的101%。为6.9万名经济困难寄宿学生发放生活补助，完成目标的113%。免除2.1万名普通高中家庭经济困难学生学费，为1.86万名普通高中家庭经济困难学生发放助学金，完成目标的100%。免除1.36万名中职学生学费，为8006名中职涉农专业学生和非涉农专业家庭经济困难学生发放生活补助，完成目标的110%。全市教育扶贫救助基金共筹集资金2996万元，筹资目标完成100%。广泛动员社会力量参与助学，资助贫困学生（奖励优秀学生）4757人，资助贫困教师（奖励优秀教师）1194人。永隆集团连续14年开展扶贫助学活动，累计捐资1000余万元资助2000多名贫困大学生。万贯集团等爱心企业以及热心公益企业家累计捐资2000余万元支持改善农村学校办学条件和资助贫困学生。完成大学生生源地助学贷款5180人，超目标99%。

2. 学校办学条件得到全面改善

2017年争取教育项目资金3.78亿元，超目标252%。全年下达农村教师周转房建设496套，开工建设515套。广元天立国际学校小学部、市树人中学初中部运动场等项目竣工并投入使用。市示范性综合实践基地项目主体竣工。川北幼专三期、广元外国语学校四期、市职高产教融合实训基地等项目稳步推进。全市“全面改薄”项目规划建设校舍面积48.01万平方米，竣工43.99万平方米，竣工率91.6%；完成教学设施设备采购1.97亿元，采购完成率100%。完成《广元市城区（利州区、昭化区）“十三五”学校

布局项目规划》。高质量编制完成《广元市“十三五”教育事业发展规划》。完善《川陕革命老区振兴发展规划》，规划未来五年全市实施教育项目 556 个，总投资 165. 58 亿元。

3. 信息化建设初具规模

总投资 2. 3 亿元的“智慧广元”教育信息化一期建设全面完成，基本建成“三通两平台”。全市 100% 学校接入宽带网络，40% 学校实现无线网络全覆盖。全市学校“班班通”设施配备率达 88%。全市 92% 的中小学教师、80% 以上的学生注册拥有实名制网络学习空间。旺苍县、朝天区建成覆盖全域的“同步课堂”系统。实施“一校一班”计划，已建“智慧课堂”试点班 130 个。积极组织参加教育教学信息化大赛、中小学生电脑制作比赛等赛事活动，市教育局荣获“最佳组织奖”。成功举办全国“新媒体新技术新课堂”研讨会，广元教育信息化“五化同构”发展模式初步形成。

4. 综合改革取得阶段性成效

开展省级教育重点改革项目 3 个，市级改革试点项目 15 项。“‘三养’模式教育治理改革”被评为全省优秀等级，“学校联盟促进县域义务教育均衡发展改革”和“产教融合制度建设”被评为全省良好等级。加强新修订《民办教育促进法》学习宣传，全面开展民办教育机构年检，规范审批市直属民办教育机构 3 所。纵深推进法治教育“三养”模式，制定《广元市中小学校章程制定规程》。梳理规范教育行政权力 19 项，清理废止规范性文件 42 个，行权事项网上运行 3125 件。

5. 教师队伍建设全面加强

大力弘扬先进典型，推评第二届“广元教育之星”及提名人物 40 名，评选表扬农村优秀教师 200 名。切实加强师培创新，创建教师专业发展基地学校 25 所，建成清华大学远程教育扶贫接收站 4 个。立足校本、借力区域研修促进城乡教师全员培训，让“微师培”惠及城乡教师。教育高层次人才引进力度加强，全市引进省内外高级教育管理人才 11 名、特优骨干名师 304 名。进一步加强教师招考力度，全年公开招考教师 410 人，招聘免费师范生 102 名、特岗教师 190 名，引进硕士研究生 10 名。深化教师职称评聘改革，建立正高级后备教师人才库，推荐并通过评审正高级教师7名，推荐并通过评审特级教师15名。为11359名在农村学校任教满30年教师颁发荣誉证书。优化“广元名师”管理考核，加强148个名师工作室建设管理。

6. 特色工作成效显著

农村小规模学校建设管理特色明显。出台专门文件，创新条件保障机制。创设“同质联盟”“异质联盟”发展模式，促进抱团发展。创建“美丽乡村学校”，由点到面，实现乡村学校发展“小而美”“小而优”。教育法治建设特色明显。深入推进“以法养心、以法养境、以法养行”法治“三养”模式，旺苍县白水中学等11所学校被评为省级依法治校示范学校。全省“法律进学校”现场会在广元市召开，市教育局被省委、省政府表彰为“法制教育先进单位”。校园文化建设特色明显。积极引导学校努力构建物质、行为、制度、精神四层校园文化体系，注重师生参与，全市建成校园文化建设示范校179所。学生营养改善计划特色明显。在食堂供餐模式、食材供应本土化和营养监测上效果显著，得到教育部、省教育厅的充分肯定。校园食品管理“三个三”机制特色明显。全市连续十年未发生校园食品安全事故，得到省委、省政府和省教育厅有关领导的高度评价。

二　困境和挑战

（一）整体竞争力不强

广元基础教育是西部教育的一个典型样本，普遍薄弱。下面仅以普通高中教育为例分析广元市教育的整体发展状态（四川省、成都市、陕西省、浙江省四个比较点），参照《2030年国家教育现代化发展主要指标（讨论稿）》，从适龄学生接受教育的机会、师资条件和教育投入三个方面，选择了五个发展指标（见表1）进行聚类分析。

表 1　广元市普通高中教育与其他省市的比较（2016 年）

	毛入学率(%)	教师学历合格率(%)	生师比(%)	2016 年生均教育事业费(元)	2016 年生均公用经费(元)
广元市	91.42	97.1	15	8985.88	1843.17
四川省	89.2	97.5	15.0	9587.72	1959.95
成都市	97.0	99.3	11.6	15283.09	3285.87
陕西省	95.0	98.3	13.6	11740.03	4048.29
浙江省	96.0	99.4	11.3	21742.03	4771.53

数据表明，广元教育总体上低于成都等四川省内市州水平，更远低于浙江等教育发达省市。也就是说，普通高中教育作为基础教育出口，广元市教育竞争力十分薄弱，整体发展状态在省内、国内均处于弱势。

（二）教育资源不均衡、不充分问题依然突出

这一问题在基础教育阶段尤为突出。2017 年，学前教育公办园幼儿在园人数为 35026 人，仅占总在园人数的 43.37%，远低于四川省平均水平 79.61%，优质教育资源严重不足，公办入园难问题非常突出。义务教育，优质教育资源分布失衡，广元城区优质教育资源学校大班额问题突出，农村小微学校却数量不少；县域之间，城市与农村之间，公办与民办之间教育质量差异明显。特殊教育，市本级承担示范、辐射并服务全市残疾儿童少年的特殊教育学校数量少，办学质量还有待提高。高中阶段教育，普通高中发展严重不均衡，生源较好的学校大班额问题突出（见表 2）；广元市目前“普职比”为 73.08∶25.91，远高于四川省平均水平 53.5∶46.5，离国家要求的“普职比大体相当”也相去甚远。

表 2　广元基础教育学校“大班额”情况分析

	指标	四川省(%)	广元市(%)
小学	45 人以上大班额比例	15.75	3.92
	2000 人规模以上小学数占比	2.63	4.11

续表

	指标	四川省(%)	广元市(%)
初中	50 人以上大班额比例	21.79	3.63
	2500 人规模以上初中数占比	2.30	1.58
普通高中	56 人以上在班额比例	35.15	23.3

(三)教师队伍建设任重道远

目前广元市教师队伍，无论从数量、专业结构还是专业素养等方面，都存在比较突出的矛盾。学前教育，仅公办幼儿园教师缺口就达 1032 人，此外，目前全市仍有 1607 名幼儿教师未持教师资格证上岗，占全市专任教师的 37.13%。义务教育农村学校结构性缺编严重，年龄老化现象突出，大量名优教师流失，骨干领军人才留不住、引不进。特殊教育，即便在学生保持目前规模的情况下，距离国家要求仍有 30 余名教师的缺口。高中教育各类学校骨干教师十分短缺，教师稳定问题严峻。中等职业教育，2016～2017 年招生人数严重不足，专业课教师人数严重短缺。高等教育，川北幼儿师范高等专科学校引进短缺学科博士数量极少。表 3 反映了广元市基础教育阶段生师比情况（教师数量），表 4 反映了根据优质均衡要求市内教师学历情况（教师质量），全市教师队伍建设面临的挑战由此可见一斑。

表 3　广元基础教育生师比与部分省市的比较

	全国	浙江省	四川省	成都市	广元市
小学教育	17.12	17.7	17.48	19.14	13.2
初中教育	12.41	12.3	12.34	11.59	10.4
高中教育	9.13	11.3	15.04	11.73	13.9
职业教育	19.84	15.6	21.87	24.49	17.57

表 4　广元教师学历情况分析

	指标	四川省	广元市
学前教育	专任教师中学前教育专业教师比例	79.25	73.5
小学	每百名学生拥有高于规定学历教师数达到 4.2 人以上学校比例	79.33	76.3

续表

	指标	四川省	广元市
初中	每百名学生拥有高于规定学历教师数达到5.3人以上学校比例	89.31	84.7
普通高中	每百名学生拥有研究生学历教师数	0.34	0.2
普通高中	每百名学生拥有高级职称教师数	2.21	2.1

（四）经费投入水平长期偏低

教育经费投入是教育事业发展的重要保障。然而，根据四川省教育厅、统计局、财政厅联合发布的2016年全省教育经费执行情况统计公告（川教函〔2017〕731号），全市公共财政预算教育事业费虽统计数据较高，但是基于比重占绝对数字的基础设施建设投入，各级各类学校的教育经费投入情况还很不理想，与广元市人均GDP四川省排名靠后一致（见表5）。

表5　广元生均公共财政预算公用经费支出（元）情况

	四川省	广元市	与全省第一的差值
小学	2337.49	1287.64	4733.05
初中	2905.91	1310.71	4309.93
高中	1959.95	1986.18	5091.61
中职	3589.35	1480.81	8736.72
高教	4695.80	987.82	7237.36

（五）民办教育规范发展面临挑战

2017年，广元市民办学校272所（含幼儿园）。总体来看，全市民办学校大多属于优质教育学校，为广元基础教育发展做出了较大贡献，在区域内享有一定声誉。但是，目前的民办教育发展还有诸多问题，面临多种严峻挑战。集中表现为：民办教育面临属性定位和自身转型发展的严峻考验；部分民办学校办学主体不清，法人治理结构不完善；部分民办学校与母体学校关系模糊，一校两制，同位竞争，混业发展；公办、民办教育同质化竞争，在招生问题上冲突不断，导致社会公众对市内整体招生现状并不满意。因此，如何切实支持和规范民办教育学校的发展将是广元教育发展下一步必须思考的问题。

三　趋势展望

“十三五”期间及未来相当长的一段时间，广元教育发展规划先行，行稳致远。牢固树立创新、协调、绿色、开放、共享五大发展理念，围绕服务发展，着力提升教育供给能力。为此，广元将继续坚持教育优先发展战略，守住教育普及和师资保障、条件改善三条底线，在基本解决了“有学上”基础上向“上好学”迈进，在“广覆盖”基础上向“有质量”方向努力。根据党的十九大报告对教育提出的任务要求，结合广元教育发展实际，广元教育的奋斗目标：到2020年，广元将具有更为丰富的优质教育资源，将形成更具活力的办学机制，教育现代化持续加强。县域内义务教育实现均衡发展，在此基础上，推动市域内义务教育优质均衡发展。普惠性学前教育资源覆盖面达到80%。省级示范性普通高中达到8～10所，优质高中覆盖面达到80%。全市主要劳动年龄人口平均受教育年限达到11.5年，新增劳动力平均受教育年限达到13.5年，其中受过高中阶段以上教育和职业技能培训比例达到88%。推动川北幼儿师范高等专科学校和四川信息职业技术学院内涵发展，建设四川一流专业。建成四川核工业职业技师学院和四川健康职业技术学院，高等教育毛入学率达50%以上；基本建成适应经济转型升级的现代职业教育体系，新增校外实训基地100个，职业教育综合实力达到省内先进水平。同时，全面完成“智慧广元”教育信息化建设（二期），基本实现教育现代化。

为达成这一宏伟愿景，要健全立德树人系统化落实机制，发展素质教育；要不断增强教育保障能力，夯实可持续发展的基础，为此，特提出如下对策。

（一）普惠发展学前教育

一是积极推进公办园建设，深入实施第三期学前教育行动计划，努力解决好人口相对集中城镇学前教育供需矛盾，力争到2020年，全市每个乡镇均有一所公办园。二是加强普惠性民办幼儿园认定和管理，落实各项普惠性民办园扶持措施，到2020年，普惠性幼儿园占幼儿园总数的比例占到70%以上。三是全面提升幼儿园保教质量，落实好《广元市第三期学前教育行动计划》，进一步加强幼儿园课程建设与管理，建立完善幼儿园保教质量评估体系。四是推进0~3岁婴幼儿早期教育试点工作，逐步建立0~6岁托幼一体化学前教育体系。到2020年，城乡学前三年毛入园率达到90%以上。

（二）均衡发展义务教育

一是推进市域内义务教育均衡发展，力争2020年全市县域内资源优化配置全覆盖，在此基础上，开展义务教育优质均衡发展县区创建工作。二是不断健全城乡一体化发展体制机制，统筹推进城乡义务教育同步协调发展；依法保障随迁子女在流入地公平接受义务教育；加快教师周转宿舍建设，鼓励支持优秀大学毕业生到乡村任教。三是制定消除大班额专项规划，重点解决城镇学校大班额问题，到2020年，所有义务教育阶段学校实现标准班容量，有条件的县区实行小班化教学。

（三）优质发展普通高中

一是加强示范性和特色普通高中建设，到2020年，全市优质普通高中、示范性普通高中比例达到普通高中总数的60%以上。二是建立市内示范性普通高中对口帮扶薄弱学校的机制，整合和扩大优质教育资源。三是按照国家高考改革政策要求，构建多样化的课程体系，推进自主选课走班制度，建立健全学生综合素质评价体系，积极开展职业生涯教育。到2020年，高中阶段教育毛入学率达到99%。

（四）多元发展职业教育

一是推进职业教育加快发展。全面实施中等职业教育改革发展示范学校建设工程，积极建设省级以上优质高职院校和一批骨干专业；鼓励优质学校通过合作办学等形式，发展集团化办学，到2020年，参与集团化办学职业院校比例达到80%以上。探索发展股份制、混合所有制职业院校；推进职普融通；支持各高校牵头组建相关产教联盟（专业职教集团），与地方开展“校地合作”，参与全市相关产业发展。二是畅通职业技能人才成长渠道。统筹高中阶段学校招生工作，纳入统一招生平台，逐步推行平行录取，合理分流初中毕业生。完善中高职一体化人才培养模式。三是创新人才培养模式。扩大“双师型”教师规模，提高实践教学水平和技术服务能力。强化实习实训环节，改善实习实训条件，推广现代学徒制和企业新型学徒制，提高学生实践操作能力。深化教育教学改革，加大实践教学比重，完善实习实训考核评价模式。实施职业教育“特色专业＋实训基地”建设工程，积极建设实习实训基地。四是继续做好“9＋3”民族地区免费职业教育工作。

（五）稳步发展高等教育

实施川北幼专等市内高校基础能力建设工程，提升大学生就业质量；对接国家实施的中西部高等教育振兴计划等各类建设项目，加快广元市高等院校改善办学条件，多举措推动高校“双创”工作；扩大教育对外交流，做好四川信息职业技术学院留学生工作。推进四川核工业职业技术学院筹建工作。完成四川健康职业技术学院项目招商。加快川北幼专三期项目建设，推进专业内涵建设。

（六）保障发展特殊教育

制订实施广元特殊教育提升计划。加快推进苍溪特殊教育学校及广元特殊教育学校质量建设，鼓励和支持有条件的县区试点建设孤独症儿童少年特殊教育学校（部），支持鼓励社会力量举办学前特殊教育机构。支持和鼓励市内高校开办特殊教育专业。扩大普通学校随班就读覆盖面，逐步实现全市每个县区至少有 1 所普通学校设立特殊教育资源教室，到 2020 年，实现全市每个县区有 1 ~3 个资源教室的目标。

参考文献

《川中丘陵地区教育发展现状调研报告》，《科研与教育改革》2017 年第 4 期。

《广元市国民经济和社会发展第十三个五年规划纲要》，2016 年 3 月 25 日。

贾继娥、褚宏启：《我国教育发展方式转变的现实背景与内容框架》，《教育科学研究》2012 年第 2 期。

吴德刚：《中国义务教育研究》，教育科学出版社，2011。

母剑勇、何开红、汪江婷：《广元教育事业亮点纷呈》，《广元日报》2018 年 1 月 31 日，A04 版。

母剑勇、汪江婷：《让广元孩子在家门口享受更优质的教育》，《广元日报》2018 年 2 月 28 日，A04 版。

B.18

广元医疗卫生事业发展分析报告（2017 ~2018）

胡昌平　罗颖会　贾 柳*

摘　要： 2017 年以来，广元医疗卫生体制改革向纵深推进，医疗卫生事业不断发展，卫生资源大幅增加，公共卫生服务不断加强，居民健康水平明显提升。全市 100% 公立医院（包含妇幼保健院）取消药品加成，分级诊疗制度全域实施，基层首诊、双向转诊、急慢分治、上下联动的合理就医新格局初步形成。同时，广元还面临着医疗资源配置不够合理、高精尖医疗技术比较缺乏、卫生人才队伍建设滞后等问题。因此，要进一步增强医疗卫生服务能力、健全公共卫生服务体系、促进医养结合发展、完善卫生事业发展的保障体系。

关键词： 医疗卫生　健康广元　区域医疗中心

一　发展现状

2017 年，全市居民健康水平明显提升，人均预期寿命达到 76. 7 岁，孕产妇死亡率为 10. 48/10 万，婴儿死亡率为 3. 63‰，5 岁以下儿童死亡率为

* 胡昌平、罗颖会、贾柳，广元市卫生计生委。

5.17‰。各项重点工作取得重大进展，多项工作西部区域领先、位居全省前列。

（一）医疗卫生改革取得重大进展

公立医院改革深入推进，全市100%公立医院（包含妇幼保健院）取消药品加成，城市公立医院综合改革试点积极推进。分级诊疗制度全域实施，基层首诊、双向转诊、急慢分治、上下联动的合理就医新格局初步形成。基层综合改革持续深化，全面落实基层医疗卫生机构实施基药补助、公共卫生经费等补偿政策，强化基本医疗和公共卫生职责。基本药物制度全面落实，全市基层医疗卫生机构基本药物配备使用、零差率销售、网上采购、货款集中支付达到“四个100%”。

（二）医疗卫生事业跨越发展

截至2017年底，全市拥有各级各类医疗卫生机构3557个，床位2.12万张，卫生技术人员1.67万人。每千常住人口拥有病床7.98张，每千人口拥有病床7.98张，每千人口拥有卫生技术人员6.29个，卫生资源大幅增加，结构明显改善。依托社会资本推进完成广元市人口健康信息化建设项目工程，数字化医院创建工作持续推进，2017年创建数字化医院7家，全市数字化医院总数达到19家，其中：三星级5家，二星级7家，一星级7家。二级、三级医疗机构通过数字化医院评审的比例分别为62.5%、100%，信息化建设高速推进。中医药服务体系不断完善，中医科室设置在全市基层医疗卫生机构实现全覆盖，中医药服务量达50%以上，建成二级以上中医医院10所，其中，三甲中医医院1所、三乙中医医院2所、二甲中医医院3所、二乙中医医院2所、民营中医专科医院2所，中医“治未病”健康工程建设不断推进，成功建成全国基层中医药工作先进市，中医药事业跨越发展。医养结合工作试点启动实施，康养产业发展走在全省前列，全市共规划康养项目54个，已启动康养建设项目8个，开展康养结合试点11个，签约项目18个，签约投资143.7亿元，健康服务业发展迅速。

（三）医疗卫生服务提质增效

2017年，基本公共卫生服务人均经费补助标准提高到50元，服务项目从9类41项扩大到12类45项。法定报告传染病发病率控制在294/10万以内，低于全省平均水平，无甲类及按甲类管理传染病报告，无传染病暴发疫情。艾滋病新发感染数、结核病报告发病率、乙肝发病率持续下降。碘缺乏病、地氟病、克山病、大骨节病等地方病防治取得显著成效，严重精神障碍患者检出率居全省前列，卫生应急体系不断完善，无重大突发公共卫生事件发生。饮用水卫生监测实现乡镇全覆盖，城乡环境卫生面貌持续改善，公共卫生服务不断加强。“三好一满意”“医疗质量万里行”、平安医院创建、医院等级评审等工作扎实开展。医疗质量的监督管理持续加强，市级医疗质控中心达35个。258个乡镇卫生院和39个社区医疗卫生机构标准化建设全面达标，2498个村卫生室标准化建设达标率92%以上，建成国家级“群众满意的乡镇卫生院”37个。开展城乡对口支援、建立医疗联合体、开展远程医疗服务，大力推动优质医疗资源下沉，医疗服务能力不断增强。

二　发展面临的挑战

（一）医疗资源配置不够合理

1. 城乡医疗资源配置不合理，优质医疗资源有80%主要集中在市、县城区，其中80%又主要集中在市城区，乡村两级医疗资源薄弱，城市优质医疗资源下沉共享不够。

2. 同级医疗机构医疗资源配置不合理，卫生人才、设施设备等资源要素分散，医疗机构之间同质化竞争，不能发挥资源集聚效益。

（二）高精尖医疗技术比较缺乏

1. 重点专科建设力度不够，目前全市只有在建国家级重点专科1个，在川陕甘结合部和全省具有影响力的重点专科缺乏，未形成品牌效应。

2. 重点学科建设严重滞后，目前全市省级重点学科还处于空白，医教研协同发展不够。

（三）卫生人才队伍建设滞后

1. 卫生人才总量不足。床位与医护配备比仅为1∶0.77，与1∶1.3～1.5的标准需求差距大。

2. 高层次人才匮乏。优秀管理人才、高精尖人才、紧缺型人才匮乏。正高职称仅占1.6%，拔尖人才占比不到1%，博士硕士仅占0.93%，儿科、麻醉、放射、眼科等紧缺专业人才严重缺乏。

3. 卫生人才引进政策不具吸引力，在岗卫生人才锻炼、培养、展示平台有限，卫生人才引进难、留住难。

4. 基层卫生人才素质不高、结构不优、年龄偏大，人才引不进、留不住。

（四）政策环境支持不够

一是财政投入严重不足。财政补偿机制不健全，财政补偿总量偏小。二是医保政策不优。医保支付方式改革推进滞后，医保资金分配不合理，医保没有发挥好对医疗行为的监管作用和对患者就医的引导作用。三是医疗、医药和医保的三医联动未有效形成，政策协同性、执行力不强。

三　对策与展望

牢固树立大健康、大康养理念，精准对接人民群众健康需求，充分利用广元生态优势、区位优势和良好的医疗卫生资源，加快推进健康广元和生态康养旅游名市建设，切实打造川陕甘结合部区域医疗中心。

（一）优化网络，增强医疗卫生服务能力

进一步统筹优化医疗卫生资源网络布局，围绕构建科学合理的医疗卫生

机构“金字塔”，健全完善以高端综合医疗卫生机构为龙头，专科医疗卫生机构为支撑，民营医院为特色的医疗卫生服务网络体系，着力整体提升诊疗、科研、教学、预防和精细化管理水平，全面增强医疗卫生服务能力。

1. 整体做强龙头综合医疗集团

优化整合医疗资源布局，统筹域内医疗机构人员、设备和技术等优势。构建市域综合医疗集团内的远程心电、影像和检验三大中心，实现市县两级医院间医技资源共享，建立“县区检查、市级诊断”层级诊疗模式，促进优质医疗资源下沉共享。

2. 着力发展特色专科医疗联盟

优化医疗资源供给侧改革，提升市域内专科医疗联盟在疑难危重症诊治的影响力和辐射力，整合城市综合医疗集团内所有医学联盟，依托北大医学部、华西医院和北京“常春藤医学高端人才联盟”组建跨区域专科联盟，实现联盟内专家共享、临床共享、科研共享、教学共享。

3. 全面强化特色专（学）科领航实力

制定重点学科、优势学科发展规划，优先提升已建成的省、市级重点专科向更高层次发展，有计划、有步骤地培养孵化一批有潜力的新兴学科。积极引进国内外先进医学技术，结合临床积极开展科研，通过共建研发中心、产业联盟等措施推进产学研结合，确保有更多的科研项目立项、有更多学术论文在核心期刊发表，全面提升医院知名度和影响力。整合各学科资源和团队优势，开展恶性肿瘤、急性胸痛、脑卒中、急性创伤等多学科联合诊疗（MDT），为患者量身提供专业化、精准化、个体化、规范化和全程、全方位的“一站式”诊疗服务，整体展现专业水平和高视野的诊疗经验。力争到2025年全市建成重点专（学）科国家级2～3个、省级35个，三级甲等医疗机构6个、三级乙等10～15个。

4. 打造特色凸显的民营医疗集群

加大对民营医院医疗业务、人才培养、学科建设指导力度，推动现有民营医院上档升级，引进国内外知名医疗机构、投资集团兴办上规模、上档次的特色专科医院，指导民营医院实行错位发展。建成以临床一流医院为龙头，其他特色专科医院健康发展的医疗机构集群，有效推动全市医疗卫生事业高质量发展。

（二）夯实基础，健全公共卫生服务体系

进一步加强疾病预防控制、应急救治、妇幼卫生、精神卫生、卫生监督、健康教育等公共卫生机构建设，健全分工明确、信息互通、资源共享、协调互动的公共卫生服务体系。

1. 实施疾病防治能力提升工程

依托市疾控中心打造以“互联网 + 疾控”和大数据为支撑的公共卫生事件应急处置平台，推进区域专业疾病防治机构服务能力建设上档升级。到2020 年，市疾控中心达到三级甲等标准。

2. 实施卫生应急及采供血能力提升工程

进一步加强急诊急救、卫生应急的规范化、智能化、现代化建设，建成统一指挥、响应及时、保障有力的卫生应急指挥和 120 指挥体系，增加急救车辆、人员、设备，提升区域卫生应急和救援能力。建设区域性的血液集中化监测中心和核酸检测中心，巩固市中心血站区域性采供血中心地位。

3. 实施公共卫生救治能力提升工程

依托市精神卫生中心的川东北精神卫生中心优势，结合市传染病医院的人才、技术、设备资源，做强做大精神卫生、传染病治疗龙头品牌，进一步扩大区域影响力和辐射能力。2020 年，符合治疗条件的艾滋病病毒感染者和病人接受抗病毒治疗比例≥90%，在册严重精神障碍患者管理率≥80%，精神分裂症治疗率≥80%。

4. 实施基层卫生能力提升工程

大力实施基层医疗卫生服务能力提升工程，落实分级诊疗制度。到2020 年，乡镇卫生院、社区卫生服务中心和村卫生室全面达标，中心卫生院积极创建二乙综合医院，建立健全市、县、乡（镇）及村卫生室（社区卫生服务站）纵向梯次帮带体系，全市县域内住院率达到 90% 左右。到

2025年，基本医疗卫生制度率先全面建立，人民群众公平均等享有覆盖全生命周期的卫生与健康服务。

（三）融合创新，促进医养结合发展

持续加大医养融合服务产业发展的支持培育力度，创新现代医疗、中医特色服务技术与养老保障有机结合，巩固推进医养融合的养老保障模式。

1. 突出中医药能力提升，夯实医养结合基础

围绕建设川北中医区域医疗中心，有效提升中医药卫生服务质量，实施市、县、乡各层级中医药能力均衡发展战略，确保中医药优质资源下沉，实现健康服务全民公平获得。建设中医特色重点专科，发挥市中医医院中医三甲优势资源，积极辐射、服务川陕甘毗邻地区。

2. 突出优化政策环境，创新医养结合模式

创新建立“医、康、养、管”一体化健康养老产业发展模式，采取“卫计准入、民政扶持、医保定点”方式协同推进，把发展健康养老服务业纳入规划，探索创新执行国家相关政策的体制机制，鼓励支持医疗机构因地制宜开展健康养老服务业务。

3. 突出招商引资强度，吸引医养结合资本

建立和完善社会资本发展医养结合的扶持政策，鼓励民间资本独立开办健康养老机构，允许民间资本与公立医疗机构进行股份制合作开展健康养老服务业，允许民间资本参与利用国有闲置资产，在符合规划要求的地方新办健康养老机构。有步骤、有规划吸引更多社会力量和民间资本参与医养结合健康养老服务。

（四）信息支撑，构筑“互联网＋医疗健康”平台

全面加强全民信息化建设，在全市建立区域“互联网＋医疗健康”智慧医疗卫生服务平台。

1. 规范建设智慧化医院

在重点医疗机构建成远程医疗、预约诊疗服务、移动医疗、电子一卡通

等信息系统，建立覆盖周边地区的心电、放射、超声、内镜检查等远程医学中心。

2. 规范建设公卫信息系统

在突发公共卫生事件网络直报、传染病管理、职业卫生管理、公共卫生管理、疾病预防控制、妇幼保健服务和精神病人管理等区域内实现信息互联互通和大数据管理。

3. 规范建设基层卫生信息系统

建立全市电子健康档案、电子病历数据库，实现居民电子健康档案的动态管理。加强基层医疗卫生机构公共卫生、医疗服务、医保系统、药品监管、财务监管等信息化应用，实现管理决策的科学化。

4. 规范建设区域医疗云服务平台

建立起覆盖市、县、乡、村四级远程医疗服务和教育网络，集中构建医疗服务、公共卫生云计算服务平台，实现城乡居民在区域所有医疗机构就医“一卡通”，实现区域医疗卫生服务信息互联共享。

（五）深化改革，完善事业发展保障体系

1. 强化改革创新，释放政策红利

深化城市公立医院改革，建立现代医院管理制度；深化医疗服务价格改革，建立分类管理、动态调整、多方参与的价格形成机制；深化医保支付方式改革，推行以按病种付费为主、总额预付等多元复合式医保支付方式；将医院开展的日间手术、门诊放（化）疗等高效、安全的门诊医疗服务项目，按规定纳入医保支付范围，提高医疗服务效率，释放优质医疗资源利用空间。

2. 强化人才兴卫，提供智力支撑

对紧缺型、高层次人才，开辟引才绿色通道，简化招聘手续。坚持刚性引才和柔性引智相结合，采取项目合作、联合科研、客座讲学、智库特聘、“互联网 +”等模式，优化合作发展平台。加快推进公立医院薪酬制度改革试点，完善收入分配激励约束机制，建立动态调整机制，落实医院分配自主

权。完善人才培养机制，建立和完善卫生科技创新、科教管理和医学人才培养体系，努力培养一批有影响力的专家型学科带头人。发展医学高等教育，争取建成一所医学专科学校。加强乡村医生队伍建设，通过定向培养、在职在岗培训等方式，巩固提升乡村医生队伍。

参考文献

《广元市 2017 年国民经济和社会发展统计公报》。

《广元市 2017 年度卫生计生统计年报》。

广元市人民政府办公室：《广元市“十三五”卫生计生事业发展规划》（广府办发〔2017〕93 号），2017 年 8 月 28 日。

文 旅 篇

Cultural Tourism Articles

B.19
建市以来广元文化发展回顾与展望

赵泽中　仲　斌　杨太平　张大伟*

摘　要： 本文介绍分析了广元确立“文旅兴市”发展思路的背景过程，展示了广元在文化自信、文化自觉、文化自强上取得的显著成效。作为连片贫困地区，广元充分发挥历史文化资源优势，重视文化事业和文化产业发展，化劣势为优势，变乡愁为财富，走出了一条促进经济社会协调发展的“反弹琵琶”的独特文化路径。针对存在的问题进行了分析，提出了解决的路径与方法，对广元市申报国家历史文化名城、蜀道申报世界自然和文化双遗产进展情况进行了预测分析。

---

* 赵泽中、仲斌、杨太平，广元市文化广电新闻出版局；张大伟，副编审，中国社会科学院图书馆。

关键词： 广元文化　文旅兴市　文化路径

一　文化发展现状及路径分析

改革开放40年来，特别是广元建市33年来，市委市政府牢牢把握中央关于中国特色社会主义事业“五位一体”总体布局，认真落实文化强国战略方针，深入挖掘文化资源潜力，通过政府撬动、事产联动、民间互动，全力推进文化资源向文化资本的转化，到2017年底，出现了文化事业蓬勃振兴、文化产业快速推进、跻身全省文化建设第一方阵的可喜局面，走出了连片贫困地区文化与经济错位发展、文化先行的“文旅兴市”广元特色路径。

（一）历史文化资源富集确立了广元的文化自信

1. 资源丰富

广元自古就是川北门户，是中国历史上唯一女皇帝、封建时代杰出女政治家——武则天的诞生地，是蜀道文化、三国文化、武则天名人文化的核心走廊和先秦古栈道集中展现地，是川陕苏区重要组成部分，是红四方面军长征出发地和后期首府，是中国楹联文化城市、中国散文之乡、四川省文明城市。3000余年悠久的历史赋予了广元独特厚重的文化底蕴。境内有6处全国重点文物保护单位、3处国家级风景名胜区、3处国家级森林公园、2处国家级自然保护区、5处全国红色旅游经典景区、4项国家级非物质文化遗产、博物馆（纪念馆）12个、馆藏文物5155件。1992年，被四川省政府列为“四川省历史文化名城”。

2. 保护为先

广元历史悠久，文化厚重，成为历届市委市政府推动发展的文化自信。在文化发展中，广元坚持文化资源保护为主、抢救第一、合理利用、加强管理的原则，确立了以自然环境、物质文化遗产为依托，非物质文化遗产表现形式关系相对紧密、相对系统、相对完整的文化空间，实施文化生态保护。

特别通过对与民众生活最为密切的物质文化遗产和非物质文化遗产表现形式的整体性保护，唤起人们珍爱传统文化的自觉意识，培养民众的文化自信，构建起人与人、人与社会、人与自然和谐共存的关系，从而使具有独特人文价值的广元文化葆有旺盛的生命活力。

3. 优势独特

广元文化遗产，经过长期的历史积淀和传承，形成了“五大特色资源”：以金牛道、剑门蜀道遗址等形成的“蜀道文化”；以剑门关、昭化古城等形成的“三国文化”；以女皇故里历史遗址遗迹形成的“武则天名人文化”；以红四方面军开创川陕苏区形成的“红色文化”；以广元特色民风民俗形成的“民俗文化”。这些文化资源都有各自鲜明的特色，为广元文化发展提供了肥沃的土壤。

（二）经济建设中始终以文化为灵魂彰显文化自觉

建市以来，历届市委市政府紧紧围绕经济发展这个中心，深入挖掘文化资源潜力，大力实施重大项目带动战略，实现文化资源向文化资本的转化，探索实践了一条转化优势文化资源、推动经济发展方式转变的新路。

1. 夯实文化基础

截至 2017 年，坚持以人为本、城乡统筹、发展提升的理念，构建了覆盖全面、功能完善、营运高效、惠及群众的公共文化服务体系。整合各类资金近 20 亿元，新建公共文化设施 3155 个，新增文化设施面积近 20 万平方米。市县区“两馆”、乡镇综合文化站、农家（社区）书屋、文化信息资源共享工程覆盖率达 100%，村（社区）文化活动室覆盖率达 90% 以上。广播电视综合覆盖率 98. 84%。公共图书馆藏书 110 余万册。免费开放文化馆 9 个、图书馆 8 个、博物馆（纪念馆）5 个、美术馆 4 个、乡镇综合文化站 230 个，免费开放率 100%，年服务近 260 万人次。创建全国文化先进县 3 个、全国民间文化艺术之乡 4 个、省级文化先进县 1 个。建成国家一级文化馆 3 个、一级图书馆 2 个。

以文化扶贫助推整体连片贫困到同步全面小康跨越，探索出“家门口建文化圈、群众文化群众办、阳光工程补短板、以文兴业促跨越”的文化扶贫“广元实践”。通过创作反映脱贫攻坚的艺术作品、开通贫困村文化“直通车”、开办“农民夜校”、建设“留守儿童之家”等，推进“扶志扶智扶德文化行动”，有效激发了群众“安贫可耻、主动脱贫”的内生动力，形成了感恩奋进、自强脱贫、励志奔康、文明和谐的良好社会氛围。广元市文化扶贫工作得到文化部肯定。全省现代公共文化服务体系建设工作推进会、千村文化扶贫推进会相继在广元市召开，文化志愿服务、广播电视公共服务经验在全国交流。

2. 创建文化品牌

突出机制创新、精品意识，倾力打造精神文化的精品力作。一是设立“中国作家剑门关文学奖”“广元文学奖”，出台“重点精神文化产品创作扶持办法”，把艺术创作生产扶持经费纳入财政预算，定期开展优秀精神产品评选表彰活动；二是以实施“文艺精品创作工程”“传统戏曲振兴工程”为抓手，整合省市县区力量，形成精品创作聚合趋势，着力打造具有广元风格、在全省全国叫座叫好的精品力作，舞蹈《幸福像花儿一样》、杂技《冰韵组合》分别登上央视 2012 年和 2018 年春晚舞台；三是不断提升以中国（广元）女儿节、剑门蜀道三国文化旅游节、苍溪梨花节为代表的节庆文化活动品位；四是充分发挥川陕甘结合部区位优势，发起川陕甘渝群众文化“百馆联动”系列活动，开展了“剑门关杯”全国硬笔书法邀请赛、川陕甘鄂书画联展、津门书画四家剑门蜀道行等品牌艺术交流活动；五是创办“中国蜀道文化大讲堂”品牌活动，创建“老妈妈艺术团”“鹏飞马戏团”等品牌民间文艺团队，极大丰富了城乡群众的精神文化生活。

3. 保护为主，积极“活化”

始终把文化遗产的传承和弘扬放在重要位置，按照“申报与管理并重、保护和利用并举”的工作思路和机制，全面开展文化遗产抢救保护工作。把文物保护利用工作纳入打造最优人文环境、全面建设小康社会的重要内容，纳入领导干部任期综合考评目标。以“5 · 12”灾后重建为例，全市共实施灾后文物重建 40 余处，震后调查文物点 1538 处，新发现 896 处，复查

467 处，登录数据 1100 余处。积极开展考古调查，先后完成国家重大基础设施项目的考古调查十多项。严格文物执法，查处的昭化古墓盗窃案被评为全国文化市场十大案件。广元文物在央视《国宝档案》连续播出七期。联合周边地市，启动了蜀道申遗工程。市人大通过了《广元市历史文化遗址以及保护管理条例》，明确了遗址保护的相关法律责任。划定了以剑门蜀道遗址为核心、长达 100 公里的历史文化保护区，形成了由文物、规划、国土、公安等部门共同参与的联合执法机制。切实加强非物质文化遗产保护，在全省率先做出了“加强非物质文化遗产保护的决定”，4 个项目列入国家级保护名录，14 个项目列入四川省保护名录，128 个项目被列为市县区保护名录，非物质文化遗产得到大力弘扬和有效传承。

4. 多元化发展文化产业

实现文化产业的快速发展，必须用优惠的政策去扶持、去推动。市委市政府出台了《关于深化文化体制改革加快建设川陕甘结合部文化强市的决定》《关于加快文化产业发展的实施意见》等政策文件，从财政、税收、土地、工商、投资等 8 个方面，对文化产业进行全方位的扶持，最大限度地为文化产业发展创造宽松的政策环境。坚持“谁投资、谁所有、谁受益”的原则，大力支持民间资本以股份制、合伙制及个体私营等多种形式参与兴办文化产业。鼓励和支持非公有资本以多种形式进入文化、娱乐、服务等领域，逐步形成以公有制为主体、多种所有制共同发展的文化产业格局。

高度重视资源整合开发的规模化和集约化，培育更高质量更多数量的有自主创新能力、有知名品牌、有自主知识产权的骨干文化企业和文化集团，促进了文化产业特别是文化旅游业的快速发展。通过文化单位改制、扩大文化招商和发育乡村文化市场等多条路径，搭建文化产业发展平台，培育多元文化市场主体，激活文化生产力。先后建成国家级省级文化产业基地 4 个、省级文化产业示范园区 1 个、各类文化产业基地 20 个。截至 2017 年底，全市有 15 大文化产业门类，文化产业法人单位 1401 家，从业人员 35000 余人，培育年总产值超过 500 万元的文化企业 16 家、超过 1000 万元的文化企业10家、超过2000万元的文化企业9家、超过5000万元的文化企业1家，文化产业增加值预计达27亿元，占地区生产总值的4%左右。

（三）灾后10年，“文旅兴市”走向文化自强

改革开放40年，建市33年，广元始终把文化建设作为重点和灵魂，纳入全市经济社会发展的全过程强力推进。特别是汶川特大地震后10年来，坚持生态立市、文旅兴市发展思路，始终把打造提升城市文化软实力，作为落实新发展理念的硬任务抓紧做实，让乡愁成为财富，让青山绿水变成金山银山不再是梦。

1. 以精神家园引领文化重建

地震发生后，广元更需要以文化安抚受伤的心灵。青川东河口是“5·12”地震——地球应力爆发形成的崩塌现场，4个组184户房屋、780余村民和过往行人被巨口吞没，这里集中展示了地震造成的崩塌、地裂、隆起、断层、褶皱等多种地质破坏形态，石板沟、东河口、红石河等36个形态各异的堰塞湖。广元人在没有一分钱的基础上，自发收集地震遗物，在乱石堆中搜集地震奇石，在群众中采集各种地震资料，机关干部职工一齐上阵，集中力量，在两个月内，建成了四川地震灾区第一个地震遗址公园——东河口地震遗址公园。这个公园的率先建成，让世人见证了地震给人民生命财产带来的巨大灾难，折射出感天动地的“广元精神”，让人们感悟到广元人擦干眼泪、重建家园的顽强意志，演绎了后来广元灾区人民“出自己的力、流自己的汗、自己的事情自己干”“有手有脚有条命、天大的困难能战胜”“流血流汗不流泪、掉皮掉肉不掉队”伟大的抗震救灾精神。

推进文化重建不忘红色基因。在第二次国内革命战争时期广元是川陕革命根据地的核心区域之一，是红四方面军西线的主战场。在两年多时间里，给广元留下了丰富的红色旅游资源和积淀厚重的红色文化。苍溪红军渡、旺苍红军城、木门军事会议遗址、红军血战剑门关遗址、昭化红军山、广昭战役遗址、摩天岭等26处红军遗址和数千件红军石刻标语、兵器、衣物、用

具等保存完整。广元充分利用丰富的红色文化资源推进红色文化产业园区建设，现已建成5处全国红色旅游经典景区（剑阁县红军攻克剑门关遗址、苍溪县红军渡纪念地、旺苍县红军街、苍溪县黄猫垭战役遗址、青川县东河口地震遗址公园）。红色文化旅游园区、地震遗址公园是一个个巨大的精神家园，是建设“三基地一窗口”的精神名片。

2. 不惜重金于黄金口岸让文化先行

用最好的口岸建文化。地震让文化单位和基础设施损毁严重，在只有8000万元重建项目资金的情况下，广元市想尽办法拆借资金，建起了有8个文化单位使用的传媒中心。利州广场一块空地，被开发商纷纷看好，争相要地。但市委市政府谁也没给，而是在这个黄金口岸建起了能让市民参与的文化艺术中心，成为城区中心一道最为亮丽的风景线。各县区也纷纷拿出好口岸给文化安家，朝天区的大中坝、青川县的高家院、旺苍县的白马寺、剑阁县的修城坝等，均是拿出黄金口岸给文化安家的范例。

优秀文化遗产承载灿烂文明，传承历史文化，维系民族精神，是老祖宗留给广元的宝贵遗产。灾后重建以来，广元秉持维护文物尊严就是维护国家尊严、民族尊严和人类自身尊严的理念，加大文物抢救保护，整合国家、省、市文物保护资金20余亿元，实施了皇泽寺、千佛崖、明月峡、鹤鸣山等一批重点文物保护项目，新建隧道3.5公里，改建公路35公里，花重金把长期影响国家重点文物保护单位皇泽寺、千佛崖摩崖造像和剑门关的川陕公路、宝成铁路、108国道改道，拆除了文保单位内大量违章建筑，修复了部分驿站街道、民居、石板路等基础设施，让国宝名胜得到更好的保护，创造了“公路铁路为文化让路”的全国经验。运用国家扶持政策，着力打造非遗品牌，使延续数百年的“白花石刻”“青川薅草锣鼓”“麻柳刺绣”等成为民间艺术经典。

3. 像抓经济一样抓文化产业

广元的发展靠文化提升“精气神”，文化也是广元后发优势中的核心竞争力。灾后10年，市委市政府树立新的产业观，创新提出“把文化工作当经济工作来抓”“建文化产业园区就是建经济开发区”理念，把文化产业作为供给侧结构改革的重点产业，作为转变发展方式、推动科学发展的重要抓手，强力推动文化产业发展。投资近3.9亿元建设千佛崖文化产业园，面积达3.5平方公里，仅半年多时间就完成399户居民搬迁和108国道改道，新开凿近1公里长的隧道，创造了广元灾后重建的“千佛崖速度”。剑门关—翠云廊风景区经过不断改造，创建成为国家5A级景区，依托景区的蜀道文化产业园目前正在打造国家级文化产业示范园区。昭化古城三国文化产业园是举全区之力，打破资金瓶颈的力作。一靠财政千方百计“挤”，二靠乡镇部门想方设法“凑”，三靠工程建设上尽可能地“省”，四靠各个方面“调”，就这样整合资金修复了一座宏大的古城。剑门关、明月峡、红军城等文化产业园区的建设，几乎都不同程度采用这种模式，成为广元紧抓文化产业建设的特色路径。

二　存在问题与机遇挑战

近年来，广元文化建设虽然取得了令人瞩目的成绩，但还存在不少薄弱环节，一些制约文化改革发展的深层次矛盾和问题还没有得到根本解决。主要表现在：城乡之间和区域之间文化发展不平衡，人民群众文化生活水平总体不高；彰显广元气派、广元特色、广元精神的精品力作不多；文化创意能力不足，文化资源挖掘转化利用不够；文化产业的支柱性不强，对国民经济的贡献率不高；文化专业人才缺乏等问题还很突出。

随着《川陕革命老区振兴规划》等一大批有利于广元文化发展的政策落实与实施，广元文化发展中存在的矛盾与问题必然会得到有效解决。

（一）政策利好不断

党的十八大、十九大高度重视文化建设，中央和四川省委相继提出了建设文化强国、文化强省的战略目标任务，党中央、国务院、四川省委省政府《关于繁荣社会主义文艺的意见》《关于加快构建现代公共文化服务体系的意见》《关于进一步加强文物工作的指导意见》精神，《川陕革命老区振兴

规划》把绿色发展、红色文化建设列为重点，都为广元文化发展提供了政策保障。市委市政府实施应对有力，出台了《关于推进绿色发展实现绿色崛起建设中国生态康养旅游名市的决定》《关于加快推进文旅兴市的意见》《关于推进文化创意和设计服务与相关产业融合发展专项行动计划》《关于加快构建现代公共文化服务体系的实施意见》等一系列配套办法的落地实施，必将推动广元文化大发展大繁荣。

（二）文化惠民为先

“十三五”是决战脱贫攻坚决胜全面小康的关键时期。中央明确提出“推动革命老区、民族地区、边疆地区、贫困地区公共文化建设实现跨越式发展”“力争在较短时间内使老少边穷地区公共文化服务能力和水平有明显改善”。文化部、国家发展改革委等七部委联合印发了《“十三五”时期贫困地区公共文化服务体系建设规划纲要》，省市相继出台了《文化惠民扶贫方案》，为集中精力解决精神文化小康中的突出矛盾和问题，确保广元与全国全省同步全面建成人民幸福指数大幅攀升、具有丰富文化内涵的小康社会提供了坚实保障。

（三）“双创”成新引擎

文化是最需要创新创意的领域，全面深化改革为文化建设注入了新动力，经济结构转型升级为文化建设提供了新契机，新型城镇化战略给文化建设带来了新课题，高新技术发展为文化建设开辟了新空间。全力推动文化大发展、大繁荣，促进文化事业与产业融合，文化与科技融合，国企与民企融合，线上与线下融合，实体与虚拟融合，传统与现代融合，文态与业态融合，集中与集聚融合，脚下与天下融合，创作与创新融合，已成为文化发展的内在要求和必然趋势，大众创业、万众创新的浪潮为广元文化工作立足实际，展现地方特色，注重社会效益，更好地服务经济社会发展注入了强大动力。

（四）蜀道申遗助力

广元境内的剑门蜀道积淀着3000多年的厚重历史，是我国修凿时间最早、使用时间最长、历史影响最大的古驿道，是蜀道的重要组成部分与精华，是第六批全国重点文物保护单位，2012年蜀道金牛道广元段列入中国世界文化遗产预备名单，2013年蜀道列入国家150处大遗址保护规划。四川蜀道自然文化双遗产申遗，4条古蜀道中广元境内就有3条，以“剑门蜀道”为代表的古蜀道一旦申遗成功，将进一步促进广元历史文化资源的挖掘和利用，为广元乃至四川文化事业发展将产生升级版效应。

三　推进文化发展对策建议

围绕“文旅兴市”发展思路和中国生态康养旅游名市建设目标，充分发挥文化的价值引领和发展支撑作用，大力实施“六大文化发展工程”，激发全社会文化创新创造活力，全面增强全市文化软实力，加快建设川陕甘结合部区域性文化中心，着力打造链接南北文化、展示巴蜀形象的桥头堡。到2020年，广元申报国家历史文化名城、蜀道申报世界自然和文化双遗产取得明显进展；优化城市社区“5分钟文化圈”、农村“5公里文化圈”发展布局，基本建成现代公共文化服务体系；创作各类文艺作品400部，打造2~3个全省知名新型媒体品牌；培育年产值5000万元以上的文化企业10家，文化产业增加值占GDP比重达到5%左右。

（一）以实施乡村振兴战略为突破，加快构建现代公共文化服务体系

深入实施“千村文化扶贫行动”“乡村文化振兴行动”“视听乡村”工程，建成一批幸福美丽新村文化院坝。大力实施公共文化服务体系建设“十大工程”，优化城市社区“5分钟文化圈”、农村“5公里文化圈”发展布局，推进公共文化服务标准化均等化。推进“高清四川、智慧广电”建

设，建设市县乡村应急广播平台，实施广播村村响、电视户户通及中央、省广播电视无线数字覆盖工程，努力实现广播电视全覆盖。深化公共文化法人治理结构改革，落实政府购买公共文化服务政策措施，不断提升公共文化服务效能。广泛开展群众文化活动，不断满足人民群众日益增长的美好生活需要。

（二）以精品生产为突破，推进社会主义文艺繁荣发展

在健全机制、加强扶持、壮大队伍、搭建展示平台基础上，深入开展“深入生活、扎根人民”主题实践活动，依托广元市丰厚的历史文化资源，加强中国梦、党的十九大、改革开放四十周年等重大主题文艺创作，办好《剑门文学》《广元文艺》等本土刊物，定期举办创作研讨和赛事活动，推进《剑门印象》实景剧、《武则天》舞台剧、《妇女独立师》《少年武则天》电影电视剧等特色题材作品创作，努力推出一批思想精深、艺术精湛、制作精良的艺术作品。

（三）以产业园区建设为突破，加快推进文化产业发展

以文化遗产、工业遗产等资源转化为突破，大力推动广元文化创意产业园、影视特色小镇、广元“女皇故里”文化旅游区等项目建设。规划建设三国文化产业园区，加快皇泽寺千佛崖创5A级进程。加快发展文化娱乐、创意设计、广播影视、包装印刷等重点文化产业，命名一批文化产业示范园区（基地），形成一批龙头文化产业企业和知名品牌。力争到2020年，培育年产值5000万元以上文化企业10家左右，文化产业增加值占GDP的5%左右。

（四）以保护传承优秀传统文化为突破，推进文化遗产创造性转化创新性发展

大力推进蜀道申遗、国家历史文化名城申报、传统村落保护等工作。大力实施武则天传承创新工程，推进中国武则天学术研究中心、世界武则天文

化产业园建设，联合高校院所成立四川省武则天研究会和四川省武则天研究中心，将皇泽寺博物馆建成二级博物馆。推进中子铺细石器遗址申报国家考古遗址公园，完成千佛崖摩崖石刻造像保护利用设施项目。加快木门会议会址、寻乐书岩申报国家级文保单位，瓷窑铺遗址等 10 个单位申振省级文保单位。推进川陕苏区红军文化园建设，积极筹建广昭战役、强渡嘉陵江战役纪念馆。实施非遗保护传承利用工程，振兴传统工艺，推进广元文化遗产博览馆建设，打造区域红色文化传承教育中心。实施非遗保护利用工程，振兴传统工艺，推进广元文化遗产博览馆建设。依托文化、文博等单位，大力推进文化创意产品开发，不断扩大“广元造”文化产品市场份额。

（五）以弘扬社会主义核心价值观为引领，汇聚团结奋斗的强大正能量

按照深化党政机构改革总体安排，深化文化市场综合行政执法改革，大力增强文化综合执法能力。深入开展文化市场行政审批规范化建设，加强文化广电新闻出版行业管理，严厉查处各类违法违规行为，全力确保文化安全。大力提升广播电视制播能力，依托“三微一端”推动传统媒体与新兴媒体融合发展，打造一批融媒体平台，讲好广元故事，传播广元声音。深入开展“走转改”和绿色频率、频道创建活动，坚持“三贴近”原则，推出更多生动鲜活专题专栏和公益广告，巩固壮大主流舆论。

（六）以提升文化品牌影响力为目标，加强文化交流合作

立足于擦亮“剑门蜀道、女皇故里”特色品牌，采取政府引导、引进社会合作方式，积极筹办“广元文化艺术节”。抓住国家“一带一路”、四川“一干多支、五区协同”发展机遇，加大城际文化交流合作，与各大中城市缔结“文化关系”，开办“文化论坛”，在蜀道申遗、文化创意、人才培训等领域开展全方位合作。打造文化拳头产品，利用广元驻外招商引资机构，扩大广元文化交流合作和贸易，推动广元文化“走出去”。

参考文献

中共广元市委:《关于推进绿色发展实现绿色崛起建设中国生态康养旅游名市的决定》，广委发〔2017〕2 号，2017 年 1 月 9 日。

中共广元市委:《关于深化供给侧结构性改革加快产业发展的决定》，广委发〔2017〕19 号，2017 年 10 月 30 日。

中共广元市委:《关于全面推动高质量发展的决定》，广委发〔2018〕16 号，2018 年 8 月 13 日。

B.20

建市以来广元旅游发展分析与展望

张 骏 车帮忠 郭志耀*

摘 要： 建市以来，广元旅游产业经历萌芽发展、起步发展、快速发展三个阶段，已经进入黄金发展期。进入“十三五”以后，广元狠抓旅游项目建设，推进旅游产品创新，强化旅游整合营销，加强旅游市场监管，深化管理体制改革，全市旅游产业发展态势良好，呈现“六新”“三突破”“两无”的特点。面对新时代社会主要矛盾的变化和国家、省市对旅游产业发展的更高要求，本文从产业转型升级、旅游整合营销、配套服务体系等方面分析了广元旅游产业发展存在的主要问题，提出了打造丰富的旅游产品体系、开展多样的整合营销活动、提升完善的配套服务设施、构建全面的公共服务体系、培育强大的旅游市场主体等针对性的对策建议，并对广元旅游产业发展前景进行了展望。

关键词： 广元旅游 产业升级 整体营销 配套服务

广元的旅游业伴随着40年改革开放步伐，从无到有，从小到大，从弱到强，继而成为国民经济的重要组成部分。2017年，全市共接待游客4514.47万人次，旅游产业总收入334.56亿元，分别增长19.1%、26.6%，旅游产值规模不断扩大，旅游客源市场结构不断优化，旅游经济质量稳步提

* 张骏、车帮忠、郭志耀，广元市旅游发展委员会。

升，对全市经济社会发展的综合带动作用显著增强，已经成为了广元最具潜力和活力的朝阳产业。

一　发展回顾

广元1985年始建市，所辖县区为原绵阳地区、南充地区所管。旅游发展底子薄、基础差，发展经历了萌芽阶段、起步阶段、快速发展阶段。

（一）萌芽阶段

1985年，广元建市，广元旅游业进入萌芽发展阶段。1988年，设立“广元女儿节”，确定举办时间为每年的9月1日，成为广元市重要地方性品牌节庆活动。1993年，由广元市政府办公厅及市计委联合批文组建成立自筹资金的集体性质旅游企业天马旅行社，广元正式出现了旅游业态。

（二）起步阶段

1994年，广元市旅游事业管理局正式成立，广元旅游进入起步阶段。一是建立了专业管理机构，1994年，广元市人民政府设立了广元市旅游事业管理局，为县级事业机构。2001年，将广元市旅游局列为市政府的直属事业单位。二是编制了行业发展规划。2004年，启动编制《广元市旅游产业发展总体规划》。2005年，完成了《广元市红色旅游总规》《广元市“十一五”旅游产业发展规划纲要》。三是旅游业态逐步丰富。1995年，经四川省旅游涉外饭店星级评定小组检查评定，广元市利州宾馆被批准为二星级旅游涉外饭店，广元有了第一家星级饭店。1998年，新成立国内旅行社3家，审批旅游定点饭店4家，增添旅游定点船舶2艘，旅游定点汽车11辆。2006年，皇泽寺和翠云廊创建为国家4A级旅游景区。2007年，苍溪红军渡、中国·苍溪梨文化博览园创建为国家3A级旅游景区，广元市创建为中国优秀旅游城市。四是建立了统计体系。1998年，广元第一次实行旅游统计，全市共接待国内游客118万人次，国内旅游收入14514万元，接待海外旅游者684人次，旅游创汇12.68万美元（见图1、图2）。之后，每年广元公布相关统计数据。①

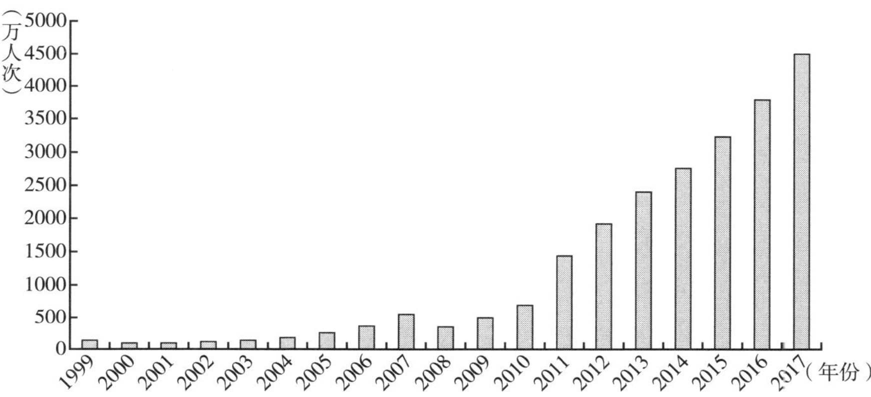

图1　广元市1999～2017年分年度接待游客人次

资料来源：广元市旅游发展委相关统计数据。

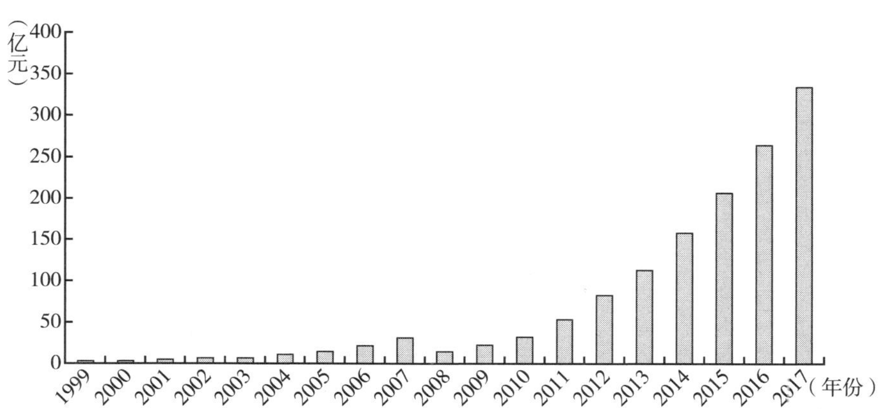

图2　广元市1999～2017年分年度旅游总收入

资料来源：广元市旅游发展委相关统计数据。

① 广元市统计局：1999～2017年《广元市统计公报》［EB/OL］，http：//stats. cngy. gov. cn/News/List/20170925104454471. 2018－04－24。

（三）快速发展阶段

2008 年汶川大地震后，广元借助灾后恢复重建，共投资 17 亿元完成剑门关景区重建等 29 个项目，对后续旅游发展产生深远影响，广元旅游进入快速发展阶段。一是形成了“文旅兴市”的发展共识。2008 年出台了《关于加快恢复振兴旅游业的实施意见》，把旅游产业作为灾后重建的先导产业、动力产业和惠民产业来培育。编制了《广元市汶川地震灾后旅游业恢复重建规划》，指导了灾后恢复重建工作。2013 年，出台了《关于全面加快推进文旅兴市的意见》，全市上下形成“文旅兴市”发展共识。二是旅游产品进一步丰富。2008 年广元市确定旅游重点建设项目 16 个，先后投入建设资金 2.1 亿元，开展 8 个重点旅游景区建设，昭化古城、苍溪红军渡・西武当山成功创建为国家 4A 级旅游景区。2015 年底，剑门蜀道剑门关成功创建国家 5A 级旅游景区，全市国家 A 级旅游景区数量达到 23 个。三是旅游服务体系更加完善。至 2015 年底，全市共有星级饭店 20 家，其中四星级酒店 2 家，三星级酒店 10 家，全市共有旅行社 14 家。形成了以川北古玩城、京东广元馆为代表的一批旅游购物点，国家 5A 级旅游购物点达到 6 个。四是旅游服务质量不断提升。2012 年，广元市创建为四川省旅游标准化示范城市，认真开展学标、贯标、制标、用标工作，编制 8 部旅游服务类地方标准，积极推动创建国家旅游标准化示范城市工作。

二　发展现状

进入“十三五”以后，广元市狠抓旅游项目建设，推进旅游产品创新，强化旅游整合营销，加强旅游市场监管，深化管理体制改革，全市旅游产业发展态势良好，呈现“六新”“三突破”“两无”的特点。

（一）做到“六新”

“六新”分别是产业经济发展速度“新增长”，旅游经济主要指标保持快速增长，连续两年接待游客数量增速保持 15% 以上，旅游业总收入增速保持 25% 以上；产业定位和规划“新高度”，市第七次党代会、市委七届二次全会先后做出建设中国生态康养旅游名市的决定，市委七届五次全会、六次全会、七次全会不断重申发展目标，对旅游业发展提出了更高的要求；项目招商投资“新台阶”，连续两年旅游招商引资签约金额超过 300 亿元，涉旅项目投资超过 50 亿元，成功招引 30 亿元以上重大旅游项目 7 个、5 亿元以上项目 3 个；宣传营销“新形式”，充分发挥旅游新媒体作用，广元旅游官方微信影响力长期位居全国旅游政务微信排名前列，大力开展航线、专列、自驾游专项营销；品牌创建“新成效”，共新创建国家 4A 级旅游景区 5 个，省级旅游度假区 4 个，省级生态旅游示范区 2 个，省级旅游扶贫示范区 3 个，省级乡村旅游强县 2 个。全市国家 4A 级以上旅游景区 20 个，A 级旅游景区达到 40 个；行业管理“新作为”，持续加强旅游环境综合整治和旅游安全生产，常态化开展综合执法检查，持续开展“春季行动”“红盾行动”旅游市场专项整治。

（二）取得“三突破”

“三突破”分别是业态融合取得新突破，持续着力旅游产品创新，相继开发了剑门鸟道、猿猱道、曾家山滑雪场、漫天岭极限滑草、月坝特色小镇等产品，广元旅游产品正从观光型向休闲度假体验型转变；旅游扶贫实现新突破，编制完成《广元市乡村旅游发展规划》和《广元市旅游扶贫行动计划》，建成省级旅游扶贫示范区 3 个，省级旅游扶贫示范村 39 个，培育乡村民宿达标户 352 户；旅游改革取得突破，剑门关景区在新三板成功挂牌上市，广元市文旅集团成功组建，全市所有县区旅游局均改制为旅游发展局，多个县区组建了旅游警察、旅游工商、旅游法院。

（三）实现“两无”

“两无”分别是全市旅游产业无安全责任事故、无重大游客投诉。

三　问题与对策

（一）存在的问题

广元市旅游产业发展虽然成绩喜人，但也存在许多制约性的问题。

一是在产业转型升级方面，存在产业发展的总体水平还不高，质效不明显；旅游景区品质不高，市场吸引力不强；生态康养旅游产品多以观光型为主，休闲度假产品缺乏；旅游产品新业态、新技术应用少、无特色等问题。

二是在整合旅游营销方面，存在核心品牌市场影响力不大；宣传营销活动分散、不聚焦；宣传营销渠道不多、手段方式单一等问题。

三是在配套服务体系方面，存在旅游住宿接待体系不健全、数量不足、质量不高；特色餐饮规模小、知名度低；旅游商品品种少、特色不突出；文化娱乐缺乏主题鲜明的特色展演活动等问题。

四是在公共服务体系方面，存在交通旅游功能不强，交通枢纽没有形成直接到景区的接驳体系；自驾体系不完善，不能实现“落地自驾、异地还车”；旅游信息服务不到位；旅游安全管理有待加强等问题。

五是在旅游市场主体方面，存在旅游企业弱小，市场化程度不高；文化旅游龙头企业作用发挥不明显；支持企业发展政策不配套等问题。

（二）对策建议

1. 打造丰富的旅游产品体系

尽快完成产业布局，按照“一核、一极、两带、四区、五廊”的发展布局，加快市中心城区建设生态康养旅游核心区，以剑门关国家5A级旅游景区为龙头建设剑昭精品旅游区，米仓山建设高端生态康养旅游示范区，昭化古城、唐家河建设国家级旅游度假区，曾家山、天曌山建设国家康养旅游示范基地等工作。加大旅游品牌创建，新建一批国家4A级旅游景区、省级旅游度假区、省级生态旅游示范区。引进共享汽车企业，建设广元自驾游服务体系。推动剑阁、青川、苍溪、旺苍通用机场建设，开发低空旅游产品。在景区建设开发过程中积极应用 AR、VR、水下娱乐、生态环保等新技术。大力发展乡村旅游。培育新兴市场热点。

2. 开展多样的整合营销活动

树立大营销理念，研究把握市场传播和营销规律，借助大视角、大媒体，开展大宣传和精准营销。建立营销品牌体系，市县部门和旅游企业在对外宣传和政务活动中突出“剑门蜀道　女皇故里”“绿色广元　康养名都”核心品牌，各县区在核心品牌之下形成各具特色的县域品牌，形成统分结合的旅游品牌体系。坚持“市县统筹、政企协作、树优品牌、统分结合”的整合营销思路，形成统一营销方案。整合营销渠道平台，继续发挥本地媒体作用，强化与 OTA 门户网站和周边重点客源城市旅行社的合作，扩大广元旅游产品线上线下销售渠道。

3. 建设完善配套服务设施

加快旅游住宿接待体系建设，积极引进国际国内知名品牌酒店投资经营品牌连锁酒店，改造提升一批中高端商务酒店，大力发展农家客栈和特色民宿。培育“广元味道”餐饮品牌，推动县域特色餐饮品牌建设，开展本地菜品、特色风味小吃和“广元七绝”农产品食材的挖掘整理、创新研发。每个县城至少建成或改造提升 1 条特色旅游休闲街区。系统开发旅游商品，加大旅游商品设计、开发力度，举办旅游商品设计大赛和旅游商品展销大会，加快优秀设计成果转化。在有条件的景区开展“小型化、特色化、常态化、市场化”文艺演出活动。加大《蜀道山水情》演艺节目推广力度，形成城区代表性演艺节目。

4. 构建立体公共服务体系

提升旅游交通服务质量，加快形成广元旅游“快进”交通系统。完善信息服务体系，启动广元全城无线网络覆盖工程、广元旅游大数据库建设等智慧旅游基础设施项目，构建全覆盖的无线网络和广元市旅游中央数据库平台。强化旅游安全管理，贯彻《旅游安全管理办法》的规定，明确各相关主管部门的旅游安全监管职责，建设市县景区联动的旅游风险提示系统，多渠道、全方位、及时向游客发布“旅游风险早知道”。完善游客便利服务，依托嘉陵江城区段和南河，建设嘉陵江滨江休闲带、南河滨江休闲带，丰富城区慢行系统。以嘉陵江广元段为中心，串连沿江各县区，打造休闲生活绿道主骨架。加快旅游厕所建设。加大“剑门关金穗旅游年卡”发行力度。在全市所有景区严格落实门票减免的优惠政策。

5. 培育强大的旅游市场主体

培育旅游企业和市场主体，按照“一县区一公司”思路，推动各县区组建县级文化旅游开发公司。持续推动华侨城集团与剑门关风景区开发有限责任公司合作开发工作，尽快实现主板上市。尽快完成市本级文化、旅游、体育、康养等优质资源（资产）注入市文旅集团，做大市文旅集团资本金总量，增强投融资能力。出台旅游招商引资优惠政策，加大土地、税收、规费等方面的减免、补助和奖励力度。强化广元旅游协会机构建设，发挥企业互助纽带作用，为企业发展提供平台。强化行业自律管理，保证旅游企业合法合规经营，共同维护广元旅游形象和行业信誉。

四　发展展望

目前，广元旅游行业正按照市委市政府的要求，切实创新发展思路，转变发展方式，努力实现高质量发展，创建国家全域旅游示范区，打造大蜀道国际旅游目的地，建设中国生态康养旅游名市。

（一）机遇难得

广元旅游产业面临着优异的宏观环境和巨大的发展机遇。一方面，广元作为连接丝绸之路和长江经济带的重要节点城市，在丝绸之路经济带和长江经济带建设中迎来新的发展机遇。党中央、国务院高度重视旅游业发展，出台了系列支持旅游产业发展的政策。[1]“互联网+旅游”智慧旅游时代到来，加速推进旅游业深刻变革。另一方面，广元旅游进入“高铁时代”，西成高铁、兰渝铁路全线通车，广元可2小时到达成都、西安等主要客源城市。广元是国家开展秦巴山区连片扶贫和川陕苏区振兴发展的重点区域，是蜀道列入世界自然与文化遗产预备名录申报区域的核心区。

（二）方向明确

广元旅游产业进一步明确了产业发展思路，市第七次党代会提出了“突出全域旅游带动，建设中国生态康养旅游名市”的目标，市委七届二次全会做出了《关于推动绿色发展实现绿色崛起建设中国生态康养旅游名市的决定》[2]，编制了《广元市“十三五”文化旅游业发展规划》，规划实施“全域资源、资金平台、产品打造、运营管理、品牌营销”五大统筹，按照“一核、一极、两带、四区、五廊”发展格局，发展“康养旅游业、绿色农业、生态工业、健康服务业、文化创意产业”五大特色产业，打造“森林康养、温泉康养、中医药康养、文化康养、健身休闲康养”五大康养旅游产品，构建“科学规划、环境资源保护、全域旅游目的地、特色产业、配套服务、发展动能”七大体系。

（三）目标清晰

通过发展生态康养旅游产业，到2020年，广元市争创全国文明城市，建成大蜀道国际旅游目的地、国家全域旅游示范区、中国生态康养旅游名市、国家生态文明先行示范（试验）区、国家园林城市和国家历史文化名城。全市森林覆盖率达到56%以上，空气优良天数比例保持在95%以上，

① 国务院办公厅：《关于促进全域旅游发展的指导意见》［EB/OL］，http：//www.cnta. gov.cn/zwgk/tzggnew/201803/t20180322_ 861199. shtml. 2018-04-24。

② 《中共广元市委关于推进绿色发展实现绿色崛起建设中国生态康养旅游名市的决定》［EB/OL］，http：//www.cngy.gov.cn/artic/show/20170118083127565.html. 2018-04-24。

地表水出境断面水质稳定在Ⅱ类标准以上。全市游客接待量超过6000万人次，旅游总收入达到600亿元，人均旅游消费达到1000元，旅游业增加值占GDP比重达到12%～15%。旅游直接就业人数达到15万人，城乡居民人均年出游率达到5次。旅游业成为广元国民经济的战略性支柱产业，不断满足人民群众美好生活需要的现代服务业。

参考文献

广元市地方志编纂委员会：《广元县志》，1994，第34～36页。

广元市统计局：《1999～2017年广元市统计公报》，http://stats.cngy.gov.cn/News/List/20170925104454471.2018-04-24。

中华人民共和国文化和旅游部：《以习近平新时代中国特色社会主义思想为指导 奋力迈向我国优质旅游发展新时代》，http://www.cnta.gov.cn/ztwz/dxtwzcf/qglygzhy/hydt/201801/t20180110_853081.shtml.2018-04-24。

国务院办公厅：《关于促进全域旅游发展的指导意见》，http://www.cnta.gov.cn/zwgk/tzggnew/201803/t20180322_861199.shtml.2018-04-24。

中共广元市委：《关于推进绿色发展实现绿色崛起建设中国生态康养旅游名市的决定》，http://www.cngy.gov.cn/artic/show/20170118083127565.html.2018-04-24。

B.21
剑门蜀道在蜀道申遗中的地位与对策分析

向志纯　付 尹*

摘　要： 剑门蜀道在古蜀道中保存最为完好，是蜀道发展变迁的活化石，更是蜀道“自然文化双遗产”申遗的核心区域。古蜀道有4条线路，其中金牛道、米仓道、阴平道在广元境内，三条重叠交集之道就是剑门蜀道。由于成道时间更早，历史更为悠久，因此具有重要的文化研究与传承价值。立足保护与申遗中存在的问题，积极针对性地研究解决，蜀道申遗的成功率将大大提升。

关键词： 剑门蜀道　蜀道申遗　文化价值

“蜀道难，难于上青天。”自李白名作《蜀道难》问世之后，蜀道便广泛流传，蜀道难更深入人心。唐人诗句多提到“蜀道”，应与长安上层社会高官逸士对“自蜀至京”“自蜀至京师”“自蜀至长安”道路艰险的熟悉有关。李白更是因一首《蜀道难》号为“谪仙”，而“称誉光赫”。“蜀道”通常是指川陕之间的道路。正在申遗的蜀道，指的是从成都到西安的古道，专指翻秦岭过巴山、连接陕西西安和四川成都的道路，由关中通往汉中的褒斜道、子午道、陈仓道、傥骆道，由甘肃陇南到四川青川的阴平道，由汉中通往四川的金牛道、米仓道、荔枝道等组成。

---

* 向志纯，中共广元市委宣传部，广元市社科联；付尹，广元市哲学学会。

一　蜀道申遗中的核心区域——剑门蜀道

2015 年初，四川省正式将古蜀道申报联合国教科文组织世界自然与文化遗产双遗产，并将名称统一为“蜀道世界自然与文化遗产”。项目初步确定申报区域面积 3700 多平方公里，其中 2000 多平方公里在广元市境内。

（一）古蜀道的地位与作用

古蜀道历史悠久，至少已有 3000 多年的历史，是保存至今人类最早的大型交通遗存之一，比古罗马大道的历史更为悠久。从现代地理区划看，古蜀道沿线涉及成都、广元、绵阳、德阳、南充、巴中、达州、阆中、西安、宝鸡、汉中、安康、陇南等川陕甘三省的多个城市。有专家指出：古蜀道不仅是中国唯一，也是世界唯一。

“栈阁北来连陇蜀”的诗句真实记录了古代蜀地陆路交通的景象。蜀道作为我国历史上沟通西北与西南地区的交通主网络，沿线不仅有奇险栈道著称于世，其丰富的历史文化遗存、奇特的自然景观及珍稀野生动、植物资源一直为海内外游客所向往，独特的古蜀民俗文化也独具特色。

战国秦汉时期已经形成的蜀道，使关中平原和四川平原相互联系，并在相当长时期将中国西部的文化优势和经济强势显现出来。这种影响正是通过“蜀道”实现的，甚至可以这样说，没有“蜀道”“与秦塞通人烟”，就没有华夏统一，更没有中原与蜀地经济的交往、文化的融合。

（二）古蜀道中的剑门蜀道

广元境内的剑门蜀道以剑州古城为中心，是古蜀道保存至今最为原始、最为完整、最具传承特征的一段蜀道线路。蜀道研究与蜀道申遗，都离不开剑门蜀道。剑门蜀道开创于西周，使用至清末，延用至 1935 年，至今民间尚在使用，是古长安通往四川成都的陆上交通要道。

剑门蜀道沿线古迹众多，皇泽寺、千佛崖等都是全国重点文物保护单位；自然风光旖旎，美景密布，翠云廊古柏三百里，明月峡“飞梁架绝岭”。数百里剑门蜀道上峰峦叠嶂、峭壁摩云、雄奇险峻、壮丽多姿，构成了川陕交通线上一道亮丽的风景线。

剑门关是剑门蜀道的核心，位于四川省剑阁县城南 15 公里处，地处四川盆地北部边缘断褶带，大、小剑山中断处，两旁断崖峭壁峰峦似剑，两壁对峙如门故称“剑门”。剑门关是我国最著名的天然关隘之一，享有“剑门天下险”“天下第一关”“蜀之门户”之美誉。金牛道、米仓道、阴平道在这里交叉汇集；蜀魏之战、隋唐分裂混战、南宋抗金抗元、红四方面军长征攻关，剑门关始终是兵家必争之地，其自然价值与文化价值，在整个蜀道中最具代表性，堪称蜀道文化中的精髓。三国蜀汉丞相诸葛亮在此地修筑栈道 30 里设关守卫，称为“剑阁”。《蜀道难》中“剑阁峥嵘而崔嵬，一夫当关，万夫莫开”的赞誉更让剑门关名扬海内。1982 年，剑门关被国务院列为首批国家重点风景名胜区，2010 年 9 月被评为国家 4A 级风景区，2015 年被评为国家 5A 级风景区。

（三）剑门蜀道在蜀道申遗中的价值简析

蜀道申报世界文化和自然遗产，其文化价值和自然价值十分突出。剑门蜀道作为古蜀道中保存最为原始、最为完整、最具传承特征的一段蜀道线路，其价值不言而喻。剑门蜀道是一部承载 3000 多年的经典史书，它记载了 3000 多年的交通史、军事史、科技史、生态史、发展史，也记载了蜀地人民的奋斗史、创造史、苦难史、血泪史，融合成无数个朝代千秋伟业、兴衰成败、交替更迭、悲欢离合的历史。

1. 线路文化价值

纵观整个蜀道，至今保存最为完整完善的古蜀道遗存遗址包括金牛道、米仓道、阴平道，3 条古蜀道重叠交集于剑门蜀道。原始的鸟道，雏形的蜀道，早期的栈道，成型的关楼，成熟的驿道，古代蜀道交通的各个要素都可以在剑门蜀道中找到原始痕迹。距离剑门关不远的拦马墙，虽经历史沧桑风雨浸泡，石栈道上马蹄长年累月踏下的深深痕迹仍清晰可见，展示着古老蜀道的原貌。剑门关北 40 公里处千佛崖脚下，当人们重修老 108 国道时发现，路下面竟然是石板铺就的道路。经专家论证，这条石板路就是当年的官道金牛道的遗存。北上 30 公里的明月峡，陡峭的石壁上留下了大量凿孔，这是古代木栈道的遗迹。走在复原的木栈道上，可以想象蜀人祖先的聪明智慧和创造力在这里得到了充分的展示。金牛道沿线保存完整的道、铺、驿、亭、拦马墙、栈道等古设施，至今仍方便着沿线的人们出行。

剑门蜀道的修筑在世界筑路史上可谓是壮举。蜀道未修筑之前，巴蜀先民的出行，靠的是地质构造形成的山势层理，从采药开始，踏出了蜀中通往外界的“药道”（或称之“鸟道”）。从明月峡考古发现来看，随着航运的开通，采药人走的“药道”，逐渐演变成了纤夫拉纤的“纤夫道”，成为蜀地通往外界又一重要通道。东周时期，随着秦国的崛起，蜀地与秦之间的往来逐渐频繁，蜀道的修建开始了。这项工程共分两步，第一步先打通秦岭，秦国人兴修水利，开山筑路，顺着河道沟谷，先后有了 4 条官道，分别是陈仓道、褒斜道、傥骆道、子午道，最终汇集汉中，这样一来，古代长安城与汉中平原之间的阻隔秦岭被打通。接下来就是修建蜀道，特别是剑门蜀道。汉中以南全是崇山峻岭，被龙门山、米仓山、大巴山所阻，且地质结构非常复杂。在反复的对比中，巴蜀先民选择了沿嘉陵江南北方向修路，避开了龙门山地震断裂带的威胁和米仓山的陡峭，利用嘉陵江两岸山体的地势，越险山，跨江河，建成了金牛道。而凌空架起的栈道，是蜀道中最具代表性的工程，没有高超的智慧，没有精湛的工艺，没有惊人的胆量和勇气，是无法完成这一举世罕见的工程的。金牛道形成后，因为战争和通商的需求，又有了陕西、甘肃通往四川的米仓道、荔枝道、阴平道。其中，米仓道、阴平道在广元境内，蜀地通往中原更加方便。

2. 自然文化价值

剑门蜀道上的剑门关，正式立关在三国时期，现在的关楼是“5・12”汶川地震后在明代关楼原址恢复重建的。《华阳国志・汉中志》记载：“（汉德县）有剑阁道三十里，至险，有阁尉，桑下兵民也。”《舆地广记》：“蜀汉丞相亮，以大剑至小剑，当险束之路，乃立剑门，以阁道三十里尤险，复置尉守之。”《剑门关志》载：“（诸葛亮）乃筑大剑至小剑三十里阁道，以便往来，并置阁尉，率山民巡守，又就近设汉德县以理之，是为剑门建置之始。”据此推算，剑门关设立和剑阁道开辟至今已 1700 多年。

剑门关所处的大小剑山地形地貌复杂，72 峰山势独特险峻，峰峰似剑直插云霄。《大清一统志・古迹》载：“梁时于此置大剑戍，其山峭壁千尺，下瞰绝涧，飞阁以通行旅。”同治《剑州志・山川》：“大剑山在州北七十里，峭壁中断，两崖倚天如剑锋。

剑门关的生态环境堪称一绝，特殊的地理造就了独特的气候，形成了剑门细雨、剑门云海、剑门夕照、剑门雪景等诗意的美景，让游人留连往返。剑门关的翠云廊是当今世界行道树中“树龄最古老、数量最多、生长最集中、树种最珍稀、保存最完整、保护制度最健全”的生态文化长廊，号称“三百里程十万树”。翠云廊由 8000 余株千年古柏群组成的绿色长廊，融历史的古老性、线路的多样性、形态的独特性、功能的多元性、内涵的丰富性、保护的完整性于一体。大多数树龄在 400 到 2000 余年之间，各种树木是研究柏木生长、保护、培育的天然植物园和自然博物馆。景区内的“松柏长青”树，因杆似松、枝叶似柏，被列为国家一级保护树种。

同属于剑门蜀道的唐家河国家自然保护区、米仓山国家自然保护区、苍王峡地质生态风景区、南河国家湿地公园、昭化柏林沟国家湿地公园、水磨沟省级自然保护区、曾家山风景区，与剑门关一起构成了剑门蜀道上的自然生态群落。

3. 精神文化价值

剑门蜀道的文化资源也很富庶，它是中国古道文化的集中展现地，是三国历史文化的核心走廊，又是中国唯一女皇帝武则天的出生地，也是红四方面军长征战略集结地和战略出发地、川陕苏区西线主战场，因此它的文化主要集中在三国文化、抗金抗元文化、特色女性文化、红色文化和川北民俗文化等方面。这些文化依附于剑门蜀道的发展变迁而不断变化，不同的历史文化内容反映出不同时代的特征。剑门关两千多年来就是兵家必争之地，而无有能攻克者。三国时的钟会十万大军，也只能在关下望关兴叹。抗战时期，红军攻克剑门关，没有从正面进攻，而是迂回从背面进攻，创造了攻克剑门关的先例和奇迹。对比之中，一是反衬出蜀道之艰险，同时更充分展示红军的智慧与勇敢及作战水平。

二　剑门蜀道与四川省世遗地文化优势对比

目前四川省共有 5 个世遗保护地，分别是九寨黄龙风景区、大熊猫栖息地、峨眉山—乐山风景名胜区、青城山和都江堰。其中，九寨黄龙、大熊猫栖息地作为自然遗产列入《世界遗产目录》，青城山和都江堰作为文化遗产列入《世界遗产目录》，而峨眉山—乐山风景名胜区是作为自然文化双遗产列入《世界遗产目录》。除四川峨眉山—乐山风景名胜区外，我国还有 3 个世界自然文化双遗产（山东泰山、安徽黄山、福建武夷山）。如果蜀道“双遗产”申遗成功，我国世遗“双遗产”将增至 5 个，四川也将因一省两双独占花魁。

四川省内的 5 个世界遗产自然文化保护地，其自然风光、文化特征各具特色，独步天下。峨嵋山—乐山风景区以佛教文化为主，自然特征体现在秀上；青城山、都江堰以道教文化、古代科技文化成果为主，山势自然特征体现在幽上；大熊猫栖息地以世界珍稀动物大熊猫为主，自然环境特征表现在原生态上；九寨黄龙以独特的地质地貌称奇，自然环境以湖、溪、潭、泊为主。几个世遗地旅游特点突出，亮点也很鲜明，但与剑门蜀道风景区相比品种较为单一。位于广元的剑门蜀道因旅游资源更为丰富，文化元素更为多样，具有明显的开发潜力和优势。

（一）文化资源富集

古城、古镇、古村、古街、古道、古关等历史悠久又充满人文情怀的旅游资源越来越受到重视，“六古”旅游的可持续发展目前已成为全国旅游界共同关注的课题。世界旅游城市联合会专家委员会主任、中国旅游协会休闲度假分会秘书长魏小安在广元实地考察后，将“六古”扩至为“十古”，他指出：广元“古城古镇古村落，古关古道古街区，古树古崖古驿馆古渡口”全国独一份，十古旅游，广元独有，精耕细作，前景广阔。这意味着广元旅游资源更加丰富更加集中。与河南洛阳古城、浙江南浔古镇、安徽宏村、福建福州三坊七巷、河北秦皇岛、山海关等著名“六古”旅游目的地相比，广元是集大成者，而且广具知名度，有史有迹，眼能看之，手能触之。

剑门蜀道上拥有众多体现不同历史时期文化特征的遗存：有反映商周时期的古城遗址；有反映战国时期木牍文化的青川古墓群；有表现2244年连续建县史的昭化古城；有显示三国文化特征的剑门关；有留存千年、纪念女皇武则天的皇泽寺；有见证南宋抗金抗元遗址的古关隘；有保护完好的川陕革命根据地后期政治军事经济文化中心旺苍红军城，等等。

这种富集体现在多元文化的交融上。以线路文化为例，仅朝天明月峡，就集纤夫道、栈道、水道、铁道、公路、高速公路、高铁为一身，集中展示了中国交通道路的发展史，被称为活的交通博物馆。另外，不同的宗教文化在这里都有展示，并和谐相融反映佛教、道教、天主教的摩崖造像、寺庙、道观、教堂分布于广元市境内。地域性文化不仅继承了中华民族文化的优秀品质，而且彰显个性。传承于广元女儿“游河湾”习俗形成的每年凤舟赛，反映了广元女儿勇敢拼搏精神，已经成为四川省非物质文化遗产的广元女儿节，更是集广元地域女性文化的集大成者。

（二）旅游题材稀缺

剑门蜀道自然文化旅游价值，可以从专家的论证中得到明确答案。在经过科学考察的基础上，2009年7月28日，郑孝燮、罗哲文、阮仪三、刘魁立、谢凝高、舒乙、葛剑雄、郑时龄、王景惠9位专家联合发出《关于中国蜀道文化线路整体保护及联合申遗的公开信》。2010年6月，全国政协文史和学习委员会进行了先期调研；自2011年9月3日起，由全国政协副主席张梅颖带队，60余位全国政协委员和相关领域的专家在川陕两省进行了为期9天的专题调研。

全国政协委员、国家文物局原副局长张柏提出：“按照一般的说法，蜀

道远在春秋战国之前就应该已经存在，至今已有3000多年历史，比古罗马大道的历史更为悠久。这不仅在《尚书》《史记》等古代文献中有迹可寻，更有大量的考古学证据来佐证。”陕西省文物保护研究院研究员赵静认为，蜀道起点在陕西关中平原的长安（西安），终点在四川成都，全长约4000公里，是中国古代建造时间最早、存在年代最久、沿用时间最长、线路最艰险复杂的古交通要道。全国政协委员、中国文化遗产研究院原院长张廷皓对蜀道的总结颇有诗意：“蜀道翻越秦岭，其道路工程体系的特点在乎山水之间，优点在乎天人之间。道路循水而行，实现了翻越高山的工程意图。随形就势，这是先民筑路的智慧。如遇不可攀援的巉岩绝壁，修筑栈道也要与你比肩，这是先民筑路的气魄。”

蜀道并非仅仅只是一条道，它更是一条文化线路。作为联系我国政治中心与经济物产地区的纽带，蜀道具备了多样的功能和特性，在交通、军事、经济、政治、文化、宗教等方面发挥了重要的作用。首先地势的险峻决定了蜀道的交通、军事的作用，而道路的开通直接带来了经济、政治、文化、宗教等多种文化特性，这些功能与特性相互交融、密切关联。

蜀道所处的地域，在地理环境、气候条件、生物资源和时代特征、民族文化等方面都具有多样性，因而形成文化遗产的多样性。全国政协委员、国家文物局原局长、故宫博物院院长单霁翔认为：“蜀道文化线路由文化遗产与自然遗产、静态遗产与动态遗产、可移动文化遗产与不可移动文化遗产、古代文化遗产与近现代文化遗产、物质文化遗产与非物质文化遗产等多样性要素共同构成。”

“一条蜀道犹如一部中国的历史”，全国政协委员、中国社会科学院学部委员刘庆柱说，“蜀道的意义是世界性的，蜀道理应成为名副其实的世界文化遗产！”

三　剑门蜀道配合蜀道申遗存在的问题

联合国教科文组织遗产委员会的世界文化遗产名录包括六项标准：

代表人类创造智慧的杰作；在建筑、文物等方面展现人类价值观念在一定时期的重要交流；能为现存或已消失的一项文化传统提供唯一或独特的证据；一种建筑物、建筑风格能展示人类历史重要发展时期；是一种传承人类具有土地利用或海洋开发的典范，代表了一种或多种文化等相互作用；与具有特殊、普遍意义的事件等存在直接或实质的联系。符合其中的一项或几项，方可获批。目前来看，剑门蜀道的保护和开发还存在一系列的问题。

（一）保护性破坏依然存在

由于沿线各部门对文化遗产的认知尚有偏差，蜀道的真实性和完整性仍在被侵蚀。仿古的小径袅袅绕绕地延伸到剑门关下，而真正的蜀道却湮没在荒草中，没有任何标识，距关口不远处竟建了休闲广场。“剑门关以险峻著称，怎会是如此休闲之态?”北京大学考古文博学院孙华副院长对此提出批评。

（二）过度性开发时有发生

与“保护性破坏”造成不良影响一样严重的，是不负责任的过度旅游开发行为。一些历史建筑年久失修，一些文物遗址被不合理占压，一些古道遗址被现代道路所取代，亟待抢救保护。在部分地区，假古董就可以成为遗产构成的观念根深蒂固，很多专家在考察了剑门蜀道时，感觉“假的比真的多”。同时，随着跨地域的交通道路、市政管网、水利工程等基础设施建设，蜀道文化线路被切割得四分五裂，整体性保护受到挑战。另一方面，区域范围内电力、通讯、天然气管道的建设，以及工业生产、农业灌溉、林木种植、矿业开采等，都经常出现对蜀道文化线路造成破坏的现象。

中国大运河申遗国家专家组专家、中国文化遗产研究院原院长张廷皓呼吁：“蜀道奇迹已经相当不完整，有些地点已经很不真实了，存亡续绝是我们的使命!”

四　蜀道申遗的广元对策

借鉴申请世界遗产的其他地区的经验和教训，我们认为应该从立法的角度对蜀道的自然文化价值进行保护，例如确定蜀道保护区和缓冲区的范围，政府应当出台系列的法规条例，达到联合国教科文组织的相关要求。管理制度上，应当启动蜀道保护管理研究项目，鼓励秦巴山区相关区域广泛参与管理规划的制定，系统保护蜀道的自然和历史文化资源。在机构建设方面，可以考虑从省层面联合陕西相关部门联合成立“蜀道申遗工作小组”，并通过协调，进一步建立蜀道管理委员会，促进蜀道的保护和相关法律执行。

申遗只是过程，保护才是目的。需要以高度的文化自觉和文化自信推动蜀道“双遗产”保护与申遗工作，把实现人与自然、经济与社会和谐发展作为蜀道保护与申遗工作的重要理念。全国政协组织的专家组在考察调研剑门蜀道后形成的《广元共识》强调，要正确处理好蜀道保护、传承、发展与申遗的关系，把抢救和保护始终放在第一位，申遗是为了更好的保护，保护是为了更好的传承和发展。

（一）对蜀道进行一次全面的文物普查

蜀道到底起源于何时众说不一，有的说2300多年前，有的说2700多年前，而昭化西周古城墙遗址的发现，把蜀道的历史上推到3000多年前。作为我国古代道路交通筑造工程的技术精华，蜀道是一个完整的道路系统。古蜀道是古代一项伟大的“国家工程”，不仅创造了我国古代交通史上的奇迹，也是一条政治、经济、文化的交流要道。以蜀道为中心延伸出的各种历史遗迹还需要发掘整理，包括驿站、关隘、城镇、乡村、建筑等所有与蜀道相关的遗迹、遗址，这些点、线、面共同构成了文化遗产廊道——蜀道文化线路，通过全面普查，逐渐形成以剑门蜀道为主要内容，完善、规范、系统的《蜀道及沿线文化遗产图录》。

（二）对重点文物加强考证研究

近期考古发现，史前时期陕西与四川之间就有文化交流。在新石器时代，汉中盆地的宝山遗址与广元的中子铺遗址、绵阳的边堆山遗址、成都平原的宝墩古城遗址等拥有相同的文化因素，这些都是考古发掘研究的成果。奥地利考古学家1993年曾在古埃及女性木乃伊头发中发现产自蜀地的丝绸。这是否说明，早在5000年前，蜀道就能通达西方世界？剑阁古驿道中，一面紧靠山崖另一面用巨大的青石垒成约1米高的石墙，古称“拦马墙”，相传是古代的“高速公路”，但建于何时却没有明确的史料记载。像这类重点文物遗迹，就需要专家通过考古等多种手段，考证石板的年代、确定道路的年代，体现文物的价值。

（三）对现存蜀道遗址进行抢救性保护

蜀道上有很多关隘仅留名字却不见踪影，如葭萌关、白水关、朝天关等。蜀道由关中通往汉中的褒斜道、子午道、陈仓道、傥骆道，今天几乎找不到完整的遗存。而剑门蜀道至今还保留着原有的自然文化风貌，唯其珍贵，越要珍惜。加强对剑门蜀道等重点历史文物古迹的抢救性保护，是当前申遗工作最为重要的环节，需要花心思、花力气努力工作，不断加以完善。

参考文献

王蓬：《中国蜀道》，中国旅游出版社，2008。

李龙：《十年来蜀道研究综述（2004－2014）》，《成都师范学院学报》2016年第2期。

刘艳伟：《三十年来蜀道研究综述》，《重庆交通大学学报（社会科学版）》2012年第6期。

蒋强、贺雅文等：《秦巴山区蜀道申遗的自然资源管理制度研究》，《国土资源科技管理》2016年第6期。

B.22
广元女儿节文化特征与发展方向研究

付 尹*

摘 要： 已经举办了30届的广元女儿节是广元特有的传统节日，是为中国唯一女皇帝武则天出生广元而设。但各界对以纪念武则天为主的广元女儿节表现的文化特征却有不同认定，出现了有争议的武则天文化现象。有女皇文化之说，有武则天文化之说，有特色女性文化之说，有区域女性文化之说，有凤文化之说，文化特征表述繁杂多变，影响了女儿节的文化定位与文化定性发展，广元女儿节的功能受到限制，没有让广元女儿节应有的文化价值得到正确的发挥。在“武则天名人文化”视野下，本文就广元女儿节的文化特征做了梳理分析，阐明广元女儿节的文化特征就是“中华女儿文化”之体现，进而确立以“武则天名人文化”为背景的“女儿文化”之说。然后分析论证建立在“女儿文化”基础上的广元女儿节的全国性、世界性文化意义与价值，及广元女儿节的发展定位与发展方向。

关键词： 广元女儿节 文化特征 女儿文化

一 广元女儿节文化特征

（一）武则天与广元

2017年7月，四川省正式把武则天列为首批四川历史名人之一，2018

* 付尹，广元市哲学学会。

年3月2日，《四川日报》在“天府周末版”推出了李瑾研究武则天的文章《武则天：无字碑无言胜有言》，再一次把人们的视野聚焦在武则天身上，再一次引发人们对武则天文化现象的思考。特别是广元市，一直以武则天出生在广元为荣，一直在以女儿节的形式纪念武则天，一直在探讨武则天文化的定义与性质，一直在以武则天为代表的广元独有的特色女性文化为荣。

武则天出生地历来有争议，有出生山西文水说，有出生长安说，有出生广元说，但最具代表性，最有说服力，而且社会认同度高的就是郭沫若先生的出生广元说。其观点和论述则是发表在1961年5月28日《光明日报》二版上并为全国历史学者所熟悉的《武则天生在广元的根据》。其实，郭沫若先生对武则天出生广元的认定阐述还不止这篇公开发表的学术论文。由人民文学出版社出版的郭沫若剧本《武则天》的附录中，还有4处武则天出生广元的论述。

武则天出生地目前虽还有争议，但出生广元之说认同度比较高。除了离武则天时代仅百年的李义山诗、200多年后的广政碑与武则天塑像，加上从后蜀沿用至今的则天乡、则天坝地名与游河湾习俗，武则天出生广元之说还真不是空穴来风。不过不管怎么争论，有一点都不能否认，那就是武则天童年的确在广元生活过，按中国传统的习俗文化，广元就是武则天的故里之一，不必为此纠结。

（二）广元女儿节与武则天

1. 广元女儿节文化溯源

相传，因武则天出生是因其母杨夫人坐船游览嘉陵江叫江潭处时“感孕金轮”，然后生下了武则天，那天正好是农历正月二十三。于是，广元民间就留下了“正月二十三、妇女游河湾”祈求祥瑞的民间习俗。武则天走出广元后，靠自己的努力奋斗成为千古一帝，长了广元女儿志气，让广元人民为之自豪。于是，把西山下的西龛寺改名为皇泽寺，塑起了武则天的尊容；把其父武士彟练兵之处称为则天坝；开始在感孕金轮处划船比赛，享受勇敢者逆流而上的感觉……纪念武则天的文化在广元丰富多彩，本就是武则天出生在广元的最好说明。1988 年，广元市人大决定恢复广元特有的这一民间节日，将每年 9 月 1 日定名为女儿节，以传承武则天的文化精神。

截至 2018 年，广元女儿节已连续成功举办了 30 届。2011 年广元女儿节被列入四川省非物质文化遗产名录，2012 年被人民网评为全国“最受关注十大节庆”之一。重要的是，2011 年以后，广元女儿节有了突破性发展，主办单位除了广元市委、市政府外，中国妇女发展基金会、中国妇女报、四川省妇联、四川电视台也加入了主办单位的行列之中，着眼点放宽到展示中华女性文化的大背景中，发展前景看好。

2. 武则天文化精神概述

让广元女儿节走得更远、更好，就必须以广元市委七届七次全会明确提出的“武则天名人文化”为前提，对广元女儿节要传承武则天的什么文化精神有个清醒的认识。要有清醒认识，前提是怎样看待武则天功过。她给自己留下的是无字碑，历史留下的又多是贬比褒多，这就需要我们站在历史唯物主义来正确看待武则天。

郭沫若有这样的评价：“政启开元，治宏贞观”“芳流剑阁，光被利州”，宋庆龄的评价是：“武则天是中国历史上唯一的女皇帝，封建时代杰出的女政治家”，鲁迅先生的评价是：“武则天做了皇帝，谁敢说男尊女卑?”

正史、野史、影视对武则天的评价多有贬意，说她出身低微，说她为了自己的地位与野心，心狠凶残，不惜杀母、杀姐，连自己的亲生骨肉也不放过，生活奢侈放纵，重用酷吏，开创了“男宠时代”等等。如果站在历代封建皇帝的角度来看，武则天为了巩固专治统治，比起明朝东厂西厂的特务统治，施政就宽容得多了；比起男皇帝的三宫六院、后宫佳丽三千，几个男宠算得了什么，站在男权思维的角度看武则天，武则天几乎什么都不是。站在历史的全方位角度，站在历史文明进步的角度，武则天就是中国女性第一人。武则天身上体现的自信、自强、自立、志向坚定、聪明智慧、不甘人后，不屈不挠、敢于追求、敢为天下先的精神在中国封建社会大长了女性的志气不说，今天她身上的那种精神也是当代中国女性，特别是青年女性值得学习的榜样。

二　广元女儿节文化发展方向

（一）武则天名人文化现象中的问题分析

广元女儿节一经确立，基本上就把武则天名人文化定义为“女皇文化”，想打响这张文化品牌。虽说这一观点至今还有人坚持，可30年过去了，后面推出的蜀道文化、三国文化、红色文化可以说已经开花结果散叶了，独有女皇文化步履艰难，至今争议仍大。

问题的症结在哪里？我们应该从“女皇文化”这一提法本身去找问题，什么是“女皇文化”？恐怕到目前还没有人对其文化的性质、特征、载体、内涵、外延有个完整的阐释，有个科学的定义。可不可以这样说，我们现在看见的“女皇文化”，只有形而无身，看得见摸不着，雾里看花。也就是说拿着个半生不熟的山芋让人啃，结果呢，只能涩口。如果对“女皇文化”多问几个为什么，也就可以看出“女皇文化”的提法先天不足。

武则天出生在广元不假，不过在广元的期间，她只是一个孩童。如果“女皇文化”客观存在，也只能是她做了皇帝之后的产物，而不是因为武则天出生在广元所以就有了“女皇文化”。我们可以为武则天作为广元出生的杰出女性而骄傲而纪念，但不能把女皇的出生当成“女皇文化”的出生，两者毕竟是不同的概念。所以说一提出生地就提“女皇文化”，相提并论，未免牵强附会了。

再看究竟什么是“女皇文化”。笔者查阅了许多资料，未见一个定性的解释。广元地方网站上有这样的介绍：“广元是中国历史上唯一的女皇帝武则天的出生地。女皇故里文化是广元独特的地方民俗民间传统文化。”“以纪念武则天为核心，广元保留了延续近1000年的‘正月二十三、妇女游河湾’，即女儿节习俗，形成了独特的地方女性特色文化景观。”“近年来，广元正着手打造女皇文化品牌，皇泽寺三重大殿、武氏家庙、楼台水榭已经恢复，武则天陈列馆、则天雕塑群、唐文化长廊、则天书画院、唐文化一条街

等文化景观正在加紧建设，女皇纪祀活动也正在规划中。工程完工后，皇泽寺将成为全面反映武则天生平、展现大唐盛世与武则天关系等最具特色的女皇文化品牌和最佳文化旅游观光区。”

在上面的表述中，既看不出“女皇文化”的内涵是什么，也看不出它的外延特征。“女皇故里文化”“地方女性特色文化景观”似乎与“女皇文化”有概念上的不同。关于建纪念馆、雕塑群、唐文化一条街等，那也只能说是纪念文化，并非“女皇文化”本身所要阐释的文化本质。

如果论其本质，“女皇文化”实质上属于封建社会的“皇权文化”，而不是独立存在的“女皇文化”。什么是“皇权文化”？从历史唯物主义角度看，中国封建社会的根本特征是皇权制度，皇权统摄一切。在封建时代，皇权对社会物质生活和精神生活达到了高度垄断，皇权专制不仅仅是观念形态的东西，更是一套完整的、系统的制度结构。这个结构在两千年的历史演变中核心部分从未得到动摇。纵观武则天时代的政治制度与其统治行为，其本质和历代皇帝没有什么区别。采取点开明政策，无非是巩固统治地位的需要，这与历代所谓“圣君”“开明皇帝”开国之举并没两样，最终还是未能让其封建统治延续长久，哪能谈得上“弘扬”呢？再说，武则天当皇帝，前后不过二十多年，在历史的长河中只不过是昙花一现的偶然现象，并未带来女性当政的可持续性的规律，也就是说，毫无文化的传承性、延续性、持久性规律，哪来的“女皇文化”特征呢？

“女皇文化”能不能代表先进文化方向？中国共产党浴血奋斗近百年，无数英烈抛头颅，洒热血，前仆后继，为的就是推翻封建王朝的专制统治，为什么今天反而把已被成功否定了的东西又让它死灰复燃？中国共产党才代表着最先进的文化方向，“女皇文化”也好，“帝王文化”也好，决不是先进文化的方向，即使“女皇”沾上了什么文化的边，要知道，为皇帝唱颂歌，就是歌颂封建帝制、封建伦理观，歌颂封建专制独裁这是逆时代而行。从横向来看，日本有天皇，他们就没提什么“天皇文化”；英国有女王，荷兰有女王，可他们没提倡“女王文化”。为什么？因为和封建“皇权文化”一样，它的本质是阻碍生产力的发展。

事实上，坚持“女皇文化”是没有市场的。2010 年，有关部门出面请来各级专家召开了一个女皇文化研讨会，让人奇怪的是，专家都避开了“女皇文化”而谈“女性文化”，前边无非是加了“区域性”或“地方性”等限制语。再一个事例，就是 2016 年底，《浙江日报》为纪念浙广合作要发一个宣传广元的专刊，有关部门又送去了有关“女皇文化”的介绍。没想到的是，专刊出来后，关于“女皇文化”的部分被删去了。可见，推销“女皇文化”有多艰难。

再从文化的定义与本质、规律、载体、影响价值和发展方向去看女皇文化，就会发现，原来女皇文化这个概念其实就是伪概念，根本不成立。

（二）广元女儿节文化的应有定义

1. 特色在有阳刚之美的女儿文化

广元女儿节的女性文化特征既然不是立不住脚的女皇文化、特色女性文化、武则天文化、凤文化，那么，又是什么呢？广元女儿节为纪念一代杰出女政治家、中国唯一女皇帝武则天而设，为纪念广元历代优秀女性而设，为展示今日之广元女儿风采而设，为推动中国女性文化发展而设。这就得从广元女性文化的发展和中国女性文化的发展结合起来，才能做出科学客观的判断。这样一来，话题还得从武则天说起。站在武则天名人文化的角度，把它放在广元女性这个背景、放在整个中华民族女性这个背景来看，广元女儿节的文化特色就显现出来了。

有专家把以纪念武则天诞生广元的文化现象称为广元特色女性文化，这个推论不无道理。中国历史上唯一女皇帝武则天诞生在广元，成为广元千古绝唱。因为这朵女人花，广元有了皇泽寺；因为这朵女人花，广元有了正月二十三女儿游河湾赛凤舟的习俗；因为这朵女人花，广元诞生了“女儿节”；因为这朵女人花，广元女儿演绎出无数可歌可泣的悲欢故事。纵览广元特征鲜明的女性文化，它的特质就在于女儿文化特别浓厚。何谓女儿文化，就在于它的年轻化，青春性，智慧型，始终给人一种朝气蓬勃聪明能干的感觉，始终给人一种不断创新、不断向上的力量感，也就是说，它在女性

文化中特别凸显阳刚之美。按现在时髦说法，就是“女汉子文化”“女强人文化”“女神文化”。她的这种精神，影响着一代又一代的广元女儿、中华女儿，从而成为中国女性的楷模。

2. 武则天女儿文化精神的时代特征

先从广元女儿说起。敢为天下先，还不止武则天，中国人民解放军建军史上唯一成建制成规模的妇女独立师诞生在广元，8000 名川女长征就是从广元出发，她们更是中华女儿的骄傲。

聪明、勤劳、智慧，具有创造力，是中华女儿优秀精神的另一面。今天的广元女儿，有才更有德。第四届全国道德模范罗玮，是中国器官移植史上无偿为陌生人捐肝的第一人，要知道，那一年她才 19 岁。当时，她瞒着家人为素昧平生的患者捐献了一叶肝脏时，她有一个美好而质朴的心愿：“如果成功，我将挽救一个母亲的生命；如果失败，我想捐出我所有健康的器官。”后来，罗玮成为党的十八大代表。2014 年 4 月“中国好人榜”候选人名单公布，苍溪县黄宝云榜上有名。14 年来，黄宝云面对高位截瘫的丈夫不离不弃，不仅每天为丈夫端屎端尿擦拭身体，还要照顾双方的老人。这是“厚德行广、坚韧自强、创新开元”的广元精神在广元女儿身上的真实写照。

将眼光放至今天的中国，今天的新时代，传承弘扬武则天身上那种女儿精神的女性，可以说灿若星河。

原国家名誉主席宋庆龄先生，是现代中国女性的杰出代表。从护法运动到第一次大革命，从第二次国内革命战争到抗日战争，从解放战争到新中国成立，宋庆龄先生始终坚持孙中山的革命主张，始终站在正义的一方，最终成为共产主义先锋战士，成为中国妇女革命的榜样，为全体中华女儿所敬仰。还如蔡畅、康克清、邓颖超等老一辈女无产阶级革命家，她们身上那种为了人民大众的利益，信仰坚定、顽强不屈、开拓进取、奋斗不止、不胜不休的精神，更是将中华女儿精神弘扬到一个更高的境界。

2015 年因发明青蒿素获得诺贝尔奖的中国女科学家屠呦呦，成为科技界的中国女性第一人，2018 年已经 88 岁了，还在继续科研，这种不达目的誓不休的倔强与固执，不正是中华女儿精神的弘扬吗？再说中国的女排，从郎平时代起，创造了中国女性为之骄傲的“女排精神”，虽几起几落，那种屡败屡战的不服输精神，见证了女排成功路上的不容易，更成为一种尊严让人刮目相看。她们，无论是中华女性群体的个人，还是集体，都把中华女儿精神融入新时代、并且发扬得淋漓尽致。

有武则天文化精神扛帅旗，中国女儿自强不息、勇于进取、开拓创新、吃苦耐劳、聪明智慧的文化特征，已经成为新时代中国女性的共同品质与独特魅力。将中国女性文化的共性与广元女性文化的个性融为一体，将是全面展示中华民族女性文化最好的载体。基于此，如果要给广元女性文化一个响亮的招牌，一个应有的名分，那就应该定性为“广元女儿文化”最为合适。与阴柔、贤良、慈爱、母性相比，它更突出阳刚、青春、智慧、能力的时代色彩，它与我们今天正在流行并受捧的“女汉子”“女强人”“女神”文化一吻即合。

3. 广元女儿节应成为展示中华女儿文化的平台

出生在广元的中国唯一女皇帝武则天，即是广元女儿的骄傲，也是中国女性的骄傲，更是中华女儿文化的骄傲。在漫长的以男性为中心地位的封建社会中，她以身试险，敢冒天下之大不韪，敢为天下先，证明了女性的勇气、智慧和领导能力，成为妇女能顶半边天的最好注解。以武则天为代表的中华女性文化精神有个性也有共性，它属于广元，更属于中华民族。只有民族的，才是世界的。武则天不属于广元，不属于文水，不属于西安，不属于洛阳，地方牌诠释不了武则天文化精神的属性和其价值，武则天属于中国的女性，属于中华女性文化的范畴。可以这样说，中华女性自强不息、敢为人先的共同文化品质，都可以在武则天身上找到。只有站在这个高度看武则天文化现象，才能准确阐释武则天的文化定义，才能让广元女儿节走得更远。

一年一度的“三八”国际劳动妇女节，是国际性的劳动妇女节日，并非民族性的妇女节日。而广元在传统女儿文化基础上创办的女儿节，与“三八”国际劳动妇女节有着本质的区别，注重传统性，注重民族性。过去的广元女儿节，以纪念武则天诞生广元为主，范围窄，影响小，区域性明显，对推动女性文化建设有一定的制约。今天，把以传承弘扬武则天文化精神为核心价值的广元女儿节打造成展示中华女儿文化的平台，可以说前景广阔，风光无限。而今，把以传承弘扬武则天文化精神为核心价值的广元女儿节打造成展示中华女儿文化的平台，可以说前途无量。

中华女儿文化源远流长，值得发掘继承发展的文化遗产多如繁星。母系氏族文化、女娲补天的传说、孟姜女哭长城的故事、花木兰女扮男装替父从军的壮举、中国历史上唯一女皇帝武则天、女儿河嘉陵江、藏区的女儿国、西北一带的七巧节、泸沽湖摩梭人的走婚制、湖南和广西交界之地的神秘“女书”……再从古代女性的头饰、服饰、婚嫁，到价值观、理念、认识、信仰等，信手拈来，中华大地无处不渗透着青春色彩的女儿文化精神。

4. 广元女儿节成为中华女儿节的路径

让广元女儿节成为中华女儿节，首先就是要对中华女儿文化有个全面崭新的认识，它的特征，它的性质，它的主流，它的内涵，它的外延，它的载体等。比如从一代女皇武则天身上，它是否体现了中华女儿自强不息、敢为人先的共同品质，她挑战男权社会的价值意义体现在哪些方面，值得探索研究，并有权威认定。

其次，把广元女儿文化放在中华女儿文化的基础上进行认真系统的研究。女儿文化是女性文化中不可缺少的支柱部分，而广元女儿文化个性鲜明，覆盖面广，包容性强，价值不菲，代表着中国女性文化的主流，代表着女儿文化的主流，而且具有鲜明的时代特征，励志功能强大。

再次，广元女儿节的平台，不仅具有全国性，而且具有世界性意义。广元女儿节能得到全国妇联认可，也可争取世界性妇女组织的认可。能否以广元女儿节为契机，邀请对女性文化有研究的专家学者，举办全国性、世界性的女儿文化论坛，争取成为研究中华女儿文化的基地，以更好更准确地展示中华女儿文化的魅力，传递广元女儿文化的最强音。

最后，海纳百川，有容乃大。要奋斗成为中华女儿节，不仅能看到广元女儿文化的风采，还能了解中国女儿文化的风采，世界女儿文化的风采。能否在现有女皇博物馆的基础上，争取全国妇联支持，扩展成中华女儿文化博物馆。做到不离开广元，就能一览中华女儿文化全貌。条件成熟了，还可向世界级发展，让广元成为全国、全世界的女儿文化中心。

如此，广元女儿节就有更多的事要做：一是在以武则天为代表的女儿文化基础上突出共性，将女性文化定位在女儿文化上；二是把广元女儿节创建成区别三八国际妇女节的全国性妇女性节庆，创建全国和世界性知名节庆品牌；三是申报全国性非物质文化遗产名录，在此基础上申报世界非物质文化遗产名录。

参考文献

郭沫若：《武则天生在广元的根据》，1961 年 5 月 28 日《光明日报》第二版。

郭沫若：《武则天》附录部分，人民文学出版社，1979。

B.23
广元建设生态康养旅游名市优势与前景分析

文凌云　郭志耀*

摘　要： “5·12”汶川大地震后，广元抓住灾后重建的历史机遇，以创建国家A级景区为抓手，实现了旅游的跨越式发展，短短九年，国家4A级以上旅游景区数量居四川省乃至全国市州前列。但大而不强、发展粗放的问题日渐突出，在建设生态康养旅游名市战略目标的指引下，从聚合的资源优势、雄厚的基础优势、叠加的政策优势、良好的区域优势等方面分析了广元建设生态康养旅游名市的优势、问题、前景，并针对问题提出了对策建议。

关键词： 旅游康养名市　优势与前景　广元市

一　广元建设生态康养旅游名市的主要优势

（一）聚合的资源优势

广元发展生态康养旅游业聚合了气候、生态、文化、温泉、医疗五大资源优势。一是气候资源。广元市地处秦岭南麓，属我国南北气候的过渡带，

* 文凌云，中共广元市委党校；郭志耀，广元市旅游发展委员会。

既有南方的湿润气候特征，又有北方天高云淡、艳阳高照的特点，四季分明，春赏花夏避暑秋观叶冬滑雪，年均气温 16.1℃、年均湿度 56% ~75%、年均降水量 941.8 毫米，气候宜人。二是生态资源。广元植被茂密，森林覆盖率达 56.18%，城市环境空气质量优良以上天数年均保持在 360 天左右；水质优良，嘉陵江、白龙江等大江大河出境断面水质达国家Ⅱ类标准。物产丰富，是四川发展绿色食品和有机食品的优势区域，是全省农产品产地无公害市和全省首个农产品质量安全监管示范市。三是文化资源。广元属省级历史文化名城，蜀道申报世界自然与文化遗产，已被列入备选名单，蜀道文化、三国文化、红色文化、宗教文化、民俗文化，以及女皇武则天等名人文化在广元汇聚，为发展文化休闲创意产业奠定了坚实基础。四是温泉资源。广元是中国温泉之乡，全市温泉利用总量达 $4500m^3/d$，总蕴藏量 $30000m^3/d$ 以上，属层控型温泉，开采利用条件好。五是医养资源。广元是川陕甘结合部医疗中心，全市三甲以上医院总数达 4 家，全市二甲以上医院总数达 19 家，现有医养企业 32 家，现有养老床位总数达 15000 多张。

（二）雄厚的基础优势

2017 年全年接待游客 4514.47 万人次、旅游总收入达 334.56 亿元，较上年分别增长 19.1%、26.6%。全市已建成国家 5A 级旅游景区 1 个，国家 4A 级旅游景区 19 个，国家 4A 级以上景区数量居全省第二名，全国市州前列。拥有国家级风景名胜区 3 个，国家级自然保护区 2 个，国家森林公园 3 个，国家级湿地公园 2 个，国家地质公园 1 个，国家级水利风景名胜区 3 个，有全国休闲农业与乡村旅游示范县 1 个，已建成国家森林城市、国家卫生城市、中国优秀旅游城市、全国首批低碳发展突出贡献城市、中国低碳生态先进城市，荣获中国人居环境范例奖，是国家确定的 28 个首批气候适应型城市建设国家试点城市之一。截至 2017 年底已签订剑门关华侨城旅游区等投资 5 亿元以上的生态康养旅游项目 9 个，全市完成旅游总投资达 62 亿元。

（三）叠加的政策优势

党的十九大以后，随着国家经济进入加快建设现代化经济体系，推进高质量发展的新阶段，“一带一路”、长江经济带、新一轮西部大开发、生态保护、乡村振兴、精准扶贫、美丽中国、健康中国等重大国家战略的强力实施，以及省委十一届三次全会提出实施“一干多枝”发展战略，构建“一干多枝，五区协同”发展新格局，特别是国务院批准的《川陕革命老区发展振兴规划》，将广元全部县区纳入，涉及一批重大项目、政策试点和专项资金补助等优惠政策，给广元生态康养旅游发展提供了空前广阔的政策空间，具备了叠加的政策优势。

（四）良好的区位优势

广元位居成都、西安、兰州、重庆四大城市的几何中心，是连接西南西北的立体综合交通枢纽，是四川北向东出的桥头堡。京昆、兰海、广巴达高速公路和宝成、兰渝、广巴铁路在境内交会，全市各县区均通高速公路和铁路。2017 年，西城高铁、兰渝铁路正式运营，广元进入“高铁时代”，南向融入成渝经济圈，北向融入关天经济圈。广元机场已开通至北京、杭州、广州、深圳、上海、海口六条航线。“千里嘉陵第一港”广元港已试运行，全面建成后，1000 吨轮船可直抵重庆、上海等地，广元将成为距大西北最近的港口城市。形成了空中、陆地、河流一体，联网畅达的立体交通网络，为发展生态康养旅游提供了良好的交通条件。

（五）强力的领导优势

广元从 2005 年开始就把旅游发展放在重要地位，尤其是“5·12”灾后重建中，更把旅游提到前所未有的战略位置，实现了旅游产业的跨越发展，景区规模迅速跨入全省乃至国家第一方阵。市第七次党代会把握新时代绿色发展和经济转型升级的脉搏，提出了“实施全域旅游带动，建设中国生态康养旅游名市”战略目标，高度契合了党的十九大精神，体现了前瞻性、科学性、战略性。市委七届二次全会做出《推进绿色发展实现绿色崛起建设中国生态康养旅游名市的决定》，市委七届五次全会做出的《深化供给侧结构性改革加快产业发展的决定》中，再次响亮提出“坚持文旅兴市，大力发展生态康养旅游产业，建设中国生态康养旅游名市和大蜀道国际旅游目的地”的战略目标，制订了创建国家全域旅游示范区的实施方案。在全市形成了市委市府主导，四级齐抓生态康养旅游的良好工作格局。

二　广元生态康养旅游名市建设存在的主要问题

（一）广元生态康养旅游发展的最突出问题是发展方式粗放

广元4A级以上景区从2006年的2个增加到2017年的20个，在全省排位从并列第5位上升到第2位，在全国地级市中位居前列。广元旅游发展的主要矛盾已经由数量稀少、总量供给不足转变为结构不优、供给品质不高、大而不强。广元生态康养旅游急需大力实施转型升级战略，实现从数量到质量、粗放外延到内涵集约、大水漫灌到精准滴灌、生态康养旅游资源大市到生态康养旅游经济强市的转变。

（二）广元生态康养旅游发展的最大痛点是旅游资源大市与名气小市的倒挂

攀枝花是全国有名的西部阳光康养名市。通过与攀枝花的对比研究看出，攀枝花国家4A级以上旅游景区数量仅为广元的十分之一。广元是生态康养旅游资源大市、旅游景区数量大市、旅游发展基础强市、生态康养旅游发展后劲强市，生态康养旅游名气小市。与广元相比，攀枝花市是生态康养旅游资源小市、发展基础弱市、发展动力弱市、发展后劲弱市，却是生态康养名气大市。

（三）广元生态康养旅游发展的最大困惑是理清抓品牌营销与抓发展的辩证关系

生态康养旅游外部名气和内部品质好似鸡和蛋的关系，先抓名气还是先抓品质，像先有鸡还是先有蛋争论一样，长期争论不休、困惑不已。

（四）广元生态康养旅游发展的最大难点是在众多优势资源中寻找核心优势资源

广元生态康养旅游资源从总体看，气候资源、生态资源、自然资源、文化资源、旅游资源、温泉资源、农产品资源等样样突出，没有明显短板，是名副其实的生态康养旅游资源“全能冠军”。从小的方面看：气候资源是四季有景景不同，旅游资源中有 1 个 5A 级，19 个 4A 级，文化资源中有蜀道文化、三国文化、红色文化、生态文化、宗教文化、民俗文化等，生态资源中有森林资源、水资源，康养资源中有温泉资源、医疗资源等。但在众多优势资源中，何为广元核心优势资源，生态康养旅游品牌和产品特色不鲜明的问题怎么破解，仁者见仁、智者见智。

（五）广元生态康养旅游发展的最大短板是长于宏观抓 A 级旅游景区创建疏于精细抓转型升级

从 2005 年以来，尤其是 2008 年“5・12”灾后重建以来，广元干部群众在创造 A 级景区增长奇迹中积累了宝贵经验，抓创建得心应手、争先恐后。但抓生态康养旅游市场、产业、产品、研究、转型、营销经验不足、意识不强。普遍存在善抓硬件不善抓软件，善抓宏观不善抓微观，善抓看得见的粗活不善抓看不见的细活，善抓立竿见影之事不善抓久久为功铺垫之事的现象。如吃的问题，从专家、领导到游客都能感觉到吃的品种少，但怎么破解、该哪个部门破解、组织那些人去破解，没有过细研究部署、没有用心用情用力落实，造成人人都能看得到、摸得着的问题，几年、十几年却面貌依旧。

三　广元生态康养旅游名市建设前景分析

（一）市场竞争

广元发展生态康养旅游面临的市场竞争将日趋激烈。一方面随着“绿水青山就是金山银山”理念日益深入人心，尤其是随着我国总体生态环境的显著改善，广元的生态比较优势将可能降低；另一方面随着我国交通事业的快速发展，原来视为偏远地区的贵州等地的高铁四通八达，广元的交通比较优势也可能降低；第三随着各地乡村振兴战略的实施，广元生态康养旅游面临来自省内外的市场竞争将越来越激烈。

（二）政策机遇

中国进入新时代，国家大力推进经济结构转型升级和健康中国、美丽中国建设，大力发展文化旅游、休闲运动康养产业，实施生态环境保护、乡村振兴、精准扶贫等一系列政策，将使广元生态康养旅游发展面临的政策环境越来越好。

（三）资源转化

广元生态康养旅游不但资源富集，而且分布密度大、关联性强、开发条件好、潜力巨大。但目前开发方式较粗放，产业链条较短，投资强度较低，产品附加值较低，资源利用不充分，尤其是国内外知名度假休闲产品缺乏，资源变为资本、产品变为商品、景区变为品牌还有很长的路要走。

（四）综合效益

广元生态康养旅游基础厚实，规模效益已经初步具备，转型升级条件已经具备，只要抢抓难得的历史机遇，找准引爆点，经济效益会加速提升。反之，如果继续走粗放发展的路子，错失转型升级的机遇，规模大、效益低的局面将很难改变，而且会因投入产出倒挂，缺乏造血功能，而使生态康养旅游难以健康快速可持续发展。

（五）品牌塑造

广元生态康养旅游品牌扩大知名度、美誉度任务极其繁重，在众多旅游品牌中要突出重围，必须既要坚持久久为功，一步一步打牢基础，又要只争朝夕，请高手、集众智、大投入、出奇招，在创意、投入、媒体平台选择上力争尽快见效，使广元生态康养旅游迅速走出四川，走向全国乃至世界。否则，广元难以走出生态康养旅游资源大市、规模大市、名气小市、经济弱市的局面。同时，广元生态康养旅游最终走向世界要寄望于申报世界自然与文化双遗产成功，申报世遗成功之日，就是广元生态康养旅游走向世界之时。

广元创建生态康养旅游名市是机遇与挑战并存，有雄厚的发展基础，有良好的政策机遇，有党政的强力领导，有不胜不休的广元精神，创建成功会有时。但广元是全国第一个创建，没有先例可循，没有标准可对照，没有经验可借鉴，一切需要从头开始，面临的困难和挑战将会前所未有。

四　广元生态康养旅游名市建设对策建议

（一）强化转型升级合力

在思想认识上引导。要通过学习、研讨、案例分析等多种方式认识到广元生态康养旅游不走转型之路将是事倍功半，而走好了转型升级之路将会事半功倍，资源是有限的，而深度开发的潜力是无限的。在考核奖惩上引导。坚持分类考核，对资源禀赋好、开发程度低、生态康养旅游规模小的县区，考核做大增量，继续在度假区创建、国家 A 级景区创建上着力，持续做大增量，而对基础较好、规模已经较大、开发粗放的县区，则着重考核质量效益，强力促进转型升级。在政策导向上引导。要制定出台生态康养旅游产业转型升级引导政策，充分发挥市场配置资源的决定性作用，更好发挥党委政府的领导作用，根据国务院和省政府生态、医养、康养、养老、文化、体育、旅游、脱贫等相关政策，结合广元实际，多渠道整合资金，研究出台生态康养旅游产业发展的奖励补助政策，吸引各种社会资金投入生态康养旅游发展。引导工农、文旅、医养各类生态康养旅游企业做深做精做靓产品，形成党政、企业、社会、群众共推转型升级的合力。

（二）强化生态康养旅游科研

多年的实践证明，一个强大的产业背后一定有强大的科研队伍支撑。要坚持标本兼治、内力外力结合、长短兼顾的原则，抓住国家智库建设的政策机遇，整合市内高校、有关部门的力量并与向上借智借力结合，建立广元生态康养旅游研究智库，培养出不走的广元自己的生态康养科研队伍，加强广元康养旅游发展比较优势、创建标准、内部提升、产品打造、品牌塑造、产业转型等相关重大问题的跟踪研究，为市委市府决策提供智力支持，为部门和县区创建实践提供智力服务。与此同时，作为全国首个生态康养旅游名市创建市，力争使广元探索建立的生态康养旅游名市标准成为国家标准，为全国创建贡献广元智慧、做出广元贡献。

（三）强化核心优势资源精准把握

攀枝花对优势资源的把握能给广元以启示。攀枝花目前的最大优势是定位精准、主题突出、品牌响亮，最大困惑是“只赚吆喝、不赚钱”，广元最大的短板是品牌名气不大，最大的困惑是“吆喝声音太小”。要通过严谨的科学的比较研究，找出广元在省内、国内、世界比较优势中最突出的核心优势资源，把目光聚焦在大蜀道文化旅游这个比较优势上，把主要精力财力用在大蜀道文化旅游核心资源开发利用上，把目标盯在大蜀道国际生态康养旅游目的地建设上，利用核心优势资源的综合带动作用，做响品牌，做优产品，做强产业。

（四）强化品牌塑造营销能力

广元已逐步形成的“剑门蜀道、女皇故里、绿色广元、康养名都”品牌，是多年来全市上下集体智慧的结晶，文字简练，高度浓缩，让人遐想，把广元的良好生态、厚重历史文化概括得非常准确，但同攀枝花“阳光花城，康养之都”等国内外市场影响力较大的品牌相比，有三个不足：一是具象化、形象化不够，不能让人一听不忘；二是不易让潜在消费人群从品牌联想到产业、产品，产生前往消费的强大心理趋动力；三是品牌的市场吸引力不够，特色不够鲜明，个性化不足，同类品牌和营销口号较多。应坚持与时俱进，采用面向国内外有奖征集，通过组织开展网络评选、专家评审、领导集体研究决策等严谨科学程序，对原有品牌口号在继承基础上创新，力争推出市场定位更加精准、社会认可度更高、市场影响力更强、更具象更朗朗上口的生态康养旅游宣传品牌。如有的专家提出“四季广元（春夏秋冬）、五养天堂（养眼养心养胃养颜养身）”等等，可以引发思考。同时，品牌塑造需要系统思考、久久为功、合力创新、内外结合。既要克服急于求成，又要杜绝无所作为。应采用“专家+社会各界+领导”的方式，把塑造市域品牌、生态康养旅游品牌、城市品牌、行业品牌、产品品牌统筹思考、系统谋划、系统安排、分期落实，先制订全市品牌塑造中长期实施方案，然后分解到年度，分解到宣传、旅游、康养、文化、城市、工业、农业、商贸、物流等各方面，分解到各县区，全市一盘棋，各行各业打总体战，统分结合、长短结合、媒介结合。综合运用广告、文学、艺术等多种途径，久久为功，滴水穿石，通过几年十几年几十年的不懈努力形成大蜀道国际旅游目的地、中国生态康养旅游名市、女皇故里等品牌体系，让广元生态康养旅游品牌走出四川、走向全国、走向世界。

（五）强化“生态康养旅游+”战略

强化“生态康养旅游+”理念的宣传教育，让这一理念像空气一样无处不在、须臾不离，用生态康养旅游红线串起全市一、二、三各个产业，教育卫计文体各项事业，交通城建环保水利各项设施，社会安全环境各项治理，贯穿于经济社会发展的全过程、全方位、全领域。用钉钉子精神迈过转型升级的坎，广元生态康养旅游发展的“四梁八柱”已经建立，规模已经具备，市委有关转型发展的思路、目标、措施已经明确，现在应坚持名实并行，持续做大规模与突出做优品质兼顾。深化旅游供给侧结构性改革，着眼解决有框架无精深内涵、有骨骼无肌肉、有资源和基础无名气等突出问题，使用绣花功夫，发扬工匠精神，一个一个景区、一个一个短板、一个一个产品精细检视、精细思考、精细规划、精细设计、精细施工、精细打磨，做精、做细、做深。要借鉴精准扶贫、环保巡查等有效的督查督办方法，在精准实施、精准督查上下功夫。通过坚持不懈努力，建成生态康养旅游名市。

参考文献

中共广元市委党校 2017 年校级重点课题：《广元创建生态康养旅游名市的调查与研究——从广元与攀枝花生态康养旅游发展对比视角》。

中共广元市委：《关于推进绿色发展实现绿色崛起建设中国生态康养旅游名市的决定》。

四川省旅游局：《2017 四川旅游统计便览》。

生 态 篇

Ecological Articles

B.24
灾后重建以来广元低碳发展实践报告

黄文 周勇*

摘 要： 广元是全国第二批、四川省首个国家低碳试点城市，是全国唯一成立低碳发展局的城市。近年来，广元实施“试点示范引领、低碳园区建设、新能源示范市创建、生态人居改善以及基础能力提升”五大工程和“重点项目低碳评审、低碳示范单位评定、低碳技术评估”三大活动，全市产业结构、能源结构、生活方式低碳化程度得到进一步提升，国家低碳城市试点各项工作有序推进。2018 年，建议在产业发展低碳化、载体建设、试点示范、能力建设等工作的基础上，重点围绕统筹政策与文化建设、激活放大低碳红利、做好碳资产管理等方面寻找突破，提升广元的低碳发展水平。

* 黄文，广元市投资促进局；周勇，广元市低碳发展局。

关键词： 产业低碳化　低碳文化　能力建设　广元市

广元是嘉陵江上游重要的生态屏障，大山大水大森林特征突出，是全国生态环境建设的重要地区，具有低碳发展、绿色崛起的良好生态本底。如何发挥绿色生态优势，避免走“先污染后治理”的老路，实现后发赶超，是历届广元主政者一直思考的重要问题。“5·12”汶川大地震后，广元率先提出“低碳重建、低碳发展”思路，2010年在全国率先设立法定“低碳日”，初步探索出一条后发地区低碳发展之路。

一　广元低碳发展现状

近年来，广元实施“试点示范引领、低碳园区建设、新能源示范市创建、生态人居改善和基础能力提升”五大工程和“重点项目低碳评审、低碳示范单位评定、低碳技术评估”三大活动，各项目标任务全面完成，全市产业结构、能源结构、生活方式低碳化程度得到进一步提升，国家低碳城市试点各项工作有序推进，取得了阶段性新成效。

（一）试点示范引领特色彰显

1. 公共机构节能减排扎实有效

健全公共机构节能管理体系，积极推进国家、省、市节能示范单位建设，成功申报国家示范创建单位2家，省级示范创建单位5家，组织76家市级示范单位同步开展创建。2017年公共机构能耗和水耗均完成年度下降目标。广元职中、青川县行政中心、市精神卫生中心成功创建全国节约型公共机构示范单位。在中央国家机关举办的公共机构节能减排座谈会上，广元作为西部唯一的地级市进行了交流发言。

2. 低碳出行基础设施快速普及

全市累计建设步行绿道、自行车绿道100多公里，投放公共自行车

1500余辆，全市900余辆出租车全部实现“油改气”。新增纯电动公交车52辆、客运班车1辆、CNG营运车辆20辆，累计发展新能源公交车72辆、CNG公交车402辆，市城区公共交通机动化出行比例达39%。

3. 绿色小城镇和低碳建筑稳步建设

新改扩工程项目按50%的节能标准严格执行。全面淘汰实心黏土砖，新型墙材使用率达65%以上。全市一星绿色建筑设计标识建筑已达31.5万平方米，50多万平方米建筑正在按照绿色建筑设计。

4. 城乡低碳社区建设成效突出

芸香、曾家、柳池、中子、佛山等5个社区被评为首批省级低碳试点社区（全省共11个），累计争取到500万元省预算内投资。在低碳社区建设取得阶段性成果的基础上，加快推进“近零碳社区”创建。确定了以利州区月坝社区为试点，打造近零碳社区，预计到2020年底建成市内第一个零碳排放示范社区。

5. 美丽新村和绿色小城镇建设稳步推进

以安居脱贫为重点，严格按照绿色低碳小城镇建设标准指导“美丽新村”示范工程，打造体现川北民俗风情特色的幸福美丽新村。截至2017年底，按照绿色低碳标准，全市共创建全国重点镇14个，省级百镇建设试点镇15个，省级特色小镇3个。

（二）低碳产业供给侧结构性改革成效显著

1. 农业低碳化步伐加快

大力推广低碳技术，以农业产业化园区为载体，以创建中国西部重要的绿色食品基地和绿色有机食品认证示范市为契机，积极创建全国低碳农业示范园区。推广测土配方施肥是发展低碳高效农业的重要方式，2017年共完成304万亩测土配方施肥，全年化肥使用量实现零增长。开展秸秆还田、免耕覆盖、绿肥种植还田等技术近400万亩，建成绿色防控示范区78个，绿防控率达32%以上。“三品一标”农产品累计达到338个，其中地理标志产品26个。

2. 循环工业取得新突破

2017 年出台了《广元市“十三五”工业发展规划》，提出构建以“食品饮料、生物医药、新材料、能源化工、电子机械”五大产业为主导产业的现代循环工业体系。2017 年，全市单位工业增加值能耗下降 4.62%，超额完成目标任务。累计实施淘汰落后产能项目 175 个，共计节约标煤 80 万吨，2017 年度落后产能退出任务全面完成。全市资源综合利用企业达 10 户，工业固废利用率为 93%。广元经济技术开发区纳入 2017 年全国园区循环化改造重点支持园区，并获中央支持资金超过 7000 万元。

3. 生态旅游功能明显提升

坚定实施大保护大转型战略，以“景区创建、业态创新、低碳宣传、标准制定”为抓手，全面推进生态旅游发展，加快中国生态康养旅游名市和中国最干净城市建设。全市新增国家 4A 级旅游景区 3 个、国家 3A 级以下旅游景区 10 个，累计建成 5A 级景区 1 个，4A 级景区 19 个。成功举办第二届四川生态旅游博览会，创建了四川省乡村旅游特色乡（镇）9 个、精品村寨 9 个、特色业态经营点 28 个，改扩建旅游厕所 62 座。

（三）新能源与清洁能源开发利用持续推进

1. 天然气勘探开发和利用成果显著

2017 年全市天然气系统完成工业总产值 35.8 亿元，同比增长 30.1%。中石化元坝净化厂全年处理天然气 36.5 亿立方米，同比增长 9 亿立方米。全市共有 16 家民营企业投入乡镇民用天然气发展，新建输气管线 2600 公里，新发展乡镇 16 个，新发展用户 3 万户，累计用户达 46 万户。

2. 新能源开发利用取得突破

2017 年新增风电装机 18.6 万千瓦，生物质能发电装机 1.2 万千瓦。截至 2017 年底，全市新能源及可再生能源实现总装机 245.21 万千瓦，其中水电装机 222.2 万千瓦，风电装机 21.6 万千瓦，生物质能发电装机 1.2 万千瓦，分布式光伏发电装机 0.21 万千瓦。

（四）基础能力建设规范化成果不断巩固

1. 低碳基础设施日臻完善

全年营造林面积46.6万亩，活立木蓄积增长到6029万立方米，森林覆盖率提高到56.18%，市建成区绿化覆盖率达40%。完成国道212线快速通道等5处重要道路、节点绿化建设工程。建成垃圾日处理量达700吨的城市生活垃圾焚烧发电厂。

2. 政策规范引领逐步加强

《广元市低碳发展十三五规划》《广元市节约能源规划（2017～2020年）》《广元市节能减排综合工作方案（2017～2020年）》《广元市生态文明建设目标评价考核办法》等方案高质量出台，《广元市低碳旅游景区标准》获批四川省区域性地方标准，《广元市气候适应型试点城市建设实施方案（2016～2020）》正式印发，为全市生态文明建设和低碳发展工作进一步提供了政策支撑。

3. 项目课题研究成果丰硕

形成《广元市生态文明建设调研报告》《广元市气候适应型试点城市建设路径研究》等研究成果，完成《低碳发展与生态康养旅游名市建设（中国·广元）国际论坛集萃》编制工作。

4. 碳排放体系建设稳步推进

在全面完成24户重点企事业单位温室气体报送工作和年耗煤万吨重点企业第三方碳核查工作的基础上，完成对纳入全国碳排放权交易企业入市准备工作。完成了全市重点用能单位能源利用情况调查摸底工作。

5. 低碳宣传活动特色突出

《西部低碳》和“广元低碳网”影响不断扩大，利用微博、微信、新闻媒体等主流媒介进行宣传报道，强化了公众低碳生活理念。大力开展2017年全国节能宣传周和第4个“全国低碳日”活动，营造了公众践行低碳生活方式的良好氛围。

二　广元低碳发展的突出特征

（一）发展基础良好，走在全国前列

历届广元市主政者一届接着一届干，一张图纸绘到底，初步走出了一条具有广元特色的低碳城市发展路子。

1. 基础研究扎实

加大与高等院校、科研院所合作和对外交流力度，积极开展低碳发展基础研究。在西部地区率先完成《低碳发展路线图研究报告》《低碳适用技术需求评估报告》《广元市碳排放指标分解和考核体系研究》和《广元市碳排放清单》等课题成果。先后编制《广元市国家生态文明先行示范区建设方案》和《广元市气候适应型试点城市建设实施方案》等方案，制定了《广元市低碳工业（农业）园区标准》和《广元市低碳景区标准》等低碳标准，一些研究成果在全国全省具有开创性和领先性。特别是首次提出低碳旅游景区建设标准，将“低碳景区”从较为模糊的概念转变为具有可操作性、制度化和标准化的景区治理模式和评价机制，开创全国先河。

2. 工作机制健全

成立了低碳发展领导小组，在全国率先成立低碳发展局，负责全市低碳发展的日常工作。同时，成立了低碳经济发展研究会，负责全市低碳发展的政策、技术研究等工作。在全国率先设立“低碳日”，积极推动了国家设立“低碳日”。建立健全低碳发展责任落实机制，实行年度计划制度、责任分工制度和督查考核制度，有力有效地推动低碳转型发展。

3. 发展成效明显

2010 年广元在西部地区率先开展碳汇交易，分别向上海世博会、广州亚运会提供碳中和指标 3.6 万吨、1 万吨。2012 年，广元成为全国第二批、

四川省首个国家低碳试点城市。此外，广元还是全国首批低碳发展突出贡献城市、中国低碳生态先进城市、国家生态文明（试验）示范区，也是中国西部唯一受邀参加德班气候大会的城市。2014 年被国家能源局批准创建国家新能源示范城市。2017 年广元又被国家发改委、住建部确定为国家气候适应型城市建设试点地区（全国 28 个，四川唯一）。在新华网主办的“第四届中国绿色发展与生态建设峰会”上，广元市被授予“绿色发展优秀城市”称号。

（二）注重合作交流，影响力不断扩大

1. 多次受邀参加世界、国、省低碳发展相关会议并多次做交流发言

先后参加了“就对气候变化全球市长会议（首尔）论坛”“中欧低碳城市会议”“亚太低碳技术高峰论坛”“第四届中国绿色发展与生态建设峰会”“全省生态文明建设和低碳发展工作会议”等低碳发展的重要会议，并在会上做了主题交流发言。同时，还受邀参加了“联合国德班气候大会”等会议。

2. 举办高级别学术研讨会

成功举办“低碳重建与企业发展（中国·广元）国际论坛”（2009 年）和“低碳发展与生态康养旅游名市建设（中国·广元）国际论坛”（2017 年），杜祥琬、金碚、潘家华、李晓西等一大批国内学术权威参加，吸引了来自联合国开发署、世界自然基金会等国际组织以及美国、瑞典、荷兰等国际嘉宾的参与，形成了《“低碳发展与生态康养旅游名市建设（中国·广元）国际论坛”广元共识》等成果，得到了广泛好评。

3. 其他省市及相关单位多次来广元学习考察低碳工作

近年来，世界自然基金会、世界资源所、联合国计划开发署、日本地球环境战略研究机关事务局、中国社科院城市发展与环境研究所、中国科学院广州能源研究所、清华大学核能与新能源研究院、广西自治区发改委、成都市发改委、绵阳市发改委等单位先后到广元考察学习低碳工作。

三　广元低碳发展应重点关注的问题

（一）经济增长带来的减排压力较大

经济发展水平不高、产业结构不优，在一定程度上会成为低碳发展的瓶颈和“绊脚石”。

1. 广元属于经济欠发达地区，经济发展和改善民生的任务较重

广元人均 GDP 不到全国人均水平的一半。7 个县区仅利州区 2017 年刚刚脱贫，其余县区均为贫困县（区），其中苍溪县、旺苍县和朝天区三个为国家级贫困县，贫困地区和贫困人口较多。“十三五”时期，是广元脱贫解困、提高人民收入和生活水平的决战时期，同步全面建成小康社会跨越的决胜阶段。预计 2020 年广元经济总量将超过 1000 亿元，经济快速增长会增大排减压力。

2. 广元产业结构偏重，结构减碳压力大

在工业体系中，铝产业占较大比重，能源消耗偏高，减碳的边际成本较大，这种态势难以在短期内得到扭转。广元市未来结构减碳压力仍旧较大。一是转型升级进程缓慢。广元市循环工业发展起步晚，目前只有经开区自 2017 年 6 月被国家发改委确定为国家循环化改造重点支持园区并获 7000 万元中央资金补助后，园区的循环化改造才进入实质推进阶段，其他县区相对滞后。二是节能减排压力巨大，产业发展尚未完全摆脱高投入、高消耗、高污染这一粗放型经济增长方式，使得经济持续增长与环境压力递增矛盾突出，面对能源消费总量和强度双控的要求，节能减排形势日益严峻。

（二）低碳建设所需的资金缺口压力较大

1. 低碳转型发展资金技术需求缺口较大

建设低碳广元，需要转变传统生产生活方式，需要对传统工业、交通、

建筑进行低碳化改造，需要推广应用低碳适用技术、低碳实用产品，需要推进项目建设和低碳试点，这些低碳发展无不需要资金支持。然而，广元市地方财政支持能力有限，资金投入主要依靠企业自筹，引导社会资金和金融资本投入的市场机制尚未形成，低碳转型资金需求缺口较大。另外，广元市经济基础薄弱，技术水平相对落后，能源利用效率较低，许多企业高能耗和高排放问题较重，低碳技术研发推广及应用能力均相对不足。加之广元市距离中心地带（成都）较远，难以取得中心地带的外溢效应，从外部吸引资金和获取技术的引力不足，这些不利因素导致广元市难以摆脱资金和技术困境。

2. 灾后重建结束后，外部资源援助缩减

“5·12”地震灾害发生后，全国对灾区给予了资金、技术、人力等各种资源的大力援助，灾区经济迅速恢复。随着灾后重建的结束，外部援助大幅减少。重建所形成的新产业和设施一般使用高新技术、节能环保，但运行成本一般也较高，在外部资源断流后，新建起来的产业新模式、发展路径将面临挑战，靠资源投入的粗放发展模式有可能重新抬头，绿色循环低碳的发展模式有可能受到抑制。

（三）如何有效建立低碳发展的经济激励

目前主要的问题是，在政策措施存在“缺项”，未建立起有效的生态补偿机制。如何鼓励社会资本参与低碳发展、资源有偿使用、环境治理和生态保护、生态补偿等，尚未有具体的措施办法，特别是根据县区重点生态功能区的不同定位，建立生态补偿机制，设立生态补偿资金等方面缺乏可操作的政策措施。如旺苍、青川两县作为重点生态功能区，受财力有限、补偿有限、发展受限三重影响，保护与发展的矛盾较为突出，但每年获得的生态补偿转移支付仅3000万元左右，远远不能满足绿色低碳发展需要。这需要低碳管理创新，以体制机制创新和管理手段创新提高低碳管理效果，积极参与碳市场以提高低碳发展的经济收益。

四 广元低碳发展展望及政策建议

（一）广元低碳发展展望

今后几年，广元市将继续坚持“生态立市”发展思路和深入实施“大保护大转型”战略，以推进绿色发展，实现绿色崛起，建设中国生态康养旅游名市为契机，凸显低碳特色，深化提高“低碳农业园区、循环工业园区、生态旅游园区和城乡低碳社区”的内涵和水平，深入实施“产业提质增效、新能源示范市创建、生态人居改善、低碳园区建设、试点示范引领、基础能力提升”六大工程。巩固提升低碳发展理念，继续加大低碳技术推广与应用力度，不断增强低碳发展基础能力，切实推动低碳发展与生态康养旅游名市建设的深度融合，加快建设川陕甘结合部现代化中心城市。

预计2018年全市单位地区生产总值二氧化碳排放量较2017年下降3%左右；单位地区生产总值能耗比2017年下降2.5%左右，规上工业单位增加值能耗下降3%；非化石能源占一次能源消费总量的比重达到39%以上，单位地区生产总值用水量下降7%。全市森林覆盖率达到56.48%，活立木总蓄积量达到6134万立方米，建成区绿化覆盖率达到40.3%以上；绿色建筑占新建建筑比例达到33%，中心城区公共交通机动化分担率达到28%，城市生活垃圾无害化处理率稳定在100%。新建或提升低碳农业园区7个、低碳示范旅游景区3个、新建省级7个市级低碳试点社区（村）2个，低碳交流合作进一步扩大。

（二）政策建议

1. 注重统筹融合发展，打好政策和文化两张牌

一是将低碳发展、生态文明建设与全市经济社会发展各方面和全过程相融合。统筹与低碳相关的各类项目，建立重大项目库，分批次有重点推进项

目建设。

二是将低碳文化与各类文化教育相融合。创新低碳文化教育及普及方式，创建一批绿色低碳教育基地，让绿色发展理念深入人心；同时，注重新业态培育，让低碳文化与蜀道文化、红军文化、武则天名人文化、三国文化的深度融合，形成特色鲜明的广元低碳文化体系。

2. 打造特色亮点，激活和放大地毯红利

一是实施一批低碳产业项目，激活低碳发展红利。积极谋划、包装、争取国家园林城市建设项目、生态康养项目、新能源开发项目等，在项目实施中充分贯彻低碳理念，实现低碳建设与经济发展的双重共赢。

二是开发一批低碳产品，让低碳发展红利不断放大。突出开发森林、特色温泉、中医药、文化、健身休闲“五种康养旅游产品”。做靓“广元七绝”等一批无公害、绿色、有机农产品品牌。通过低碳产品的深度开发实现红利的挖掘与放大。

3. 做好碳资产管理，增加竞争力

一是做好重点企业的碳排放管理工作。做好重点企业的碳排放报告、补充数据表以及企业排放监测计划，建立完善企业内部碳排放数据监测统计和核算报告制度，提升企业计划管理水平，加大企业绿色低碳投资，增强综合竞争能力。

二是做好碳排放清单的编制工作。做好排放清单的编制，就是要摸清家底。通过编制不同时间分区域、分部门、分行业的排放情况，掌握整个区域和城市的排放现状。从而为低碳发展工作决策提供更为科学、准确、可比较的依据，为实现更为精准的碳排放管理提供基础。

参考文献

习近平：《推动形成绿色发展方式和生活方式》，载《习近平谈治国理政》（第二卷），外文出版社，2017，第 394 ~ 396 页。

李晓西：《低碳发展背景下康养与旅游的关系及生态康养旅游名市建设实践——李晓西教授访谈录》，《城市与环境研究》2017 年第 3 期，第 106 ~ 111 页。

潘家华：《怎样发展中国的低碳经济》，《中国市场》2010 年第 11 期，第 61 ~ 65 页。

庄贵阳、陈楠、李俊禹：《低碳发展与生态康养旅游名市建设——中国社会科学论坛（2017 · 经济学）综述》，《城市与环境研究》2017 年第 2 期，第 103 ~ 110 页。

李娜、石敏俊、袁永娜：《低碳经济政策对区域发展格局演进的影响——基于动态多区域 CGE 模型的模拟分析》，《地理学报》2010 年第 12 期，第 1569 ~ 1580 页。

欧阳亚丽：《深呼吸感受最清新空气——我市低碳发展成就篇》，《广元日报》2017 年 6 月 12 日，第 2 版。

张厚美：《让绿水青山变为金山银山——广元市生态文明建设调查》，《环境保护》2018 年第 7 期，第 74 ~ 76 页。

曾薇：《西部后发地区低碳发展之路——以四川省广元市为例》，《西部发展评论（2016）》，第 61 ~ 69 页。

田中文：《经济新常态下广元低碳发展的思考》，《绿叶》2015 年第 6 期，第 27 ~ 36 页。

B.25
广元环境治理与保护分析报告（2015～2018）

乔 梁　杨 浩　唐 令　李金平　吴杭周　白颜涛*

摘　要： 2015～2017年，广元环境保护工作成效显著，根据现状分析可以看到，在环境保护与治理上，绿色发展理念逐渐深入，环境污染防治逐步深化，环境问题整治速度加快；在环境质量上，城市环境空气质量良好，总体保持稳定，地表水水质优良，县级以上集中式饮用水源地水质全部达标，土壤环境质量和辐射环境质量稳定，声环境质量逐年趋好。但发展与环境保护之间的矛盾依然突出，环境基础设施建设滞后，区域环境风险突出。今后一个时期，要以规划为引领，强化空间管控；要以环境质量为核心，深化污染防治；要以生态保护为抓手，构建生态屏障。

关键词： 环境保护　空间管控　生态屏障　广元市

一　广元环境治理与保护取得的成效

近年来，广元从绿色发展、污染防治、突出环境问题整治三个方面入手，以建成中国最干净城市为主要目标，深入推进环境治理与保护工作，环

---

* 乔梁、杨浩、唐令、李金平、吴杭周，广元市环保局；白颜涛，中国社会科学院数量经济与技术经济研究所。

境保护各项工作取得了明显成效。环境质量稳居四川省前列，成功创建国家卫生城市、国家森林城市、省级环保模范城市。

（一）环境治理与保护成效综述

1. 绿色发展理念逐渐深入

积极开展生态创建。分别建成国家级、省级、市级自然保护区2个、6个、4个，建成2个国家级湿地公园和1个省级湿地保护小区，创建国家级生态乡镇5个、生态村1个，创建省级环保模范城市（县）3个、生态县区3个、生态乡镇64个。2017年全市森林覆盖率达到56.18%。

协调环境与产业发展。启动大规模绿化全川广元行动，实施天然林资源保护、退耕还林、生态修复、低产低效林改造。出台《广元市环境保护与产业发展协同推进工作方案》，从源头严格审查把关，严格环境准入。大力发展绿色循环产业，推进产业结构、能源结构、消费结构低碳化。全力做好节能减排，加快推进产业转型升级。

2. 环境污染防治逐步深化

深化大气污染防治。出台大气污染防治“五十条措施”。工地扬尘、焚烧冥纸币、沿街生火取暖、餐饮业污染、秸秆露天焚烧、工业污染等重点整治工作成效显著。2017年，秸秆综合利用率达到91.8%，城市建成区燃煤锅炉全面“清零”，规范整治、淘汰关闭砖瓦企业84家，示范整治餐饮单位油烟100家，重点工业企业排放达标率98%。

深入推进水污染防治。出台《广元市白龙湖亭子湖保护条例》。启动《广元市城市饮用水水源地保护条例》立法工作。建立了市、县区、乡镇（街道）、村四级河长体系，实行“一河一策”管理保护。实施嘉陵江、白龙江流域污染综合治理和白龙湖良好水体保护项目。

实施土壤污染防治。编制《广元市土壤污染治理与修复规划》。开展化肥农药零增长、畜禽粪污资源化利用、废弃农膜回收利用等专项行动。开展土壤质量点位详查工作。启动国家有机产品认证示范市创建。建成四川省农产品产地无公害市和首个农产品质量安全监管示范市。

加强城乡环境综合治理。出台了《关于深入推进城乡环境综合治理工作的意见》。整治城乡生活垃圾、污水，推行农村生活垃圾分类处理广元“五种模式”，完善城乡垃圾收运处理体系，行政村垃圾收集设施到位率、清扫保洁队伍落实率达 100%。

3. 环境问题整治速度加快

开展专项整治行动。对中央、省环境保护督查发现的问题，实行“清单制 + 责任制”、难点问题挂牌督办、专项督导、通报追责等整改措施，全力整改。整改完成率居四川省前列，是四川省追责投诉较少、整改较快的市州。

严格环境监管执法。实施网格化环境监管，推进监测监察测管协同，出台了“双随机一公开”“一单两库”细则，实现了重点污染源监管全覆盖。环境违法行为打击力度逐年加大，2017 年，全市立案 505 件，处罚款 2704.66 万元，查处案件数和金额创历史新高。

强化环境风险管控。开展辖区企业环境风险隐患排查，推进重点单位完成应急预案备案，常态开展环境应急演练。与甘肃陇南、陕西汉中等地建立白龙江、嘉陵江流域环境保护合作机制，妥善处置多起突发环境事件，陕西铊污染、甘肃锑污染事件应急处置工作得到国家环保部通报肯定。

（二）环境质量现状综述

1. 城市环境空气质量良好，总体保持稳定

2017 年，广元市城区环境空气质量优良天数率达到 94.7%，环境空气质量综合指数居四川省前列，为四川省 6 个达标市州之一。近三年来，广元市城市环境空气质量良好，总体保持稳定（见表 1、表 2）。

2. 地表水水质优良，县级以上集中式饮用水源地水质全部达标

近年来，广元市境内主要河流水质稳步改善，嘉陵江等主要河流Ⅱ类以上水质比例达到 100%，水质优良，其中白龙湖是四川省最大的Ⅰ类水体。广元市县城及以上集中式饮用水水源地水质达标率达到 100%（见表 3 至表 5）。

表1　广元市城区2015年以来城市环境空气质量优良天数统计

年度	一级（优）		二级（良）		三级（轻度污染）		四级（中度污染）		五级（重度污染）		六级（严重污染）		环境空气质量达标情况	
	天数（天）	比例（%）	天数（天）	比例（%）	天数（天）	比例（%）	天数（天）	比例（%）	天数（天）	比例（%）	天数（天）	比例（%）	达标天数（天）	达标率（%）
2015	98	26.8	248	67.9	19	5.2	0	0	0	0	0	0	346	94.8
2016	97	26.5	231	63.1	33	9	4	1.09	0	0	0	0	323	89.6
2017	119	33.1	221	61.6	19	5.30	0	0	0	0	0	0	340	94.7

表2　广元市2015年以来城市空气环境质量参数变化统计

监测项目	平均浓度值（$\mu g/m^3$，注：CO单位为mg/m^3）		
	2015年	2016年	2017年
二氧化硫（年平均）	22.2	18.9	21.1
二氧化氮（年平均）	33.2	35.5	38.2
可吸入颗粒物（年平均）	56.3	65.0	59.2
一氧化碳（24小时平均）	0.77	1.5	1.5
臭氧（日最大8小时均值）	83.3	135.0	120.6
细颗粒物（年平均）	23.0	27.9	23.1

表3　2015年以来广元市主要河流水质状况统计

河流	监测断面	级别	规定水功能类别	河流水质评价					
				2015年		2016年		2017年	
				实测类别	水质状况	实测类别	水质状况	实测类别	水质状况
嘉陵江	八庙沟	国控	Ⅱ	Ⅱ	优	Ⅱ	优	Ⅱ	优
	上石盘	国控	Ⅲ		优				
	张家岩	省控	Ⅲ		优				
南河	安家湾	省控	Ⅲ	Ⅱ	优	Ⅱ	优	Ⅱ	优
	南渡	国控	Ⅲ		优				
白龙江	姚渡	国控	Ⅱ	Ⅰ	优	Ⅰ	优	Ⅰ	优
	苴国村	国控	Ⅲ		优				
青竹江	阳泉坝	国控	Ⅲ			Ⅱ	优	Ⅰ	优
白龙湖	坝前	省控	Ⅱ			Ⅱ	优	Ⅰ	优

表4　2015年以来市级集中式饮用水源地水质评价结果

水源地名称	取水总量(万吨)	超标取水总量(万吨)			水质达标率(%)		
	2017年	2015年	2016年	2017年	2015年	2016年	2017年
西湾水厂	2311	0	0	0	100	100	100
城北水厂	81	0	0	0	100	100	100
吴家浩水厂	412	0	0	0	100	100	100
广元市	2804	0	0	0	100	100	100

表5　2015年以来县级集中式饮用水源地水质评价结果

城市名称	水源地断面名称	水源地类型	取水总量(万吨)	水质达标率(%)			主要污染指标(超标次数)
			2017年	2015年	2016年	2017年	
昭化区	渔洞河	河流	132.6	100	100	100	无
昭化区	紫云水库	湖库	0	100	100	100	无
朝天区	宣河乡龙门村	河流	60	100	100	100	无
旺苍县	东河电站	河流	194.7	100	100	100	无
剑阁县	下寺饮用水源	河流	80.9	100	100	100	无
剑阁县	龙王潭饮用水源	河流	28.5	100	100	100	无
青川县	乔庄镇大沟村黑龙潭	湖库	80	100	100	100	无
苍溪县	肖家坝	河流	292	100	100	100	无
苍溪县	大洋沟水库	湖库	0	100	100	—	无
合计水量	—	—	868.7	100	100	100	—

注：昭化区紫云水库，苍溪县大洋沟水库为备用水源。

3. 土壤环境质量和辐射环境质量稳定，声环境质量逐年趋好

土壤环境质量保持稳定，全市认证无公害土壤率达到95.24%。辐射环境质量保持稳定。城市噪声管控力度逐步加强，城市声环境质量逐年趋好（见图1）。

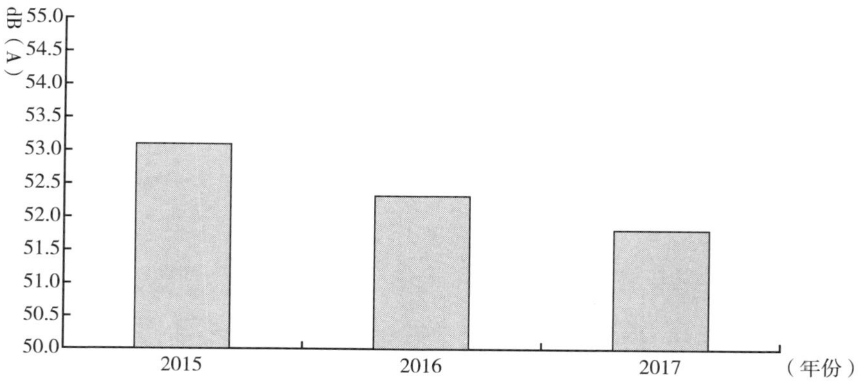

图1　2015～2017年广元市区域环境噪声变化

二　广元环境治理与保护存在的问题

（一）发展与环境保护之间的矛盾依然突出

产业结构可优化空间较大，传统产业转型升级改造亟待加强。2016年战略性新兴产业产值134.98亿元，占全部规上工业的16.4%，高技术产业产值88.2亿元，占全部规上工业的10.7%，传统产业占比过重，高达83%左右。有色金属、水泥、化工、林板等高载能企业在全市工业中仍占一定比重，综合能源消费量占全市规上工业企业综合能源消费量的60%左右，能耗结构矛盾重化，节能、治污、减排、环保压力较大。个别企业有重生产轻环保、设备未按规定正常运行等现象。

（二）环境基础设施建设滞后

乡镇污水处理厂（站）建设运营不理想。经统计，全市230个乡镇已建成污水处理厂（站）69个，日处理污水总规模5.3万吨，占比仅30.0%。受限于运维资金有限、处理工艺和管网不配套等因素影响，建成的污水处理厂（站）中，正常投运的有55个，占比80%。各县区乡镇污水处理厂

建设覆盖率也参差不齐（见图2），其中利州区覆盖率较高，剑阁县覆盖率较低。

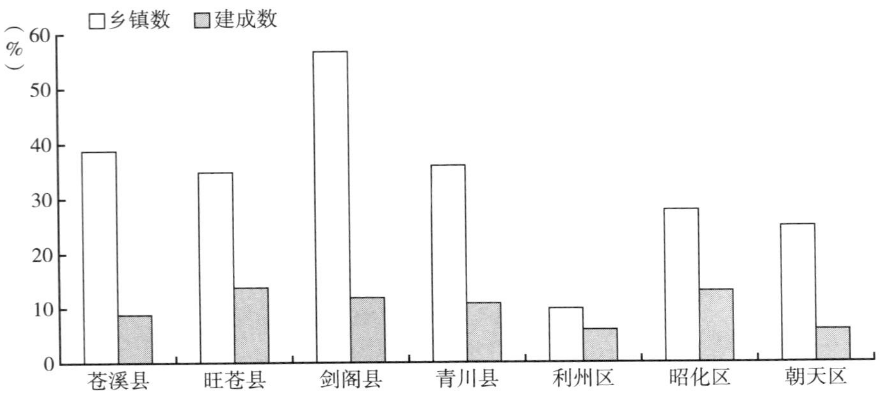

图2　2017年广元市各县区乡镇污水处理厂（站）建设情况

乡镇垃圾填埋场风险隐患较多。经统计，广元市230个乡镇已建有垃圾填埋场180个，形成了日处理2000吨左右生活垃圾的规模。全市乡镇垃圾填埋场覆盖率达到78.3%，各县区有所差异（见图3）。在已建的180个乡镇垃圾填埋场中，建有渗滤液处置系统的10个，占比5.6%；未建渗滤液处置系统的170个，占比94.4%。近年群众环保信访投诉，累计反映有36个乡镇垃圾填埋场存在问题，主要为垃圾焚烧、恶臭难闻及蚊蝇较多。

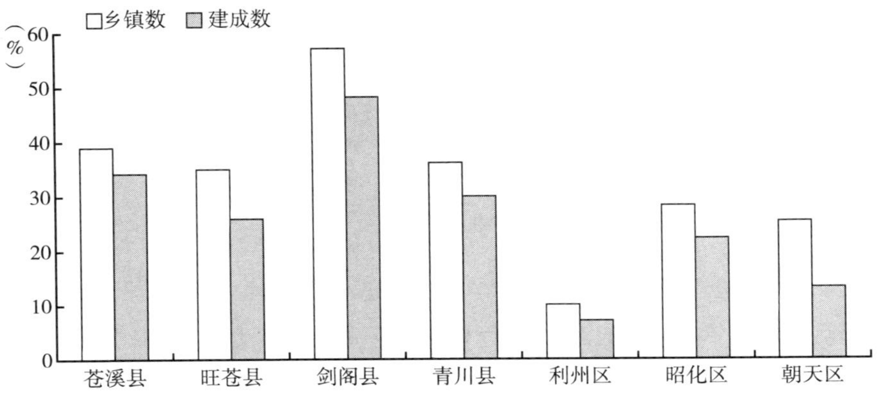

图3　2017年广元市各县区乡镇垃圾填埋场建设情况

（三）区域环境风险突出

广元地处川陕甘结合部，嘉陵江是广元城市主要水源。嘉陵江上游地区特别是甘肃境内水土流失严重，每年夏季上游电站泄洪、泄沙对广元市饮用水有较大影响。甘肃、陕西境内涉重金属企业较多，环境风险较大，2015年11月甘肃陇南锑污染事件、2017年5月陕西汉中铊污染事件，对广元市50万人饮水安全造成重大影响，引起了国务院高度重视和社会强烈反响。同时，川陕高速道路交通运输事故频发，一旦危化品运输车辆发生事故，也极易引发嘉陵江水污染事故，对广元市水环境生态和沿江沿河城市、乡镇饮用水安全造成较大影响，区域环境风险突出。

三　广元环境治理与保护的对策与建议

（一）以规划为引领，强化空间管控

1. 高起点编制规划

广元应坚定不移走绿色发展、绿色崛起之路，借智引力，委托科研机构、院校专家尽快编制市域、县域生态文明建设总体规划，完善国民经济与社会发展规划、城乡规划、土地利用规划、环境保护规划等，建立多规融合的衔接机制，形成“多规合一”的生态文明建设规划体系，保障宏观战略实施的稳定性和持续性。

2. 着力加强空间管控

一是推进主体功能区建设。全面落实全国、全省主体功能区规划，青川县、旺苍县是国家重点生态功能区，应加强生态建设和环境保护，维持良好的生态功能。二是严守生态保护红线。制定并严格实施《广元市生态保护红线实施意见》，分区分类制定生态保护红线准入负面清单，建立生态保护红线统一监管平台。三是落实长江经济带发展战略。大力实施“大保护、大转型”发展战略，统筹水环境、水资源、水生态，依托天然气、农产品、

良好自然生态资源、文化资源等优势资源，优先发展生态康养旅游、新型工业、生态养殖、节能环保等低污染、高效益产业。

（二）以环境质量为核心，深化污染防治

1. 深入推进大气污染防治

一是强化环境空气质量目标管理，严格环境空气质量目标考核。二是强化源头控制。推进工业治污减排，控制区域煤炭消费总量。三是强化污染物治理。推进城市扬尘、挥发性有机物、移动源尾气综合治理，推进农业大气污染防控。四是完善区域大气污染联防联控机制。

2. 全面推进水污染防治

一是实施水环境精细化管理，加强流域、控制区、控制单元三级水环境管理。二是强化饮用水水源地保护，实施从水源到水龙头全过程监管。三是加强白龙湖等良好水体保护，严格控制入湖污染负荷。四是整治城市黑臭水体，采取截污纳管、疏浚清淤、自流活水、生态修复等综合整治工程，系统推进城市黑臭水体治理。五是推进地下水污染防控，实施对重点工业园区、地下水重点污染源区等监测。六是通过 PPP、第三方服务等方式引导社会资本投入加强生活污水和垃圾处理设施建设。

3. 加快推进土壤污染防治

一是深入开展土壤污染基础调查，建立土壤环境基础数据库。二是划定耕地土壤环境质量类别，实施农用地土壤分类管理。三是建立建设用地调查评估制度，实施建设用地准入管理。四是开展污染治理与修复试点，实施土壤污染治理与修复全过程监管，防止二次污染。

（三）以生态保护为抓手，构建生态屏障

1. 保育森林生态系统

全方位开展绿化广元行动和长江廊道造林行动，大力推进“有山皆绿”“重点补绿”“身边增绿”。全面落实保护森林资源任期目标责任，建立森林面积、森林蓄积“双增长”监测体系。建设嘉陵江山水休闲廊道，构筑嘉

陵江上游森林生态屏障，维护长江流域生态安全。

2. 维护湿地生态系统

实施湿地保护与修复工程，重点保护和建设柏林湖、南河国家湿地公园等一批示范基地。开展退耕还湿、退养还滩、生态补水，严格湿地面积总量控制，增强湿地生态功能。建立湿地分级体系，完善湿地保护网络，依托河流、湖泊、沼泽滩涂等湿地资源，建设一批湿地自然保护区、湿地公园和湿地保护小区。

3. 保护生物多样性

实施野生动物保护工程，推进濒危动物栖息地、野化放归基地建设，加强珍稀植物拯救性保护，推进大熊猫国家公园建设。加强典型生态系统和景观多样性保护，开展生物多样性资源本底调查和评估，完善监测预警体系。

4. 推进脆弱区生态修复

以水土流失严重区域为重点，以小流域为单元，采取工程措施和生物措施相结合，山水田林路综合治理，促进植被自然修复，推进脆弱区生态修复。

（四）以生态保护为抓手，构建生态屏障

1. 加强环境风险评估

完善企业环境风险排查评估制度，推进环境风险分类分级管理，实施环境风险源登记与动态管理，开展重点区域、流域、行业风险评估。开展环境与健康调查、监测和风险评估。

2. 建设智慧环保，提升监管能力

推进全市建设布局合理、功能完善、资源共享的生态环境监测体系，建立完善环境质量预警预报体系，整合林业、水务、住建、气象等多部门信息资源，建立健全生态环境基础数据库和信息管理系统，实现多部门数据共联共享，提升监管能力。

3. 加强区域流域协作，防控环境风险

构建川陕甘三省嘉陵江流域环境风险联防联控联治机制。建议川陕甘三

省省级政府共同建立有效的环境风险联防联控联治机制，成立川陕甘三省嘉陵江流域联防联控联治委员会、开展流域性水环境风险评估及应急预案编制、环境应急物资储备体系及应急物资共享机制建设、信息共享机制及信息传递能力建设、水质监测与评估协调机制建设等，全面提升三省结合部的水环境风险防控和应对突发环境事件的能力，保护水资源和生态环境安全，促进地区协调发展。

参考文献

《“十二五”广元市环境质量报告书》，2016，第54~93页。

《广元市环境质量公告（2016）》，2016，第2~10页。

《广元市环境质量公告（2017）》，2017，第2~10页。

《广元市“十三五”生态环境保护规划》，2016，第48~49页。

《建设美丽中国》，载《习近平新时代中国特色社会主义思想三十讲》，学习出版社，第248~249页。

B.26

广元农业面源污染治理现状、问题及对策建议

蒲友松 李建勇 李 勤 于法稳*

摘 要： 广元是四川重要的无公害农产品、绿色食品和有机食品发展优势区域。实施农药、化肥减量增效行动、畜禽养殖粪污治理专项行动和建立完善废弃农膜收集和处理体系后，化肥、农药使用量实现负增长，农业废弃物资源化利用取得显著成绩。2017 年化肥使用量 10.74 万吨，施用强度 16.3 公斤，农药使用量 2628 吨，农膜使用量 9711 吨，畜禽粪尿排放量 888.5 万吨。本文通过对近十年广元农业面源污染类型、分布、范围、面积、程度等情况分析，深入研究十年来农业面源污染防治工作成效及存在问题，提出制度、管理、技术等方面的对策建议，以推动广元农业转型升级、绿色发展，提升农产品品质，保障农产品安全。

关键词： 农业 农产品 绿色有机 污染治理 广元市

一 引言

农业面源污染是最为重要且分布最为广泛的面源污染，量大面广，具有

* 蒲友松、李建勇、李勤，广元市农业局；于法稳，研究员，博士生导师，中国社会科学院农村经济与发展研究所研究室主任。

随机性、广泛性等特点，其污染控制难度大。农民不合理、不规范使用地膜、兽药、农药、化肥等农业投入品，既造成了农业生产环境受到污染，也使农产品安全生产存在隐患，治理农业污染刻不容缓。习近平总书记在十九大报告中明确提出："坚持节约资源和保护环境的基本国策，像对待生命一样对待生态环境，统筹山水林田湖草系统治理，实行最严格的生态环境保护制度，形成绿色发展方式和生活方式"。历届全国"两会"均有相当部分议案和提案涉及农业生产环境问题。农业农村部明确提出要走发展生态农业、循环农业，引导农民采用减量、再利用、资源化的农业生产方式。本文通过研究分析广元农业面源污染类型、分布、范围、面积、程度和污染种类、来源，提出具有可操作性的解决农业面源污染的技术、政策措施，推动广元农业转型升级绿色发展，提升农产品品质，保障农产品安全。

二 广元农业面源污染治理现状

广元处于南北气候交界线，是嘉陵江上游重要的生态屏障。是四川重要的无公害农产品、绿色食品和有机食品发展优势区域，特色种植业在全省具有重要意义。改革开放以来，广元农业生产连续 32 年稳定增长，特别是近年来，发展速度明显加快。为了提高农产品市场竞争力，切实增加农民收入，政府及农业部门十分重视提高农产品品质，致力打造具有广元特色的"广元七绝"（朝天核桃、米仓山富硒富锌茶叶、青川黑木耳、苍溪雪梨、苍溪红心猕猴桃、剑门关豆腐、广元油橄榄）等系列优质农产品区域公用品牌。特别是实施"无公害食品行动计划"以来，农产品质量安全水平不断提高。至 2017 年底，"三品一标"农产品累计达到 338 个（其中无公害农产品 175 个、绿色食品 70 个、有机食品 67 个、地理标志农产品 26 个）。已整体通过无公害食品产地认定，建成全国绿色食品原料标准化生产基地 165. 6 万亩，面积占全市耕地面积的 65. 4%；旺苍县、青川县被认定为有机农产品生产基地。全市创省级以上畜禽标准化示范场 61 个，41 个畜产品通过无公害农产品认证。经过广大农业工作者的共同努力，广元农业生产目前已达到较高水平，农产品品质及数量均已得到大幅提高，但与此相对应的是，农业面源污染情况仍然存在，需要引起高度重视。全市农业面源污染主要来源于化肥、农药、农膜等农用投入品和农作物秸秆等种植业污染源、养殖业污染源以及农村生活污染源。

（一）化肥使用量及其施肥强度时空变化特征

1. 化肥使用量及其施肥强度的时间特征

全市 10 年化肥使用量一直正增长至 2015 年达到历史最大使用量 123070 吨，比 2008 年增加 17712 吨，增长 16.8%。自 2015 年实施化肥零增长行动后化肥使用量稳定下降（见表 1），两年间减少使用量 15702 吨，下降 12.8%，效果显著。

施肥强度（按播种面积算）趋势表现与施肥量基本一致（见表 2），2008～2014 年，施肥强度持续稳定增高，2015～2017 年，施肥强度持续降低，2017 年比 2014 年减少 3.19 公斤/亩，下降 15.98%，降幅明显，主要由于开展化肥零增长行动，使化肥使用量减少。总体来看，广元平均化肥施用强度大大低于全国平均水平，也低于西部平均水平。

表 1　广元 2008～2017 年化肥使用量（折纯）

单位：吨

年份	全市	利州区	昭化区	朝天区	旺苍县	青川县	剑阁县	苍溪县
2008	105358	10277	13071	8144	9884	4607	34272	25103
2009	108194	10441	13479	8350	10077	4636	36133	25078
2010	111320	10566	13697	8491	10765	4690	37885	25226
2011	116036	10495	16409	8755	10965	4825	39724	25133
2012	119557	10512	17272	8973	11720	4865	41154	25061
2013	120425	10590	17679	9139	11725	4889	42105	24298
2014	122631	11416	17898	8888	11764	4912	43452	24301
2015	123070	11051	18203	8600	11814	4982	43973	24447
2016	110192	10592	18230	7825	11885	4978	32183	24499
2017	107368	10111	17917	7225	11871	4506	31282	24456

表2　广元2008～2017年化肥施用强度（折纯）

单位：公斤/亩

年份	全市	利州区	昭化区	朝天区	旺苍县	青川县	剑阁县	苍溪县
2008	17.1	26.7	22.8	12.5	12.8	7.7	19.1	18.0
2009	17.3	27.0	22.7	12.6	12.3	7.9	20.0	18.1
2010	17.7	27.4	22.8	12.6	13.3	7.8	20.9	18.0
2011	18.3	27.7	26.7	12.8	13.3	7.8	21.8	17.9
2012	18.6	27.9	26.8	12.8	14.1	7.7	22.5	17.7
2013	19.3	29.0	27.4	13.5	14.7	8.5	23.5	17.6
2014	19.4	30.5	26.8	13.0	14.7	8.2	24.1	17.4
2015	19.2	28.6	26.5	12.2	14.6	8.2	24.4	17.2
2016	17.0	27.1	26.0	11.1	14.6	8.3	17.7	17.1
2017	16.3	24.8	24.7	9.9	14.0	7.5	17.3	16.9

2. 化肥使用量及其施肥强度的空间特征

从空间分布看（见表1），剑阁县、苍溪县施肥量最高，分别占全市29%、22%，主要是由于其耕地面积较大。其次是昭化区、旺苍县、利州区，朝天区和青川县施肥量较小，分别占16%、11%、9%、6%、4%。所有县区2017年施肥量均较2016年度实现负增长。

从施用强度看，利州区最高，昭化区其次，高于全国平均水平，主要因为两县区是全市蔬菜主产区，所以施肥量较高，剑阁县、苍溪县、旺苍县、朝天区次之，低于全国平均水平，青川县施肥强度一直非常小，这与其较为传统的农业生产方式相适应，同时也是其作为有机农业生产基地要件之一。

（二）农药使用量的时空变化特征

1. 农药使用量的时间特征

2008～2015年，全市农药使用量一直正增长直至顶峰，后在实施农药减量控害行动后稳步下降（见表3），表明农药减量控害行动取得实质成效，绿色防控面积创新高。十年间农药使用量总体变幅不大，使用量最高年份（2013年、2015年）仅比最低年份（2008年）多144吨，增长5.57%。

2. 农药使用量的空间特征

从各县区使用量（见表2）来看，苍溪县用量最多，超过全市35%以上，其次是剑阁县，朝天区用量最小。与2015年相比，旺苍县农药使用量下降18.4%，降幅最大，农药减量控害行动取得显著效果；其次是青川县、朝天区、苍溪县、利州区、剑阁县，分别下降17.5%、3.6%、2.3%、2.2%、1.6%，昭化区增加2.3%。

表3　广元2008～2017年农药使用量

单位：吨

年份	全市	利州区	昭化区	朝天区	旺苍县	青川县	剑阁县	苍溪县
2008	2583	106	245	53	235	85	780	1079
2009	2615	99	259	52	240	81	818	1066
2010	2640	94	267	41	233	86	824	1095
2011	2667	92	308	44	260	87	831	1045
2012	2670	91	328	49	271	81	835	1015
2013	2727	92	357	60	284	80	838	1016
2014	2709	93	371	58	291	81	843	972
2015	2727	90	388	55	293	80	851	970
2016	2724	86	407	54	294	77	845	961
2017	2628	88	397	53	239	66	837	948

（三）农用塑料薄膜使用量的时空变化特征

1. 农用塑料薄膜使用量的时间特征

全市农用塑料薄膜使用量10年来一直稳步增长（见表4），其中，2012年以前使用量增长速度较快，后增速放缓。10年间，农膜使用量增加了5584吨，增长率为135.3%，表明广元旱作节水农业技术推广取得显著成效，现代农业有很大发展。

2. 农用塑料薄膜使用量的空间特征

从各县区使用量（见表4）来看，苍溪县用量最多，超过全市60%以上，2011～2012年占比达到65%以上，且2011年使用量爆发式增长，增长率为227.6%，10年内使用量增长率为260.5%。其次是剑阁县、旺苍县、昭化区、青川县、利州区，使用量最小的是朝天区。

表4　广元2008~2017年农膜使用量

单位：吨

年份	全市	利州区	昭化区	朝天区	旺苍县	青川县	剑阁县	苍溪县
2008	4127	238	370	259	439	308	805	1708
2009	4413	218	410	270	585	395	865	1705
2010	4604	216	435	276	592	415	946	1724
2011	8685	215	443	296	598	457	1025	5651
2012	9141	221	475	369	650	439	1035	5952
2013	9327	245	494	399	655	509	1013	6012
2014	9598	370	535	467	668	507	1017	6036
2015	9556	374	585	288	670	510	1018	6111
2016	9711	387	649	304	695	517	1020	6139
2017	9711	405	631	301	628	566	1023	6157

（四）畜禽养殖及其废弃物排放情况的时空变化特征

1. 畜禽养殖及其废弃物排放情况的时间特征

从存、出栏量来看（见表5、表6），近几年广元生猪养殖量有下降趋势，牛，羊、禽保持稳定增长。生猪存栏量2008年达到顶峰，2014年前基本保持小幅下跌趋势，2015~2017年连续三年较大幅度下降，生猪出栏量到2014年达到历史最高点374.14万头，后持续3年下跌。这既是市场大环境的反映，也与广元市政府近年来深入调整畜牧产业结构，“稳生猪、攻牛羊、兴土鸡”，大力实施“突破性发展肉牛羊产业”战略有关。

表5　广元2008~2017年畜禽存栏情况

畜种	存栏数(万头、万只)									
	2008年	2009年	2010年	2011年	2012年	2013年	2014年	2015年	2016年	2017年
生猪	267.6	259.7	259.1	247	250.6	244.6	245.2	236.4	230.3	229.3
肉牛	25.81	26.04	26.63	27.15	26.88	27.17	28	28.02	27.62	28.19
肉羊	32.75	34.85	36.15	36.76	37.78	36.74	38.86	39.73	39.22	40.84
禽	1263.8	1399.9	1416.2	1414.3	1328.2	1559.2	1638.8	1742.2	1692.4	1706.8

表 6　广元 2008 ~ 2017 年畜禽出栏情况

畜种	存栏数(万头、万只)									
	2008 年	2009 年	2010 年	2011 年	2012 年	2013 年	2014 年	2015 年	2016 年	2017 年
生猪	315. 5	343. 3	352. 6	346. 7	360. 7	367	374. 14	364. 28	349. 25	333. 97
肉牛	6. 01	5. 89	6. 04	5. 98	6. 09	6. 26	6. 6	7. 03	7. 25	7. 22
肉羊	26. 53	27. 78	29. 28	28. 35	28. 88	29. 96	30. 93	32. 43	33. 73	34. 89
禽	1265. 6	1312. 8	1395. 5	1435. 9	1559. 2	1598. 8	1711. 5	1762. 3	1816. 7	1800. 0

从畜禽废弃物排放情况看（见表 7），2008 ~ 2013 年，排放量变化不大，2014 年达到峰值 897. 06 万吨后波浪式下降。总体来看，广元畜禽废弃物年排放量在 900 万吨以下。

表 7　广元各县区 2008 ~ 2017 年畜禽粪尿产生情况

单位：万吨

地区 \ 年份	2008	2009	2010	2011	2012	2013	2014	2015	2016	2017
广元市	886. 23	885. 06	868. 30	873. 57	871. 92	869. 06	897. 06	888. 75	868. 91	874. 73
利州区	73. 28	69. 74	61. 41	61. 87	66. 41	64. 60	67. 77	68. 35	63. 93	63. 31
昭化区	124. 16	115. 53	103. 63	105. 85	110. 30	84. 41	114. 62	116. 83	117. 56	117. 19
朝天区	49. 58	55. 12	56. 85	57. 43	61. 80	65. 66	67. 66	64. 77	64. 83	64. 61
旺苍县	136. 96	136. 98	131. 02	130. 16	120. 31	117. 73	118. 11	109. 07	103. 74	103. 75
青川县	53. 78	61. 86	65. 13	65. 92	67. 57	70. 26	74. 97	74. 96	73. 73	73. 77
剑阁县	227. 17	226. 69	226. 51	227. 40	224. 54	219. 19	229. 51	232. 18	227. 04	231. 38
苍溪县	221. 40	219. 14	223. 74	224. 95	221. 18	220. 41	224. 17	223. 06	218. 71	220. 72

2. 畜禽养殖及其废弃物排放情况的空间特征

从各县区 10 年存、出栏情况看（见表 8 ~ 表 15），全市畜禽养殖主要集中在剑阁、苍溪两个畜牧大县，其次是旺苍县和昭化区，利州区、朝天区、青川县养殖量相对较少；生猪养殖主要集中在苍溪、剑阁、昭化、旺苍；肉牛养殖苍溪、剑阁、旺苍、青川发展较好，肉羊养殖剑阁、旺苍、朝天、青川发展较好，家禽养殖在剑阁、苍溪、青川、旺苍发展较好。

畜禽养殖情况决定粪污产生情况，因此，畜禽粪污产生也主要集中在剑阁、苍溪两个畜牧大县，其次是旺苍县和昭化区，利州区、朝天区、青川县畜禽粪污产生相对较少。

表 8 广元各县区 2008～2017 年生猪存栏情况

单位：万头

地区＼年份	2008	2009	2010	2011	2012	2013	2014	2015	2016	2017
广元市	267.6	259.7	259.1	247.0	250.6	244.6	245.2	236.4	230.3	229.3
利州区	22.2	21.0	20.0	17.4	19.4	18.9	18.9	18.3	17.2	17.1
昭化区	45.7	41.2	40.7	35.4	37.6	36.9	37.1	36.6	36.9	37.0
朝天区	12.4	14.7	16.0	14.9	16.0	16.6	16.7	16.1	16.6	16.4
旺苍县	41.5	40.9	40.9	38.2	34.6	33.3	33.3	31.4	29.3	29.3
青川县	13.6	15.2	15.2	14.2	15.3	15.7	15.7	14.9	14.5	14.3
剑阁县	62.1	60.4	60.6	60.5	61.8	58.4	58.5	56.9	54.9	54.9
苍溪县	70.1	66.3	65.6	66.4	66.0	64.8	64.9	62.0	60.9	60.3

表 9 广元各县区 2008～2017 年肉牛存栏情况

单位：万头

地区＼年份	2008	2009	2010	2011	2012	2013	2014	2015	2016	2017
广元市	25.81	26.04	26.63	27.15	26.88	27.17	28.0	28.02	27.62	28.2
利州区	2.26	2.04	1.84	1.88	1.99	1.9	2.1	2.2	2.0	1.9
昭化区	2.79	2.71	2.63	2.84	2.90	0.3	3.1	3.1	3.1	3.1
朝天区	1.60	1.59	1.72	1.78	1.87	1.9	2.0	1.9	1.9	1.9
旺苍县	4.40	4.41	4.32	4.24	4.01	4.0	4.0	3.8	3.7	3.7
青川县	1.79	2.17	2.59	2.66	2.66	2.7	3.1	3.2	3.2	3.2
剑阁县	7.00	6.93	6.91	7.01	6.84	6.9	6.9	7.1	7.1	7.5
苍溪县	5.98	6.19	6.62	6.74	6.61	6.7	6.8	6.8	6.7	6.9

表 10 广元各县区 2008～2017 年肉羊存栏情况

单位：万只

地区＼年份	2008	2009	2010	2011	2012	2013	2014	2015	2016	2017
广元市	32.75	34.85	36.15	36.76	37.78	36.7	38.9	39.7	39.2	40.8
利州区	1.04	1.14	1.87	2.00	2.22	2.1	2.3	2.3	2.2	2.5
昭化区	1.85	1.92	1.92	2.22	2.43	2.4	2.9	4.5	4.5	4.0
朝天区	1.55	1.85	1.80	1.82	4.92	4.9	5.0	4.7	4.9	5.1
旺苍县	6.51	6.53	6.54	6.42	6.45	6.4	6.9	6.8	6.7	6.7
青川县	1.50	1.99	3.57	3.77	4.00	4.1	4.6	4.8	4.6	4.8
剑阁县	17.16	17.86	17.02	16.97	14.16	13.4	13.5	13.1	12.6	13.0
苍溪县	3.14	3.56	3.43	3.56	3.60	3.4	3.6	3.6	3.5	4.7

表 11　广元各县区 2008 ~ 2017 年家禽存栏情况

单位：万只

地区＼年份	2008	2009	2010	2011	2012	2013	2014	2015	2016	2017
广元市	1263. 8	1399. 9	1416. 2	1414. 3	1328. 2	1414. 0	1638. 8	1742. 2	1692. 4	1706. 9
利州区	100. 90	111. 77	113. 06	112. 92	106. 04	107. 4	121. 6	131. 6	127. 9	132. 4
昭化区	97. 75	108. 28	109. 54	109. 40	102. 73	110. 9	142. 1	169. 8	171. 3	168. 7
朝天区	117. 94	130. 64	132. 16	131. 98	123. 94	155. 2	165. 2	157. 9	144. 5	145
旺苍县	128. 27	142. 08	143. 73	143. 55	134. 80	135. 6	136. 4	92. 9	89. 8	89. 9
青川县	118. 82	131. 61	133. 14	132. 97	124. 87	143. 8	150. 5	156. 2	152. 0	155. 8
剑阁县	365. 14	404. 46	409. 15	408. 62	383. 72	398. 5	528. 5	581. 3	569. 2	571. 9
苍溪县	335. 01	371. 09	375. 39	374. 91	352. 06	362. 6	394. 5	452. 6	437. 3	443. 2

表 12　广元各县区 2008 ~ 2017 年生猪出栏情况

单位：万头

地区＼年份	2008	2009	2010	2011	2012	2013	2014	2015	2016	2017
广元市	315. 5	343. 3	352. 6	346. 7	360. 7	367. 0	374. 1	364. 3	349. 2	334. 0
利州区	24. 1	26. 2	26. 9	26. 4	27. 5	28. 1	28. 5	27. 5	26. 8	25. 5
昭化区	47. 8	52. 0	53. 4	52. 5	54. 67	58. 1	60. 0	60. 1	58. 8	56. 4
朝天区	17. 8	19. 3	19. 8	19. 5	20. 3	21. 1	21. 7	21. 2	20. 8	19. 9
旺苍县	40. 2	43. 8	45. 0	44. 2	46. 00	46. 0	46. 8	45. 2	42. 8	40. 8
青川县	17. 8	19. 3	19. 8	19. 5	20. 30	21. 2	21. 4	20. 8	20. 2	19. 2
剑阁县	84. 1	91. 6	94. 0	92. 5	95. 73	96. 3	97. 6	94. 6	89. 9	86
苍溪县	83. 7	91. 1	93. 6	92. 0	96. 20	96. 3	98. 1	94. 8	90. 0	86. 2

表 13　广元各县区 2008 ~ 2017 年肉牛出栏情况

单位：万头

地区＼年份	2008	2009	2010	2011	2012	2013	2014	2015	2016	2017
广元市	6. 01	5. 89	6. 04	5. 98	6. 09	6. 26	6. 6	7. 0	7. 2	7. 2
利州区	0. 53	0. 52	0. 54	0. 45	0. 49	0. 5	0. 6	0. 6	0. 6	0. 6
昭化区	0. 52	0. 54	0. 57	0. 58	0. 63	0. 69	0. 7	0. 7	0. 8	0. 7
朝天区	0. 35	0. 38	0. 38	0. 38	0. 34	0. 35	0. 4	0. 4	0. 4	0. 4
旺苍县	0. 88	0. 83	0. 81	0. 80	0. 80	0. 82	0. 8	0. 9	0. 9	0. 9
青川县	0. 41	0. 32	0. 34	0. 37	0. 34	0. 37	0. 5	0. 6	0. 7	0. 7
剑阁县	1. 36	1. 34	1. 41	1. 40	1. 43	1. 44	1. 5	1. 5	1. 6	1. 6
苍溪县	1. 97	1. 96	1. 99	2. 00	2. 05	2. 1	2. 2	2. 3	2. 3	2. 3

表 14　广元各县区 2008 ~ 2017 年肉羊出栏情况

单位：万只

地区＼年份	2008	2009	2010	2011	2012	2013	2014	2015	2016	2017
广元市	26. 53	27. 78	29. 28	28. 35	28. 88	30. 0	30. 9	32. 4	33. 7	34. 9
利州区	1. 27	1. 35	1. 57	1. 61	1. 77	1. 9	1. 9	2. 0	2. 0	2. 0
昭化区	1. 46	1. 43	1. 51	1. 48	1. 59	1. 7	2. 2	2. 5	2. 7	2. 6
朝天区	2. 10	2. 73	2. 89	2. 80	4. 32	4. 4	4. 6	4. 5	4. 8	5. 0
旺苍县	4. 35	4. 47	4. 65	4. 46	4. 50	4. 7	4. 8	5. 0	5. 2	5. 4
青川县	1. 76	2. 17	2. 72	2. 67	2. 80	3. 1	3. 1	4. 0	4. 3	4. 5
剑阁县	12. 33	12. 49	12. 82	12. 34	10. 90	11. 2	11. 3	11. 4	11. 8	12. 2
苍溪县	3. 26	3. 14	3. 12	2. 99	2. 99	3. 0	3. 1	3. 1	3. 1	3. 2

表 15　广元各县区 2008 ~ 2017 年家禽出栏情况

单位：万只

地区＼年份	2008	2009	2010	2011	2012	2013	2014	2015	2016	2017
广元市	1265. 6	1312. 8	1395. 5	1435. 9	1559. 2	1598. 8	1711. 5	1762. 3	1816. 7	1800. 0
利州区	101. 04	104. 81	111. 41	114. 64	124. 48	130. 8	136. 4	138. 8	139. 8	137. 7
昭化区	97. 89	101. 55	107. 94	111. 06	120. 60	123. 4	135. 7	141. 4	160. 0	157. 3
朝天区	118. 10	122. 51	130. 22	133. 99	145. 50	155. 0	165. 2	166. 0	157. 5	155. 2
旺苍县	128. 45	133. 24	141. 63	145. 73	158. 25	161. 3	169. 3	176. 5	180. 0	176. 8
青川县	118. 98	123. 43	131. 19	134. 99	146. 58	154. 8	165. 4	171. 9	182. 1	180. 1
剑阁县	365. 65	379. 30	403. 17	414. 85	450. 47	455. 8	503. 3	519. 7	563. 7	565. 4
苍溪县	335. 48	348. 00	369. 91	380. 62	413. 30	417. 8	436. 3	448. 0	433. 6	427. 5

三　广元农业面源污染治理措施及其存在的问题

（一）广元农业面源污染治理措施及成效

1. 化肥控制方面

2015 年以来，通过实施化肥零增长行动，广元化肥用量稳步下降，实现了使用量负增长，在保障粮食安全的同时，节约了资源，促进了农业废弃物资源化利用，保护了生态环境。

一是推广科学施肥技术，提高科学施肥水平，引导农民“科学、经济、环保”施肥。通过推进测土配方施肥技术、推进机械施肥、推广水肥一体化、推广适期施肥技术、推进有机肥资源利用，减少化学肥料使用量，通过推进新肥料新技术应用，加快新产品推广，集成推广高效施肥技术模式。2017 年，全市完成测土配方施肥面积 458 万亩次，已建设测土配方施肥整建制推进县 1 个（苍溪县），整建制推进乡镇 47 个、整建制推进村 804 个。建立测土配方施肥万亩核心示范片 17 个、百亩村级示范方 69 个。全市推广水肥一体化技术面积 9. 38 万亩，完成秸秆还田面积 284. 2 万亩，推广商品有机肥面积 85. 3 万亩，全年化肥使用量为 10. 74 万吨（折纯），比上年减少 2824 吨。

二是重视耕地保护和质量提升。以解决当前农业资源与生态突出问题为目标，大力推广秸秆还田、种植绿肥、增施有机肥等农业可持续发展生产技术，围绕高标准农田建设示范片、现代农业发展项目、国土土地整理项目区、农发土地整理项目区、现代农业示范区和大中型水库灌区的粮油主产区为重点进行实施，通过采取物化补助、购买服务、PPP 模式等方式，鼓励和支持农业生产者培肥地力，提高耕地综合生产能力，改善农业生态环境，促进农业可持续发展。2017 年，全市以实施省厅下达旺苍县耕地质量保护项目带动全市范围内开展耕地质量保护工作，开展秸秆还田技术 284 万亩，综合利用率达到 91. 8% 左右；绿肥种植还田 14. 1 万亩；增施有机肥面积 369. 5 万亩；耕地质量保护工作技术综合推广面积比 2016 年度增加 21. 3% 。

三是加强肥料质量管理。要严格按照规范实施肥料田间试验，保证肥料肥效与安全；要严格肥料生产企业生产条件考核，保证肥料质量稳定；要加强肥料质量抽检，强化肥料市场监管。积极会同市场监管部门，围绕重点地区、重点市场、重点品种，在购肥、用肥的关键季节，集中开展市场整治行动，清除假冒伪劣产品，打击坑农害农的违法行为，规范肥料市场秩序。

2. 农药控制方面

2015 年以来，通过实施农药减量控害行动，广元化肥用量稳步下降，实现了使用量负增长。

一是加强病虫监测预警，提高病虫预报准确率和到位率。通过实施植物保护工程，构建以全市 8 个植保工程项目站，剑阁、青川、剑阁 3 个部、省级病虫重点测报站为重点，每县区 10 个重点监测点为依托的全市农作物重大病虫害监测预警体系。充分利用现代传媒技术，加强新型自动监测仪器设备的推广应用，达到数字化监测、网络化传输、可视化预报，提高了监测预警的时效性、准确性和病虫预报信息的到位入户率、覆盖面，让群众在最佳防治时期施药，减少盲目用药。

二是大力推广绿色防控技术，减少化学农药用量。以苍溪、剑阁、昭化 3 个现代植保示范县为重点，依托现代农业园区和重大病虫源头区，建立 IPM 绿色防控示范园区。通过推广各种生态调控、害虫诱杀技术、以螨治螨、植物免疫诱导、生物导弹、生物农药、蜜蜂授粉等关键技术，集成可推广的绿色防控技术模式，结合专业化的统防统治，建立完善绿色防控技术体系，迅速扩大绿色防控技术推广面。

三是推广以新型高效植保机械，提高农药利用率。在淘汰老式施药器械的基础上，筛选和推广以自走式喷杆喷雾机、植保无人机为代表的新型高效植保机械和配套施药技术，提高作业效率和防治效果。

四是全面推进病虫统防统治，提高专业化防治水平。通过农机购置补贴扶持了一批植保社会化服务组织，通过开展政府购买病虫防治公共服务来调动植保社会化服务组织积极性。以新型农业经营主体为主要服务对象，整体推进统防统治，实现了政府公共服务到位、植保社会化服务组织盈利和农民节本增收有机统一。

3. 农用塑料薄膜控制方面

2016 年，市政府在全省率先启动了废弃农膜收集和处理体系建设工作，出台了《关于推进废弃农膜收集和处理体系建设的意见》（广府发〔2017〕3 号）等文件，建立了完善的包括市、县、乡（镇）的组织领导体系、回收利用体系，并通过招商引进了集中加工处理企业。截至2017年底，全市完成了233个乡镇回收站、2520个村回收点建设，已覆盖全市所有乡镇及行政村，市、县（区）共安排财政资金737万元用于废弃农膜收集工作，全市平均回收再利用率65.6%，回收工作取得初步成效。

4. 畜禽养殖废弃物控制方面

2017年，广元市人民政府印发《广元市畜禽养殖粪污治理专项行动工作方案》，全市大力开展畜禽养殖粪污治理专项行动。

一是突出养殖区域科学布局。坚守生态环保理念，坚持绿色发展方向，根据畜禽养殖污染防治规划、养殖禁养区划定及土地承载等情况，科学制定畜牧业发展规划，合理布局养殖区域，确保环保与发展同步。

二是突出污染治理除顽疾。科学划定畜禽养殖禁养区，依法关闭或搬迁禁养区内规模养殖场（小区）、养殖专业户。禁养区内不得新建、扩建畜禽养殖场。督促指导禁养区外养殖场根据养殖规模和污染防治需要，建设相应的畜禽粪便、污水与雨水分流设施，畜禽粪便、污水的贮存设施，粪污厌氧消化和堆沤、有机肥加工、制取沼气、沼渣沼液分离和输送、污水处理、病死畜禽无害化处理等综合利用和无害化处理设施。新建、改建、扩建畜禽养殖场，按相关规定办理环保审批手续，建设相应污染防治设施，严格执行环保三同时和排污许可制度。2017年，全市依法关闭或搬迁禁养区内规模养殖场（小区）、养殖专业户216家，禁养区内畜禽养殖污染得到有效遏制。

三是突出综合利用增效益。坚持以种定养、以养促种、种养结合、循环利用原则，采取源头减量、过程控制、末端利用、综合施策路径，全面推进全市畜禽养殖粪污资源化利用。一方面大力发展种养循环，根据土地承载能力确定畜禽养殖规模，通过堆肥、厌氧发酵、多级沉淀等工艺技术，将畜禽粪便处理后还田利用，实现粮、蔬、茶、果等种植与畜禽养殖有机结合，达到种养循环利用的目的。2017年，苍溪县成功创建为国家级畜牧业绿色发展示范县，并成功申报种养结合整县推进试点项目。2018年剑阁县成功申报废弃物资源化利用整县推进项目。另一方面深入推进肥料化利用，大力推广工厂化堆肥处理和商品化有机肥生产技术，支持发展以畜禽粪便为原料的商品有机肥产业，根据畜禽饲养量和固体粪便产生量，科学布局建设配套有机肥加工厂或堆肥场。全市现有生物有机肥厂 7 家，年生产生物有机肥 75000 吨以上。同时积极开展能源化利用，巩固农村户用沼气，积极推进新村集中供气和大中型规模化养殖场沼气工程等农村能源项目建设，实现“三沼”综合利用。2017 年，全市累计建成户用沼气 39 万口，新村集中供气工程 51 处，大型沼气工程 11 处。全市畜禽粪污综合利用率达 64%，规模化养殖畜禽粪污综合利用率达 72%，规模养殖场粪污处理设施装备配套率达 80%。

（二）广元农业面源污染治理中存在的问题

1. 化肥施用方面

2017 年全市化肥施用总量为 10.74 万吨（折纯），施用强度为 16.3 公斤/亩，超出发达国家为防止化肥对土壤和水体造成污染而设置的安全上限 2.3 公斤/亩。目前化肥面源污染主要表现在：一是部分矿质肥料如过磷酸钙重金属含量高于土壤本底。长期大量使用造成部分土壤重金属含量上升；二是氮磷钾比例不协调，氮肥过量，造成肥料当季利用率不高，蔬菜、水果等农产品硝酸盐含量超标，品质下降；三是设施栽培田块超量施用化肥，加之频繁灌溉，造成土壤板结和地下水污染；四是存在化肥通过农田径流流入江河，造成水体富营养化现象。

2. 农药施用方面

2017 年全市使用农药按纯量计算为 2628 吨，每亩耕地年施用量 0.499 公斤，病虫害综合防治率 95%。部分地块长期使用农药，致使害虫抗药性越来越强，害虫天敌被杀灭，破坏了农田生态平衡和生物多样性，农药亩均用量逐年增加，造成农业面源污染。主要表现在：一是在蔬菜、果树等农作物超量使用造成农药残留超标，夏、秋季发生率较高；二是部分地区施药器械和方法落后，药液洒落于土壤表面，造成土壤中农药残留；三是个别地方用后将农药瓶（袋）弃置于沟渠、池塘旁或施药后遇雨水冲洗，导致农药污染水体。

3. 农膜使用方面

全市常年使用农膜9000吨以上，2017年农膜回收率66%，除农户存在二次使用的棚膜外，田间地头仍存在农膜残留。这种高分子化合物塑料膜自行分解慢，残存在耕层土壤中，影响土壤理化性状，阻碍作物根系生长和水分、空气、营养元素的正常运行，使土壤容重增加，含水量和空隙度减少，阻碍土壤毛细管水和自然水的渗透，从而影响作物生长发育，污染了环境，制约了作物产量的提高。

4. 养殖业污染源方面

全市规模以下的散养户比重大、分布面广、涉及群体大。一些中小养殖场特别是散养户环保意识薄弱，重场内的生产性投入、轻环保成本性投入，治污设施设备配备率低，存在养殖污染问题，给治理工作带来一定难度。畜禽养殖粪污治理工程投入大，运营和维持成本高，而相关实际支持性投入缺乏，存在较大资金缺口。

（三）造成农业面源污染的成因

1. 粮食产量决定农业投入品居高不下

连续多年的粮食高产，在化肥、农药、农膜等化学物质上增加了使用量，导致了农业污染源排放增多，这也是造成农业面源污染的重要原因之一。

2. 部分农民群众传统观念根深蒂固

农民群众是农业生产和生活的主体，从根本上扭转农村面源污染的趋势，实现农村生态环境的改善必须从农民群众自身做起。农民群众受传统生产与生活观念的影响，难以短时间内接受环境保护和节能减排的新要求。尽管每年大力宣传，但相对庞大的农村系统而言，显得单薄无力，调动广大农民群众的积极性仍需要一个漫长的过程。

3. 农业面源污染资金投入不足

各级政府在农业环境保护防治方面专项经费投入不足，导致宣传、组织、技术应用、信息传递等不能持续展开，导致农业面源污染治理进程不够理想。

4. 农业面源污染防治设施较为薄弱

农业面源污染防治设施投入不足，满足不了开展污染的防治需求。针对化肥、农药流失的治理设施较少，规模化畜禽养殖粪污处理装备配套不足，基础管网等资源化利用设施建设滞后，农作物秸秆仍有部分得不到合理处置，防治设施建设亟须进一步加强。

四　广元加强农业面源污染治理的对策建议

为切实推进广元农业面源污染治理，实现农业生产环境零污染、农产品高质量，围绕将广元建成全国最大的红心猕猴桃产业基地、中国西部最大的淡水有机鱼产业基地、“川茶”品牌重要的产业基地、全国知名绿色农特产品生产、加工、出口基地和国家现代农业示范区、国家农产品质量安全市、国家有机产品认证示范市、国家可持续发展示范区、全省特色农业强市、国家畜牧业强市的目标，特提出以下对策建议。

（一）严格农业生态环境执法

围绕绿色兴农、质量兴农、品牌强农战略，加强对“环保法”“水十条”“土十条”“气十条”等相关法律宣传力度，加大行政执法力度，严厉打击破坏农业生态环境的违法犯罪行为。

（二）实施化肥使用量负增长行动

在继续做好粮食作物测土配方施肥的同时，扩大测土配方施肥在设施农业及蔬菜、果树、茶叶等园艺作物上的应用。集成推广水肥一体化、氮肥深施、磷肥集中施用、适期施肥、机械化施肥等高效施肥技术，不断提高肥料利用率。加强新型肥料产品和技术研发，示范推广缓释肥料、水溶性肥料、生物肥料、土壤调理剂等高效新型肥料。鼓励引导农民增施有机肥，推广秸秆还田、沼渣沼液还田、绿肥种植技术，推进耕地质量提升，提高有机肥资源利用，减少化肥施用量。到 2020 年，基本实现主要农作物测土配方施肥全覆盖，耕地地力提升面积达 100 万亩，水肥一体化面积 10 万亩，化肥使用量实现负增长。

（三）实施农药减量控害行动

加快构建病虫害监测预警体系，建立健全监测预警数字化平台，提高病虫预报准确率和到位率。抓好绿色防控示范区建设，加强与专业化统防统治有机融合，大力推广已集成的绿色防控技术。推广新型高效植保机械，培育植保社会化服务组织，推进病虫专业化统防统治，提高农药利用率。加强高效、低毒低残留农药的筛选和登记，开展低毒低残留生物农药补助试点，到 2020 年，实现主要农作物绿色防控技术覆盖率达到 30%，专业化统防统治覆盖率达 40% 以上，农药利用率达到 40% 以上，农药使用量实现负增长。

（四）推进农业废弃物资源化利用

启动实施农业废弃物资源化利用示范工程，切实推进养殖污染治理，深入推进秸秆综合利用，着力解决农田残膜污染。实施畜禽养殖粪污治理专项行动，坚持生态优先绿色发展思路，进一步调整完善畜禽养殖禁养区划定，大力推行“生态养殖 + 绿色种植”的生产模式，畜禽养殖废弃物处理倡导采用 PPP 模式、第三方集中处理等模式，支持规模养殖场建立完善配置粪污收集、处理、储存、利用设施，在散养密集区实行畜禽粪便污水分户收集、集中处理利用或无害化处理后就近还田利用，加快推进畜禽粪污无害化处理和资源化利用，到 2020 年，全市畜禽粪污综合利用率达 75% 以上，规模养殖场粪污处理设施装备配套率达 95% 以上，大型规模养殖场粪污处理设施装备配套率提前 1 年达到 100%，畜禽粪污基本实现资源化利用。支持秸秆收集机械还田、青贮饲料化、微生物腐化和固化炭化等新技术示范，加快秸秆收储运体系建设，提高秸秆综合利用水平和效益，到 2020 年，全市秸秆综合利用率达到 90% 以上。扩大旱作农业技术应用，支持使用加厚或可降解农膜；继续开展残膜回收与综合利用。加快可降解农膜应用推广。加快完善农药包装废弃物收集处理系统建设，到2020年基本实现农业生产环境废弃农膜零污染目标。

（五）稳步推进耕地重金属污染治理

在分析评估农产品产地土壤重金属污染底数的基础上，启动重点地区农产品与产地土壤一对一协同加密调查，科学划分重度、中度和轻度污染区，逐步开展农产品产地分级管理。建立健全农产品产地安全例行监测制度，开展长期定位监测预警，逐步掌握土壤重金属污染成因、趋势及变化。实施省农业厅耕地重金属污染综合治理试点项目，并有计划、有步骤地扩大试点范围。力争到2020年，探索出可复制、易推广的耕地重金属污染综合防治技术模式和工作机制，使耕地污染趋势得到有效遏制，农田环境稳中向好。

（六）加强重点区域农业面源污染综合治理

在主要农产品生产区域，大力发展现代生态循环农业，推行农业标准化生产和农业清洁生产，积极发展无公害农产品、绿色食品、有机农产品和地理标志农产品。在水污染防治重点流域和幸福美丽新村建设区域，实施种植业化学投入品减量增效利用、畜禽养殖废弃物循环利用、秸秆产业化利用、水产养殖污染减排、农田残膜回收利用、农村生活污染处理等农业面源污染综合防治示范工程，建设一批跨区域、跨流域的农业面源污染综合防治示范区。到2020年，全市达到“三品一标”产地环境标准的耕地面积达到80%以上，水污染治理重点流域农业面源污染得到有效控制。

（七）加强农业面源污染监测预警

建立完善农田氮磷流失、畜禽养殖废弃物排放、农田地膜残留、耕地重金属污染等农业面源污染监测体系，不断提升农业面源污染监测能力和水平。加强对农业面源污染的组成、发生特征和影响因素研究，实现监测与评价、预报与预警的常态化和规范化，定期发布农业面源污染状况报告。依法加强对农业投入品的监管，打击各类非法添加行为。开展农产品质量安全追溯试点，构建农产品质量安全监管追溯信息体系，促进各类追溯平台互联互通和监管信息共享。支持病死畜禽无害化处理设施建设，加强农业执法监管能力建设，改善农业综合执法条件，稳定增加经费支持。

（八）发展农业循环经济

遵循减量化、再利用、再循环、再思考原则，减少自然资源的物质投入和废弃物的排放，以实现资源→产品→消费→再生能源→再生产品的综合循环利用的目的。农业技术推广部门应重点在农业清洁化生产的技术链接、绿色生产技术和农业资源多级转化、高效利用与废弃物再生技术、循环农业技术标准规范、农村生态小城镇建设技术等层面，开展整合与集成研究，建立相对完善的推动农业循环经济发展的技术创新体系，为循环农业提供技术支撑。

（九）大力培育新型农业经营主体，实行规模化集约化经营

农村青壮年大部分外出务工，农业缺乏有技术的劳动力，给农民科学用肥、科学用地养地工作带来一定困难，要改变这种落后的经营格局，应积极推动土地合理流转，大力发展新型农业经营主体，逐步实现规模化、集约化、机械化经营。

（十）全面推行农业标准化生产

推进农业标准化示范区、园艺作物标准园、畜禽标准化示范场和水产健康养殖示范场建设，扶持新型农业经营主体率先开展标准化生产，实现生产设施、过程和产品标准化。积极推行减量化生产和清洁生产技术，规范生产行为，控制农兽药残留，净化产地环境。

（十一）积极开发农业多种功能

加强规划引导，研究制定促进休闲农业与乡村旅游发展的用地、财政、金融等扶持政策，加大配套公共设施建设支持力度，加强从业人员培训，强

化体验活动创意、农事景观设计、乡土文化开发，提升服务能力。支持发展农家乐、休闲农庄、美丽田园等，提高农业综合效益。推进农业与科技、文化、旅游、生态融合，发掘农业文化遗产价值，保护农村文化遗迹，扶持建设一批具有历史、文化、地域、民族特点的特色景观旅游村镇。鼓励社会资本参与休闲农业发展。加强环境保护，实现经济、生态、社会效益协调发展。继续开展各类休闲农业品牌培育工程，提升产业影响力和知名度。

参考文献

尹勇、封传红、张伟等:《四川省推进农药减量控害行动的思考》,《中国植保导刊》2015 年第 10 期，第 79 ~ 824 页。

《国务院办公厅关于加快转变农业发展方式的意见（国办发〔2015〕59 号)》。

《农业部农产品加工局负责人就大力促进休闲农业发展答记者问》，《农民日报》2015 年 9 月 29 日。

于发稳、侯效敏、郝信波:《新时代农村人居环境整治的现状与对策》,《郑州大学学报》（哲学社会科学版）2018 年第 3 期，第 64 ~ 68，159 页。

B.27

广元农村人居环境整治现状、问题及对策建议

于法稳　李昱隆　程远泽*

摘　要： 农村人居环境整治作为实现乡村振兴战略的重要抓手，既是实现生态宜居的必然要求，也是实现生态宜居的具体行动，更是实现"农村美"的客观要求。本文分析了广元农村人居环境整治生活污水、生活垃圾处理闲置，以及厕所革命成效的基础上，剖析了广元农村人居环境整治中存在的问题，并提出了对策建议。

关键词： 农村人居环境整治　生活污水　生活垃圾　厕所革命　广元市

党的十九大报告提出了实施乡村振兴战略，加快农业农村现代化。同时提出，加快生态文明体制改革，建设美丽中国。要着力解决突出环境问题，开展农村人居环境整治行动。开展农村人居环境整治既是实现生态宜居的必然要求，也是实现生态宜居的具体行动。

一　广元农村人居环境整治的现状

近年来，广元积极响应国家相关政策，紧密结合区域实际，全面推进农

* 于法稳，研究员，博士生导师，中国社会科学院农村发展研究所农村环境与生态经济研究室主任；李昱隆、程远泽，广元市规划建设和住房局。

村人居环境整治。通过大力实施城乡环境卫生整洁行动，以建设完善垃圾收运处理设施、整治城乡脏乱差突出问题、农村生活垃圾、生活污水以及无害化卫生厕所改造等为重点，城乡环境卫生面貌持续改善、广大农村居民的文明卫生意识也得到明显增强。

（一）农村生活污水处理情况

1. 农村生活污水处理的整体情况

根据2010年9月中华人民共和国住房和城乡建设部发布的《西南地区农村生活污水处理技术指南》（试行），四川省农村居民生活用水量按60升/日计算，可得出匡算结果（见表1），从中可以看出，最近7年，广元农村居民生活用水量平均为14.3万立方米，生活污水排放量的下限平均为8.5万立方米，上限平均为12.8万立方米。随着农村安全饮水工程的进一步完善，以及工程的提质增效，农村居民生活用水量将会有所增加，随之而来的就是农村生活污水排放量的增加。

表1　广元农村生活污水排放量匡算结果

单位：万人；升/日；万立方米

项目＼年份	2010	2011	2012	2013	2014	2015	2016
乡村人口	242.5	241.2	240.4	238	236.6	231.8	236.2
生活用水标准	60	60	60	60	60	60	60
生活用水量	14.6	14.5	14.4	14.3	14.2	13.9	14.2
生活污水排放下限	8.7	8.7	8.7	8.6	8.5	8.3	8.5
生活污水排放上限	13.1	13.0	13.0	12.9	12.8	12.5	12.8

资料来源：根据《2017广元市统计年鉴》中的数据计算得到。

广元积极探索农村污水处理的路径，将农村污水处理项目纳入嘉陵江、白龙江流域（广元段）污染综合治理总体方案（2015～2017）之中，争取中央、省级环保专项资金18338万元，实施农村污水处理项目38个。同时，投入5250万元资金，加快推进农村污水处理项目建设，共实施农村环保资金项目25个，覆盖全市25个乡镇，90个行政村；建成污水处理站8座、小型湿地 177 个，新增污水收集管道 128.5 公里，整理生态沟渠 36 公里。截至目前，全市累计建成乡镇污水处理场站 78 座，达到 4.2 万吨/日的处理能力。

针对农村人居环境整治设施“重建轻管”的局面，广元采取有效措施，强化农村污水处理设施的运行保障。将乡镇污水处理设施运营费用纳入各级财政保障范围，大力推行政府和社会资本合作（PPP）投融资模式，鼓励通过大型专业化污水处理企业统一规范化运行。同时，严格加强污水处理运行监管。截至目前，全市建成 78 座污水处理场站，66 座正常运行，占比 84.62%。

截至 2017 年，全市 2398 个行政村中，对生活污水进行处理的行政村有 858 个，占全部行政村的比例为 35.8%。2016 年，全国、四川省的这一比例分别为 20.0% 和 18.0%。由此可见，广元市对生活污水进行处理的行政村比例，不但高于全国平均水平，也高于四川省的平均水平（见图 1），而且也高于东部地区的 28.2%、中部地区的 14.8%、西部地区的 13.6%。

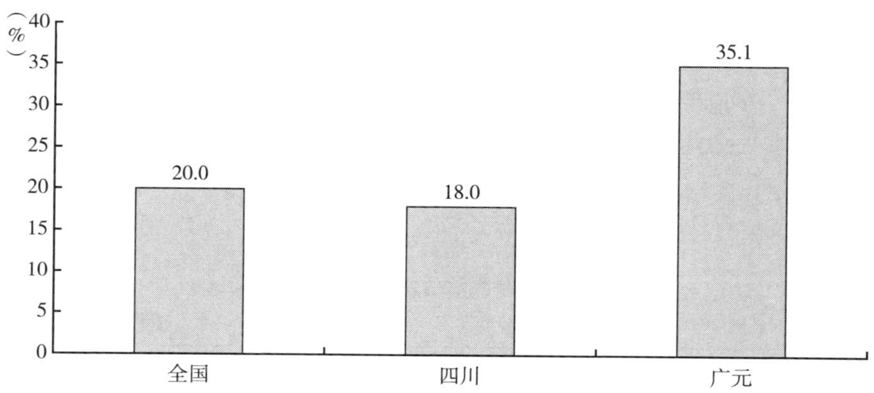

图 1　对生活污水进行处理的行政村比例的比较

2. 不同县市区农村生活污水处理情况

按照农村居民日均生活用水量，以及生活污水排放量的标准，对广元各区县生活污水排放量进行匡算，结果见表2。从表2中可以看出，苍溪县农村生活污水排放量占全市农村生活污水排放量的比例最高，达到27.7%；其次是剑阁县，农村生活污水排放量占全市农村生活污水排放量的24.3%；处于第三位的是旺苍县，农村生活污水排放量占全市农村生活污水排放量的14.5%。其余4个区县农村生活污水排放量占全市农村生活污水排放量的比例差不多，基本处于8%的水平。

表2　广元不同区县农村生活污水排放量匡算结果

单位：万人；升/日；万立方米；%

	利州区	昭化区	朝天区	旺苍县	青川县	剑阁县	苍溪县
乡村人口	19.93	21.09	19	34.24	19.03	57.49	65.43
生活用水量	1.2	1.3	1.1	2.1	1.1	3.4	3.9
生活污水排放下限	0.7	0.8	0.7	1.2	0.7	2.1	2.4
生活污水排放上限	1.1	1.1	1.0	1.8	1.0	3.1	3.5
占全市的比例	8.4	8.9	8.0	14.5	8.1	24.3	27.7

资料来源：根据《2017市广元市统计年鉴》中的数据计算得到。

从农村污水处理设施建设情况来看，广元各区县差异性很大，剑阁县、朝天区、旺苍县分别为265处、187处、148处，远远高于其他区县。从7个区县对生活污水进行处理的行政村比例来看，朝天区、剑阁县分别为91.1%、77.53%，远远高于广元市的平均水平，其余5个县区则低于全市的平均水平。其中，青川县比例最低，仅为3.0%（见表3）。

表3　广元各区县生活污水处理的行政村情况

单位：个；%

	利州区	昭化区	朝天区	旺苍县	青川县	剑阁县	苍溪县
行政村个数	165	211	214	353	198	543	758
对生活污水进行处理的行政村个数	48	14	195	39	6	421	135
对生活污水进行处理的行政村比例	29.1	6.6	91.1	11.1	3.0	77.5	17.8

资料来源：广元市相关部门提供。

利州区按照科学规划、统筹实施、建管并重、全面提升、分类治理，严格标准、因地制宜、经济实用的原则，采取“3+5”的工作措施，即采取三种类型：优化型、提升型、启动型；五种措施：一是针对农村农户居住分散特点，建设小型沼气池或化粪池，实现一体化处理；二是利用城镇郊区农村区位优势，实施城镇污水管网延伸工程，将城郊农村生活污水纳入城镇污水管网之中；三是结合大型养殖场建设大容量沼气池；四是在相对集中聚居的社区，建设人工湿地或污水处理塘系；五是在人居较多的聚居点，结合乡村旅游建设小型污水处理厂，实现污水一体化处理。大力实施农村污水处理“千村示范”工程。优先安排15户或50人以上的农村居民聚居点污水处理设施建设，突出实施100个聚居度高、环境质量要求高的行政村的污水治理。目前，已完成污水集中处理村落35个，采用分散式生态处理村落117个，基本实现农村生活用水应纳尽纳、能治尽治、排放达标。

（二）农村生活垃圾处理情况

1. 农村生活垃圾处理的整体情况

近年来，随着广大农村生活水平的不断提高，农民生活垃圾的种类和总量不断增加，成分日益复杂。其原因在于一次性用品广泛进入农村，如宴席用的塑料餐具、儿童用品、妇女用品、快递用泡末包装等；同时，广大农村居民日常生活用品量日益增加，这些商品的过度包装导致了农村生活垃圾的激增。

根据有关文献，西部地区农村居民每人日均生活垃圾产生量为0.77公斤，据此匡算结果表明，广元农村生活垃圾每年产生量一般在67万吨。随着城镇化进程的加快，农村居民数量可能会有所降低，但农村居民人均生活垃圾产生量可能会增加，这两个原因导致农村生活垃圾产生量逆向发展，因而农村生活垃圾产生量将会有所波动。

2009年四川省开始实施城乡环境综合治理，广元市结合灾后恢复重建，狠抓城乡生活垃圾收集处理设施建设，探索建立农村生活垃圾“村收集、

乡（镇）运输、市县（区）集中处理”等“五种模式”，截至2015年底，全市投入农村生活垃圾收集处理设施建设的资金近8亿元，极大地改善了农村生活垃圾处理设施条件。2016年以来，广元结合中央环保督查反馈问题的整改、城乡垃圾处理设施建设三年推进项目实施，又累计投入2.45亿元加强垃圾收运处理设施的完善提升。截至目前，全市建有生活垃圾焚烧发电厂4座、县城垃圾填埋场8座、乡镇垃圾填埋场193个、垃圾分类收集屋8485个，设置垃圾桶（箱）22576个，配置转运车辆4487辆，有村收集点的行政村比例达到100%；加快再生资源回收体系建设，共建农村垃圾回收点2497个；全市共配备村级卫生保洁人员6482人，实现了保洁人员的行政村全覆盖。全市2398个行政村中，有1842个行政村对生活垃圾进行了处理，占行政村总数的比例为76.8%。

2016年，全国、四川省的这一比例分别为65.0%、83.0%，由此可见，广元的对生活垃圾处理的行政村比例高于全国平均水平，但低于四川省的平均水平（见图2）。

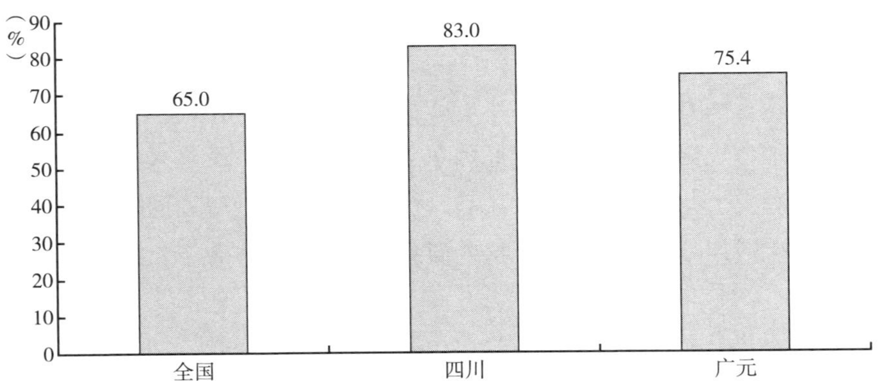

图2　对生活垃圾进行处理的行政村比例的比较

2. 不同县市区农村生活垃圾处理情况

农村生活垃圾产生量与居民人数成正比，2016年广元各区县农村生活垃圾产生量见图3，由于苍溪县、剑阁县、旺苍县的农村居民较其他区县较多，因此，生活垃圾产生量也多于其他区县。

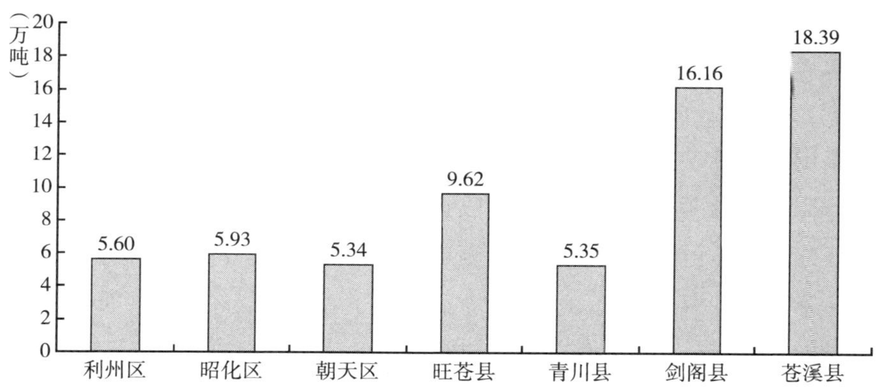

图3　广元各区县农村生活垃圾产生量

资料来源：根据《2017年广元市统计年鉴》中的数据计算得到。

广元各县区结合实际，不断探索农村生活垃圾收运处理运行机制，取得了很好成效。从资金方面来看，各区县将农村生活垃圾收集、清运、处理设施建设经费纳入财政预算，对运行管理人员费用、管护经费，对农村企事业单位实行垃圾处理有偿服务费用，通过有效整合农村社会公共设施运行维护资金，以及村民自治“一事一议”方式、农户缴纳一定垃圾处理费等办法，有效地破解了农村生活垃圾分类处理机制运转资金困难问题，有效地提升了农村生活垃圾处理设施水平（见表4）。

表4　广元各区县农村生活垃圾设施建设情况

单位：个；辆

区县	中转站	垃圾收集点	转运车	填埋场
利州区	17	704	10	
苍溪县		450		
朝天区		430		
剑阁县		840		
青川县		28		
旺苍县		33		
昭化区	4	510	15	22

资料来源：广元各区县提供。

以旺苍县为例，该县坚持“区域共享、连片建设、科学规划、合理布局、便民服务”的原则，注重农村生活垃圾处理设施的规划布局、垃圾清运处理、经费运行保障等，实施了全域统筹规划，采取分布式处理方式，在全县范围内划分了8个片区进行垃圾压缩站、乡镇建中转站、各村社建垃圾屋等基础设施的建设；乡镇将各村收集的生活垃圾，集中运送到片区的压缩站，压缩成型后由县环卫局统一运至市生活垃圾焚烧发电厂。一方面实现了农村生活垃圾的资源化利用，另一方面提升了农村人居环境的质量，实现了生态效益、社会效益、经济效益的有效统一。

再如旺苍县，加大投入提升农村生活垃圾处理设施建设水平。2017年投入资金2673万元，在白水、国华、英萃、三江、金溪、木门、普济、九龙等乡镇规划建设了8座片区生活垃圾压缩站，并在乡镇建设了52座高台垃圾仓、2座地埋式垃圾站、914座农村垃圾分类屋、300个分类箱体，同时，购置了2台压缩站对接车辆、20台转运勾背车。

再如朝天区，通过采取政府购买服务市场化运作的方式，由企业投资在全区25个乡镇建设18座水平移动压缩式垃圾中转站，同时，购置了农村生活垃圾专用运输车5辆，将生活垃圾运输至市垃圾焚烧发电厂处置，2017年7月以来，羊木、沙河、中子3个片区共转运生活垃圾5200余吨至市焚烧发电厂处理。

表5是广元各区县农村生活污水处理的行政村情况。从表5中可以看出，青川县、剑阁县、旺苍县以及昭化区4县区对农村生活污水进行处理的行政村比例较高，分别为98.0%、92.3%、89.5%、82.9%；该比例较低的相关县区分别为利州区、朝天区，分别为37.0%、35.0%，远远低于广元市的平均水平。

（三）农村“厕所革命”推进情况

国家旅游局发布的《厕所革命推进报告》中提到，厕所粪便污染和饮水不卫生引起了农村地区80%的传染病。因此，厕所问题是一个大民生问题，直接关系到农村居民生活质量的提升，以及健康乡村建设的成效。同

表 5　广元各区县对农村生活污水处理的行政村情况

单位：个；%

项目	利州区	昭化区	朝天区	旺苍县	青川县	剑阁县	苍溪县
行政村个数	165	211	214	353	198	543	758
对生活垃圾进行处理的行政村个数	61	175	75	316	194	501	520
对生活垃圾进行处理的行政村比例	37.0	82.9	35.0	89.5	98.0	92.3	68.6

资料来源：广元市相关部门提供。

时，推进厕所革命是实现乡村振兴战略所提出的“生态宜居”的重要内容。因此，必须坚持不懈推进农村“厕所革命”，大力开展农村户用卫生厕所建设、改造和同步实施粪污治理，加快实现农村无害化卫生厕所全覆盖。

广元各级党委政府始终坚持把农村改厕作为改善农村基本卫生条件，消除健康危害因素的重要载体，作为贫困村脱贫攻坚“村落民居整洁化”的重要内容，多方争取项目，加大资金整合力度，通过财政投入、项目补助、农户自筹等方式多元筹集资金，大力实施农村“厕所革命”，保障了全市农村改厕稳步推进。截至 2017 年末，全市农村居民户数为 171.3 万户，其中使用卫生厕所的农村居民户数为 27.66 万户，使用卫生厕所的农村居民户数比例为 16.1%。

表6 是广元各区县农村使用卫生厕所的农户情况。从表6 中可以看出，所有区县使用卫生厕所的农户所占比例都高，其中，比例最高的青川县，为 29.38%；而剑阁县使用卫生厕所的农村居民户数所占比例仅为 3.21%。

表 6　广元各区县使用卫生厕所的农户情况

单位：万户；%

项目	利州区	昭化区	朝天区	旺苍县	青川县	剑阁县	苍溪县
农村居民户数	12.82	13.71	15.35	28.05	12.78	41.17	47.49
使用卫生厕所的户数	2.33	1.90	2.81	5.47	3.76	1.32	10.37
使用卫生厕所的户数所占比例	18.14	13.84	18.32	19.48	29.38	3.21	21.85

资料来源：广元市相关部门提供。

二　广元农村人居环境整治存在的问题

在推进农村人居环境整治进程中，广元结合自身实际，采取有效措施，在农村生活污水、生活垃圾及改厕方面取得了一定成效，但在实施农村人居环境整治过程中，也存在着一些需要进一步解决的问题。

（一）对农村人居环境重视程度有待加强

与全国其他地方一样，在新型城镇化背景下，广元农村人居环境整治在一定程度上也存在着被边缘化的趋势。与城镇公园、城镇生态环境建设相比，对农村人居环境整治工作多少还是有一点应付质疑。相反，作为经济欠发达地区，广元在推进农村人居环境整治方面，难以按照国家及相关部门出台相关政策措施，进行资金的投入。

（二）广大农村居民的观念缺乏时代性

广元广大农村社会经济发展取得了很大成效，但是在此过程中，农村精神文明没有得到同步发展与提高，特别是广大农村居民的观念没有实现转变，缺乏明显的时代性。农村居民受传统生活习惯的影响，对农村生活污水、生活垃圾、“厕所革命”等农村人居环境整治的重要性缺乏认识，一直停留在这些问题的存在不影响其生活的认知水平。特别是在新时代背景下，农村居民还没有意识到农村人居环境整治对进一步提高他们生活品质的重要意义。

（三）农村人居环境整治的模式具有明显的局限性

从广元农村人居环境整治的实际来看，还存在着技术与模式不规范问题，突出表现在如下几个方面：一是缺乏系统观点，即在农村人居环境整治中，将生活污水治理与改厕没有进行一体化处理，采取独立的技术及模式进行处理，导致了工程量的增加，以及后续工作的处理。二是没有考虑到模式的区域适宜性。在农村生活垃圾处理多采用“户分类、村收集、镇转运、县处理”模式，但对这种模式的局限性缺乏考虑。广元地处秦巴山区，村与乡镇之间，乡镇与县区之间的距离较远，如果采取这种模式，将直接导致运输成本的增加。三是空间布局缺乏公平性。当前，主要在主要干道、乡镇所在地周边、中心村布局了垃圾集中存放点，而没有在广大地处深山区的农村设置，导致不公平问题的出现。

（四）农村人居环境整治资金投入严重不足

广元市及各区县在推进农村人居环境整治过程中，尽最大努力增加资金投入，但多数县区都是吃饭财政，或者“三保财政”，在实施农村人居环境整治三年行动中，也难以有更多资金的投入。当前，投入资金数量相对于广大农村人居环境整治设施的需求，资金投入远远不够，以致一些县区农村人居环境整治设施还处于空白状态。此外，由于缺乏必要的人居环境整治设施的管护资金，“重建轻管”现象普遍存在。

（五）农村人居环境整治机制还不完善

从广元农村人居环境整治的实际来看，近年来，垃圾桶、垃圾箱及中转站、运输车等设施陆续配备，但由于缺乏一个有效的运营与管护机制，缺少运营组织和管护经费，从而导致了一些设施的浪费与闲置。此外，在农村人居环境整治过程中，相关的农业局、环保局、住建局等部门之间缺乏有效的统筹协调机制，在一定程度上影响了农村人居环境整治的成效。此外，还没有建立农村居民的参与机制。前面已经提到，农村居民受传统生活习惯的影响，对人居环境整治的必要性认识不足，对政府推动人居环境整治行为不能充分理解，因此责任意识、参与意识严重不足。

三　加强广元农村人居环境整治的对策建议

改善农村人居环境，是实施乡村生态振兴的重要内容，也是实施乡村振

兴战略的一项重要任务，事关全面小康社会的建成，事关广大农村居民生态福祉，为此，广元应采取各种有效措施，持续推进农村人居环境整治。

（一）强化对农村人居环境整治重要意义的认识

从战略意义上讲，农村人居环境整治也是生产力，是新时代乡村振兴战略实施的重要内容之一，更是发展乡村新型产业，实现乡村产业兴旺的重要支撑。因此，广元各级领导应进一步加强对农村人居环境整治重要意义的认识，并树立一体化治理理念，注重推动工作机制的创新，以及相关项目的整合。

在农村人居环境整治中，建议要全面树立一体化处理的理念，将农村改厕与生活污水一体化处理，实现“厕所革命”中的“改”与“治”的有效统一。同时，创新农村人居环境整治的工作机制，制定分工明确的部门间协调推进机制。此外，将有关农村人居环境整治的项目进行有效整合，发挥项目资金的整体效应。

（二）强化宣传教育，促进农村居民意识转变

到2020年全面建设小康社会，农村人居环境质量提高必不可少。特别是随着农村居民生活水平的提高，对美好生活需要特别是良好生态环境、优美人居环境的需要也日益加大，推进农村人居环境整治，实现乡村生态宜居的必要性、紧迫性、长期性更加凸显。

对广元而言，农村人居环境整治的任务依然艰巨，农村居民对农村人居环境整治意识还不强。为此，建议强化宣传教育，充分利用各类媒体，广泛宣传农村人居环境整治对居民生活品质提升的意义，推广各地好典型、好经验、好做法，努力营造全社会关心支持农村人居环境整治的良好氛围，以提高他们的参与意识。

（三）实现技术与模式的创新，为农村人居环境整治提供保障

广元在推进农村人居环境整治工作中，建议对适宜的技术推广应用，在

更大范围内服务于农村人居环境整治。

在实现农村改厕与生活污水一体化处理方面，建议广元市根据山区特点，在不同的区县开展选择单户、联户、集中处理模式的试点示范，然后再进行推广。对于农村生活垃圾的处理，不能盲目采取“户分类、村收集、镇转运、县处理”的模式，建议采取分布式的处理方式。为此，建议广元对农村人居环境整治进行科学的规划，合理布局集中处理点，实现分布式处理点及设施的全覆盖。

（四）加大资金投入，完善农村人居环境整治设施

相对于农村人居环境整治资金需求，考虑到广元经济条件，完全依靠广元自身财力，难以在3年时间内实现农村人居环境整治的目标。为此，建议广元积极申请国家、四川省相关项目，以弥补自身财力的不足。同时，探索新的融资模式，在有条件的县区，逐步建立“政府投入为主，村民支持为辅，积极发挥社会支持”建设公共设施的多元化投资机制，以及以村民为主体的公共设施运行维护管理机制，充分调动村民的积极性。

参考文献

于法稳、侯效敏、郝信波：《新时代农村人居环境整治的现状与对策》，《郑州大学学报（哲学社会科学版）》2018 年第 3 期，第 64～68、159 页。

于法稳：《基于健康视角的乡村振兴战略相关问题研究》，《重庆社会科学》2018 年第 4 期，第 6～15 页。

杨果：《加快农村人居环境整治　助力乡村振兴战略》，《重庆日报》2018 年 6 月 7 日，第 10 版。

脱　贫　篇

Poverty Alleviation Articles

B.28
广元脱贫攻坚成果回顾与展望（2015～2017）

李　坪　李永章　陈星霖*

摘　要： 近年来，广元围绕精准扶贫精准脱贫，举全市之力决战决胜脱贫攻坚，取得决定性进展，探索创新了一系列具有盆周山区特色的脱贫奔康广元经验、广元路径、广元模式，形成了具有广元特色的脱贫攻坚系统工程，为2020年全市全面建成小康社会奠定了坚实基础，为深入实施乡村振兴战略做足了充分准备，为广元加快建设川陕甘结合部现代化中心城市提供了巨大支撑。本文对广元脱贫现状进行了梳理，对广元脱贫攻坚中形成的独树一帜的系统工程作了深入细致的分析与归纳，同时分析了存在的主要困难和问

* 李坪、李永章、陈星霖，广元市扶贫移民局。

题，从构建消除绝对贫困与销减贫困现象共同发力新格局、构建短期有效增收与稳定长效增收共同发力新格局、构建开发式扶贫与保障式扶贫共同发力新格局、构建物质脱贫与精神脱贫共同发力新格局、构建输血式帮扶与造血式帮扶共同发力新格局、构建自我解困与社会扶贫共同发力新格局、构建点位个体脱贫与区域整体脱贫共同发力新格局等方面提出了对策与建议。

关键词： 脱贫攻坚　经验成果　新格局　广元市

广元于2014年启动精准识别贫困群众工作，完成了对贫困群众的首次精准识别，2015年8月在市委六届十次全会上做出了集中力量决战决胜脱贫攻坚的决定，2016年5月召开了广元市坚决打赢脱贫攻坚战千人誓师大会，发起了脱贫攻坚战前所未有的强大攻势。

一　广元贫困分布特点及分析

广元是秦巴山片区整体连片贫困地区，是全省仅有的6个整体纳入脱贫攻坚的市州之一，辖7个县区（其中3个国家级贫困县，4个省级贫困县）。2013年底，全市有贫困村739个、建档立卡贫困户10.76万户、贫困人口34.82万，贫困发生率14.6%。其中，纳入扶持生产和促进就业一批21.16万人，移民搬迁安置一批10.93万人，低保政策兜底一批10.91万人，医疗救助扶持一批11.96万人，灾后重建帮扶一批0.26万人。主要呈现以下特点。

（一）贫困面宽量大

2013年底，全市2541行政村中，有贫困村739个，占29.08%。全市有建档立卡贫困人口10.76万户34.82万人，占全省的5.57%，高出全省6个百分点，居全省第4位。苍溪县、旺苍县、朝天区等国定贫困县贫困发生率相对较高，其中739个贫困村有贫困人口4.2万户13.82万人、占39.69%，1802个非贫困村中有贫困人口6.49万户21万人、占60.31%。

（二）多因叠加致贫

全市10.76万户贫困户中，因病致贫6.26万户、占58.17%，因残致贫1.24万户、占11.49%，缺资金0.91万户、占8.44%，缺劳力等其他原因致贫2.35万户、占21.9%，贫困人口致贫原因复杂多样，有的多因叠加致贫。

（三）贫困程度较深

全市有低保贫困户3.09万户、占28.66%，残疾贫困户1.24万户、占11.49%；贫困人口中老龄化突出，65岁以上老人占17.8%；还有2.5万户、占总数23.28%的贫困户房屋较为陈旧，居住环境差，功能不配套完善，甚至存在安全隐患。

（四）区域贫困明显

从贫困村分布看，421个贫困村分布在北部山区、边远地区和移民安置区，占56.97%；从贫困人口分布看，18.48万贫困人口居住在北部山区、边远地区、移民安置区，占52.23%，贫困对象相对集中，区域性贫困特征明显。

（五）自然条件恶劣

全市41.86%的贫困人口集中生活在北部山区和边远地区，这些地区自然条件较为恶劣，地震、泥石流、洪涝、旱灾等灾害频发，生态较为脆弱，面临较大扶贫压力。

二 脱贫攻坚的主要做法和经验

2015～2017年，广元在脱贫攻坚实践中不断探索创新、总结经验，形成了符合广元实际的脱贫攻坚系统工程。

（一）实施责任压实首位工程

各级党政认真履责，形成了以上率下、合力攻坚格局。确立了到2020年实现“整体连片贫困到同步全面小康跨越”的奋斗目标，制定了“4456”工作方略，打出了“3+12”政策组合拳，召开坚决打赢脱贫攻坚战誓师大会和70余次市委常委会、市政府常务会、领导小组会、专题会部署推动。出台《脱贫攻坚责任制实施办法》等23项制度，逐级签订《脱贫攻坚责任书》，建立扶贫任务、进度、责任“三张清单”，确保工作责任、力量资源、任务要求落地落实。实施党建扶贫工程，加强各级领导班子和基层党组织建设，增配乡镇专职脱贫攻坚副书记，统筹调配机关干部到脱贫一线，充实加强脱贫攻坚力量。

（二）实施作战指挥关键工程

坚持目标导向问题导向，及时出台《超常推进脱贫攻坚33条措施》，形成了强势推进、高效运行态势。健全完善组织指挥体系，构建“1+16+6+1”作战指挥系统，建立市、县、乡、村四级和专项扶贫部门挂图作战机制。分线召开100余次行业扶贫推进会，促进工作有力有序推进。实行每月通报、季度分析、半年评价、年度考核，将考评结果与班子评价、干部使用、资金安排挂钩，出台《宽容失误失败助力决战决胜脱贫攻坚五条规定》，推动了各级各部门真抓实干。

（三）实施精准脱贫核心工程

牢固贯彻精准扶贫理念，因地因村因人施策，形成了精准发力、靶向治

疗路径。围绕全面、全域、全程落实“六个精准”要求，出台《脱贫攻坚工作精细化管理30条规程》，对识贫、扶贫、脱贫、提升全过程全领域确立工作标准、查验规范。积极推进规划精准，科学制订“五个一批”“26个专项”年度计划和贫困户脱贫、贫困村退出年度方案。合理配置帮扶力量，加强帮扶工作的培训、管理和考评，1042个部门单位、3.7万名党员干部联挂739个贫困村、1802个非贫困村和10.76万贫困户，扎实开展帮扶工作。精准实施减贫计划，通过产业扶贫连片县建现代农业产业园、村村建特色产业示范园、户户建产业小庭园“三园联动”、就业促进“十条措施”增加收入，通过易地扶贫搬迁“四化四好”、土坯房改造“建、改、保”等改善生产生活条件，通过教育扶贫“四好四不让”、卫计扶贫“四大工程”、兜底保障“两线合一”等保障群众利益，通过实施“355”方略发展集体经济，贫困村面貌改变和贫困群众得实惠前所未有。

（四）实施脱贫奔康结合工程

全面深化“六化”行动，形成了脱贫奔康、统筹联动方略。把解决当前问题与谋划长远发展紧密结合，深化“四好村”创建广元实践，大力实施房前屋后庭园化、村落民居整洁化、产业发展特色化、公共服务体系化、基层治理法治化、新风培育常态化脱贫奔康“六化”行动，创造性推进民居改造、庭院建设、产业发展、公共服务、基层治理、新风培育等工作，建成省级、市级“四好村”742个，增强了贫困村与非贫困村、贫困户与非贫困户的获得感满意度。集中开展“同吃同住同劳动”活动，组织各级各部门帮扶干部深入贫困户，给群众讲政策、讲党恩、讲道理、讲工作，帮助解决实际困难和问题。

（五）实施质量提升创新工程

完善机制破解难题，形成了对标补短、提质增效体系。破解插花贫困帮扶难题，实行与贫困村贫困户同步精准规划、同步精准投入、同步精准帮扶、同步加强督查、同步严格验收“五个同步”，精准帮扶6.49万户插花贫困户。2017年5月9日至10日，时任中央书记处书记、全国政协副主席杜青林专程来广元开展非贫困村调研，对广元加强非贫困村脱贫攻坚工作做法给予充分肯定。破解返贫预警阻击难题，出台《返贫预警监测阻击工作实施办法》，采取按市1%、县10%、乡100%的比例，抽查已脱贫户收入情况的办法，及时发现可能返贫的已脱贫户，对可能返贫的对症施策阻返。对已脱贫村和户，做到“帮扶、政策、项目”不变，实现稳步脱贫、逐步奔康。破解群众内生动力难题，办好2422所“农民夜校”，开展“四项教育”“四讲一做”“同吃同住同劳动”等活动，修订村规民约，实行股份激励、精神鼓励，群众纷纷挂起习总书记画像铭记党恩、自我发展技能不断增强。

（六）实施尽锐出战社会工程

聚力“四位一体”联动用力，形成了多方参与、协同推动氛围。坚持以有限的财政投入带动其他投入，建立健全“涉农投入统筹整合、金融投入财政撬动、社会投入政府激励”政策体系，构建起政府主导、社会参与、市场运作和群众投入相结合的大扶贫工作格局。整合投入各类资金，设立并用好扶贫“四项基金”。创新实施“扶贫再贷款＋扶贫小额信贷”金融精准扶贫到村模式，逐步形成“政府主导、信贷支持、新型经营主体带动、贫困户自我发展”的金融精准扶贫新路径，为贫困户积极发放个人精准扶贫贷款。举办“10·17扶贫日”主题活动，积极引导工商资本、民营资本、社会资本参与脱贫攻坚，吸纳社会扶贫投入33亿元以上。表扬全国、全省、全市脱贫攻坚奖24人，聘任“扶贫大使”21人。

（七）实施强化实效保障工程

严格督责考责问责，形成了抓铁有痕、落实见效攻势。制定了《广元市脱贫攻坚督查巡查工作实施方案》，实行“每月督查反馈、季度评价排名、半年分析研判、年度评估验收”。组建9个脱贫攻坚巡回督查组，进村入户实行“排雷式查问题、发票式开清单、围攻式抓整改、连带式追责任”，及时发现整改问题。建立集上级考核、日常督查、群众评价于一体的抓脱贫攻坚绩效考评体系。定期向人大、政协、民主党派通报脱贫攻坚，主动接受人大、政协、民主党派监督。开办《阳光问政》专题节目，在报纸、电视开设“曝光台”，集中曝光查处突出问题。强化脱贫攻坚问效问责，制定脱贫攻坚《重点监督检查问题清单制度》《日常监督检查工作制度》《问题线索快查严处制度》等执纪问责三项制度，实行“三个一律”，对不落实不作为假作为的，考核评优一律一票否决，责任领导一律就地免职，追责问责一律从重从严，形成风清气正攻坚环境。

三　脱贫攻坚的主要成果

截止2017年底，利州区实现贫困县摘帽，全市410个贫困村退出，减少贫困户7.58万户、贫困人口25.08万人，贫困发生率从2013年底的14.6%下降到4.1%，广元被表彰为2016年度全省脱贫攻坚7个先进市之一。苍溪县白驿镇岫云村党支部书记李君荣获全国脱贫攻坚奋进奖，在打好精准脱贫攻坚战座谈会上作为四川唯一代表发言，得到习近平总书记充分肯定。全国易地扶贫搬迁现场会、全国产业扶贫现场观摩会、全国县级“十三五”脱贫攻坚规划编制工作会、全省贫困县“摘帽”工作现场推进会、全省精准扶贫现场推进会等全国、全省性会议先后在广元召开。脱贫奔康“六化”行动、易地扶贫搬迁“四化四好”、产业扶贫“三园联动”、教育扶贫“四好四不让”、健康扶贫“一站式”服务、社会扶贫“四个三”等创新做法在全国全省推广。

（一）产业扶贫成效显著

全市累计依靠农业产业脱贫14.23万人，占脱贫人口的56.5%；建成万亩亿元现代农业园区92个、覆盖贫困村276个；村特色产业示范园1472个，覆盖贫困村703个；户办产业小庭园19.8万个，覆盖贫困户5.2万户；培育贫困村农民合作社891家；建成贫困村家庭农场1078家、贫困户农业科技示范户 8868 家、贫困村电商平台 218 个。创建 3 个省级旅游扶贫示范区，39 个省级旅游扶贫示范村。贫困村集体经济组织全部注册运营，退出贫困村集体经济总收入达 657.81 万元、人均收入 30.43 元。

（二）就业扶贫取得实效

组织开展各类技能培训 650 余期，培训贫困劳动者 40413 人；建成就业扶贫基地（车间）64 个，举办专场招聘会 87 场次，转移就业贫困劳动者 16.65 万人次，实施公益性岗位安置贫困劳动者 3636 人；建成贫困村返乡创业园 18 个，带动 15000 余名贫困劳动者实现就地就近创业就业。

（三）住房安全根本保障

实施易地扶贫搬迁 21422 户 70265 人，入住 20192 户 66424 人，在 397 个集中安置点建好益农信息社、就业服务站、远程诊疗点、党群通平台、易地扶贫搬迁信息管理系统，推进产业增收、创业培训、就业安置，确保群众搬得出、稳得住、逐步能致富。改造农村危房 74272 户，改造土坯房 30008 户，有效保障了农村群众住房安全。

（四）基础设施全面改善

全市通乡、通村硬化路通畅率达 100%，提前两年完成贫困村通村硬化路建设任务。解决 25 万贫困人口安全饮水问题，农村自来水普及率达 78.6%。新（改、扩）建 35 千伏及以上输变电站 35 座，线路里程 626.00 公里，新（改）建 10 千伏线路里程 6146.6 公里，全面消除了 381 个村、47464 户贫困户低电压问题。信息通信脱贫村达到 568 个。

（五）民生事业明显提升

资助贫困家庭学生 18.24 万人次，全市 54665 名贫困家庭学生无一辍学。新改建扩建校舍 48.01 万平方米。精准治疗贫困户 17.5 万人次，完成白内障免费手术 1512 例，贫困患者在县域内就医和慢病个人支付控制在

10%以内。完成贫困人口免费健康体检30.5万人次，贫困村卫生室达标589个，贫困村合格村医配备率达100%。向161756名农村低保对象（其中贫困户31408户58509人）发放保障金69056.67万元，实现了“两线合一”及应保尽保。建成贫困村文化室468个。

（六）党建扶贫成效突出

高质量完成村“两委”换届。向省委省政府推荐表彰优秀第一书记19名、帮扶先进单位13个、优秀农技员20名。开展支农支教、义诊义治、送技术下乡等技术服务活动300余次。740名贫困党员带动7696名贫困群众脱贫致富。创建党建扶贫示范户1000户、示范村100个。建成省级“四好村”295个、市级“四好村”563个。

四　问题与对策

在脱贫攻坚进程中，还存在一些困难和问题，主要表现在五个方面。一是个别基层干部薄弱的政治思想认识与脱贫攻坚层层压实责任尽锐出战的刚性要求不相称。二是个别群众欠缺的自力更生精神与脱贫攻坚发挥主体作用增强内生动力的重要要求不相称。三是地方财力薄弱投入有限的现状与高质量打好脱贫攻坚战如期实现同步全面小康的使命要求不相称。四是个别帮扶单位单一的挂联帮扶手段与新时代脱贫攻坚注重稳定脱贫提高质量的核心要求不相称。五是个别地方精准要求落实不到位的问题与精准脱贫攻坚扶到点上扶到根上的基本要求不相称。当前离2020年建成全面小康社会只有两年时间，全市还有9.74万建档立卡贫困人口需如期脱贫，已脱贫人口需持续巩固提升确保同步奔康，打赢打好精准脱贫攻坚战时间紧、任务重、压力大，必须坚定以习近平扶贫思想为指导，全面贯彻落实党的十九大精神，坚持把脱贫攻坚作为最大的政治责任、最大的民生工程、最大的发展机遇，坚持精准扶贫精准脱贫基本方略，坚持目标导向、问题导向、质量导向，强化政策供给、精准帮扶、投入保障，着力激发贫困人口内生动力、着力夯实贫困人口稳定脱贫基础、着力加强扶贫领域作风建设，切实增强贫困群众的获得感满意度，高质量实现“两个确保”“两个稳定”目标。具体来讲，还需要做好以下工作。

（一）构建消除绝对贫困与消减贫困现象共同发力新格局

贫困是相对的、贫困人口是动态的，但扶贫和脱贫不漏掉一户、不落下一人的要求是刚性的。切实解决好新增贫困人口识别问题，对新增贫困对象，第一时间启动识别程序、录入信息系统；第一时间启动精准帮扶。切实解决好临界户扶持问题，对临界户全覆盖开展排查摸底，建立县乡村组四级管理台账，采取灵活多样化措施，统筹调配人财物资源，有效解决其困难和问题。切实解决好非贫困村发展问题，对非贫困村同步落实“六个一”帮扶机制，用好脱贫攻坚政策，加大投入力度，确保非贫困村同步加快发展。

（二）构建短期有效增收与稳定长效增收共同发力新格局

突出长短结合发展特色产业，把握农业供给侧结构性改革主线，坚持市场需求与群众意愿相结合、当年增收短产业与持续增收长产业相结合、因村因户制宜与区域特色主导产业相结合，创新现代农业产业园、村特色产业示范园、户办产业小庭园联动发展，走产业融合发展之路，推动贫困地区农业产业特色化、优质化、差异化发展。突出扩量提质促进群众就业，推行用工企业＋特殊技能需求＋稳定就业模式，提升培训的针对性、实效性。积极开发扶贫车间、微工厂等就业岗位，帮助贫困劳动力就地就近就业。加强与市外劳务协作，帮助更多贫困劳动力找到就业岗位。建立带动贫困群众进入产业、带动就业、带动提能、带动增收机制，推行股份合作、保底分红、利润返还等深度利益联结模式，真正把贫困群众拥有的土地、资金、劳力等生产要素变为资本，在要素流动中实现增值。

（三）构建开发式扶贫与保障式扶贫共同发力新格局

开发式扶贫是竞争性的，主要是针对有劳动能力、有帮扶潜力的贫困对

象。保障式扶贫是兜底性的，主要是针对“无业可扶、无力脱贫”的贫困对象。在抓好开发式扶贫的同时，加强保障式扶贫的政策供给和工作实施。着力精准识别保障式扶贫对象，分门别类建立保障式扶贫工作档案。加快完善保障式扶贫政策办法，着重抓好政策兜底保障、资源资产收益保障、集体经济分红保障等。进一步提升低保兜底质量，开展农村低保对象精准识别“回头看”，确保应保尽保，防止错保漏保。对低保家庭中完全或部分丧失劳动能力的重度残疾人、老年人、未成年人等重点救助对象，适度提高救助水平。不断提高医疗救助水平，注重发挥临时救助补充作用，健全“救急难”和“一门受理、协同办理”机制。创新资源资产收益保障多种实现形式，积极开发多元增收方式，保障收益稳定增长。对深度贫困村实施帮扶倾斜，重点集中攻坚。

（四）构建物质脱贫与精神脱贫共同发力新格局

着力解决贫困对象精神贫困，办好“农民夜校”，持续开展党的十九大精神和习近平新时代中国特色社会主义思想、社会主义核心价值观、集体主义、脱贫攻坚政策、村规民约等学习教育，开展乡风道德、勤劳致富等先进典型评选。着力解决贫困对象能力贫困。加大贫困群众对市场经济、实用技术、经营管理、现代治理等应知应会知识和技能的培训提升力度，提高自我发展能力，促进贫困劳动力由体力型向技能型、智能型转变。着力解决贫困代际传递。积极推动贫困家庭子女都能接受公平的有质量的教育，不输在起跑线上，阻断贫困代际传递。着眼控辍保学，保障农村贫困家庭孩子至少完成义务教育阶段学业。着眼转移就业，拓宽贫困家庭子女转移就业渠道。加大留守学生关爱力度。

（五）构建输血式帮扶与造血式帮扶共同发力新格局

着力科学研制村户脱贫奔康规划，立足脱贫退出标准，着眼同步小康和乡村振兴，精准研制脱贫奔康规划或计划。着力建强农村基层党组织，聚焦提升组织力，务实创新基层党组织设置和活动方式，选优配强党组织领导班子特别是带头人，经过整顿后进村党组织，切实增强基层党组织对农村的有效组织覆盖和政治功能。建立健全村党组织书记选拔、提能培训、管理监督和激励保障机制，壮大村组后备干部队伍，深化遴选能人进村班子工作，积极发展优秀青年农民入党，着力打造一支规模大、留得住、能战斗、带不走的乡村干部人才队伍。着力发展壮大村集体经济，大力培育村集体资产经营管理公司、股份经济合作社、经济合作社“一司二社”的集体经济组织，通过利益联结带动群众增收。

（六）构建自我解困与社会扶贫共同发力新格局

打好脱贫攻坚战，要有开放思维、大扶贫格局，重视抓好社会扶贫，形成合力攻坚态势。扎实抓好东西部扶贫协作，抓住浙江省从台州和丽水两市中选派了五个县区分别对口帮扶除利州区外的其他县区的良好机遇，借力而上，抓紧组建协作管理机构，健全协作推进机制，制订协作方案，确定协作项目，切实提高协作帮扶实效。继续做好定点扶贫协调服务工作。提高社会力量参与的广度和深度，采取政治动员、政策激励、资源吸附、乡情感召等多种方式，广泛动员、引导社会力量参与广元市脱贫攻坚。创新丰富有效帮扶形式，利用中国社会扶贫网大数据平台，组织更多爱心人士上网注册对接贫困户需求。强化资源整合和合理配置，坚持发挥政府投入主体和主导作用，构建资源要素统筹整合制度体系，解决“整而不合”的问题。完善资源要素配置体制机制，解决好“配而不准”的问题，做到精准投向、精准监管。

（七）构建点位个体脱贫与区域整体脱贫共同发力新格局

树立“大河涨水小河满”的意识，充分释放脱贫攻坚政策红利，既精准抓好贫困户贫困村脱贫问题，也发力抓区域性整体贫困问题，提升县域经济发展速度和质量。用好基础设施扶贫政策，补强交通、水利、电力、网络等短板，消除县域经济发展瓶颈制约。用好产业扶贫政策，培育壮大特色骨干产业，夯实县域产业发展基础。用好教育扶贫政策，培养一批懂技术、善管理的专业人员，为县域经济发展储备人才。充分整合扶贫人财物等资源，将扶贫资源转化为实实在在的生产能力，为县域经济加快发展积蓄动能。

参考文献

王一鸣：《实施区域协调发展战略》，载《十九大报告辅导读本》，2017，第216～222页。

韩长赋：《大力实施乡村战略》，载《十九大报告辅导读本》，2017，第209～215页。

《习近平总书记系列讲话读本》，人民出版社，2014，第120～122页。

B.29

广元精准监督助推精准脱贫探索实践报告

——以“4333”精准监督工作法为例

张勋图　李俊生　李清华*

摘　要：　脱贫攻坚贵在精准，重在精准，成败之举在于精准。广元纪检监察机关深入学习领会习近平总书记扶贫开发战略思想，坚持把整治扶贫领域腐败和作风问题作为最大政治任务，扭住“精准”主题，立足“六个精准”，创新建立一套精准监督体系，进一步明晰监督人员、监督内容、监督方式、线索处置、执纪审查、结果运用，形成脱贫攻坚“4333”（四级网络＋三张清单＋三项抓手＋三项机制）精准监督工作法，实现精准监督网格化、全覆盖。该模式全面推行以来，已取得了明显成效，基本实现“廉洁了干部、链接了民心”的目标。

关键词：　精准脱贫　精准监督　“4333”体系　广元市

广元具有贫困面大、贫困人口多、程度深的鲜明特点，脱贫攻坚任务异常繁重艰巨。广元市纪委监委形成精准脱贫“6＋1”工作模式和“4333”精准监督工作法，实现精准监督网格化、全覆盖。

---

* 张勋图、李俊生、李清华，中共广元市纪委。

一　基本动因

（一）形势所趋

全面建成小康社会、实现第一个百年奋斗目标，最艰巨的任务是脱贫攻坚，“精准”更成为脱贫之举成败的关键。党的十八大以来，党中央把脱贫攻坚作为当前及今后一个时期最大政治任务、最大民生工程，以前所未有的力度推进。习近平总书记先后17次在调研、会议、批示中就扶贫工作做出重要论述，5次在跨省扶贫工作座谈会上发表重要讲话。完成党中央确定的奋斗目标，贯彻落实习近平总书记关于扶贫开发重要思想，是各级党组织、全体党员干部的光荣使命和神圣职责。纪检监察机关是政治机关，更应牢固树立“四个意识”，坚决听从党中央指挥，坚决落实党中央部署，在脱贫攻坚这场硬仗中冲锋在前、实干在先，以铁的纪律保障打好脱贫攻坚战。

（二）问题所指

习近平总书记指出“扶贫资金是贫困群众的‘救命钱’，一分一厘都不能乱花，更容不得动手脚、玩猫腻”。然而，面对不断涌入的帮扶政策、项目和资金，有的地方、少部分党员干部又开始膨胀金钱欲望，对扶贫资金动起了坏心思、打起了歪主意，脱贫攻坚领域的不正之风和腐败问题日益凸显。如广元市扶贫和移民工作局一副局长在移民搬迁项目中受贿行贿，涉案金额高达193万元，受到开除党籍、行政开除处分。这充分暴露出“六个精准”或多或少还存在不精准的地方，党和国家的政策在少数地方还存在变形走样的问题，必须对其实施精准监督，才能防止上有政策、下有对策。

（三）职责所在

2017年1月，十八届中央纪委七次全会提出，开展扶贫领域专项整治，加大对“小官大贪”、侵吞挪用等侵害群众利益问题查处力度，坚决查处那些胆敢向扶贫等民生款物伸手的单位及个人。2018 年 2 月，习近平总书记在成都市主持召开打好精准脱贫攻坚战座谈会上强调，要坚持问题导向，集中力量解决脱贫领域“四个意识”不强、责任落实不到位、工作措施不精准、资金管理使用不规范、工作作风不扎实、考核评估不严格等突出问题。因此，护航脱贫攻坚是纪检监察机关的重要职责和使命。但在现实中，一些纪检监察干部不会监督的问题还较为突出，有的不熟悉农村工作，有的不了解脱贫攻坚政策，发现问题的能力较弱，一些不正之风没有得到早发现、早提醒、早纠正。如何更新监督理念、明确监督内容、创新监督方式，做到精准有序有效，是各级纪检监察机关迫切需要思考和解决的重大问题。

二 主要做法

（一）建立“四级网络”

实现精准监督全覆盖。针对过去“大水漫灌”式监督效果较差的问题，广元探索建立市县乡村四级脱贫攻坚精准监督机制，组建包括纪检监察干部、村廉勤委委员、媒体记者、群众代表在内的四级监督员队伍，每户精准贫困户由市县乡纪委和村廉勤委各落实 1 名纪检干部定向联系，建立纪检干部与贫困户之间的信息双向直通车，实现监督者与被监督者精准对应，推动精准监督网格化、全覆盖。市级监督员由市纪委监委班子成员和机关干部、派驻纪检组干部担任，针对 1 个县区和 1 个委口市级部门成立 1 个精准监督工作小组，每个小组由 1 名市纪委监委班子成员任组长。县区级监督员由县区纪委监委班子成员和机关干部、派驻纪检组干部、媒体记者担任，针对 1 个乡镇片区和 1 个委口县区级部门成立 1 个精准监督工作小组，每个小组由 1 名县区纪委监委班子成员任组长。乡镇级监督员由乡镇纪委干部和群众代表担任，针对 1 个村（社区）成立 1 个精准监督工作小组，由 1 名乡镇纪委干部和 2 ~4 名群众代表组成。村级监督员由村廉勤委委员和群众代表担任，针对 1 个村民小组成立 1 个精准监督工作小组，由 1 名村廉勤委委员和 2 ~4

名群众代表组成（见图1）。截至2018年6月，四级监督员共开展监督检查8239次，发现问题4120个。

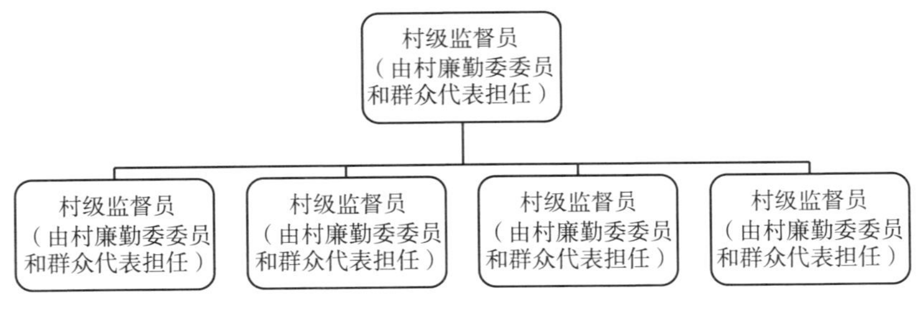

图1　“四级监督员”网络结构

（二）开列“三张清单”，凸显精准监督针对性

针对四级监督员逐级开列监督任务、问题、程序“三张清单”，以清单形式逐一明确各级监督员监督重点、问题表现、履职流程（见图2、图3），有效解决了监督员不知履什么责、怎样履责等问题，让各级监督员有章可循、有据可依，大大提高了监督针对性和实效性。

（三）创新“三项抓手”，找准精准监督突破口

牢固树立以人民为中心的发展思想，突出问题导向，有的放矢、精准发力，坚决防范、纠正人民群众反对、痛恨的现象和问题。

1. 制发“廉心卡”畅渠道

将四级监督员的联系方式以及与脱贫攻坚工作有关的部门咨询电话，制成卡片张贴至全市所有贫困户门前显眼位置，既方便群众咨询政策，又方便群众举报投诉。对应建立来电备案和限时办结回复制度，规定各相关责任人和责任部门建立来电台账，对合理诉求逐一明确处理、回复时限，确保既转变干部作风又让群众信任、满意，实现“廉洁了干部”“链接了民心”。截至2018年6月，全市发放“廉心卡”40.33万张（包括非贫困户），解答政策咨询4851次，受理群众信访举报2367件，解决实际困难1498个。

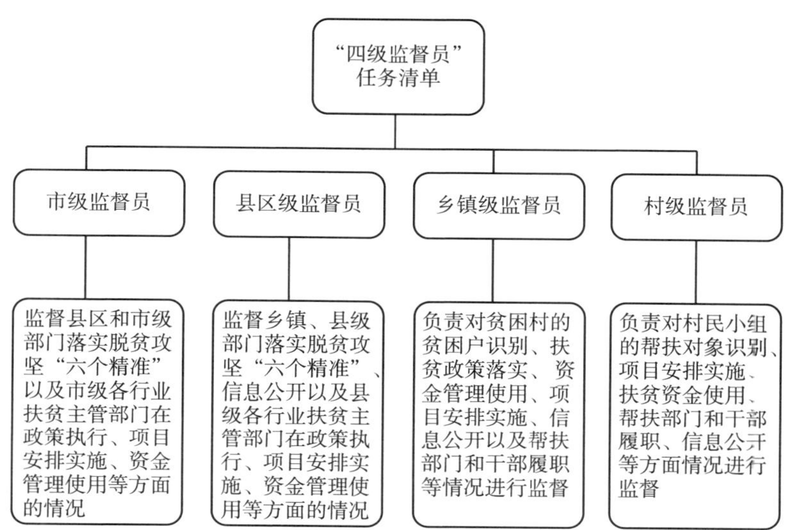

图 2 "四级监督员"任务清单

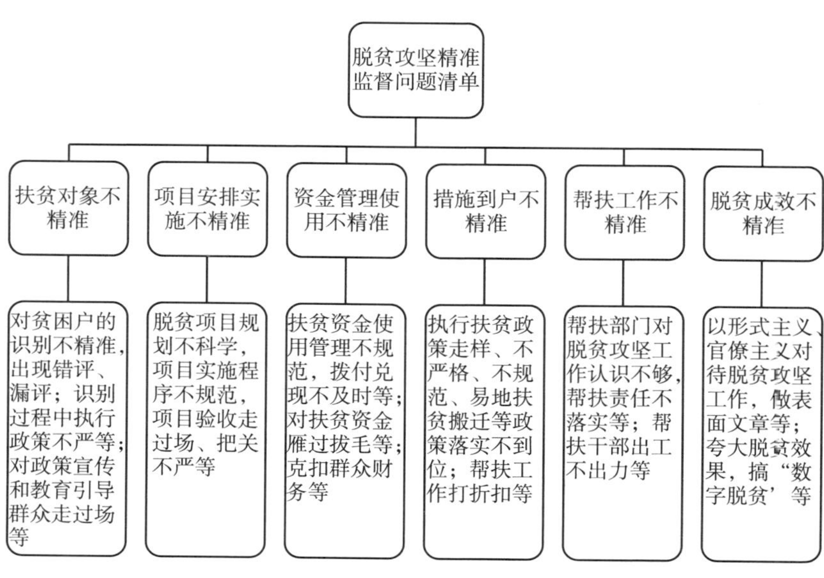

图 3 "四级监督员"问题清单

2. 开办“阳光问廉”挖问题

开办“阳光问廉”脱贫攻坚专场，市上每年至少举办 2 期、县区每年至少 1 期。采取群众随手拍、栏目组暗访、“上下互查”等方式，主动挖掘问题线索。创新开播方式，将“问廉”舞台搬到老百姓家门口，由群众现场质询，干部面对面作答，作答情况由群众现场评测打分，评测不合格的将再次作答，经再次评测仍不合格的，责令做出整改承诺。自 2016 年 5 月首播以来，市县共举办脱贫攻坚专场 10 场，1200 余名群众现场参加节目，质询干部 204 名。

3. 查找“两个最不满意”抓典型

开展查找脱贫攻坚领域“最不满意事”“最不满意人”活动，采取秘密填写调查问卷、单独座谈了解、无记名公开投票等方式，在乡镇便民服务中心、村级便民代办站设立投票箱，把测评中不满意率达 10% 及以上的认定为最不满意，由所在单位建立台账，跟踪督促整改，涉嫌违纪的移交纪检监察机关调查处理，处理结果记入干部廉政档案，让差评暴露在阳光下，促进问题大解决、作风大转变。全市共查找最不满意事 62 件、最不满意人 76 人，群众满意率达 98. 3%。如旺苍县天星乡云峰村查找出一名社长落实公益林面积不实这一“最不满意事”，该乡随即展开核查，查实其存在虚报面积套取国家补助资金的问题，给予党内严重警告处分。

三　问题分析与对策建议

近年来，广元以精准监督助推精准脱贫取得显著成效，但一些地方问题仍然还比较多。有的基础工作不够精细，帮扶措施脱离实际，开展评定疏忽大意，资料建档粗心马虎；有的帮扶工作流于形式，思想认识存在偏差，实地帮扶消极应付；有的产业发展推进不力，产业布局不够合理，资金补贴跟进不力，资金利用滴漏跑偏；有的项目管理不够规范，招标投标审核把关不严，修新拆旧不够彻底，项目验收存在水分；有的资金管理不够严格，虚报冒领、挤占挪用偶有发生；有的群众工作不深不实，扶志、扶智不够有力，群众“不愿脱贫”“怕脱贫”“等靠要”思想不同程度存在，等等。针对以上问题，建议如下。

（一）精准明责，压实责任零放松

加强脱贫攻坚精准监督，党委是关键。应当进一步细化党委主体责任、纪委监督责任清单，划明党委政府主体责任以及“一把手”第一责任、班子成员分管责任、扶贫部门牵头抓总责任、职能部门主管责任以及纪委监督责任，坚决防止层层发文件、填表格，以会议贯彻会议、以文件落实文件，督促各责任主体真正走出办公室，深入县乡村组检查抽查，到贫困户家中了解，核查信访问题线索，掌握真实情况，推动工作落实。严格倒查追责，对失职失责的党委、纪委，严格实行“双问责”，充分释放失责必问、问责必严的强烈信号。

（二）精准教育，因人施策零遗漏

针对受众的不同特点，因人施教、因材施策。在教育内容上，对农村党员干部，侧重党性党风党纪教育；对普通群众，侧重形势教育和感恩教育。在教育方式上，对有一定文化程度的，侧重运用公示栏、黑板报、手机短信、微信等方式开展教育；对不识字的，侧重运用农民夜校、广播、电视等方式开展教育。在教育载体上，立足解决当前问题，侧重以党员干部走基层、纪委书记大宣讲等活动，力争收到立竿见影的效果；着眼长远治理成效，深入开展家风家规教育活动，让群众真正过上好日子、养成好习惯、形成好风气。

（三）精准监督，查找问题零死角

精准监督的重点在于扶贫领域的腐败和作风问题，及时纠偏勘误。始终坚持问题导向，从专项督查、执纪审查等工作中，对照“六个精准”，汇总分析问题线索，制定问题清单、责任清单、整改清单。加强协调配合，统筹财政、扶贫、审计等部门力量，精准监督政策、项目、资金以及申请、审批、立项、拨付、发放、使用和管理等各个关键环节，形成监管合力。加强脱贫攻坚常态监督和重点巡察，督促有关部门强化扶贫资金使用监管力度，严格规范扶贫项目审批程序，集中体现精准监督的保障功能。

（四）精准立规，扎紧笼子零缝隙

坚持用制度管权、管人、管事，针对扶贫领域容易发生腐败和作风问题的重点领域、重点部位、重点环节，建立完善重点岗位权力监督办法，确保权力运行到哪里，监督就延伸到哪里。大力推进政务公开，按照国家《财政专项扶贫资金管理办法》，健全完善信息公开制度，拓宽公开渠道，创新公开方式。继续深化“纪检监督 + 群众监督 + 舆论监督”一体化监督模式，让群众充分享有知情权、参与权和监督权，以民主监督、社会监督促进脱贫攻坚工作公开、公平、公正。健全脱贫攻坚领域容错纠错机制，大力营造鼓励创新、宽容失败的良好氛围，为敢干事、愿干事的干部撑腰鼓劲。

（五）精准查处，严厉惩处零容忍

始终把整治扶贫领域的腐败和作风问题作为重要政治任务，建立健全扶贫领域违纪问题线索台账管理制度，坚持挂牌式督办、销号式管理，直查快办典型问题、重点问题，深挖细查职能部门移交的问题线索，既严肃追究直接责任和领导责任，又倒查主体责任和监督责任。始终坚持“零容忍”态度，重点查处侵占、挪用扶贫专项资金，用职权搞优亲厚友、吃拿卡要、贪污受贿，以及对脱贫攻坚工作推进不力、失职渎职、弄虚作假、搞形象工程等突出问题，对凡是敢向扶贫资金伸手的一律从严从快、顶个查处，不留“暗门”，不开“天窗”，以严格的执纪监督，全力保障精准投入扶贫资金、精准落地扶贫政策。

参考文献

《习近平谈治国理政》第一卷，外文出版社，2018。

《习近平谈治国理政》第二卷，外文出版社，2017。

B.30

广元治理精神贫困探索实践报告

——以创建“道德股份制”模式为例

彭 锦　解 钰　肖 欣*

摘　要： 为解决脱贫攻坚中部分贫困户“等、靠、要”思想突出的问题，促进贫困户文明习惯养成与道德素质提升，改善贫困村人居环境，课题组深入昭化、青川、旺苍等县区以调研法为主并辅以对比法和归纳研究法，提出了“道德股份制”模式，并在研究区间加以实践验证。调研发现：在当前脱贫攻坚中，“道德股份制”模式能引导贫困户精神自立并有益于促进其经济自力；集体经济是“道德股份制”模式的基石，是其生命得以长久维持的重要保障。

关键词： 精神贫困　道德积分　道德股份制　乡村振兴　广元市

一　扶贫工作中精神贫困问题现状

广元市社科联课题组于2017年上半年到昭化区、利州区、朝天区等县区对“四好村”建设情况进行了重点调研。调研过程中，课题组发现精神贫困问题不仅普遍，而且精神贫困远远超过物质贫困。在建设“四好村”过程中，各级帮扶部门和帮扶干部普遍认为，实现“住上好房子，过上好

* 彭锦、解钰、肖欣，广元市社科联。

日子”容易，但“养成好习惯，形成好风气”却很难，有部分贫困群众存在“等着送小康”的懒汉心态、“靠人来救济”的依赖观念、“要钱还要物”的功利想法。主要表现在以下三个方面。

（一）扶贫扶出“懒”，部分贫困户存在懒汉心态，以贫为荣

脱贫攻坚工作中，资源、资金、人才等外部力量在较短时间内迅速集聚，必然会在一定程度上催生内在动力的弱化、退化甚至是恶化，出现所谓的“等、靠、要”现象，并且有从个别延伸到局部的趋势。

案例一： 朝天区汪家乡永龙村村民房屋改造问题。“5·12”地震后，一村民家房屋被鉴定为危房，应按政策规定重建。政府向这户村民拨付了建房补偿款3万元后，并未建房，而是采取购买别人的旧房来蒙骗政府。不久，这户村民又选择退房，住回自己的旧房中，所得补助款并未用于建房。2015年，政府实施危房改造，这户村民又以此房前后索要了1.65万元的补偿款，仍旧没有改造自家房屋。2016年，建卡贫困户易地搬迁政策一出台，这户村民又拿他的危房说事，遭到群众的坚决反对。

（二）扶贫扶出“气”，部分贫困户存在功利思想，以贫恶意上访

随着脱贫攻坚的不断深入和监管体制的不断完善，贫困群众的满意度成为扶贫工作的重要考核目标，同时也是一把双刃剑。个别村与帮扶单位存在“小马拉大车”和“大马拉小车”现象，从而造成不同村之间的个别贫困户进行政策攀比，不利于邻里和睦。同时，个别没有被纳入建档立卡的临界贫困人口因为没有享受到扶贫政策而心有怨言。这些不满，具体体现在恶意上访和脱贫成效满意度上面，也让扶贫干部难以接受。

案例二： 苍溪县龙王镇剑口村某户村民索要低保名额问题。该村民在享受了易地搬迁、产业扶贫、低保政策后仍不满足，既不想拆除自家旧房，又

想再增加一个低保指标。在自己的无理要求没有得到满足后，该村民写信向市长告状。龙王镇党委书记雷霆举了这个例子后感叹道：有的人有车有房，就是不想“脱贫”，一点要求没有满足他，他就要四处上访，你说扶贫干部冤不冤？

案例三：贫困户“不认识”帮扶干部现象屡屡发生。扶贫考核中，部分被帮扶对象硬说不认识帮扶干部，朝天区、剑阁县就存在这样的情况。剑阁县政务中心的一名女副主任帮扶的是秀钟乡某建档立卡贫困户。该扶贫干部2017年下半年前后去了贫困户家5次，每次去不是送钱就是送物，结果扶贫考核时，这家贫困户居然说不认识这位帮扶干部。有的贫困户说不认识是假，真正的原因是担心帮扶干部完成任务后离开不再来了，自己以后没了依靠。

（三）扶贫扶出“病”，部分贫困户缺乏信念，无就业信心

“宁愿苦干，不愿苦熬”和“只要有信心，黄土变成金”，都是社会主义核心价值观的重要体现。没有自我脱贫意志，就难以真正地实现思想脱贫。

案例四：昭化区柳桥乡普子村某村民，长年在外晃荡，游手好闲，有小偷小摸行为。该村民某次没钱用了，找到乡上干部说自己很久没偷东西了，要求政府发点奖金，让乡干部哭笑不得。

（四）扶贫扶出“不孝”，部分贫困户投机取巧，丧失乡风美德

城乡养老保险体制的建立，以及党和政府对于留守老人的重视，极大地改善了农村丧失劳动能力老人的生活和精神面貌。然而个别百姓为了争取政策，强行与老父母“分家分居”，甚至一改往年做法不赡养老人。

穷困地区之所以贫困，有自然环境、社会环境的因素，有基础落后的原因，也有文化教育跟不上和观念落后的影响，还有思想境界的问题。长期的落后观念和僵化思维，形成的不思进取、不愿创新、得过且过的环境氛围，都会成为农村经济社会发展的精神阻碍。“四好村”建设中出现的各种精神贫困表象，无论是制度背景下养成的心理习惯，还是脱贫政策的不科学因素引发的心理失衡，再加上传统道德元素中堕落成分的浸润，精神贫困无疑成为建设全面小康社会消除贫困路上最大的障碍。治理这样的精神贫困，往往缺乏行之有效的办法。如不引起重视和拿出切实可行的治理措施与办法，即使勉强完成了“四好村”的指标性任务，也会埋下影响后续发展的“定时炸弹”。

二　“道德股份制”内容架构与做法、效果

（一）内容架构

近年，广元不断探索破解农村精神贫困难题的措施和方法。2017 年来，广元出台了《脱贫攻坚“六化”行动之新风培育常态化实施方案》，建立了红白理事会制度，开展了“好支客宣讲”“新风好家庭评选”“新风文明村镇创建”等十大专项活动，创新性提出道德积分激励机制。

各县区紧密围绕“六化”方案要求，通过“10 个好”标准、“10 颗星”量化尺度、“10%”专项激励资金构建起广元破解群众精神贫困问题的内容框架，形成了独具广元特色的“道德股份制”模式。该模式在全国范围内具有一定的学习与借鉴意义。

（二）具体做法

1. 以“10个好”引领农村风尚

着眼物质与精神“双提高”“双脱贫”，在农村广泛开展“养成好习惯、形成好风气”文明创建活动，从遵纪守法、孝敬老人、家庭和睦、子女教

育、邻里关系、勤劳节俭、生活习惯、环境卫生、自强发展、志愿服务10个方面引导村民的良好习惯与风气养成，并以此为村民新风建设与践行的“10个好”衡量指标体系。通过该指标体系的导向作用，有力推动了农村精神文明建设落细落小落实，融入群众生产生活，提升了广大村民的思想道德素质和农村的社会文明程度，促进了乡风民风好转。

2. “10颗星”量化道德积分

结合“10个好”创建标准，制度化开展星级评定和道德积分。星级评定过程中充分发挥群众主体作用，由村民自荐或群众推荐，乡镇干部、村组干部、党员和群众代表组成考评小组，对农户家庭进行检查考评，经公示或群众开会讨论无异议后确定授星等级（一好一星，十好全部达标为十星）。星级评定每季度开展一次，并以户为单位建立道德积分台账，按一星一分的方式折算道德积分，作为年度评优和表彰奖励的依据。

3. “10%”保障长效激励体制

采取村民“一事一议”或召开股东大会的办法建章立制，建立村民道德激励“10%”专项基金。即按10%比例，从集体企业、承包租赁、专合组织等集体经济收益中提取专项费用，用以村民道德积分优秀个人及家庭表彰与奖励。这一体制为引导、践行、转变、巩固全市乡风与民风提供了长效常态保障。目前，昭化、旺苍、青川等县区在此方面取得了较好的实效。

通过“道德股份制”的建立和实践，为农村精神文明建设提供了资金保障和制度支撑，形成了“德者有得、好人好报”的价值导向，让农村群众有了更多的获得感，有力调动和增强了群众参与脱贫攻坚、自强发展的内生动力。以昭化区普子村为例，该村自2015年以来累计从村集体经济红利中提取4.5万元用于道德激励，对200多户和个人进行了奖励。随着活动的深入开展，群众中出现了“五多五少”的现象。一是家庭和睦、相亲相爱的多了，不孝敬父母、不关心子女的少了；二是关心他人、热心公益的人多了，损公肥私、自私自利的人少了；三是崇尚科学、文明生活的人多了，不讲卫生、迷信赌博的人少了；四是遵纪守法、通情达理的人多了，违法乱纪、惹事生非的人少了；五是勤劳致富、自强脱贫的人多了，无所事事、等靠要的人少了。

（三）效果分析

广元扶贫工作中建设“四好村”精神文明建设层面的制度设计，有步骤，有程序，有方法，有内涵，最终落脚在道德积分上，并与经济实体的股份制结合，创造性地设计出“道德股份制”这一模式，纳入股份机制考核和股本分红，以量化的表现形式与经济效果紧密挂钩，完成由虚到实、由软到硬的转化，是精神文明建设的一大创举，成为“养成好习惯、形成好风气”的制度保证，其效果与作用不可低估。

“10 个好”：由“碎片化”变“集约型”。以遵纪守法、勤劳节俭、自强发展、孝敬老人、子女教育、家庭和睦、生活习惯、环境卫生、邻里关系、志愿服务为 10 好标准，几乎涵盖了传统道德观的精华与社会主义核心价值观在社会层面、个人层面的要求，对全面提高农民思想道德素质和农村文明程度，促进民风民俗积极向上向善有极大的正能量作用。

“10 颗星”：道德引领全覆盖。结合“10 个好”创建标准，开展星级评定和道德积分，由村民推荐，乡镇、村组干部，党员和群众代表组成考评小组，对农户家庭进行检查考评授予星级，并建立道德积分台账，作为年终评优和表彰依据。广元推行的“10 颗星”标准只是相对的，各地根据实际情况参考“10 颗星”标准还可以自行推定星级标准，比如，有的为了简洁便于操作，将“10 颗星”浓缩为“5 颗星”，效果也不错。

“10% 激励”：让德者有得。从村经济合作社、股份经济合作社等形式的集体经济收入中提取 10% 的资金设立道德股本，再把道德积分折合成红利按股本分红。具体的操作方式是，直接在实体经济总的股本数中拿出 10% 作为道德股本，将道德积分与股本分红金额折算，道德积分越高，分红越多，道德积分越低，分红越少，如是负数，不仅失去 10% 的股本，还会影响其他经济效益分红，道德股份的杠杆效应明显，有德才有得。

广元“道德股份制”模式践行良好且衍生出极具区间特色的小区子模式。自“道德股份制”模式提出以来，全市四县三区均能积极响应并深入践行。难能可贵的是，部分地区据此模式衍生出了因地制宜的配套子模式。如昭化区针对脱贫攻坚中部分村民存在的“等靠要、脏乱差、粗俗邪”等痼疾，开展了感恩自强、文明和谐、勤劳尚美等主题教育活动；从立标、规范、引导、约束、示范、激励等方面制定了相对较为完整的民风乡风规章制度；在对脱贫奔康文明示范村和示范户的创建与考评方面，昭化区分别创建了 5 个标准并细化了 20 余个考核指标内容。

2017 年 8 月，课题组先后深入昭化区柳桥乡普子村、晋贤乡新华村，青川县沙州镇幸福村、乔庄镇张家村，旺苍县尚武镇寨梁村、白水镇卢家坝村 6 个行政村了解推行“道德股份制”解决精神贫困的探索实践情况，上述行政村实施“道德股份制”效果十分显著。

“道德股份制”结合创建标准开展星级评定和道德积分量化，充分发挥群众主体作用，由村民推荐，考评小组对农户家庭进行考评，并确定授予星级标准。通过评选激励机制，农村面貌发生了巨大变化，环境更优美，邻里更和睦，村子里随处可见村民笑脸。在青川县沙州镇幸福村，村民代表围坐在幸福岛王仕凤的农家小院里，讨论评定“星级文明户”。“我觉得诚信守法、创业致富、卫生整洁这些方面，我们差不多还是能做到。但在文明风尚方面，感觉好多还是有些差距，但王仕凤家做得确实不错，她们应该是够五星标准的。”村民刘功香的说法得到现场代表的一致认可，经过集体举手表决，王仕凤被评定为“五星级文明户”。这是幸福村 2017 年第二季度的评定现场会。经过村民检查、提名、举手表决等程序，共评定出五星级文明户 3 户、四星级文明户 5 户、三星级文明户 9 户、两星级文明户 12 户。据幸福村村主任沈学连介绍，这样的评定将每季度举行一次，年终综合四次评定结果，由村集体经济出资 10% 换算成道德股本予以鼓励。

通过星级评定和道德积分激励机制，有效推动了“四好村”精神文明建设，农民道德素质和农村社会文明程度大幅提高。62 岁的朱德军是昭化区柳桥乡普子村的贫困户，过去，由于家里底子薄、经济条件差，加之女儿又是残疾人，住在破旧的土坯房里，他感觉生活没什么盼头，就破罐子破摔，得过且过。按照脱贫攻坚易地搬迁的政策，2016 年，朱德军一家虽然搬进了新居，但环境卫生仍旧让人堪忧。2016 年 9 月启动道德积分星级评定活动后，每半月时间，就要组织村民代表、村干部、保洁员等 20 余人的卫生检查团，挨家挨户上门检查卫生。第一次检查，就让“懒汉”朱德军羞红了脸。“看了别人的卫生，再看看自己家里，确实有些羞人和不好意思。”朱德军回忆，以前懒是自己的事，而现在上门检查大家都要说。“看到别人家脱贫奔康文明示范户创建图上，一颗星一颗星逐渐多起来，自己家的太少了，面子上也挂不住。”这样的差距，让懒了大半辈子的朱德军，痛下决心勤快起来，努力缩小差距。除了打扫自家卫生外，他还将附近马路打扫得干干净净。他还计划自己出钱买音响，组织村民到附近废弃的村小里跳坝坝舞。他不但主动提出不再吃低保，还带领村民负担起 3800 株核桃树的管护。懒汉变成了积极上进的村民，在 2017 年 3 月 6 日的村组干部换届会上，村民们推选他为普子村三组组长。

广元“道德股份制”模式中，村民道德激励“10%”专项基金对村民良好民风形成具有显性实效。自 2015 年来，昭化区普子村已经累计提取村民道德激励专项基金 4.15 万元，先后对 125 户家庭进行了道德奖励，受奖户率达 42.8%。而在旺苍县卢家坝村和寨梁村，村上已经计划进一步壮大村集体经济，成立道德专合社，明确道德积分转化为 10% 的股本，直接参与分红，让精神文明从经济上得到体现，由虚变实。村民用道德作股本，入股村集体经济，道德积分越高，文明程度越高，分红收益也就越高。这样让精神文明软实力转换成道德积分硬指标，形成以“星”为荣，创“星”争“星”的良好氛围。

有德才有得。当然，这个“得”是多方面的，除了经济效益的实惠，还有各种荣誉产生的社会效益。除了道德积分获取物质或资金奖励外，青川县乔庄镇张家村还创新了兑换志愿者服务的激励机制。目前，该村已成立了共产党员、医疗卫生、环境治理、脱贫攻坚、应急救援、宣传文化、法律援助、温情促和等 8 支志愿者服务队。凡通过道德积分获评文明家庭的，可自主选择兑换奖励物质或志愿者服务。张家村还将志愿者服务纳入道德积分标准，凡家中有参加志愿服务队的，在考评量化中将相应增加积分。有基层干部还建议，得到级别越高的星级文明个人或文明户，还应该享受更广泛的社会优惠待遇，如医疗、教育、出行、旅游等。

截至2017年底，广元已建成文明村813个、省级“四好村”112个、市级“四好村”268个；幸福美丽新村总数达到1572个，占行政村总数的65.6%。广元计划在未来3年里，进一步完善“道德股份制”，预计到2020年，全市2398个行政村全部进入“四好村”行列，并基本形成长效机制。

“道德股份制”这一原创性成果，不仅开全国之先河，而且突出农村精神文明建设核心，做到物质文明与精神文明结合的软着陆，实现了软实力硬标准，把精神管理前沿化、制度化、标准化、组织化、群众化，化无形为有形，变意识为物质，有效地解决了全国性精神贫困的实质问题，为乡村振兴战略中“乡风文明”提供了坚实的精神保障。

三 “道德股份制”模式完善建议

习近平总书记在实施乡村振兴战略做出部署时强调，要尊重广大农民意愿，激发广大农民积极性、主动性、创造性，激活乡村振兴内生动力，让广大农民在乡村振兴中有更多获得感、幸福感、安全感。而要解决这些问题，首先就应解决农村精神贫困问题。广元在多管齐下治理精神贫困中，总结出的“道德股份制”模式，应该是破解精神贫困较好的方式之一，也是完成“乡风文明”的重要抓手之一。目前广元的“道德股份制”从体系到内容还比较粗糙，属于试水阶段，如果能将“道德股份制”在实践中进一步完善，从内容到形式，从过程到结果，从评估到效益分配，纳入大数据管理，成为实实在在的一套科学体系，从表象化到物体化，必将带来精神管理的深层次革命。课题组建议从以下几个方面进行完善。

（一）建立完整的道德股份制度

股份制是现代企业的有效经营管理方式，拥有一套严格的科学设计、管理体系以及制度配套，是世界经济体制中最为活跃的成分之一。广元“道德股份制”模式已基本成型，但从体系到内容上仍略显粗糙。建议在总结前期经验的基础上，做好顶层设计，建立一套包含考核、激励、约束的完整道德股份制度，反复验证提升，然后形成灵活又固定的模板，更加科学，更加精细，更容易操作与管理。如道德考核方面，可立足实际，设计可行的道德考核办法，可以从个体的脱贫意愿、产业发展、生活习惯、道德品行等方面设计量化打分表，每季度按照量化打分表对贫困户开展量化打分，将考核情况进行公示，并对得分排名靠前的贫困户给予扶贫资金和项目的优先支持，以实现对贫困户的激励和约束。同时由村“两委”牵头带领全体村民结合本村实际，制定本村的村规民约。重点围绕维护本村的社会秩序、村风民俗和脱贫攻坚三个方面制定村民行为规范，并对村民违反和破坏规章制度规定好处罚措施，通过完善村内制度起到激励约束贫困户的目的。

（二）加强志智双扶力度

习近平总书记强调，扶贫工作中应“志智双扶”。在当前脱贫攻坚工作中不失人穷志短现象。让贫困户有勇气、有信心、有信念同贫困斗争是脱贫攻坚工作中的首要任务。授人以鱼不如授人以渔。因此，如何让贫困户拥有必备的农事生产、外出务工、小资创业技能或必备知识是脱贫攻坚工作的关键所在。前者为思想意识问题须不懈宣讲、引导、榜样示范等系统扶导工作，后者则属于技术层面问题可采取短期技能培训、专项教育培训、特色农民夜校等措施加以扶助。可采取教育扶贫、技能培训、产业帮扶、生产奖补、劳务补助、以工代赈等措施，改造贫困群众的“等靠要”思想，提升脱贫的内生动力，扩大贫困群众参与脱贫攻坚的深度与广度，坚定贫困群众脱贫奔康的信心。

（三）夯实产业经济基础

乡村振兴战略中，“生活富裕”是目标，“产业兴旺”是基础。在当前农村精神贫困扶助工作中，广元的“道德股份制”模式已取得一定成果，但实践结果显示部分受助村民仍存有小农意识。他们对经济或物质激励的喜好度更为明显，且他们将集体经济规模大小与受益高低视为衡量村级组织综合力的主要指标。为此，集体经济是“道德股份制”模式的基石。村级组织没有集体经济，就意味着没钱。没钱，就意味着“道德股份制”模式有可能因缺乏必要的经济保障而失去其长效的激励实效。故集体有了钱抓“硬”才有基础，抓“软”才有底气。没有集体经济作保障，“道德股份制”的生命力就难以长久维持。

参考文献

新华社：《习近平对实施乡村振兴战略做出重要指示》，《人民日报》2018 年 7 月 6 日，第 1 版。

中共中央、国务院：《中共中央 国务院关于实施乡村振兴战略的意见》，2018 年 1 月 2 日。

中共四川省委办公厅、四川省人民政府办公厅：《创建省级“四好村”活动工作方案》（2016）。

B.31
广元就业扶贫探索实践报告（2017～2018）

李 涛　蒲 睿　辜友军*

摘 要： 就业扶贫是促进贫困群众增收最直接、最有效的路径，是决战决胜脱贫攻坚的重要举措。近年来，广元坚持把“扶持生产和就业发展一批”作为精准扶贫、精准脱贫“五个一批”路径之首，狠抓就业扶贫，取得了明显成效。全市转移就业规模持续扩大，返乡就业逐渐增多，就业能力不断增强，创业带动就业效应凸显，兜底安置能力持续提升。但是，贫困劳动者技能水平不高、创业能力不强等问题，成为制约贫困劳动者高质量就业和就业扶贫的主要因素。本文主要采取统计分析和调查分析的方法，在深入查找就业扶贫问题的基础上，提出做好新时代就业扶贫工作的对策建议。

关键词： 就业扶贫　高质量就业　组织化程度　广元市

近年来，广元在全省率先建立农村贫困家庭劳动者数据库和职业培训、转移就业、企业吸纳就业、自主创业、公益性岗位安置“一库五名单”，实施“一对一”帮扶机制，强化组织领导、政策支持、台账管理、考核问效，实现有技能培训、转移就业、创业意愿的贫困劳动者均得到100%帮扶，

* 李涛、蒲睿、辜友军，广元市人力资源社会保障局。

2016～2017 年拟脱贫 8.94 万名贫困劳动者全部实现就业，全省首次就业扶贫现场推进会于 2016 年 10 月在广元剑阁召开。

一 就业扶贫实施情况

（一）转移就业规模扩大，返乡就业逐渐增加

1. 转移就业组织有序

广元加强贫困劳动者转移就业组织，与成都、重庆、浙江、广东、新疆等地加强区域劳务合作，线上常态招聘与线下专场招聘紧密结合，实施“务工需求清单”与“企业岗位清单”对接，举办“进村、进乡（镇）”就业扶贫专场招聘会 187 场次，组织贫困劳动者开展“进企业选岗”活动，推行包车船费、包食宿费、包薪资福利，自主择地、择业、择岗的“三包三自主”定向劳务派遣机制。2016 年计划脱贫的贫困劳动者中，转移就业 26548 人，转移就业率 59.76%。2017 年计划脱贫的贫困劳动者中，转移就业 30915 人，转移就业率 67.86%，同比增长 8.1 个百分点（见表 1）。

表 1　2016～2017 年贫困劳动者就业情况

单位：人、%

年度	当年计划脱贫的有劳动能力贫困者	务农		省外转移就业		县外省内转移就业		县内转移就业	
		人数	占比%	人数	占比%	人数	占比%	人数	占比%
2016	44423	17875	40.24	12400	27.91	8006	18.02	6142	13.83
2017	45554	14639	32.14	13000	28.54	8074	17.72	9841	21.60

资料来源：四川省（广元市）2016、2017 年度计划脱贫贫困劳动力就业扶贫工作调度表。

2. 就近转移就业呈增长趋势

广元大力培育家庭农场、农民专业合作社、农业产业化龙头企业等新型农业经营主体，推行固定工、钟点工、计时工、计件工等灵活就业形式，引

导贫困劳动者在家门口就业。在有社会责任感、安置能力强的企业，建立就业扶贫基地。支持劳动密集型企业、新型经营主体在贫困村建立就业扶贫车间，促进贫困劳动者就近就地就业。2016 年县内转移就业 6142 人，占当年计划脱贫贫困劳动者总数的 13.83%。2017 年县内转移就业 9841 人，占当年计划脱贫贫困劳动者总数的 21.60%，同比增长 7.77 个百分点。

（二）技能培训形式多样，就业能力不断增强

1. 培训规模相对稳定

广元针对就业技能缺乏导致贫困的问题，立足培训对象、内容、方式和就业岗位对接“四精准”，大力宣传、引导贫困劳动者参加培训。2016 年参加劳务品牌和就业技能培训的贫困劳动者 12617 人，占当年计划脱贫贫困劳动者总数的 28.4%。2017 年参加劳务品牌和就业技能培训的贫困劳动者 12832 人，占当年计划脱贫贫困劳动者总数的 28.17%（见表 2）。

表 2　2016～2017 年贫困劳动者培训情况

单位：人

年度	当年计划脱贫贫困劳动者人数	当年参加职业培训的贫困劳动者人数
2016	44423	12617
2017	45554	12832

资料来源：广元市贫困家庭技能培训和就业促进扶贫专项 2016、2017 年度统计表。

2. 多元化培训格局基本形成

广元围绕市场需求、产业发展需要和贫困劳动者意愿，采取长短结合、集中与分散结合、异地提能与劳动维权结合的方式，开展多种形式的就业技能培训。2016～2017 年，全市开展挖掘机、汽车维修等扶贫专班培训 314 人，占培训总数的 1.23%；开展农业实用技术“田间课堂”培训 16509 人，占培训总数的 64.87%；开展订单培训 7766 人，占培训总数的 30.52%；赴新疆、广州开展异地延伸培训 860 人，占培训总数的 3.38%（见表 3）。

表 3　2016～2017 年贫困劳动者培训形式及占比

单位：人、%

形式	培训人数	占培训总数比例
扶贫专班培训	314	1.63
田间课堂培训	16509	64.87
企业订单培训	7766	30.52
异地延伸培训	860	3.38

资料来源：广元市贫困家庭技能培训和就业促进扶贫专项 2016、2017 年度推进进度统计表，四川省（广元市）2016、2017 年度计划脱贫贫困劳动力就业扶贫工作调度表。

3. 职业转换能力明显提升

广元加强贫困劳动者针对性就业技能培训，严格培训机构管理，强化培训过程监督，提高贫困劳动者技能培训质效。从技能鉴定情况来看，2017 年参加培训贫困劳动者 1.28 万人，获得职业资格证书或专项职业能力证书 4558 人，较 2016 年分别增加 215 人、817 人，获得证书人数同比提高 5.87 个百分点。从培训后的就业率来看，2017 年为 91.01%，同比提高了 3.68 个百分点（见表 4）。

表 4　2016～2017 年贫困劳动者技能鉴定及就业情况

单位：人

年度	当年贫困劳动者培训人数	贫困劳动者获得职业资格证或专项职业能力证书人数	培训后实现就业人数
2016	12617	3741	11018
2017	12832	4558	11678

资料来源：根据广元各县区统计数据整理。

（三）创业主体快速增长，带动就业效应凸显

广元制定出台了做好就业创业精准扶贫的意见，加大贫困劳动者创业扶持力度，鼓励和支持返乡创业，引导优秀创业项目落地贫困村，促进当地产

业发展，推动实现创业带动就业。从贫困劳动者自主创业来看，2017 年贫困劳动者自主创业 1657 人，带动就业 3573 人，同比分别增长 471.38%、435.68%。从优秀创业项目落地贫困村情况看，2017 年落地贫困村优秀创业项目 98 个，同比增加项目 20 个、增长 25.64%；带动贫困劳动者就业 2574 人，同比增长 170.38%（见表 5）。

表 5　2016～2017 年贫困劳动者自主创业及优秀项目落地贫困村情况

单位：个、人

年度	自主创业情况		优秀项目落地贫困村情况	
	创业人数	带动就业人数	落地项目数量	带动贫困劳动者就业人数
2016	290	667	78	952
2017	1657	3573	98	2574

资料来源：广元市 2016、2017 年度计划脱贫贫困劳动力就业扶贫工作调度表。

（四）兜底安置保障“基本”，公岗开发力度加大

广元按照当年计划脱贫的贫困村开发公益性岗位不少于 5 个的原则，加强兜底安置，确保贫困家庭至少有 1 人就业，有效消除“零就业”贫困家庭，有力促进新农村建设。从公益性岗位开发来看，2017 年开发公益性岗位安置 2527 人，同比增长 127.86%；落实补贴资金 928.44 万元，同比增长 350.72%（见表 6）。从公益性岗位类型来看，涉及保洁保绿、地质监测、森林防火、治安维护等十余种。

表 6　2016～2017 年公益性岗位安置情况

单位：个、人、万元

年度	开发数量	安置人数	补贴资金
2016	1109	1109	205.99
2017	2527	2527	928.44

资料来源：广元市 2016、2017 年度计划脱贫贫困劳动力就业扶贫工作调度表。

二　就业扶贫面临的主要问题

（一）转移就业组织化程度不高

广元虽然加大了贫困劳动者转移就业组织力度，但贫困劳动者转移就业仍以自发转移为主。从组织转移规模来看，2016 年、2017 年组织转移就业人数仅分别占当年实现转移就业人数的 18.42%、20.06%（见表 7）。从组织转移形式来看，目前全市组织转移形式以专场招聘、定向派遣、公益性岗位安置为主，组织转移形式创新不够。从政策支持来看，对稳定就业不足 6 个月的贫困劳动者，缺乏对人力资源服务中介机构政策支持，增加了人力资源服务中介机构组织成本，导致其积极性不高。

表 7　2016～2017 年贫困劳动者组织转移就业情况

单位：人

年度	实现转移就业人数	组织转移就业人数
2016	26548	4890
2017	30915	6201

资料来源：广元市 2016、2017 年度计划脱贫贫困劳动力就业扶贫工作调度表。

（二）职业技能培训吸引力不强

广元虽然加大了贫困劳动者职业技能培训力度，但由于贫困劳动者思想观念陈旧、培训补贴政策设计操作困难、培训机构建设水平不高等因素，导致劳动者技能水平与就业岗位不匹配。从培训意愿来看，据贫困劳动者专项调查显示，2016 年、2017 年有培训意愿的贫困劳动者仅分别占当年计划脱贫贫困劳动者总数的 28.3%、28.7%（见表 8）。从培训政策来看，现行培训政策是以劳动者自主承担部分培训费的前提下设计的，培训合格或取得初级以上职业资格证书的，政府给予一定培训补贴，但绝大多数劳动者不愿意支付培训费用。从培训能力来看，2017 年全市认定定点职业技能培训机构 71 家，培训师资专业水平还不高，工种主要有建筑工、焊工和农村实用技术等，缺乏电梯维护员、养老护理员、健康管理师等紧缺或新型工种培训能力。

表 8　2016～2017 年贫困劳动者培训意愿情况

年度	有培训意愿(个)	占比%	无培训意愿(个)	占比%
2016	12571	28.3	31852	71.7
2017	13073	28.7	32481	71.3

资料来源：根据广元市 2016 年、2017 年贫困劳动者专项调查工作整理。

（三）创新创业能力不够

贫困劳动者文化程度不高，自主创业愿望不强烈，创新创业能力不足，抗风险能力弱，不适应发展形势需要。从创业占比来看，2017 年自主创业的贫困劳动者占当年计划脱贫贫困劳动者总数的 3.64%，同比增长 3 个百分点，但创业的贫困劳动者仅占全市 15.65 万贫困劳动者总数的 1.24%。从创业领域来看，贫困劳动者创业主要集中在种植养殖、商贸零售等传统行业，技术创新、经营模式创新、新经济领域创业能力薄弱。从创业方式来看，90% 自主创业的贫困劳动者都是以家庭为主体。

（四）财政资金投入不足

由于广元属于整体连片贫困地区，地方一般公共预算收入少，民生支出项目多、总量大，导致就业扶贫投入资金有限。从资金渠道来看，就业创业财政资金投入以中央、省级转移支付的就业创业补助资金为主，且全市自 2016 年起才从就业创业补助资金中单独划出部分资金作为就业扶贫专项资金。从资金体量来看，资金总量小、人均额度低，2016 年省及以上划拨的就业扶贫专项资金总量为 902.7 万元，当年计划脱贫的贫困劳动者人均额度为 203 元；2017 年，省及以上划拨的就业扶贫专项资金总量为 3177 万元，当年计划脱贫的贫困劳动者人均额度为 697 元（见表 9）。

表 9　2016～2017 年全市转移支付就业扶贫专项资金情况

单位：人、元

年度	当年计划脱贫的贫困劳动者人数	省及以上转移资金总额	人均额度
2016	44423	9027000	203
2017	45554	31770000	697

资料来源：根据四川省财政厅、人社厅就业创业补助资金划拨文件整理。

（五）服务能力与群众期盼有差距

受经济下行压力影响，就业形势和劳动关系发生了新变化，劳动者对高质量就业、高效维权需求更加强烈，但目前全市就业服务能力不能满足群众对美好生活的需要。从基层服务力量来看，全市 242 个乡镇（街道）人力资源和社会保障服务中心专（兼）职工作人员 586 人，平均配备工作人员 2.4 人（见表 10），而工作职责包括就业、社会保险、劳动维权等各项人社工作，工作力量配备不足，人员流动性较大，整体业务素质不高。从服务措施来看，贫困劳动者就业创业需求调查精细度不够、精准帮扶不足，劳动合同签订未实现全覆盖。从服务效果来看，人岗匹配度不高，就业结构性矛盾仍然突出，劳动保障监察和劳动争议案件增多，影响贫困劳动者就业质量。

表 10　2017 年全市乡镇（街道）人力资源和社会保障服务中心人员配备情况

单位：个、人

乡镇(街道)人力资源和社会保障服务中心	专职人员	兼职人员	平均人数
242	528	58	2.4

资料来源：全市人力资源和社会保障基层服务平台建设统计表。

三　就业扶贫对策与思考

就业是最大的民生，要确保贫困群众到 2020 年同步实现全面小康，就业扶贫是重要举措。根据就业扶贫工作存在问题的分析，贫困劳动者就业既需要主观努力，更需要大力帮助。做好新时代就业扶贫工作，要以党的十九大关于坚决打赢脱贫攻坚战的新要求为重要指引，着力强化党委政府责任，积极引导社会力量参与，切实增强贫困劳动者的自我发展动能，不断满足贫困劳动者对更高质量和更充分就业的需要，努力提高就业收入水平。

（一）鼓励社会力量参与，拓宽就业创业增收渠道

1. 引导企业履行社会责任

引导企业建立就业扶贫基地（车间），支持企业把就业扶贫车间建在贫困村，采取预留岗位、定制岗位的形式为贫困劳动者提供合适的就业岗位。针对因照顾老人、孩子、病人而无法实现转移就业的贫困劳动者，支持企业改变生产经营方式，把生产资料送到贫困劳动者家中，实行家庭作坊式加工，促进贫困劳动者居家灵活就业。

2. 支持能人返乡下乡创业带动就业

大力实施乡村振兴战略，根据全市深化农业供给侧结构性改革部署，实施“一个贫困村、招引一个能人、落地一个项目”的“三个一”返乡下乡创业扶贫工程，积极引导、鼓励能人到贫困村创业，促进贫困村产业发展，帮助贫困劳动者实现就地就近就业。大力推行贫困户资金入股、土地入股、劳力入股和技术入股等多元化众筹入股方式，构建“贫困户当股东、众筹入股得分红”的众筹创业扶贫模式，培育一批有贫困家庭参股的专业合作社或企业，实现抱团发展，抱团脱贫。

3. 鼓励社会力量参与公益性岗位开发

坚持政府开发与社会开发相结合的原则，鼓励学校、医院、养老院等社会力量开发保安、保洁、护理等公益性岗位，安置就业困难的贫困劳动者就业；鼓励社团组织和企业在农村建立护老托幼服务中心，采取政府购买服务的方式设置公益性岗位，既安置就业困难的贫困劳动者就业，又解放因照顾老人、病人和孩子而无法实现转移就业的贫困劳动者。

（二）激发贫困群众动能，增强就业创业脱贫奔康本领

1. 增强自我发展主动性

坚持就业扶贫与扶志相结合，办好“农民夜校”，加强勤劳致富教育引导，树立就业创业脱贫致富典型，调动贫困劳动者就业创业热情，推动实现“要我脱贫”向“我要脱贫”观念转变，形成人人践行“幸福都是奋斗出来的”浓厚社会氛围。

2. 提升自我发展技能

完善职业技能培训补贴政策，加强培训机构能力建设，实施培训机构培训师资定岗制和资格年审制，构建集全社会优势培训资源的职业培训机构体系。开展贫困劳动者技能培训，围绕“一核四带六链”产业布局，加强“产业＋培训项目＋培训意愿”三张清单对接，大力开展种植养殖、农产品加工、乡村旅游等实用技术培训和乡村经营管理人才培训；针对重大产业转移项目，大力开展先导性培训；深入开展保障企业用工专项行动，采取“企业订单＋劳动者选单”定向培训模式，大力开展“扶贫专班”“企业冠名班”等培训；根据外出务工需求，组织优质培训机构到贫困劳动者务工集中地实施“异地提能＋鉴定”培训。

3. 挖掘创新创业潜力

实行“一对一”创业帮扶，加大贫困劳动者自主创业扶持，提高贫困劳动者创业成功率。根据贫困劳动者创业意愿，组织创业指导专家帮助贫困劳动者筛选、论证创业项目，规避创业项目风险。开展“项目＋技能＋经营管理”创业培训，加强创业的技术指导、市场营销、经营创新等创业服务，帮助解决创业难题。

参考文献

陆汉文、黄承伟：《中国精准扶贫发展报告（2016）：精准扶贫战略与政策体系》，

中国科学出版社，2016，第56页。

陆汉文、黄承伟：《中国精准扶贫发展报告（2017）》，社会科学文献出版社，2017，第121页。

刘瀑：《中国经济增长中的就业问题研究——基于产业发展视角的分析》，博士学位论文，西南财经大学，2008，第121页。

莫光辉：《农民创业与贫困治理（基于广西天等县的实证分析）》，社会科学文献出版社，2015，第137页。

《2018年脱贫攻坚“夏季战役”5月战报》，《广元日报》2018年6月16日，A2专题。

B.32

广元产业扶贫探索实践报告

——以苍溪县为例

赵文勇　陈朝文　赵　斌　贾锡平　张文杰*

摘　要：　近年来，广元充分发挥产业扶贫的支柱作用，加快培育贫困地区、贫困群众增收主导产业，强化贫困群众脱贫致富奔小康的关键支撑，确保贫困人口稳定脱贫。苍溪县依托利用“世界红心猕猴桃原产地”优势，因地制宜、科学规划，打造品牌、开拓市场，创新模式、助农增收，把发展红心猕猴桃产业作为产业强县的重中之重，推进规模化、标准化、品牌化、产业化发展，走出了一条依靠红心猕猴桃产业带动群众脱贫致富奔小康的好路子，成为全国产业扶贫十大优秀范例。

关键词：　广元苍溪　产业扶贫　红心猕猴桃

苍溪是国家扶贫开发重点县，是秦巴山区连片扶贫工作重点县。作为红心猕猴桃原产地，历届县委县政府始终坚持“产业立县、庭园富民”，把发展红心猕猴桃产业作为贫困山区发展现代农业，带动群众脱贫致富奔小康的突破口和着力点常抓不懈，强力推进规模化、标准化、品牌化、产业化发展。

* 赵文勇、陈朝文、赵斌、贾锡平、张文杰，广元市苍溪县。

一　产业扶贫的主要做法及成效

苍溪境内森林覆盖率现为48.73%，大气环境质量为国家一级标准，土壤质量符合国家有机食品生产标准，拥有红心猕猴桃的绝佳种植环境。在四川省自然资源科学研究院等国内外科研院所的指导下，苍溪于20世纪80年代成功选育出世界上首个红心猕猴桃品种——“红阳”，先后培育了“红华”“红美”“红昇”等一系列红心猕猴桃品种，其中“红阳”已在61个国家和地区申请品种登记，是全球第三代猕猴桃首选换代品种。2017年，全县红心猕猴桃种植面积已达38.8万亩，覆盖全县所有乡镇及214个建档立卡贫困村，年综合产值超60亿元，带动贫困户年人均增收5500元以上。全县贫困人口由2014年的9.22万人下降至2.32万人，贫困发生率由13.95%下降至3.49%。红心猕猴桃成为富民强县的第一产业和带动群众脱贫致富奔小康的“致富果”“黄金果”。

（一）产业发展具体做法

1. 立足资源，一个产业抓到底

经过近40年的不懈努力与持续发展，全县红心猕猴桃产业已初步形成了产业集群化、生产标准化、经营合作化、技术集成化、服务社会化的现代产业发展格局。

2. 规划引领，一张蓝图绘到底

苍溪始终把红心猕猴桃纳入全县国民经济发展规划和特色产业发展规划，确立并长期坚持“一村一品一产业”“一户一业一庭园”的基本思路。全县以打造红心猕猴桃百亿元产业集群为目标，规划“十三五”期间每年新增种植面积3万亩以上，到2020年累计达到50万亩，年产优质鲜果20万吨，实现年综合产值100亿元。

3. 传承接力，一届一届干到底

历届县委县政府坚定不移推进红心猕猴桃产业发展。发展到现在万亩园带千亩园、种植园套养殖园、产业示范园联农户标准园的“全域园区、三产融合”创新跨越阶段，全面形成集中连片规模化的猕猴桃种植园。

（二）产业扶贫具体做法

1. 大园区带小庭园，构建种养循环产业链，让贫困户实现长期稳定增收

按照“建一个万亩产业园，连片增收过亿元，一个户办产业庭园，人均脱贫超万元”工作思路，实现园区连片扶贫与庭园精准脱贫互促共融。全县建成17个红心猕猴桃万亩产业园、66个千亩产业园、3.8万个产业庭园，种养循环产业产值达22.5亿元，带动贫困户年人均增收3600元。

2. 加工园联物流园，做强加工物流链，让贫困群众从产业增值中获利

建成红心猕猴桃加工园，入园企业6家，建有猕猴桃专用有机肥生产厂、猕猴桃精深加工中心，新开发32种猕猴桃深加工产品，每年加工处理猕猴桃达15万吨，产值12.2亿元，年吸纳贫困人口务工5300余人，人均务工收入1.1万余元；建成冷链物流园，入园企业4家，引进国内首家红外线检测冷链分选万吨猕猴桃采后处理中心，年储运能力达15万吨。全县猕猴桃精深加工、冷链物流等产值达23.46亿元，每年带动贫困户年人均增收1600元。

3. 种植园联旅游园，拓展互动服务产业链，让贫困农民从新业态发展中受益

按照“一个红心猕猴桃种植园就是一个旅游景区”的思路，全县已建成2个红心猕猴桃国家3A级旅游景区、187家乡村旅游休闲体验农庄，建成全国首个红心猕猴桃交易中心和县级“京东馆”，建成村级电商合作点186个，发展电商368家，建成全国电子商务进农村综合示范县，入选国家农业全产业链开发创新示范县。全县红心猕猴桃年线上线下交易量达12万吨，带动贫困户销售猕猴桃4.5万吨；旅游观光及服务业产值达14.7亿元，带动贫困户年人均增收600元。

4. 打造区域公共品牌

以品牌建设为抓手，开拓国内国际市场，大力提升红心猕猴桃产业核心竞争力，实现产业提质增效带动农民增收。建成全国农业标准化示范县、国

家首批农产品质量安全县、国家出口猕猴桃质量安全示范区，入选首批中国特色农产品优势区、农业现代化基本实现阶段示范县、全国“一县一品”品牌扶贫行动计划县。建立起以“苍溪红心猕猴桃”为主、企业自主商标为辅的母子商标体系，先后获得国家质量安全体系认证、国家出口基地认证和欧盟认证。

5. 搭建品牌推介平台

苍溪红心猕猴桃是全国第一个实施国家地理标志保护的产品。历届县委县政府坚持“政府搭台、企业唱戏”，持续举办苍溪红心猕猴桃国际订货会、采摘节和研讨会，积极组织相关企业和协会参加西博会、广交会、农博会等各类节会，依托节会推介促销，把红心猕猴桃产品推向国内外市场。

6. 依法保护产业品牌

狠抓源头管控，创新构建起“五户联防、十户联保”的农民自主质量监督机制，全县猕猴桃产区绿色防控面达95%，禁用药物检测合格率达100%。加强监管执法，依法打击损害苍溪红心猕猴桃原产地域保护产品、国家驰名商标、国家级出口猕猴桃质量安全示范区等品牌的侵权行为。

二　产业发展存在的主要问题

（一）园区建设方面

1. 品种布局不够合理

近年来，苍溪红心猕猴桃鲜果价格一直稳定在每千克16元以上。各乡镇竞相发展，有的甚至不分海拔高低、不优选品种进行跟风种植，仅“红阳”一个品种已占全县种植面积的95%以上，忽视了品种的多样性，没有根据市场需求发展配套品种。与此同时，苍溪周边县市、陕西等地也在发展这一品种，品种同质化现象越来越明显。

2. 存在重基地轻庭园现象

部分乡镇重视引进业主、大户投资建设猕猴桃产业园，轻视猕猴桃庭园种植，对发展“一户一园”猕猴桃宣传、发动、引导不够到位，农户参与产业调结构的积极性、主动性还不够高。

（二）园区管理方面

1. 技术管理不够到位

红心猕猴桃种植技术核心是精细化管理，部分农户特别是贫困户还缺乏种植管理技术，未严格按照全县统一规范技术方案进行生产管理，技术上出现偏差，管理上不够到位，致使部分园区长期过量使用化肥，导致土壤有机质缺乏、树体抗病能力差，在溃疡病严重发生时极易死树毁园。

2. 风险防控还不够

红心猕猴桃种植前期投入大，生产周期长，一般要 4 年才能挂果，挂果前平均每年人工、肥料等投入达到每亩 5000 元。个别业主承包经营面积过大，远远超出自身经济承受能力，很难在 4 年无收入的情况下持续投入，导致园区管理粗放。个别业主急功近利，缺乏打持久战的准备，进行掠夺式经营，让果树提前挂果，形成“弱树早产”现象，此类园区溃疡病高发，甚至园子被毁掉。

（三）品牌营销方面

1. 有机认证力度不够

苍溪红心猕猴桃发展规模不断扩大，但有机、绿色产品认证力度不够，全县通过有机认证面积占比较小，有机产业发展尚处于起步阶段。

2. 产业监管力量不足

苍溪猕猴桃种苗生产检疫和投入品安全监督力量还不够，力度还不够，部分劣质带病苗木流通、不合格有机肥使用、早采早购早销等问题还在一定范围内存在，红心猕猴桃鲜果以次充好、以假冒真的问题时有发生，严重影响了市场秩序。

三　推进产业发展的对策和建议

（一）推行有机生产，完善标准化生产体系

1. 规范种苗来源

建议苍溪猕猴桃良种无病毒苗木繁育基地苗木生产实行公司化运作，全县统一调配。

2. 制定技术标准

按照猕猴桃重点生产环节，制定种苗、建园、栽培、植保、土肥水管理、鲜果等6个标准，保证苍溪猕猴桃标准化生产有章可循、有法可依。

3. 推行有机猕猴桃生产

依托国内外科研技术资源，完善有机猕猴桃生产技术标准。积极开展有机猕猴桃认证，建立有机猕猴桃种植示范点，以点带面在全县范围内逐步推行有机猕猴桃生产。结合全县中药材百亿元产业发展规划，选择适宜药材品种，研发套作栽培技术，推广猕药（经）套作模式，提高单位面积产出。结合全县健康养殖百亿元产业发展规划，根据园区规模情况设置畜禽粪污处理池，利用畜禽粪污为原料生产生物有机肥，推广种养结合生态循环产业模式，改良土壤，培肥地力，同时解决环境污染问题。

（二）加强安全监管，建立质量追溯体系

1. 制定安全监管制度

县猕猴桃产业发展局会同相关部门制定和完善猕猴桃产业安全监管制度，包括：园区生产记录制度、质量安全信息发布制度、产品统一包装与标识制度、农业投入品质量安全准入制度、质量安全监测和监督检查制度、质量安全风险评估制度、质量安全事故报告制度、质量安全责任追究制度等。

2. 建立完善管理台账

生产基地分类建立管理台账，记录日常农事操作，实现生产过程全程可

追溯，自动生成并打印二维码，消费者可通过微信扫描追溯产品来源、生产过程、投入品使用等信息，初步构建“来源可溯、去向可查、责任可追”的猕猴桃安全监管追溯体系。

3. 强化品质检测控制

建设县级猕猴桃质量检测中心、乡镇猕猴桃质量检测室，加强对猕猴桃生产经营企业、专合社和种植农户的监督检查，实行定期检查，坚持现场检查，加强临时抽检，未经检测或检测不合格的产品一律禁止采收、销售。

4. 强化质量安全追溯

建立全县统一的农资投入品供应体系，设置县级农资连锁配送中心和乡镇配送站；严格产业链条各环节质量监督，建立有效的质量监督体系，通过行政或者协会管理，实现产品质量全程可追溯。对违反相关技术规程和规定，滥用、超标使用化肥、农药、膨大剂的行为，按国家相关法律、法规规定严肃查处。

5. 加强农业执法

定期发布禁用及高毒、高残留农药清单，强化农资市场执法力度，增加抽检次数，杜绝高毒、高残留及其他禁售农资流入市场，强化标准化生产基地猕猴桃样品监测检测力度，实现全覆盖，定期发布质量安全检测通报。

（三）创新经营模式，解决销售后顾之忧

1. 实行订单生产

充分发挥龙头企业及专合社“上联政府、下联果农、外接市场”的作用，在果品生产初期，通过“龙头企业＋专合社＋农户”的模式，签订生产订单，完善销售网络。

2. 推行保价保险

由苍溪红心猕猴桃协会指导年度保底收购价，通过建立猕猴桃保价保险，让猕猴桃种植业主放心种植、稳步增收，充分享受政策性农业保险的保障。

3. 建立诚信机制

加强法制观念教育，增强依法履约、诚信经营意识。对不依法履行合同

的相关单位和个人，依据相关法律法规，严肃惩处，对诚信经营先进个人，授予“诚信经营户”等荣誉。

参考文献

陈炳钰：《红心猕猴桃闯世界》，《中国国门时报》2015 年 6 月 24 日，第 8 期。

陈磊、田双清：《基于 SWOT 分析苍溪县猕猴桃产业发展现状及对策》，《农村经济与科技》2016 年第 1 期，第 10 ~ 12、14 页。

高群、吴世权：《加强高新技术植入推进苍溪红心猕猴桃发展》，《四川农业科技》2011 年第 2 期，第 8 ~ 9 页。

侯冲：《苍溪一颗红心猕猴桃的脱贫密码》，《四川日报》2017 年 7 月 11 日，第 12 版。

阮蓓：《四川苍溪　产业立县　庭园富民》，《农民日报》2017 年 7 月 17 日，第 1 版。

贾锡平、贾文韬、徐凯：《“三个盘活”强产业　绿色发展助脱贫》，《广元日报》2017 年 8 月 4 日，第 1 版。

B.33

广元金融扶贫创新实践报告

——以旺苍金融扶贫为例

康永忠　张　幹*

摘　要： 近年来，广元以金融精准扶贫作为脱贫攻坚工作重点之一。面对信贷供给不足、信用意识差等金融环境现状，旺苍县创新思路，坚持打好“扶贫再贷款＋扶贫小额信贷”“扶贫小额信贷＋村级互助资金”“扶贫小额信贷＋扶贫小额保险”等金融扶贫组合拳，突出抓好财政撬动、信用保证、叠加增效、风险防控等关键环节，有效保障了贫困户产业发展、贫困村整村脱贫等方面所需资金，走出了一条从“财政输血式扶贫”到“金融造血式扶贫”的转变的好路子，成为全国金融扶贫的优秀范例。针对金融扶贫中还存在的问题，本文又从提供多样化的金融服务、加强金融扶贫的主体培育、完善金融扶贫的监管体系等方面提出了对策建议，有很强的指导性。

关键词： 金融扶贫　实践方略　广元市

近年来，旺苍抢抓省市在旺苍开展金融精准扶贫试点为契机，坚持以脱贫攻坚统揽经济社会发展全局，持续打好“扶贫再贷款＋扶贫小额信贷”“扶贫小额信贷＋村级互助资金”“扶贫小额信贷＋扶贫小额信贷保险”等

* 康永忠、张幹，广元市旺苍县。

金融扶贫组合拳，突出抓好财政撬动、信用保证、叠加增效、风险防控等关键环节，着力解决“钱从哪里来、怎样贷得到、如何用得好、风险怎样控”等实际问题，有效保障贫困户产业发展、贫困村整村脱贫等方面所需资金，实现了从“输血式扶贫”到“造血式扶贫”的深刻转变。

一　旺苍金融扶贫的背景分析

2013 年以来，旺苍经济增长速度大幅度降低、经济增长对减贫的自然拉动作用显著减弱，产业扶贫和金融精准扶贫带动作用日趋明显。当前我国经济发展正面临供给侧结构性改革，具体表现为“三去一降一补”，要求金融行业去杠杆、降风险。但在扶贫领域，未来这几年反而是一个加杠杆的过程。旺苍县每年的扶贫专项资金不断增长，县域内贫困人口逐年减少。越到最后的贫困人口贫困程度就越深，越是要求各方面加大扶贫的力度和要素支持，单个贫困对象或产业的信贷资金的需求量也会逐步增大。

资金作为贫困人口发展生产最重要的要素，它的供给是否满足需求直接影响到贫困人口的脱贫成效。但资金又是一种受市场配置最明显的要素，它对需求主体有着很严格的要求，由此给扶贫工作带来了很多不利因素。

（一）信贷供给不足，机构参与性差

县域内银行业金融机构出于自身效益、风险等因素考虑，虽按要求制定了部分实施方案，但在实际推行上却相对被动。政策定位于服务“三农”的银行业金融机构也相对更倾向于大项目、大企业，涉足扶贫领域意愿不够强烈。若这种局面得不到根本性改善，则难以满足脱贫攻坚领域资金的需求，从而影响贫困人口的脱贫成效。银行业金融机构作为市场主体，受市场运作规律作用明显，要想根本性改善扶贫领域金融资金的供给，则必须从市场的角度去调动银行业金融机构的积极性。

（二）信用意识不足，资金利用性差

改善贫困地区生产生活条件，需要大量资金的注入，信贷资金是重要的资金来源。通过调查发现旺苍县扶贫信贷资金需求旺盛，办理信贷业务的贫困人口较多，但按时主动还款的贷款户较少，其主要原因是贷款贫困户未对扶贫信贷形成正确的理解。鉴于贫困户信用意识淡薄，档案信息不完善，银行业金融机构很难准确掌握贷款户真实状况。此外，涉农贷款规模小，无法形成资金量，达不到“质变”的撬动作用，农户产业效益低，资金利用效率大打折扣。

（三）担保资源不足，信贷获取性差

目前，旺苍价值评估、登记制度缺乏，农村抵押物交易、流转体系相对落后，以至于能担保的物品、权证很有限，抵押物处置较为困难。而现有的担保制度来看，农产品又达不到信贷风险防范的要求，农村集体土地、私人房屋抵押难以实施。

二　旺苍金融扶贫实践探索

（一）金融扶贫思路

1. 坚持政策扶持与市场运作相结合的原则

以旺苍县金融精准扶贫风险基金政策为支撑，充分发挥财政资金引导金融资源的撬动作用，促进和激励金融机构对接、创新信贷产品，加大对吸纳带动贫困户的农村新型经营主体及贫困户的信贷支持力度。

2. 坚持加大投入与防控风险相结合

旺苍县坚持以市场化为导向，在推动金融机构持续加大精准扶贫、精准脱贫信贷力度的基础上，高度重视并积极探索信贷风险分散和化解机制，促进金融精准扶贫信贷投入持续增长。

3. 坚持金融扶贫与金融支持“三农”发展相结合

以贫困户脱贫致富为重点，全面加大对“三农”的信贷倾斜力度，推动农村产业规模化、集约化发展，夯实贫困户脱贫致富基础。

（二）旺苍金融扶贫实践

1. 突出财政撬动，着力解决“钱从哪里来”

一是突出财政引导作用，用“小杠杆”撬动“大资本”。旺苍县97个贫困村，每村均有两个集体经济组织（专合社）。每个贫困村均有25万元集体经济（专合社）发展扶持资金和30万元村级产业发展基金。综合起来，每个村村级集体产业发展资金大约为80万元（30万元+25万元+25万元），另外加上产业示范园建设资金以及贫困党员精准扶贫示范项目等各类财政项目资金，每个贫困村产业发展信贷资金为100万元左右。县内银行业金融机构根据“划片包干”原则，各自对区域内的贫困村产业发展按放大5~10倍授信。由此撬动9亿元信贷资金投入贫困村产业发展，规模带动贫困村贫困户发展茶叶、核桃、中药材及畜禽养殖等特色产业。

二是突出财政支持作用，将“不愿贷”变为“踊跃贷”。旺苍县大力推行“扶贫再贷款+扶贫小额信贷”模式。商业银行运用央行扶贫再贷款向贫困户发放扶贫小额贷款以及向跟贫困户利益连接紧密的新型农业主体（养殖大户、专合社、家庭农场等）发放产业贷款，利率均为人民银行贷款基准利率。截至目前，县域内商业银行向跟贫困户利益连接紧密的新型农业经营主体发放贷款累计1.57亿元。

截至目前，全县累计发放扶贫小额信贷8872户、3.65亿元。为切实解决贫困户后顾之忧，旺苍财政每年从涉农扶贫资金中整合一部分用作扶贫贷款贴息资金，对贫困户贷款按照不超过5%的年利率给予贴息。截至目前政府已贴息2075万元，有效撬动信贷资金4.5亿元投入贫困村、贫困户特色增收产业发展。

2. 创新信用保证，着力解决“怎样贷得到”

一是精准评定助推“授信扩面”。2016 年旺苍县印发《关于进一步增强全县扶贫小额信贷服务脱贫攻坚实效的五条措施》，对原“5221”评级授信指标体系①中的贫困户诚信度评价指标及权重进行了重新界定。参考贫困户在村级互助资组织诚信情况，对曾按期还本付息后因不可抗力因素影响贷款偿还，且无主观恶意的区别对待，有效提高了农户评级授信比例和放款额度。同时，按照“巩固主体、延伸两头”的思路，将贷款对象向新型经营主体、临界贫困户②延伸，并适度放宽承贷银行分区限制，不断拓宽实施对象和范围。

二是互助联保解决“额度需求”。2015 年，旺苍县针对互助资金个户贷款额度限制的问题，通过协调县级相关部门，率先在五权镇铜钱村、鼓城乡关口村、普济镇远景村这三个互助社启动了金融创新扩面工作。三个村级互助社以信誉好、有一定经济实力的 10～20 户农户信用联保，旺苍信用联社和贵商银行旺苍支行以人民银行基准利率授信贷款 20 万元给互助社，进一步扩大了互助社资金运作规模，破解了村级互助社资金瓶颈，支持了社员的产业发展。

三是产权抵押激活“沉睡资产”。旺苍县柏林畜禽发展有限公司因接收贫困户就业，吸收贫困户入股等，被定义为直接与贫困户建立利益连接关系的新型农业经营主体。广元贵商银行旺苍支行创新“活体质押”＋“活体保险保单质押（即保险理赔优先偿还银行）”方式率先在畜禽养殖领域推出“活体质押贷款”。银行对畜禽按照市场价格确定初步价值，并根据存栏、长势等情况按最高 50% 的系数对贷款企业进行授信，企业可按照发展需求在授信额度内灵活周转使用。旺苍柏林畜禽发展有限公司利用“扶贫再贷

① “5221”评级授信指标体系：即以贫困户家庭诚信度、劳动力、劳动技能和人均纯收入四项指标，分别根据 50%、20%、20%、10% 不同分值比重，测算出每户信用分值，授予贫困户 5 星至 2 星级不等的信用等级。

② 临界贫困户指严格按照贫困户认定指标计算，位于贫困线以上或基本持平，但生产或生活中较为困难的农户。

款+产业带动贷款”和畜禽活体保单质押，获得农信社贷款600万元，再以整合8家养殖企业，带动千余户贫困户发展养殖产业，人均实现增收6000多元。

3. 释放叠加效应，着力解决“如何用得好”的问题

一是创新推行“扶贫再贷款+扶贫小额信贷”模式。人行旺苍县支行依据各商业银行的扶贫小额贷款、产业带动贷款和贫困户利益连接的新型农业经营主体贷款的总额向各商业银行匹配一定额度的扶贫再贷款。旺苍县充分利用央行扶贫再贷款政策，一定程度上降低了商业银行的资金成本，提升了商业银行的贷款积极性。

旺苍县各商业银行采取“专合社+贫困户”“龙头企业+贫困户”等模式，优先支持建档立卡贫困户和带动贫困户就业发展的新型农业经营主体获得贷款，有效破解了新型农业经营主体发展的资金瓶颈。信用联社运用“扶贫再贷款+扶贫小额信贷”为金溪镇中坝村南江黄羊养殖专合社发放贷款21万元。专合社养殖肉羊1000余只，带动周边近30户贫困户养殖肉羊2200只，贫困户共同建立肉羊“互联网电商销售平台”，实现肉羊产、供、销一体化。

二是创新推行“村级互助资金+扶贫小额信贷”模式。旺苍县鼓励贫困户申请扶贫小额信贷，以实现互助资金与信贷资金“长短结合、大小结合”。同时将贫困户在互助组织的信用状况合理运用到扶贫小额信贷评级授信中，从而提高贫困户贷款额度，有效推动了产业持续健康发展。互助资金“短平快”的特点，尤其是季节性、短周期性的产业项目对扶贫小额信贷形成一定的优势互补。

4. 构建长效机制，着力解决“风险怎样控”的问题

一是建立县级防控机制。旺苍县财政累计出资3851万元，在信用联社等主要承贷银行设立“扶贫小额信贷分险基金”专户，按银行贷款余额的十分之一注入分险金，专项用于呆滞贷款的处置。同时确立政府和银行按6∶4的比例各自承担损失（对未收回的呆滞贷款政府和银行按60%和40%承担损失），为承贷银行转移了部分风险，切实解决了银行和政府权、责、利问题。

二是建立村级防控机制。由驻村帮扶单位按村贷款总额的3%～5%筹集建立村级风险互助金，出现逾期时，首先使用村级风险互助金进行偿还。当没有出现逾期时，资金为全村贫困户所有。同时成立村级风险防控小组（由村三职干部和群众代表组成），主要负责信贷政策宣传、贷款申请初审、贷款使用监督等工作。承贷银行和县财政各按年末到期偿还额1%建立扶贫小额信贷奖励基金，对于扶贫小额贷款偿还率达100%的行政村给予奖励。

三是建立自身防控机制。2011年旺苍县在国务院扶贫办和省市相关部门的关心支持下，启动实施了农村扶贫小额保险试点工作。随后，结合扶贫小额信贷及脱贫攻坚工作，创新出扶贫小额信贷保证保险。鼓励贫困户参与扶贫小额信贷保险、扶贫保和政策农险，一旦出现贫困户因意外灾害还款困难时，所购保险的理赔资金优先偿还贷款本息。不仅解决了贫困户产业发展资金来源，还降低了扶贫小额信贷承贷银行的风险。

三　旺苍金融扶贫中的问题

（一）金融扶贫尚需政策性银行大量信贷资金投入

旺苍有贫困村97个，贫困人口5万余人，涉及区域广，人口多。脱贫攻坚所必须的易地扶贫搬迁、农村路网、电网通讯等基础设施建设，尚有较大的资金缺口（县本级财政孱弱），地方商业银行贷款额度又十分有限，急需国家开发银行和农业发展银行给予大额、长期的资金支持。

（二）涉农银行业金融机构对金融扶贫的支持力度不够

县域范围内的信用联社、农业银行和村镇银行对扶贫小额信贷、产业带动贷款和政担银企户①等政策都是被动执行，主动落实不够，支持精

① 政担银企户：即政府风险贴息、农担公司担保、银行增信增贷、企业发展带动贫困户增收脱贫的五方协作互动模式。

准扶贫的效果还有很大的提升空间，服务三农的意识和能力还需进一步提升。

（三）国有商业银行对地方金融服务的支持力度还有待提升

县域内工行、邮储银行等国有商业银行金融支持手段和创新力度不强，参与金融扶贫的力度还有待提高，金融服务制度与产品设计能力还有待优化和提升。国有商业银行针对精准扶贫的信贷产品、风险管控、激励机制与人才队伍建设等方面与地方商业银行存在明显差距，严重影响其金融扶贫成效中的作用。

（四）金融监管协调性较弱，资本供给严重不足

旺苍县存贷比严重偏低，社会融资存量与 GDP 总量之比明显偏低，县域金融发展水平与县域经济发展水平严重滞后，金融渗透性弱。多层次资本市场中股权融资、债券融资及其他金融市场融资占比过低，尚有个别领域还没有实现“零”的突破。

四 金融扶贫建议

（一）着力提供多样化的金融服务

随着扶贫工作的深入，贫困地区的金融需求开始逐步显现多样化，这就需要金融供给侧积极适应需求侧变化，在自身可持续发展的基础上，提供多样化的金融服务。不仅提供银行、证券、保险等金融产品和服务，还要从熟悉金融知识、树立信贷意识等扶智层面帮助贫困地区彻底脱贫，打好金融精准扶贫组合拳。

（二）加强金融扶贫的主体培育

地方政府在积极引导商业金融机构加大产品创新和优化服务的基础上，

加快新型农村金融机构及区域合作性金融组织的培育，跟进政策性保险及担保机构建设。只有市场主体才是连接贫困人口与金融机构的纽带，才能充分发挥产业发展的带动作用。

（三）加强金融扶贫主体的监管

加强金融扶贫主体信贷资金的全方位调配与监管，确保信贷资金用于贫困地区产业发展。依法依规处理扶贫领域不当事件，严格控制系统风险，确保金融精准扶贫的撬动作用和可持续性。

B.34

广元创建十大救助制度运行分析报告

——以青川县为例

刘 琪 刘保刚*

摘 要： 近年来，在习近平新时代中国特色社会主义思想指引下，广元一直致力于脱贫攻坚县域配套制度的建设与完善，在青川县进行了积极而有效的探索并实施了十大求助制度。十大救助制度为四川全省、广元全市提供了精准扶贫配套县域制度样本，备受舆论和社会各界关注。本文旨在梳理、总结青川的做法与经验，为进一步完善脱贫攻坚配套制度提出意见和建议。

关键词： 脱贫攻坚 救助体系 广元

一 十大救助制度出台的主要背景

青川是省定贫困县，又是“5·12”地震极重灾区，因灾因病致贫返贫现象异常突出。同时，群众涉法问题中的打官司难、难打官司问题也日趋凸显，在增加群众家庭负担的同时，也增加了不稳定因素。残疾人是社会中的一个特殊群体，是全社会最困难、最需要帮助的弱势群体，是最需要得到政府和全社会特别关心和特别扶助的队伍，也是全县脱贫攻坚战役中必须攻破

---

* 刘琪、刘保刚，广元市青川县。

的堡垒。这些灾后重建中涌现出来的现实问题，如果不妥善解决，我们党“为人民服务”的宗旨从何体现？关注民生、建设和谐社会岂不成了一句空话。“十大救助”制度的提出，旨在解决以上问题。

青川以十大救助制度为代表的配套制度的制定与出台，正是在党和国家实施脱贫攻坚战略这一大背景下进行的探索，动作、步调都与中央精神高度吻合。

二　十大救助制度的基本内容

（一）救助制度的种类及涵盖范围

1. 困难群众维权制度

2011 年 3 月 17 日，青川县印发了《青川县司法救助专项资金使用管理办法》（试行），将司法救助工作作为落实司法为民的具体措施，旨在有效化解矛盾纠纷，协助解决县级政法部门办理的案件（主要是涉法涉诉信访案件）当事人的实际生活困难，促进社会和谐稳定。

2. 困难家庭救助制度

2011 年 3 月 17 日，青川县印发了《青川县贫困救助热线制度》《青川县因灾因病返贫基层干部救助制度》；4 月 18 日，青川县印发了《青川县贫困党员救助和 80 岁以上老党员定额补助制度》；8 月 8 日，青川县印发了《青川县中小学生资助管理办法》《青川县贫困大学生救助管理办法》。旨在解决家庭困难群众生产生活中的各种困难，因病返贫基层干部得到较好医治，高龄老党员生活困难，家庭困难学生上学难的问题。

3. 重疾灾害救助制度

2011 年 3 月 17 日，青川县同步印发了《青川县白血病患者医疗救助制度》《青川县火灾受灾户救助制度》；2012 年 2 月 17 日，青川县印发了《青川县洪灾救助制度》《青川县贫困残疾人救助制度》。旨在有效解决群众因病、因灾返贫问题，为贫困残疾人提供及时救助。

4. 贫困救助热线制度

根据贫困状况，救助对象分为三类：A 类为特困对象、低保对象、“五保”对象、重点优抚对象等因灾因病造成家庭生产生活严重困难的；B 类为一般困难户、优抚对象等因灾因病造成家庭生产生活特别困难的；C 类为一般临时性因灾因病造成家庭生产生活较为困难的。

5. 重疾患者救助制度

经二级或二级以上医疗机构确诊为白血病，且家庭人均收入低于全县城乡居民一般收入水平的青川户籍城乡困难居民家庭患者。同时，儿童患白血病的，可同时享受红十字会等部门的相关救助政策。

6. 基层干部救助制度

《青川县因灾因病返贫基层干部救助制度》规定：要建立下访谈心制度，各乡镇、县级各部门领导干部要经常与因灾因病返贫基层干部交心谈心，及时了解其思想、工作与生活状况，做到“五必访”，即因灾因病返贫基层干部生病住院或亡故时必访，家庭遭受重大灾害或发生重大意外时必访，在工作和生活中遇到特殊困难时必访，思想情绪出现较大波动时必访，“七一”、春节等重大节日时必访，并根据基层干部家庭具体情况，享受相关救助资金。其中贫困党员适用该制度。

7. 司法救助管理制度

《青川县司法救助专项资金使用管理办法》规定，青川县司法救助专项资金使用管理办法规定司法救助专项资金的救助对象为涉法涉诉信访案件中确需救助的当事人及相关人员，仅限于自然人，不包括法人及其他组织。同时，救助资金使用必须遵循以下原则：专款专用原则（司法救助专项资金主要用于涉法涉诉信访人确需的司法救助），管用分离原则（司法救助专项资金由县委政法委负责审批），救助限额原则（对司法救助上限做了规定，特殊情况需放宽的应从严审批），应救尽救原则（对符合救助条件的对象及时予以司法救助），救助不重复原则（对同一案件同一当事人不重复救助）。

8. 高龄党员救助制度

《青川县贫困党员救助和 80 岁以上老党员定额补助制度》规定的救助

对象包括老党员（新中国成立以前入党的党员和80周岁以上的党员），贫困党员（因灾因病返贫党员，其中是党员的因灾因病返贫基层干部适用《青川县因灾因病返贫基层干部救助制度》）；建立信息台账，即各级党组织要建立老党员和贫困党员信息管理台账，内容包括家庭住址、家庭结构、收入情况、健康状况、监护人员、贫困原因、联系领导等。信息台账实行动态管理；建立慰问制度：各级党组织要及时为老党员、贫困党员排忧解难，适时开展慰问。各乡镇、各部门党员领导干部要主动联系老党员、贫困党员，及时关心其身心健康、了解其生活状况，积极组织党员志愿者上门服务，县委县政府给予相应的生活补助。

9. 贫困学生救助制度

《青川县贫困大学生救助管理办法》规定的救助对象包含青川户籍当年考入大学和已在校就读的全日制大学生，家庭经济特别困难，无力承担学费和生活费的贫困大学生。每年秋季开学前，受救助的大学新生持本人身份证原件、录取通知书原件到青川县学生资助管理中心登记，入学后将入学证明传真到青川县学生资助管理中心。由学生或家长持本人身份证、户口簿到青川县学生资助管理中心办公室领取救助金。受救助的往届生，由学生或家长持本人身份证、户口簿及学生所在学校出具的在校学习证明、学生证复印件到青川县学生资助管理中心办公室领取救助金。资金来源于社会爱心捐赠资金及县财政安排的专项资金。享受国家免费教育的不予救助。

《青川县中小学生资助管理办法》规定的资助对象为家庭经济特别困难，无力承担学费和生活费，在本县就读的中小学生。资助金来源于县财政安排的专项资金及社会捐赠资金。

10. 特殊群体救助制度

救助内容分为六类。一是生活救助，二是医疗救助，三是教育救助，四是康复救助，五是产业救助，六是才艺救助，才艺救助对象为参加省级以上文体艺术表演、培训的伤残学生，给予一定数额的补助，获得前三名的按相关标准分别给予一次性奖励。

（二）救助标准细则

青川十大救助制度出台后，为保证各项制度的顺利实施，青川县委县政府对相关申请救助标准和实施细则做了明确规定。首先明确了救助的责任主体：贫困救助热线制度，实施部门为青川县总工会；受灾家庭救助制度，含《青川县火灾救助制度》和《青川县洪灾救助制度》，实施部门为青川县民政局；重疾患者救助制度，实施部门为青川县民政局；基层干部救助制度，含《青川县因病因灾返贫基层干部救助制度》和《青川贫困党员救助和80岁以上老党员定额补助制度》两项，实施部门为青川县委组织部，并在该部设立救助办公室和救助热线；司法救助管理制度，《青川县司法救助专项资金使用管理办法》的实施部门是青川县政法委；贫困学生救助制度，含《青川县贫困大学生救助管理办法》和《青川县中小学生资助管理办法》的实施部门为青川县教育科技局；特殊群体救助制度，实施部门是青川县残联。

以上各项制度的实施部门均开通了救助热线，面向全县公布，主要接受群众的咨询，解答群众的疑问，接受社会监督，保证各项制度落到实处。其中贫困救助热线设置在县政务服务中心，由县惠民帮扶中心负责救助热线的受理工作。

救助的执行标准有细则，一切均按细则执行。

三　实施十大救助制度的基本做法

（一）经费保障

青川党政班子成员一致表示：百姓无小事，民生是大事，县财政再困难再紧张也要“挤”出钱解决好群众急难困苦。资金整合是资金筹措的最佳手段，我们采取的办法一是将分散在个部门各渠道的民政类资金收集打捆集中；二是将社会捐款资金纳入统筹，同时加大社会筹资捐资力度，挖掘社会资金潜力，通过双管齐下的手段，既解决了资金来源问题，又使有限的资金的效益发挥到最大化。”

（二）创新管理

1. 整合资源，设立救助服务机构

青川县惠民帮扶救助中心是“十大救助”的管理和执行窗口，各乡镇依托乡镇便民服务中心设立乡镇救助管理服务中心，各村（居）委会依托村（社区）便民服务代办站设立村级社会救助管理服务点，为顺利推进“十大救助”工作提供了组织保障。

2. 严格流程，发挥救助最大效应

即严格审批程序，做好事前监督，严把审核关；严格救助情况全面公示，做好事中监督，严把公开关；严格畅通监督举报渠道，做好事后监督，严把反馈关。

“十大救助”制度建立后，把民政、教育、工会、残联等部门的医疗救助、困难学生救助、困难职工帮扶、困难残疾人救助等社会救助资源实行政府统筹，“一门受理”，分类救助，“一个口子”申报，打卡发放。同时，积极向上级民政部门争取救助资金，为十大救助制度实施持续提供资金支持。

3. 不断完善，形成民生保障网络

目前实施的十大救助制度，是青川县委县政府主要领导亲自带队，于2011年3月，由县民政、组织、工会、教育、司法、残联等多部门经过数月深入调研的基础上，创新建立的。在救助制度的实施过程中，随着实际情况的不断变化，县委、县政府对相关救助制度也在进行渐进式的修订与完善。2016年5月，修订出台了《关于进一步规范完善城乡医疗救助制度的通知》，完善了资助参合参保制度、门诊医疗救助制度、住院患者医疗救助制度、重特大疾病医疗救助制度、精神病患者医疗救助制度，建立健全了“以资助参合参保为基础、以重特大疾病救助和住院救助为核心，以门诊救助、慈善援助为补充，逐步推行“‘一站式’报账服务”的多层次城乡医疗救助工作体系。2017年7月，与县教育局、财政局、惠民中心完善出台了

《青川县贫困学生救助方案的通知》。通过制度的制定和逐步完善，编制出一张民生保障网，为惠民政策落地生根提供了制度保障。

（三）救助帮扶成效显著

通过近年来的探索实践，目前实施的十大救助制度与过去的救助制度相比具有以下三个方面的特点。

1. 救助范围更加广泛

十大救助制度涵盖了因灾、因病、因残致贫而就医难、上学难、生活困难等方方面面，不仅涉及低收入家庭困难群众，而且建立了由县财政出资解决困难党员、干部职工的生活医疗救助，同时还建立了专门的学生救助制度、残疾人救助制度、司法救助制度。

2. 救助流程更加透明

除各救助单位规范建立救助档案之外，探索建立了救助系统网上信息查询平台，每个救助对象救助的原因、救助金额一目了然，广泛接受社会监督，做到科学救助、阳光操作。

3. 救助成效更加明显

救助资金的整合，救助机构的成立，多年运行的探索，实现了对各救助部门统一、有效的协调与管理，切实按照制度规范运行，避免了个别群众多项重复救助，个别群众又得不到救助的现象，真正实现应救尽救，有效救助，服务群众要由原来的“声势型”向“实效型”转变，由“指令型”向“执行型”转变，让“说功好”变成“做功好”，为全面实施脱贫攻坚战略、助力群众脱贫奔康提供了政策支撑。

（四）救助融入脱贫攻坚

青川县建设性的出台了“十大救助”制度，旨在系统化解决困难群众的急难问题，成为特困村扶贫开发的有效政策补充，也是助推精准脱贫的重要手段。

自实施“十大救助”制度以来，全县共救助贫困人口 63402 人次，县财政累计支出各类救助资金 8102.965 万元（其中 2016 年 10 月至 2017 年 9 月共救助贫困人口 9701 人次，发放救助资金 1448.7 万元）。其中：贫困家庭学生救助 8817 人次 1332.18 万元；重大疾病医疗救助、火灾受灾户救助、洪灾受灾户救助 29461 人次 5152.11 万元；贫困热线救助 2884 人 421.86 万元；年满 80 周岁老党员发放定补资金 97 万余元，贫困党员救助 888 人次 72.64 万元；贫困残疾人救助 1517 人次 115.82 万元；司法救助 358 人次 188.89 万元。基本上有效地解决了因灾因病因残困难群众的生活、住房、上学、就医等难题。

从青川十大救助制度 6 年多的运行实践来看，它是一个比较全面、覆盖救助范围广的样本，虽然存在一些尚待完善的方面，但总体上获得了广大干部和群众的认可，赢得了社会各界的广泛关注。

四　完善十大救助制度的对策建议

（一）主要问题

1. 资金保障面临较大缺口

青川属山区贫困县，财政运转十分困难，救助资金筹措渠道单一，而全县“十大救助”资金主要来源于财政资金。近年来，救助政策规定财政预算安排的财政救助资金面临较大缺口，导致部分救助制度未全面实施。如《青川县因灾因病返贫基层干部救助》因资金短缺等原因，对基层干部的经济救助基本未实施，《青川县贫困残疾人救助制度》的实施从 2015 年起，残疾人救助的六项政策事实上只重点实施了重度残疾人护理补助和康复救助，贫困残疾人生活救助只能靠临时救助解决。

2. 救助标准急需调整完善

救助政策重叠交叉，如热线救助政策与临时救助等其他救助政策有重叠，残疾人的生活救助、医疗救助、教育救助与临时救助、医疗救助、贫困家庭中小学生救助等政策有重叠，且救助标准不一致。部分救助标准不合理，如在重特大疾病医疗救助方面，农村一般家庭若遇重特大疾病必须转出县外治疗的，往往自费部分医疗费用较大，而享受的医疗报销费用往往却较少，加之医疗救助又有最高限额，致使患者家庭负债累累，不堪重负。又如火灾救助与洪灾救助建房政策相比，火灾建房补助资金明显偏低，农户重建房屋较为困难；救助对象公平性还需加强，如农村中事实单亲家庭的学生得不到救助，这些学生中有很大一部分家庭生活比父母一方已故学生家庭还困难得多。有些救助标准跨度太大，同等条件的救助金额不一。临时救助存在条件不明、标准不统一，资金使用缺乏有效监管等问题。

（二）对策建议

1. 进一步完善十大救助制度

建议进一步完善相关救助制度，加强救助制度体系建设。组织相关部门对“十大救助”政策实地调研，按照救助类别、救助标准分门别类进行规范完善，做到救助制度不重复、救助标准再提高、救助对象全覆盖。重点完善火灾救助制度、住院患者医疗救助制度和重特大疾病医疗救助制度和贫困学生救助制度等。建议取消重大疾病种类，按医疗费花销额度按一定比例救助；将农村一般家庭突然遭遇重特大疾病住院治疗造成家庭贫困的对象、农村中事实单亲困难家庭的学生纳入救助范围；提高火灾全烧户住房重建、残疾人护理、基层贫困干部、贫困党员补助标准；进一步细化基层贫困干部救助、贫困党员救助、残疾人生活救助、临时救助等救助政策的标准和救助额度；将学前教育、高中教育学校在读的建档立卡贫困家庭非住校生一同纳入教育扶贫基金救助对象等。

2. 进一步拓宽资金保障渠道

进一步加大资金保障和监管力度。相关部门要进一步加大向上争取项目资金的工作力度并积极争取社会资金，每年向相关部门下达募集社会救助资金目标任务，并纳入目标考核。县财政要按有关要求保障救助资金需求，并逐年提高财政资金预算。进一步整合社会资金和财政资金，合力发挥救助功能。加强资金整合使用，建立分部门筹措资金，一个部门统一支付资金制度。进一步加大救助资金监管力度。坚持公开公平，加大救助对象公示力度，全面接受社会监督。建立资金使用定期检查和审计制度，强化救助资金的监管，坚决查处救助过程中的违纪违规人员。

3. 进一步简化申请救助程序

要进一步简化办事程序，提高工作效率。落实“十大救助”制度是一项惠民工程，要求高，政策性强，各乡镇和相关部门要进一步调整充实稳定工作人员，以确保落实政策不走样，救助资金安全无风险。在乡镇建立“一站式”服务窗口，建立乡村干部代办制度。进一步下放审批权限，简化办事程序，优化办事流程，方便群众办事。在县惠民便民中心建立集中办公、统一审批、统一支付的工作机制，提高办事效率，不断提高救助的时效性。建议委托医保单位在报销医疗费时，对符合医疗救助政策的患者一并进行医疗救助；在办理一、二级残疾证时一并办理重度残疾人护理补助等相关手续；加快信息化建设，实行县乡网上并联审批，减少审批环节，提高办事效率。

参考文献

韩长赋：《党的大力实施乡村战略》，载《党的十九大报告辅导读本》，人民出版社，2017，第209～215页。

《习近平总书记系列讲话读本》，人民出版社，2014，第120～122页。

赵敏、公衍勇：《新时期构建农村贫困救助制度的意义及可行性分析》，《湘潮》2009年第4期，第14～15页。

B.35

广元农村集体产权制度改革探索实践报告

——以利州区为例

马骎　董红明　陈小凤　郭思雄*

摘　要： 作为全国第二批100个农村集体产权制度改革试点县（区）之一，利州区以全力组织领导、全域推进、全面厘清产权归属“三全”谋划农村集体产权制度改革，以确定集体资产价值、确认集体成员资格、确立集体经济组织“三确”推进改革，以创新集体资产运行机制、创新脱贫攻坚扶贫机制、创新村级基层治理机制“三创”拓展改革，取得了较好的成绩。但在调动基层改革的主观能动性、配套政策跟进、工作力量与资金投入、集体经济组织抵御市场风险等方面仍存在不足。建议以乡村全面振兴为引领，再次审视并丰富完善农村集体产权制度改革的整体谋划。

关键词： 创新扶贫机制　集体产权　改革　三全　三确　三创

一　利州区农村集体产权制度改革现状

（一）背景与成效

2012年以来，利州区在全省率先推开农村土地承包经营权、农村集体

* 马骎、董红明、陈小凤、郭思雄，广元市利州区。

建设用地使用权等“七权同确”改革，统筹推进配套改革和配套建设，先后承担农田水利设施产权制度改革和创新运行管护机制改革1项国家级改革和农村集体资产股份合作制改革等9项省级改革试点。2017年，该区被确定为“全国农村集体产权制度改革试点县（区）”之一，以“三全”谋划改革、“三确”推进改革、“三创”拓展改革，着力推进农村集体产权制度改革助力脱贫奔康工作。

该区“产权扶贫”经验，国务院扶贫办在全国推广；该区改革情况，人民日报以《资源确了权、年终就分钱》为题报道；该区龙潭乡贫困村柏佛村“家庭承包经营权向家庭股权制”变革（51户农户自愿将394.4亩土地的承包经营权入股合作社，实行“保底+分红”）的模式，受到时任省委书记王东明肯定。2017年，全区59个（含经开区5个）贫困村集体经济累计实现经营性收入94万元，人均达到22元。

（二）措施与方法

1. “三全”谋划农村集体产权制度改革

（1）全力加强组织领导

成立了以区委区政府主要领导为组长的改革领导小组，下设统筹协调、业务指导、发展推进等6个专项工作推进组；乡镇（街道）、村组成立了相应改革工作机构，形成上下联动的三级组织领导体系。

（2）全域推进各项改革

以农村土地承包经营权为基础的“七权”主体改革和以农村金融、户籍制度等配套改革，在该区所有村组全面推进。

（3）全面厘清产权归属

把农村土地承包经营权、农户房屋所有权、宅基地使用权全面确权颁证到户，把农村集体土地所有权、集体建设用地所有权、集体林权、小型水利工程所有权、集体资产所有权等全面确权到村到组，实现了农村各类产权归属清晰。

2. “三确”推进农村集体产权制度改革

（1）确定集体资产价值

坚持“应清尽清、不留空白，核精核准、不留隐患”的思路，按照“编制方案—调查核实—估算价值—张榜公示—建立台账”五步工作流程，对农村集体资产清产核资。一是账面资产清理。对集体账内的货币资金、固定资产、债权债务等资产，以账面价值核实登记。二是账外资产清理。对未纳入账内核算的资产，进行实地调查核实数量，并依据《广元市征地地上附着物补偿标准及住房拆迁安置办法》的相关标准，估算其价值并做好台账登记。三是资源性资产清理。已完成集体资源性资产确权登记的以确权数据登记台账，未完成集体资源性资产确权登记的以习惯面积核实确认后登记台账，摸清了集体资产资源家底。目前，完成 89 个村 623 个组的清产核资工作，核实集体资产总额 62624 万元，其中经营性资产 12515 万元，清理资源 2.81 万亩。

（2）确认集体成员资格

根据《利州区农村集体经济组织成员确认指导意见》，坚持依据法律、程序合规，尊重历史、兼顾现实，民主协商、群众认可的原则，通过户申报、组汇总、户籍复核、村民代表大会审议、张榜公示、建立台账“五步认定法”，逐户逐人确认成员资格，村委会向确认的成员颁发资格证，作为享受本集体经济组织成员资格的凭证。目前，完成 103 个村 701 个组成员确认工作，确认成员 92881 人。

（3）确立集体经济组织

一是科学合理量化资产。按照“只设个人股、不设集体股”，“生不增、死不减、可继承、可内部转让”的股权静态管理原则，经村组提出资产量化草案、成员大会审议、张榜公示后，民主选择“确权确股确值”或“确权确股不确值”方式，将资产资源均等量化到成员，资产以股量化，资源以份量化。目前，完成 89 个村 622 个组，共量化资产 9.3 万股、资源 4.3 万份。二是组建集体经济组织。2015 年制定出台《利州区农村集体股份经济合作社工商登记管理意见》，2017 年 8 月出台《利州区农村集体经济组织登记管理办法》，依据法定程序制定议事、财务、分配等制度完善的纲领性“章程”，民主选举产生新型农村集体经济组织的组织机构成员及法人代表，按照相关规定，在工商和农业行政主管部门注册登记办证，确立集体经济组织主体地位。现152个行政村已挂牌成立新型集体经济组织，其中登记注册19个村的集体经济组织。

3. “三创”拓展农村集体产权制度改革

（1）创新集体资产运行机制

坚持从实际出发，为增强集体经济发展的内生动力，主要探索出打包托管、自主经营、入股经营、合作经营等集体资产运行模式（见表1）。

表1　利州区集体资产运行模式

运行模式	主要做法	实例
打包托管	对集体经济组织零星、细碎、流动性差等自身难以经营的资产分类“打包”，通过农村产权交易平台竞价交易后统一托管，实现村集体资产保值增值	赤化镇泥窝鑫鑫土地股份合作社托管本村农户和集体零散土地发展特色果蔬200余亩
自主经营	集体经济组织发挥各自优势，发展乡村旅游、农产品加工及冷藏物流等，向高端价值链延伸	荣山镇花园村集体经济组织投资50余万元自办经济实体“渔河酒坊”
入股经营	集体经济组织以“三资”量化入股，与龙头企业、工商企业、农民专业合作社等合作，形成“保本+股息+分红”创收增收模式	金洞乡石青、金龙等村将贫困村集体产业扶持基金入股信立专业合作社，实行收益按股分红
合作经营	集体经济组织将集体资产和村民承包经营的零散土地联合经营	大石镇青岭、三园村集体经济组织与农户合作，利用800余亩承包地发展“稻鱼共生”产业，收入按4:6分成

注：本表实例由广元市利州区农业局提供。

（2）创新脱贫攻坚扶贫机制

巩固完善统分结合双层经营体制，积极探索发挥新型农村集体经济组织带动功能，带动农户特别是贫困农户不断提高生产经营组织化、社会化程度的有效实现形式，持续增加农民收入，实现共同富裕。在工作实践中探索形成“集体经济组织+”的五种带动模式（见表2）。

表2 利州区农村集体经济组织带动贫困户脱贫模式

类别	主要做法	实例
“集体经济组织+特色产业”的带动模式	以产业为纽带，农户特别是贫困农户户办小庭园与村集体经济特色产业园相融互动、一体发展	荣山镇中口村集体股份经济合作社发展海椒100亩，辐射带动35户种植50亩，其中16户贫困户20亩
“集体经济组织+服务”的社会化服务模式	集体经济组织为农户特别是贫困户提供技术咨询、代耕代种、托管半托管等生产经营性服务，促进农户特别是贫困户增产增收	小岩村农业社会化服务超市为周边5村120户650亩土地提供统防统治技术服务，其中贫困户36户180亩
“集体经济组织+基金”的资金保障模式	通过村集体经济产业扶持基金以无息方式支持贫困户发展种养、劳务等短平快项目	宝轮镇苍溪村7户贫困户以无息方式向集体经济组织借到产业扶持基金7万元，养殖生猪
“集体经济组织+劳务”的就业模式	农户特别是贫困户在集体经济组织实施项目中，就地就近务工获得劳务收入	大石镇高坡、冠山村探索的“实施财政支农资金项目”发展村级集体经济，当年实现集体经济收入27万元，务工农民劳务收入人均2000余元
“集体经济组织+新业态”的发展模式	依托村集体经济组织电商平台，帮助农户线上销售农特产品，有冷链物流设施的村集体经济组织为农户提供代销代藏农特产品实现增收	白朝乡月坝村以“集体资产+国有资本+农户房屋+农户承包耕地、林地”，组建“股份经济合作社+国有企业+农户”的经营团队发展“乡村旅游+”生态康养、高山湿地特色小镇休闲游等新产业，农民户均增收1万元以上

注：本表实例由广元市利州区农业局提供。

（3）创新村级基层治理机制

聚焦建设“产权清晰、权责明确、还权于民、民主治理”的新型农村集体经济组织制度，加快构建新型农村集体经济组织。一是坚持党的领导。坚持农村基层党组织的核心地位不动摇，充分发挥党支部领导作用，坚守法律政策底线，坚持农民利益不受损失。二是始终坚持“政经分离、分置运行”，正确处理村民自治组织和新型农村集体经济组织的关系，科学界定两者功能定位、职能职责、价值取向，形成日常事务处理和经营管理活动各司其职、各行其事、分置运行的格局。在彻底完成农村集体资产股份合作制改革的 89 个村 622 个组，因地制宜、分类施策组建与村民自治组织相分离、分置运行的农村集体经济组织。三是始终坚持“还权于民、民主治理”，民主选举产生新型农村集体经济组织的组织机构，按照法定程序制定章程，通过建立议事、财务、分配等相关制度，形成切实有效维护集体经济组织及其成员权利的治理体系，增强新型农村集体经济组织发展活力。全区 56% 的村均建立了新型农村集体经济组织，作为运营集体经济的特殊法人，依法开展集体经济生产经营活动。

二　集体产权制度改革推进中的主要问题与对策

（一）问题分析

1. 基层改革主观能动性发挥不充分

一是部分群众对改革工作认识不够，还停留在“要我改”的意识上，主动参与不够。二是个别基层干部怕难、怕烦，担心改革会让自己失利、失权，工作积极性不高。

2. 改革配套政策的制定跟进滞后

一是上级未制定规范统一的集体经济组织登记管理办法，而根据《利州区农村集体经济组织登记管理办法（试行）》，该区政府授权该区农业部门登记发证，个别部门对证件不予认可；二是未出台规范的改革后集体经济组织成员、股权等相关管理办法，导致成员变动、股权担保抵押和转让等没有统一标准；三是尚未出台改革后的集体经济组织示范章程。

3. 改革工作力量和资金投入压力较大

一是承担此项工作的区级农经部门人员编制不足，指导推进改革似“小马拉大车”。二是乡镇农经机构不健全、人员不明确，在 2012 年乡镇机构改革后，逐步弱化，当前承担此项工作的均是兼职，原村级的专业会计职位被取消，改革工作力量严重不足。三是改革成本高，先期推行的“七权”主体改革投入达 1.2 亿元。去年，该区又投入近 4000 万元用于农村产权市

场体系建设、扶持村集体经济发展，改革投入对该区财政压力较大。

4. 集体经济组织经营人才缺乏、抵御市场风险能力不足

一是从事农村集体经济发展的有想法、懂经营、善管理、有技术的本土能人较少，集体组织发展缺少带头人。二是新成立的集体经济组织，在项目选择、资金保障、经营管理、产品销售等方面经验不足，参与市场竞争、防范市场风险的能力不足，一旦发生经营亏损，应对能力不足，弥补措施办法出路不多。

（二）对策建议

1. 以乡村全面振兴为引领，再次审视并丰富完善农村集体产权制度改革的整体谋划

党的十九大报告提出实施乡村振兴战略。习近平总书记来川视察指出，实施乡村振兴战略是新时代做好“三农”工作的总抓手。今年中央一号文件《关于实施乡村振兴战略的意见》将当前正在深入推进的农村集体产权制度改革作为乡村振兴战略的重要内容。因此，有必要而且必须将农村集体产权制度改革纳入乡村振兴战略再次审视。具体来说，推进农村集体产权制度改革，要与巩固完善农村基本经营制度、深化农村土地制度改革、完善农业支持保护制度等体制机制创新有机结合起来，与提升农业发展质量、培育乡村发展新动能结合起来，与推进乡村绿色发展、打造人与自然和谐共生发展新格局结合起来，与繁荣兴盛农村文化、焕发乡风文明新气象结合起来，与加强农村基层基础工作、构建乡村治理新体系结合起来，与提高农村民生保障水平、塑造美丽乡村新风貌结合起来，与打好精准脱贫攻坚战、增强贫困群众获得感有机结合起来，与汇聚全社会力量、强化乡村振兴人才支撑结合起来，与开拓融资渠道、强化乡村振兴投入保障结合起来。推进农村集体产权制度改革，要深入贯彻落实中央、省委、市委一号文件精神，与地方实际情况结合好，确保落地落实。

2. 以加强党对“三农”工作的领导为核心，确保改革顺利推进

党政军民学，东西南北中，党是领导一切的。农村集体产权制度改革涉

及方方面面，推进改革，必须充分发挥各级党委总揽全局、协调各方的作用。一是健全党委领导“三农”工作体制机制，确保事有人管、责有人负。二是强化上下沟通协调，促使配套政策及时跟进。要深入基层，及时了解改革推进中遇到的问题；区内能解决的，及时协调解决；涉及重大政策调整区内不能解决的，及时向上级请示汇报，并提出建议办法，供上级决策参考。及时总结各地推进改革的好经验好做法，复制推广；广泛向各试点县区学习，结合本地实际加以消化利用。三是充分有效组织动员群众。要善于运用党的群众工作方式方法，切实把群众力量凝聚到推动农村产权制度改革上来。坚持人民主体地位，尊重群众首创精神，调动群众的积极性、主动性和创造性，切实做到改革思路从群众中来、改革过程让群众参与、改革成果与群众共享。从解决群众关心的热点难点问题入手，既满怀深情尽力解决，又立足实际量力回应，让群众时刻感受到党和政府的温暖。

3. 以扶持集体经济组织做实做大做强为重点，巩固改革成果

发展新型集体经济，促进集体资产保值增值是农村集体产权制度改革的重要目标之一。只有把集体经济组织做实做大做强，才能有效巩固改革成果。一是继续丰富完善集体资产运行模式，结合各地实际，发展适宜产业，做实集体经济组织。二是大力实施乡土人才培育聚集工程，确保集体经济组织有强有力的领头人，让村干部从兼任集体经济组织的具体事务中脱离出来，并逐渐实现“政经分离”。三是从体制机制上研究制定规避产业风险的办法。产业选择上，在突出效益的同时要尽量选择无风险或风险较小的产业；经营决策机制上，要完善决策程序，多方把关，规避因个人喜好或盲目决策形成风险；事后补救上，可考虑引进保险机制。

参考文献

窦祥铭：《经济欠发达农区深化农村集体产权制度改革的实践与思考——以贵州六盘水市“三变”改革为例》，《山东农业工程学院学报》2017 年第 11 期，第 23 ~ 28 页。

何德忠、崔华忠：《厘清权属盘活农村“沉睡资产”——利州区推进农村集体产权制度改革探微》，《广元日报》2018年5月28日，第1版。

贺雪峰：《农村集体产权制度改革与乌坎事件的教训》，《行政论坛》2017年第3期，第12~17页。

农业部经管司课题组：《农村集体产权制度改革几个重要问题的地方实践》，《中国经济时报》2016年3月18日，第10版。

B.36

广元健康扶贫探索实践报告

——以昭化区“4334”健康扶贫工程为例

王 壮 肖永乐 冷建春 严 广 冉 姗*

摘 要： 近年来，广元充分发挥健康扶贫在脱贫攻坚中的支柱作用，加快基层能力建设、提高医务工作者整体素质、改善人民群众健康就医新理念，切实解决因病致贫、因病返贫，确保贫困人口稳定脱贫。昭化区创新探索实施“四大工程”，解决因病致贫、因病返贫现实问题；强化“三集中、三个一站式结算”，着力解决就医报账难题；突出“四个全域覆盖”，从源头上阻击病发诱因“4334”工作法，走出了一条健康扶贫、脱贫奔康的好路子，成为全国健康扶贫经典案例。

关键词： 健康扶贫 “4334”工作法 广元市

广元市昭化区地处秦巴山区连片扶贫开发地区，属四川省88个贫困县区之一，是典型的盆周山区和财力弱小县区。全区总人口24万人，其中贫困人口2.9万人，因病致贫返贫达1.3万人，需要及时医疗帮扶的达5050人，占全区建档立卡贫困人口的44.83%。占全区建档立卡贫困人口的17.12%。昭化区本着健康扶贫要聚焦贫困人口“基本医疗有保障”这个目标，让贫困群众“看得起病”“看得好病”“少生病”，坚持问题导向和目

---

* 王壮、肖永乐、冷建春、严广、冉姗，广元市昭化区。

标导向，紧紧围绕贫困群众“有病方便看、有病能看好、看病少负担、报账不跑路、无病早预防”的工作目标，在健康扶贫工作中探索出“4334”工作法，有效破解了贫困患者“看不上病、看不好病、看不起病、报账难”等健康扶贫重大难题，为全面打好脱贫攻坚战提供了有力的健康保障。

一 “4334”健康扶贫工程构成及要素

（一）“4334”健康扶贫工程内容与特点

1. 四大工程

根据医疗服务能力弱，贫困人口看病就医难、经济负担大等实际问题，抓好四大工程，一是着力实施健康扶贫家门口诊疗工程，二是医疗政策兜底工程，三是劳动能力恢复工程，四是结对帮扶工程，以彻底解决贫困人口看病就医的问题。

2. 三集中

聚焦健康扶贫资金类别多、涉及部门多、监管漏洞多等问题，创新推行健康扶贫集中资金、集中办公、集中监管“三集中”，解决医疗救助资金规范管理难的问题。

3. 三个一站式服务

紧盯健康扶贫资金使用过程中申报资料多、审批程序多、兑付周期长等问题，深入推行贫困患者住院费用结算、贫困患者特殊门诊费用结算、医疗机构垫支费用结算“三个一站式服务”，解决医疗救助资金报销（申报）难的问题。

4. 四个全域覆盖

着眼于群众小病拖、大病扛、病急乱投医、预防保健知识缺乏等严重影响健康的关键环节，纵深推进健康阵地、健康明白人、健康习惯养成、健康信息化“四个全域覆盖”，从源头解决因病致贫问题。

（二）“4334”工程运行模式

1. 创新实施“四大工程”，着力解决群众“方便看病、看得起病、看得好病”问题

一是实施家门口诊疗工程。区财政安排资金5000多万元，专项用于添置更新医疗设备、医务人员全员培训、知名专家传帮带活动，全面增强医疗机构诊疗服务能力，搭建就近就医新模式，贫困患者区内就诊率达95%以上。二是实施医疗政策兜底工程。对全区建卡贫困人口参保费用财政全额代缴，发挥医保支付的主体作用。在医保倾斜救助的基础上，统筹财政资金、民政救助资金建立昭化区健康扶贫专项资金，专项用于贫困患者区内住院总费用报销90%兜底救助、贫困患者区外住院提高10%报销比例、特贫患者区内住院零支付救助、慢病门诊维持治疗自付10%以内、非建卡贫困患者11种重大疾病救助等。对于区外住院经现有救助政策报销后自付费用仍然较高的，由卫生扶贫救助基金按照一定比例，以年封顶线15000元的标准再救助。实现了贫困患者区内住院治疗和慢病门诊维持治疗自付费用在10%以内。三是实施劳动力恢复工程。通过精准摸排，将白内障、结核病、假肢安装、髋关节置换、四肢骨科手术（含内固定取出术）、心脏手术（介入治疗、心脏搭桥）6个病种确定为贫困患者劳动力恢复专项救助项目。根据所患疾病、患者意愿、医院专长因人施策，确定定点医院救治。通过同医院达成“打捆付费”和临床路径管理诊治协议，结合医保、大病保险、民政救助等政策分摊报销费用，差额费用由财政兜底。对900多名恢复劳动力救助对象开展了救治，实现贫困群众到定点医院救治“零支付”。四是实施结对帮扶工程。坚持“亲情帮扶、回乡扶贫”的工作理念，实行一名医务人员结对帮扶多名贫困患者的“1+N”结对帮扶模式，组建结对帮扶团队；由一名村医、一名乡镇卫生院全科医生和公卫医生、一名区级指导医生与市级医疗专家组建212个“3+2”服务团队，每月定期开展下基层医疗服务工作。

2. 创新推行“三集中”模式，着力解决医疗救助资金规范管理难的问题

一是集中资金。昭化区采取“行业整合 + 社会捐助 + 财政兜底”方式，首先整合医保、民政救助、卫生扶贫基金等行业部门资金，其次整合医疗类社会捐助资金，最后差额部分由财政全额兜底予以解决。整合的各类资金集中划拨到医保部门，开设健康扶贫资金专户，由医保部门统一管理、统筹使用。二是集中办公。昭化区在医保部门专门建立了健康扶贫“一站式”服务大厅，抽调卫计、民政、大病保险等部门工作人员，统一进驻大厅，集中办公。在“一站式”服务大厅，贫困患者（或委托代办人）所有申办资料仅需 1 套，基本医保、大病保险、民政救助、健康扶贫救助等业务在“一张桌子上”“一次”就能审批完结。以往审核资金申报资料需花 1 ~2 个月，目前 20 分钟即可。三是集中监管。建立“监察、审计、财政责任监管”“卫计、民政部门行业监管”“医保、健康扶贫办公室专业监管”集中监管机制，组织相关部门联合进行现场稽查审核，提高资金监管效率和监管质量，保证资金合法合规使用。

3. 深入推行“三个一站式服务”，解决医疗救助资金报销（申报）难的问题

一是住院费用“一站式结算”。贫困患者在昭化区内住院实行零押金、零预付，在出院时，只需在医院结清 10% 以内自付费用即可；贫困患者在区外住院的，在“一站式”服务大厅即可依次办理医保报销、大病保险、民政救助等全部政策。二是门诊慢病费用“一站式结算”。贫困患者门诊慢病发生的费用，在报销时，将报销所需资料交付给乡镇卫生院，由其代为审核和兑付救助费用，实现“一站式结算”。2017 年以来，经“一站式服务”办理贫困患者门诊慢性（重大）疾病费用救助 1830 人次，人均节约报账成本约 200 元。三是医疗机构垫支费用“一站式结算”。昭化区内医疗机构在“一站式服务”大厅申报办理民政、财政、卫计、残联等医疗救助资金，兑付周期平均缩短在 2 个月以上，缓解了区级医院，尤其是乡镇卫生院的垫支压力。

4. 纵深推进“四个全域覆盖”，从源头解决因病致贫问题

一是健康阵地全域覆盖。在每个村卫生室设立 15 平方米以上的健康教育服务区，添置影音设备，统一营造宣传氛围。在村级活动广场，采用通俗

易懂的健康提示语言，建设健康文化长廊。根据每个家庭健康状况，在群众房前屋后墙面上，设置3~5平方米的健康饮食、健康生活等宣传漫画，为群众提供“点对点”防病“偏方”。购置医疗巡回车，成立巡回医疗服务队，每周进村入户巡回诊疗2次以上，让群众就近享受DR、B超等健康服务。二是健康明白人全域覆盖。注重培育乡级健康明白人，在各乡镇卫生院遴选2~3名业务能力强的医务人员作为健康教育师培养对象，重点对其进行防病知识、公卫服务技能培训，当好基层健康教育的倡导者、组织者。在每个村选出有一定文化水平和影响力的村干部或群众3~5名作为村级健康明白人，对其进行基础健康技能培训，负责群众的健康管理。在每个家庭培养一名健康明白人，负责对家庭成员进行健康知识讲解。截至目前，培养1万余名健康明白人、240名村级健康指导员、120余名乡级健康教育师。三是健康习惯养成全域覆盖。在养成健康生活好习惯上下功夫，开展家家户户大扫除和村容村貌大整治活动和全民减盐、减油、减糖“三减”和健康口腔、健康体重、健康骨骼“三健”活动，降低疾病发生风险。在养成健康文体好习惯上下功夫，成立1支百姓宣讲团，巡回宣讲群众身边的好人好事。选拔1支文明知客队伍，利用红白喜事，把国家好政策和健康教育知识传递给人民群众。组建1支文体队伍，规范化建设健身广场和文化活动室，常态化开展广场舞、柔力球、篮球等健身活动。在养成文明新风好习惯上下功夫，通过选树好邻居、好媳妇等先进典型，营造邻里和睦、家庭和谐的良好氛围。四是健康信息化全域覆盖。为每个村卫生室配置“卫计e通”和随访一体机，将各类健康数据及时上传至省基层医疗卫生服务平台，同时以短信形式将健康数据发送至每位群众手机上，构建村级公卫服务信息化体系。

二 “4334”健康扶贫主要成效

2016年以来，随着健康扶贫的深入推进，昭化区在健康扶贫方面取得了十一大成效：一是政府主导、部门协作、卫计系统主动作为的医疗救助联动机制全面建立；二是“三个一批”确保分类救治工作取得实效，“五大行动”促进卫生事业快速发展；三是“十免四补助”和“八个100%”全面落实；四是财政全额代缴建卡贫困患者参保费用，参保率达到100%；五是贫困患者区内住院自付费用和48种慢病区内维持治疗费用控制在10%以内，7000多名群众（1万余人次）得到有效救治，近3500余名（3800人次）慢病维持治疗费用得到有效解决；六是特别贫困患者区内住院费用以及劳动能力恢复病种定点救治费用实现个人“零支付”，900多个贫困患者劳动能力得到有效恢复；七是重特大疾病特殊门诊病种覆盖面及保障水平实现了“双提升”；八是“小病治疗在乡村、大病治疗到区上、保健康复回社区”与急慢分治的分级诊疗新格局初步形成；九是医务人员的整体作用得到有效发挥，基层医疗机构服务能力和水平得到有效提升；十是非贫困患者11种大病列入政府专项救助，为探索建立遏制因病致贫返贫的长效机制提供了新路径；十一是健康村健康家庭创建有序推进，实现防治因病致贫返贫由治标向治本转变，因病致贫返贫发生率下降90.5%（见表1）。

表1　昭化区健康扶贫工程2014年与2017年主要数据对比分析

项目	2014年	2017年	成效分析
乡镇卫生院达标建设率(%)	77	100	乡镇卫生院达标建设率100%
村卫生室达标建设率(%)	76.5	100	村卫生室达标建设率100%
贫困人口区域内住院费用自付比(%)	37.92	5.32	贫困人口区域内住院自付费用下降32.6%
贫困人口疾病发生率(%)	18.1	11.67	贫困人口疾病发生率下降6.43%

资料来源：昭化区卫计局年度统计。

三　“4334”工程存在的问题与对策建议

（一）问题分析

1. 健康扶贫资金种类多

解决贫困群众“看得起病”的关键是医疗救助资金有保障。当前，医疗救助资金主要有基本医保、大病保险“两保”，县域内住院费用报销救助、疾病应急救助、民政医疗救助“三救助”，重大疾病扶贫基金、卫生扶贫救助基金，医药爱心基金“三基金”，以上资金涉及人社、卫计等部门，在用途和管理上都有严格规定，多个救助资金在实际工作中很难有效整合发力。”

2. 报销软件资料多

按照规定，入院证、出院证、住院费用发票及清单等资料是每一类医疗救助都需要提供的凭证，有的还需加盖印章，有的还需村、乡出具相关证明，导致群众来回跑、多头跑，既增加了经济成本又浪费群众时间。

3. 资金兑付周期长

一方面，患大病的群众，报销和救助往往涉及多个类别，每一类救助均需公示，有些报销手续需 10 余人审核，审核人数多、报销时间长、资金兑付慢。另一方面，医疗机构申请各类资金涉及多个部门，且资金管理严格，短时间内难以兑付，加大医疗机构垫资压力。

4. 健康扶贫资金监管难

多个部门涉及医疗救助资金，系统监管难度大，且短时间内，部门之间难以形成救助信息共享，从而加大报账多头跑、报账超额度、浪费扶贫资金等风险。

（二）对策与建议

1. 统一管理资金

整合医保、大病保险、民政救助、卫生扶贫救助基金、大病救助资金、财政兜底资金，设立区健康扶贫专项资金库并由一站式服务中心统一管理，有力保障群众医疗报账需求。

2. 统一审核资料

抽调卫计、民政、医保等相关部门工作人员，进驻基本医保与健康扶贫一站式服务大厅，设立专门窗口，实行“一条龙”服务，一次性完结所有审批程序，节约人力成本，方便群众办事。

3. 统一兑付资金

一是住院费用“一站式结算”。贫困患者在区内住院实行“零押金和零预付”制度，出院时，只需在医院结清10%以内自付费用即可；贫困患者在区外住院的，在“一站式”服务大厅即可依次办理医保报销、大病保险、民政救助等全部政策。二是门诊慢病费用“一站式结算”。利用巡回医疗活动有力契机，送医疗专家进村入户免费办理门诊慢病手续，贫困患者所发生门诊慢病费用只需要将资料交付乡镇卫生院，由其代为审核和兑付救助费用，实现“一站式结算”。三是医疗机构垫支费用“一站式结算”。区内医疗机构承担着健康扶贫各类资金垫付职能，其垫付的救助资金占医疗总费用的25%以上，以往医院垫支的费用要分别到民政、财政、卫计、残联等部门申报，兑付周期平均在3个月以上，导致医院垫支周期长、运转困难。为破解这一难题，在健康扶贫“一站式”服务大厅统一结算点医疗机构垫支的相关费用，医疗机构费用垫支时间缩短2个月以上，解决了医疗机构垫支周期长与多头申报的难题，减轻了医院资金垫付压力。

4. 统一监督管理

建立医保、健康扶贫办公室专业监管，卫计、民政部门行业监管，监察、审计、财政责任监管的三级监管模式，提高资金监管效率和质量，确保资金监管零死角、全覆盖，有效保证资金合规使用。同时，通过集中办公、信息共享、集中监管，避免报账多头跑、超额度报账等风险。

参考文献

杜嫣然：《扶贫医疗救助破解资金难题之我见》，《广元日报》2017年11月1日，第3版。

刘文龙、奉平：《健康扶贫的昭化实践——四个“全域覆盖”护航百姓健康》，《广元日报》2017年8月28日，第1版。

盛伍：《创新实施“四大工程”破解因病致贫返贫难题》，《广元日报》2016年6月

26 日，第 1 版。

刘明奎、徐丽芬：《从身边小事起　做健康明白人》，《广元日报》2017 年 11 月 15 日，第 5 版。

吴筱洁、黄莉：《医疗救助强保障　贫患就医不再难》，《广元日报》2016 年 10 月 25 日，第 4 版。

B.37

广元职业教育扶贫探索实践报告

——以朝天区为例

张清林　李阳春*

摘　要： 党的十八大以来，国家提出精准扶贫概念，推动中国扶贫战略实现重大转变。精准扶贫，扶人扶智，职业教育就成为教育扶贫的重中之重。朝天区在全市率先提出职业教育“4+”模式，即“义教+劳技”，让每个孩子掌握一门劳动技能；“送教+手工”，让特殊孩子也有未来；“高职+中职”，构建职教扶贫新模式；“政府+企业”，让职教扶贫更有动力。朝天职教坚持产教结合、院地结合、校企结合，精准对接贫困人口，全面提升贫困人口能力素质，努力增强自我造血功能，走出了一条具有朝天特色的职教扶贫之路。

关键词： 教育扶贫　职业教育　新模式　广元市

在职业教育扶贫过程中，朝天区重点抓住三大精准对接环节：一是精准对接就业。让贫困人员掌握一技之长，拓宽就业渠道，增强谋生本领；二是精准对接产业。加大专业技术教育及培训服务，提升综合职业能力，帮助他们解决产业发展中的结构性能力缺失问题，增强自主发展能力，拓展发展空间；三是精准对接“落后观念”。消除文化贫困产生的思想根源，改变消极

* 张清林、李阳春，广元市朝天区。

的文化态度，摆脱贫困文化的束缚，改变甘于贫困、不思进取的生活观念，追求积极向上的生活方式，实现贫困者的可持续发展，从根本上杜绝代际传递。真正实现了“职教一人，就业一人，脱贫一家，带动一片”示范效应。

一　朝天区职业教育扶贫的现状

（一）基本情况

朝天地处川陕结合部秦巴山区，有贫困村 64 个、贫困人口 25042 人，是新时期国家扶贫开发重点县区。目前，全区现有各级各类学校 43 所，学生 19625 名。有建档立卡贫困户子女就学人数 4345 人，其中，义务教育阶段适龄儿童 2241 人。

具体培训情况（见表 1 至表 3）。

表 1　2016～2017 年朝天区职业教育培训情况

年份	培训总数(人)	贫困人数(人)	占比%	备注
2016	3222	970	30.1	
2017	3051	1279	41.9	

资料来源：朝天区人力资源和社会保障局 2016、2017 年统计数据。

表 2　2016～2017 年朝天区职业技能培训情况

年份/类型	转移劳动力(万人)	实现收入(亿元)	实用技术培训人数(万人)	实现收入(亿元)	贫困户培训人数(万人)	实现收入(亿元)
2016	8.6	12.7	0.3	0.5	0.1	0.05
2017	8.7	14.2	0.3	0.6	0.1	0.06

资料来源：朝天区人力资源和社会保障局 2016、2017 年统计数据。

表 3　2016～2017 年朝天区回乡创业情况

年份/类型	各类创业主体(家)	带动创业(人)	返乡创业项目(个)	带动创业(人)	贫困劳动力创业(个)
2016	2135	2560	242	280	93
2017	3778	3440	384	320	281

资料来源：朝天区人力资源和社会保障局 2016、2017 年统计数据。

（二）强化职业教育的办法与措施

1. 突出重点，加强投入，强化保障，确保职教扶贫长效性

朝天区人民政府出台了《关于进一步加快职业教育改革和发展的实施意见》，加强领导，依法管理，推进职业教育持续健康发展。区财政认真落实中央、省、市有关职业教育经费投入的相关政策，提高职业教育经费在教育经费投入中的比重，确保职业学校的办学经费和生均人头经费逐年增长。自2013年起，地方教育费附加安排用于职业教育的比例不低于10%，科技、农业、扶贫开发等部门在安排农村科技开发经费、技术推广经费和扶贫资金时，用于农村职业教育和培训的比例达到10%。实施脱贫攻坚行动以来，朝天区没有一个学生因家庭贫困而辍学，学前一年入园率、学前三年入园率、小学和初中正常适龄儿童少年入学率、高中阶段毛入学率、残障少年儿童入学率和中职学生就业率取得了可喜成绩。具体情况见表4、表5）。

表4　2016～2017年朝天区职业教育财政投入情况

年份	职业教育财政投入（万元）	年增长率（%）	义教阶段劳动技能培训（万元）	年增长率（%）	劳动从业人员就业培训（万元）	年增长率（%）
2016	624.2	60.2	107.8	12.25	650.5	38.2
2017	1032	70.1	124.78	19.25	916.5	42.6

资料来源：朝天区教育和科学技术局2016、2017年统计数据。

表5　2016～2017年朝天区学生入学（园）率情况

单位：%

年份	学前1年入园率	学前3年入园率	小学初中适龄儿童	高中阶段毛入学率	残疾儿童入学率	中职学生就业率
2016	100%	88%	100%	85%	96%	100%
2017	100%	90%	100%	85.2%	97.4%	100%

资料来源：朝天区教育和科学技术局2016、2017年统计数据。

2. 分类培训，拓展基地，实现产业扶贫增效益

朝天区不断深化产教融合、校企合作，组建产学研联盟，搭建协同创新

基地，推动贫困地区产业发展。结合全区核桃产业发展，朝天职中建立了核桃产业研究院，为深度挖掘朝天核桃产业优势，有效助推核桃规模化种植、规范化管理，凸显品质文化特色，确立了“科研所 + 示范基地 + 农户”的产业发展模式。该核桃科研所成功选育出“硕星”“夏早”“蜀朝2号”3个省级审（认）定品种，建立了1100亩核桃良种采穗圃，被国家林业局认定为第二批国家重点林木良种基地。在园区的辐射带动下，建立了专业合作社8个，引进培育了龙头企业2家，专门从事核桃的收购、加工和新产品的开发，年产值达到8000余万元。2017年，全区核桃产量达到4.1万吨，实现综合产值3.35亿元，农民人均核桃收入达1813元。核桃产业效益稳步推动朝天区农村脱贫致富，核桃产业已真正成为朝天区农民增收致富的主要产业。职教扶贫助推产业发展，“中国核桃之乡”的品牌影响力和核心竞争力正伴随着朝天人民的勤劳与智慧熠熠生辉。

3. 完善措施，搭建平台，确保技能扶贫治根本

脱贫奔小康，职业技能培训是关键，朝天区把准症结、全力推动技能培训工作。一是整合资源，创新机制。拟定了《全区就业创业培训教育方案》，组织农业、林业、扶贫、教科、司法、科协、工会、团委、妇联、残联等部门，整合各种扶贫项目，统筹安排培训内容、师资和资金，推进培训项目资源整合改革。二是创建引领，订单培训。将培训与“双创”工作相结合，把发展产业与就业创业相结合，围绕蔬菜、核桃、蚕桑、食用菌、畜牧、中药材、石材、电商、麻柳刺绣、乡村旅游等优势特色产业培训2100余人。三是做好培训需求调查。依托当地党委政府、村“两委”及第一书记、劳动保障所，做好培训人员筛查，发放《四川省广元市朝天职业中学2017年职业技能培训调查摸底问卷》，建立贫困户培训需求台账。四是强化监管，确保成效。指导有项目缺技术和需扩展产业规模的学员，填写《四川省广元市朝天职业中学职业技能培训学员跟踪服务登记表》，联系培训教师与专家，建立长远联系，解决后续问题。严格执行职业培训管理办法，加强职业培训监督管理，以电话询问、现场点名、核实资料等方式监督检查，按规定按进度兑现技能培训补贴资金，专款专用，确保培训工作成效。

4. 整合资源，创新方式，确保就业扶贫有保障

朝天区职业学校在企业“订单培养”和顶岗实习中，对“建卡生”予以优先安排，通过订单培养、工学交替、重点推荐等方式，确保贫困家庭学生毕业后能顺利实现就业。一是落实创新政策，保障创新创业。二是落实专门政策，培育大学生创新创业，组织开展高校毕业生创业培训专班，增强创业就业能力。三是支持返乡创业，培育返乡创业农民工。近两年来共吸引返乡创业农民工 328 人，返乡创业农民企业家 60 余人，创业成功人士 16 人，领办创业办企业 8 家。四是因地制宜，培育“草根”创新创业。立足区位优势和资源优势，以核桃、食用菌、蔬菜、畜牧、蚕桑等五大特色产业领航，以旅游、藤椒、蓝莓、中药材、电子商务等五大战略性新兴产业驱动，三年来新培育种植养殖大户 500 余家，家庭农场 30 余家，涌现出广元圣罗山种植养殖等专业合作社 329 个，培育个体工商户 4408 家。

二　朝天区职业教育扶贫的路径探索

家有良田万顷，不如薄艺在身。为阻断贫穷代际传递，激发贫困群众自我发展的内生动力，朝天区职业教育创新“4 +”模式，走出了一条具有朝天特色的职教扶贫之路。

（一）“义教 + 劳技”，让每个孩子掌握一门劳动技能

近年来，朝天区坚持把劳技实践作为中小学必修课，按教师工资总额的 1.5% 纳入财政预算作为教师培训费。各校把蔬菜核桃种植、土鸡养殖、麻柳刺绣、土陶制作、传统酿酒、园艺设计等项目分别开发成适合本校特色的校本课程，融入劳技课。积极进行校内培训，普及校园种植或养殖教育，开展手工制作、生活技能评比等实践活动，让学生从小就养成热爱劳动、崇尚技能的好习惯、好品质。在地处农业蔬菜特色产业和旅游核心景区的曾家山部分学校，将高山甘蓝种植技术编成校本教材，让学生熟知甘蓝的生活习性，学会种植、养护、采摘等知识，并让学生将种植技术带回家，亲自参与

到家庭种植实践中去，让职业技能培训成为一种常态。

麻柳刺绣是“蜀绣”的重要分支，是汉民族中最完美、最系统的民间传统刺绣。朝天区组织编撰《麻柳刺绣》乡土教材，在曾家山各中小学开设麻柳刺绣课程。让传统文化走进校园，外化于行，内化于心，既传承了本土文化，也掌握了传统技能。

（二）“送教＋手工”，让特殊孩子也有未来

近年来，朝天区秉承不抛弃、不放弃任何一个残障学生的教育理念，针对不同程度残障儿童少年实际，因材施教，实施“三个一批”帮扶措施：即随班就读一批、特校就读一批、送教到家辅导一批。让每位残障学生“同在蓝天下，共享阳光教育”。为精准实施教育扶贫，朝天区开展“千名教师访万家”活动，进村入户调查摸底，建立244名0～18周岁残障儿童少年信息库。对于118名残障程度较轻的学生安排在普通学校“随班就读”，将43名具有一定生活学习能力的学生安排在朝天区特殊教育学校就读。对83名重度残障学生实施“送教到家”并纳入学籍管理。目前，朝天区初步构建起以普通学校随班就读为主体、特殊教育学校为骨干、送教上门为补充的特殊教育服务体系，正努力实现随班就读学生全面发展，特教学生有劳动技能，能独立生存，“送教上门”学生能生活自理的教育目标。全区适龄“三残”少年儿童入学率由2014年的89.3%上升至97.4%；残障学生文明礼仪，行为习惯等综合素质明显提升。像陈妍等孩子一样通过培训掌握一门技能，能自立自理的残疾孩子还很多。

（三）“高职＋中职”，构建职教扶贫新模式

在脱贫攻坚的关键阶段，朝天区着力打造以现代职业教育体系为主线，中职、高职有机衔接的职业教育扶贫模式。

借力“产教联盟”，提升职中内涵。朝天职业中学与四川工程职业技术学院签订职教扶贫协议，推动朝天职中加入“四川装备制造产教联盟”，建立“职业教育扶贫基地”。一是中高职衔接，打通升学快车道。根据两校对

口专业，实行“3 +3”定向培养模式，即：学生在朝天职业中学接受3年中等职业教育后，由学院对其实行考前辅导，在国家招生政策范围内，同等条件下优先录取朝天职中学生，继续接受3年高等职业教育。同时，对建档立卡贫困户学生减免学费。今年，已有9名学生考入该学院。二是联盟联教，打造品牌专业。依托联盟成员单位，对口打造职业中学专业品牌，形成传统技术型、新兴产业型和现代服务型“三大类型”，电气焊工、建筑装璜、机械电子和三产业服务等“四大品牌”专业，进一步提升朝天职中专业水平。三是高职带中职，提升师资水平。凭借四川工程职业技术学院雄厚的人才教师资源，采取支教和培训两种方式为朝天职业中学培训师资队伍。目前，该院10名教师到朝天支教，20名朝天职中教师接受该院培训。

（四）“政府 + 企业”，让职教扶贫更有动力

在推进教育扶贫工作中，朝天区与对口帮扶单位中国机械工业集团有限公司紧密合作，设立国机教育扶贫奖励基金，实施免费职教帮扶、技能培训帮扶、职业教育帮扶、鱼洞乡幸福国机小学打造“五大”计划，形成“政府 + 企业”教育扶贫新动力。一是设立国机扶贫基金，帮助贫困学生改变命运。设立“朝天区国机教育扶贫奖励基金”，资助建档立卡贫困家庭学生。每年投入50万元滚动使用。对朝天中学、朝天职中毕业的应届毕业生中考取一本的，每人一次性奖励10000元，考取二本的，每人一次性奖励5000元；并对就读于两校的建档立卡贫困户学生，每年奖励60名，每人奖励3000元。对贡献突出的优秀一线教职工，每年奖励10名，每人奖励5000元，同时由区委、区政府授予获奖教职工“朝天区教育扶贫爱心园丁”荣誉称号。二是免费职教，学子受教“三个零”。以国机集团所属德阳安装技师学院为平台，向全区建档立卡贫困户中的应届高中毕生和30周岁以下的往届初中、高中毕业生定向招生，对录取学生实施2～3年的免费职业教育。在读期间，国机集团向每名学生每年发放助学金2000元，每人每月补助生活费650元。德阳安装技师学院负责安置就业，国机集团所属企业优先录用。建档立卡贫困户学生实现免费职业教育覆盖“零遗漏”、在校就读

“零负担”、就业“零失业”的“三个零”目标。2017年，已有131名贫困学生到该学院就读。三是技能培训，搭建就业脱贫平台。德阡安装技师学院为全区建档立卡贫困户中年龄18～45周岁、具备劳动能力、有技能培训或技能提升需求的人员提供30多个工种、15天至6个月的免费技能培训，对成绩合格者颁发国家职业资格证书，并推荐就业。四是免费师资培训，提升教师职业素养。国机集团委托北京师范大学继续教育与教师培训学院，对全区中小学优秀教师和学校管理干部专业能力提升进行为期四年的培训，每年开设两班。2017年暑假，国机集团在北师大举办了小学语文骨干教师培训班和校（园）长培训班，承担培训住宿费、生活费用40.5万元，两班共100人参培。因培训效果好，深受教师欢迎，国机集团拟定每年再增加两期培训，选派20名优秀教师与北京名师结对子，跟岗学习一月。

三　职业教育扶贫存在的问题与对策建议

（一）存在问题

当前，朝天职业教育扶贫工作取得一定成绩，但仍然面临一些问题。

1. 基层干部对政策执行走样导致精准识别率偏低

脱贫攻坚工作首先要解决的就是“精准”识别问题。由于部分基层干部在政策执行上把握不准，在“精准”识别问题上出现了偏差，导致职业教育扶贫精准救助的对象不准，很难对贫困对象量体裁衣、对症下药。

2. 职业学校基础薄弱导致扶贫功能和作用发挥不充分

从朝天职业教育发展现状来看，全区唯一一所职业学校在办学条件、师资水平、专业设置等方面存在明显不足，既影响学生的培养质量，也影响全区职业教育扶贫工作的开展。

3. 教育经费不足导致职业教育扶贫工作步履艰难

教育经费是发展职业教育、开展职业教育扶贫工作的基本保障。从朝天区职业教育扶贫经费投入看，政府投入偏低，且资金比较分散，无长效保障机制，无经费筹措机制，给职业教育扶贫工作带来一定困难。

（二）政策建议

朝天区职业教育扶贫取得了很大成绩，助推了脱贫攻坚工作深入开展。但经过对存在问题的梳理和分析，问题的原因还是出现在体制机制上，建议从以下 3 个方面着手解决职业教育扶贫中存在的问题。

1. 量体裁衣，对症下药，切实解决扶贫对象精准识别机制问题

脱贫攻坚工作首先要解决的是“精准”问题，职业教育也一样存在同样的问题，如何准确识别扶贫对象，是职业教育扶贫的首要任务。朝天区的“4 + N”职业教育扶贫模式，覆盖面广，辐射区域大，有独特的经验，但仍需要在“精准”二字上下功夫。一是完善“建档立卡”信息系统，掌握扶贫对象真实所需，实施个性化培训；二是建立扶贫工作走访机制，及时更新、核实扶贫对象信息，与相关职业院校做好扶贫对接工作；三是建立职业教育层面的扶贫对象识别机制，准确识别谁需要职业教育，精准订制扶贫对象需要什么样的职业教育培训项目，落实配套保障措施，这才是解决问题的根本药方。

2. 工学结合，校企合作，切实解决职业学校扶贫能力提升机制问题

职业学校扶贫能力提升主要依托于职业学校人才培养质量的提升。让贫困者所学技术符合社会经济发展的需求，也是职业教育扶贫的关键。在脱贫攻坚的关键阶段，朝天区探索的“高职 + 中职”，大力倡导“工匠精神”，着力打造以现代职业教育体系为主线，中职、高职有机衔接的职业教育扶贫模式。但需要在学校能力提升机制上下功夫，坚持育人为本，以职业道德教育为先，以专业建设为立足点，突出“工学结合，校企合作”，推行产、教、研融合，将教学活动与生产实践紧密结合，让贫困者有一技之长，成为一线岗位的高素质技能型人才，增强他们的谋生本领。

3. 多方联动，加大投入，切实解决扶贫资金长效保障机制问题

教育经费是发展职业教育、开展职业教育扶贫工作的基本保障。从朝天

区职业教育扶贫经费投入看，政府投入偏低，且资金比较分散，无长效保障机制，无经费筹措机制，这是制约职业教育发展的关键。首先，加大政府的公共财政投入，这是职业教育投入的主体。其次，建议机关企事业单位严格按照《中华人民共和国职业教育法》的规定实施职业教育和职工培训，按照职工工资总额的1.5%左右足额提取教育培训经费按一定比例用于职业教育扶贫。加强多方联动助力机制建设，建立多方合作的经费筹措机制，充分动员职业院校、行业协会、社会团体、企业等多方筹措资金，确保经费稳定增长。最后，健全扶贫资金协调机制、统筹机制、监督问责机制，及时对职业教育扶贫资金的使用情况进行监督问责，及时调整相应的政策措施。

参考文献

习近平：《习近平总书记就加快发展职业教育做出了重要指示》，《人民日报》2014年6月24日，第A1（2）版。

《2017年朝天区统计年鉴》。

张玉伟：《朝天获“中国核桃之乡”美誉》，《广元日报》2011年9月3日，第2版。

杨治国：《创新教育扶贫模式，根除贫困代际传递》，《学习研究》2017年第10期，第39～41页。

中国社会发展数据库（下设 12 个子库）

全面整合国内外中国社会发展研究成果，汇聚独家统计数据、深度分析报告，涉及社会、人口、政治、教育、法律等 12 个领域，为了解中国社会发展动态、跟踪社会核心热点、分析社会发展趋势提供一站式资源搜索和数据分析与挖掘服务。

中国经济发展数据库（下设 12 个子库）

基于“皮书系列”中涉及中国经济发展的研究资料构建，内容涵盖宏观经济、农业经济、工业经济、产业经济等 12 个重点经济领域，为实时掌控经济运行态势、把握经济发展规律、洞察经济形势、进行经济决策提供参考和依据。

中国行业发展数据库（下设 17 个子库）

以中国国民经济行业分类为依据，覆盖金融业、旅游、医疗卫生、交通运输、能源矿产等 100 多个行业，跟踪分析国民经济相关行业市场运行状况和政策导向，汇集行业发展前沿资讯，为投资、从业及各种经济决策提供理论基础和实践指导。

中国区域发展数据库（下设 6 个子库）

对中国特定区域内的经济、社会、文化等领域现状与发展情况进行深度分析和预测，研究层级至县及县以下行政区，涉及地区、区域经济体、城市、农村等不同维度。为地方经济社会宏观态势研究、发展经验研究、案例分析提供数据服务。

中国文化传媒数据库（下设 18 个子库）

汇聚文化传媒领域专家观点、热点资讯，梳理国内外中国文化发展相关学术研究成果、一手统计数据，涵盖文化产业、新闻传播、电影娱乐、文学艺术、群众文化等 18 个重点研究领域。为文化传媒研究提供相关数据、研究报告和综合分析服务。

世界经济与国际关系数据库（下设 6 个子库）

立足“皮书系列”世界经济、国际关系相关学术资源，整合世界经济、国际政治、世界文化与科技、全球性问题、国际组织与国际法、区域研究 6 大领域研究成果，为世界经济与国际关系研究提供全方位数据分析，为决策和形势研判提供参考。

法律声明